# 我国资本市场制[illegible]



余　湄　边江泽　许再琳　著

对外经济贸易大学出版社
中国·北京

**图书在版编目（CIP）数据**

我国资本市场制度建设与开放 / 余湄，边江泽，许再琳著. -- 北京 ：对外经济贸易大学出版社，2025. 3.
ISBN 978-7-5663-2701-7

Ⅰ. F832.5

中国国家版本馆 CIP 数据核字第 2025JQ5925 号

# 我国资本市场制度建设与开放

余　湄　边江泽　许再琳　著

**责任编辑**：史伟明

出版发行：对外经济贸易大学出版社　　邮政编码：100029
社　　址：北京市朝阳区惠新东街 10 号　　邮购电话：010－64492338
网　　址：www.uibep.com　　发行部电话：010－64492342
资源网址：www.uibepresources.com　　E-mail：uibep@126.com

成品尺寸：185mm×260mm　　印　　刷：北京九州迅驰传媒文化有限公司
印　　张：21.75　　版　　次：2025 年 3 月北京第 1 版
字　　数：436 千字　　印　　次：2025 年 3 月第 1 次印刷
ISBN 978-7-5663-2701-7　　定　　价：68.00 元

本书的出版得到了国家自然科学基金项目“基于真实账户数据的杠杆驱动型泡沫研究”(项目编号：72073027)、国家自然科学基金项目“期权定价、隐含信息与资产配置研究”(项目编号：72071046)、对外经济贸易大学国家对外开放研究院2022年度课题(项目编号：2022GK06)、对外经济贸易大学中央高校基本科研业务费专项资金(批准号：ZD6-01)、上海长角科创产业金融服务协同创新中心支持(项目编号：2022TIIFS-AL001)的支持。

# 前　言

证券发行注册制，又称“申报制”“形式审查制”，是指证券发行人依法将与证券发行有关的一切信息和资料公开，制成法律文件，送交主管机构审查，主管机构只负责审查发行申请人提供的信息和资料是否履行了信息披露义务的一种证券发行审核制度。目前，大多数欧美发达国家的市场普遍采用注册制。2013 年，党的十八届三中全会提出推进股票发行注册制改革。2019 年 7 月 22 日，科创板首批 22 家注册制企业上市，标志着我国资本市场全面启动注册制改革。2020 年 6 月 12 日，存量市场创业板注册制改革启动；2021 年 4 月 6 日，中小板与深市主板合并；2021 年 9 月 3 日深化新三板改革并设立北京证券交易所。下图给出了我国多层次资本市场的构建过程。这一系列改革的目的是实现我国股票发行制度实施注册制的核心目标，并进一步推动我国多层级资本市场的建设进程。市场化、法治化和国际化将是未来我国资本市场的建设目标。在这一背景下，探讨我国资本市场的多层次建设及各板块定位具有重要的理论与现实意义。

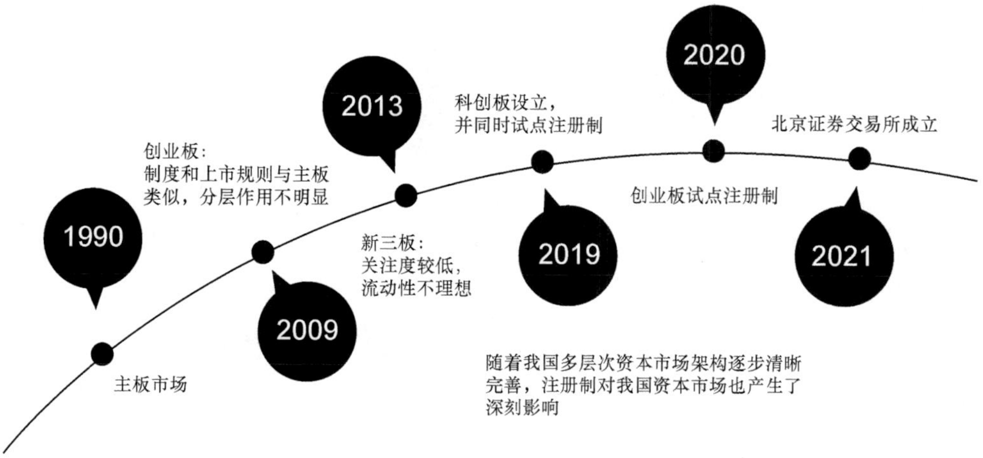


我国多层次资本市场建立过程

资料来源：作者整理。

本书聚焦于我国多层次资本市场的发展和制度型开放研究，从资本市场的制度建设和制度型开放两个角度展开分析。全书分为以下四个部分。

**第一部分是文献综述。**

第一章主要介绍有关注册制与多层次资本市场的文献。

第二章主要介绍有关制度型开放的文献。

**第二部分是我国资本市场发展历程与服务高质量发展。**

第三章介绍了改革开放以来我国资本市场的发展历程、成就、理论逻辑与未来展望。本章回顾了改革开放以来我国资本市场的发展历程，梳理了资本市场取得的主要成就和面临的风险与挑战，提炼了资本市场发展支撑我国经济高质量发展的理论逻辑并对资本市场的未来进行了展望。

第四章阐述了资本的正反论，讨论了跨境资本的“溢出”与“挤出”效应。本章回顾了近代外商在华投资与中国经济发展、改革开放后的外商资本流入与中国经济发展和资本市场双向开放后的跨境资本与中国市场发展。

第五章主要探讨了资本市场服务实体经济、实现全体人民共同富裕的理论逻辑与路径。本章从资本市场服务实体经济的角度，探讨了如何进一步完善和发展资本市场的基础制度与功能，更好地服务实体经济，达到全体人民共同富裕的路径，尝试从中观层面对资本市场更好地服务于共同富裕给出一些（制度上的）建议。

**第三部分是我国资本市场的制度建设。**

第六章主要介绍了我国全面实行注册制的意义及理论分析，包括对我国股票发行制度的回顾以及比较分析与实施注册制的意义。

第七章对我国多层次资本市场建立进行了介绍。主要内容包括我国多层次资本市场简介、各层级市场基本信息和北交所市场与其他层级市场之比较。

第八章介绍了境外多层次资本市场建设经验，包括美国、英国、韩国、印度、日本和中国台湾多层次资本市场结构及建设经验。

第九章主要介绍了美国多层次资本市场架构及对我国多层次资本市场建设的启示。本章以美国新兴公司市场（ECM）兴起到衰落作为案例，通过回顾美国多层级资本市场架构，分析美国新兴公司市场（ECM）从兴起到衰落的过程，提出我国发展多层级资本市场需要注意的几点建议。

第十章主要对注册制效率进行了分析。研究内容包括北交所 IPO 企业概况、科创板 IPO 企业概况、创业板 IPO 企业概况、沪深主板 IPO 企业概况、注册制和核准制 IPO 效率对比分析以及科创板和创业板上市公司行业分析。

第十一章主要介绍了注册制改革对我国多层次资本市场的影响。本章立足我国 A 股注册制改革事件，考察我国主板、科创板与创业板实施注册制前后的变化，并从财务风险因素与企业股权属性两个角度对注册制实施后各板块上市公司的反应进行了探讨。

第十二章主要介绍了注册制实施对定价效率的影响。本章基于 2020 年的创业板注册制试点改革和 2021 年底北交所改行注册制，从新股市场表现的视角，检验了注册制对定价效率的影响。

第十三章主要利用文本分析法研究注册制下我国上市公司招股说明书与IPO抑价。本章运用人工阅读法和计算机文本分析法，对我国股市上市公司招股说明书的风险披露得分和文本语调数据进行统计分析，研究我国注册制改革下上市公司招股说明书风险披露和文本语调的变化情况。本章首次从双重角度探讨我国股市招股说明书文本中风险披露、文本语调与IPO抑价率的关系，并进一步考虑询价新规实施对这种关系变化的作用。研究结果表明：注册制下招股说明书的风险披露和文本语调与IPO抑价率有显著相关关系，招股说明书风险披露越多或文本语调越负面，IPO 抑价率越低；注册制下科创板和创业板IPO抑价率不降反升，询价新规的实施则抑制了IPO抑价率偏高的情况。我国资本市场股票发行制度还须进一步优化完善，应继续加强信息披露，加强投资者教育。

第十四章介绍了注册制改革下的科创板与创业板市场反应。本章立足我国股票市场的注册制改革，考察我国不同市场板块实施注册制前后的变化，并从财务风险因素与企业股权属性两个角度对注册制实施后各板块上市公司的反应进行了探讨。研究发现，注册制实施后，科创板的平均上市时间最短，同时注册制改革不仅提高了创业板的上市效率，而且对提升主板的上市效率也有促进作用。通过财务风险和国企属性两条路径分析，本章发现：第一，在创业板注册制改革事件中，科创板上市公司表现出负面的短期反应以及正面的长期反应；第二，在注册制改革事件中，无论是短期还是长期，创业板上市公司都产生了正面反应；第三，整体来看，财务风险较小的公司在注册制改革事件中表现均更好；第四，与非国有企业相比，国有企业对于注册制改革事件的反应均更为负面。本章研究表明，不同板块对注册制实施的反应存在显著差异，可为未来股票市场全面实行注册制改革的政策运用和路径选择提供一定的决策参考。

**第四部分是双向开放研究。**

第十五章主要介绍了资本市场制度型开放推动构建新发展格局。尚未有学者就资本市场制度型开放的内涵与其推动我国构建新发展格局的路径进行深入分析，本章将围绕这一问题，厘清我国资本市场制度型开放与传统商品和要素流动型开放的区别，探究资本市场制度型开放如何推动我国经济向高质量发展。

第十六章主要介绍了资本市场双向开放、跨境股票交易和AH股溢价。本章基于上海证券交易所“沪港通”开通以来三年的投资者账户逐笔交易数据构造了沪港投资者的跨境股票交易的比例，并首次从微观视角分析了资本市场双向开放后跨境股票交易对A股市场定价效率的影响。研究发现：在横截面上，个股中“沪港通”投资者的跨境股票交易比例越高，其AH股溢价越低。进一步分析表明，跨境股票交易中，机构投资者或来自香港的投资者参与程度越高更有助于降低AH股溢价。这一结论在一系列内生性和稳健性的检验之后依旧成立。本章又进一步发现这一效应在信息不对称程度更高的A股中更加明显，且伴随着股票流动性的增强而上升。并且这一效应在资本市场单向开放的

QFII 和 RQFII 机制中没有出现。这一系列发现表明资本市场双向开放机制通过鼓励投资者积极参与跨境股票交易，改善了 A 股的投资者结构和市场信息环境，并提高了市场定价效率。本章结论支持了在资本市场单向开放的基础上，进一步开放资本市场，将有助于改善 A 股市场质量。

第十七章主要介绍了跨境资本流动与信息传递。本章以香港沪港通项目为背景，研究了双向跨境股票流动对股票收益率、波动性和估值差异的影响。来自香港（中国内地）的国际投资者可以通过沪港通交易在上海（香港）上市的合格股票。我们发现，南向（北向）投资者的净买入对香港（上海）关联股的回报率具有正向预测作用。然而，南向和北向股权流动对股票波动性的影响相反：香港（上海）关联股的滞后南向（北向）流量与波动性之间存在正（负）关系。A 股相对于 H 股的价格溢价更高，导致南向净购买量增加，进而导致 AH 股价溢价更低。我们的研究表明，股票市场一体化促进了信息共享和狭义估值差异。

**本书的主要创新点：**本书首次将注册制与多层次资本市场联合进行研究，分析了注册制对我国多层次资本市场的影响。具体如下。

1. 本书对“制度型开放”的内涵进行了拓展和延伸，对制度型开放下金融市场开放情况进行了分析。金融业及其制度型开放是我国对外开放格局的重要组成部分，本书从股票、债券、外汇等多方面切入，对我国金融市场制度型开放进行了系统、全面的总结和分析。有利于促进制度型开放变革和优化制度设计，引领国际经贸规则的调整和完善。

2. 针对我国资本市场三十年的发展实践，本书系统性地梳理了我国股票发行制度从审批制到核准制再到注册制的发展历程，总结了我国资本市场发展的经验。并首次结合美国、日本、韩国等海外多层次资本市场建设的理论与实践，对我国多层次资本市场发展提出了政策建议。

3. 本书重点分析了我国资本市场重要的注册制改革对多层次资本市场的影响，创新性地从多个角度进行了分析。针对注册制改革下我国股票市场的上市时间、短期/长期上市表现、定价效率、市场反应等新股发行情况的变化进行了实证研究。本书研究对象包括主板、科创板、创业板和北交所，有利于对我国多层次股票市场形成完整的认识。

4. 以往文献大多只考察科创板注册制的影响，而本书同时选取注册制实施事件作为研究对象，结合股票市场不同板块、不同所有权属性的异质性对企业定价效率的影响差异进行分析，为全面落地的注册制改革提供可能的情景以及相应的对策和启示。研究结果将有助于我国资本市场改革举措的互补与协调，促进资本市场行稳致远。

5. 以往文献在注册制对于市场影响方面的研究主要聚焦于上市过程，较少着眼于注册制改革对市场中已上市公司所产生的短期冲击和长期影响，而本书从这一角度分析了注册制改革作为政府在市场上“减少干预，依赖市场进行资源配置”这一信号对股票市场不同板块、不同所有权属性企业定价效率的影响差异。

6. 资本市场双向开放是我国重要的战略目标，本书研究了资本市场双向开放对我国股票市场溢出、资本流动和信息传递的影响。尤其是本书对“沪港通”的研究使用了独一无二的上海证券交易所沪港通投资者账户层面的交易数据，构造跨境股票交易指标，为跨境套利交易提供了微观解释和新的实证结果。

7. 本书还将对资本市场双向开放影响的研究目光投向香港市场，首次在分析中国内地投资者的股权流动对香港市场的影响的同时，分析香港投资者的股权流动对中国内地市场的影响，填补了以往主要关注发达市场投资者对新兴市场的影响的股票市场整合研究的不足。

本书适合从事资本市场制度建设和金融制度建设的相关领域的研究人员和从业人员阅读，也可以作为金融学、投资学、管理学、经济学等相关专业的教学参考书。同时本书的内容也可以为相关金融机构和决策部门提供一定的科学参考。

本书在写作过程中，得到了国家自然科学基金项目“基于真实账户数据的杠杆驱动型泡沫研究”（项目编号：72073027）、国家自然科学基金项目“期权定价、隐含信息与资产配置研究”（项目编号：72071046）、对外经济贸易大学国家对外开放研究院 2022 年度课题（项目编号：2022GK06）、对外经济贸易大学中央高校基本科研业务费专项资金（批准号：ZD6－01）、上海长角科创产业金融服务协同创新中心支持（项目编号：2022TIIFS－AL001）的支持，并且金融学院的硕士生顾孟轩、周浩、吕资阳、朱芷萱、刘亚东、李佳鹏、马闯同学参与了本书资料的搜集和整理，在这里一并感谢。

# 目　录

## 第一部分　文献综述


第一章　有关注册制与多层次资本市场的文献综述……3

第一节　关于股票发行制度的文献回顾……3

一、审核制相关研究综述……3

二、核准制相关研究综述……6

三、注册制相关研究综述……6

四、对相关制度、法规的改革建议……8

第二节　关于多层次资本市场的文献回顾……10

一、资本市场分层的理论基础……10

二、多层级资本市场的影响……11

三、多层级资本市场内在互动关系……11

四、国外多层级资本市场的现状和经验……12

第二章　有关制度型开放的文献综述……13

第一节　制度型开放的提出……13

第二节　制度型开放的内涵……14

第三节　制度型开放与法治建设……15

第四节　金融制度型开放……16

一、金融制度型开放的相关逻辑……16

二、自贸区相关研究……17

第五节　资本市场制度型开放（股票、债券市场）……18

一、资本市场开放对金融市场的影响……18

二、资本市场开放的风险及防范监管措施……19

三、对股票市场开放的研究……20

四、对债券市场开放的研究……22

第六节 制度型开放与风险 …… 24
一、制度型开放与风险的关联 …… 24
二、制度型开放造成风险的特点 …… 25
三、制度型开放防范风险的措施 …… 25

# 第二部分 我国资本市场发展历程与服务高质量发展

第三章 改革开放以来我国资本市场的发展历程、成就、理论逻辑与未来展望 …… 29
第一节 中国资本市场的发展历程 …… 29
一、股份制探索阶段（1978—1991 年） …… 30
二、早期市场制度和功能初建阶段（1992—2005 年） …… 31
三、中期资本市场广度和深度拓展阶段（2005—2016 年） …… 32
四、全面市场化改革及服务高质量经济发展阶段（2017 年至今） …… 34
第二节 我国资本市场的发展成就 …… 35
一、资本市场整体规模得到巨大发展，市场广度与深度不断拓展 …… 36
二、资本市场服务实体经济效果显著 …… 41
三、资本市场帮助我国上市企业做大做强 …… 44
第三节 我国资本市场发展面临的挑战 …… 46
一、如何提升我国二级市场的定价效率 …… 46
二、如何降低个人投资者市场直接参与比例 …… 46
三、如何避免股市异常波动，防范系统性风险 …… 47
四、如何在政府引导和全面市场化中寻求平衡 …… 48
第四节 资本市场发展支撑经济高质量发展的理论逻辑 …… 48
一、通过引入多层次资本市场扶持创新型企业，进一步优化我国产业结构，深化供给侧结构性改革 …… 49
二、通过资本市场制度型开放进一步融入全球市场，提升居民财富管理水平 …… 50
三、通过提高居民财产性收入调节居民收入再分配，进而拉动内需，支持经济双循环 …… 50
四、通过依靠市场自我调节优化资源分配，提高资本市场对经济指标的预期作用 …… 51
第五节 对我国资本市场未来发展的展望 …… 51

第四章 资本的正反论——跨境资本的“溢出”与“挤出”效应 …… 55
第一节 近代外商在华投资与中国经济发展 …… 56
第二节 改革开放后的外商资本流入与中国经济发展 …… 57
第三节 资本市场双向开放后的跨境资本与中国市场发展 …… 58
第五章 资本市场服务实体经济、实现全体人民共同富裕的理论逻辑与路径 …… 61
第一节 引言 …… 61
第二节 文献综述 …… 62
一、共同富裕的探索历程与内涵阐释 …… 62
二、关于新时代下共同富裕的实践路径及资本市场作用 …… 64
三、研究评述 …… 65
第三节 资本市场服务实体经济，实现共同富裕的路径分析 …… 65
第四节 如何正确面对资本市场中存在大量散户亏钱这一问题 …… 70
第五节 结论 …… 72

## 第三部分 我国资本市场的制度建设

第六章 我国全面实行注册制的意义及理论分析 …… 75
第一节 我国股票发行制度回顾 …… 75
一、审批制 …… 75
二、核准制 …… 77
三、注册制 …… 80
第二节 比较分析与实施注册制的意义 …… 85
一、审批制的问题 …… 85
二、核准制的问题 …… 86
三、审核制、核准制和注册制三种制度的比较分析 …… 87
四、我国实行注册制的理论分析 …… 89

第七章　我国多层次资本市场建立介绍……91
第一节　我国多层次资本市场简介……91
第二节　各层级市场基本信息……92
一、主板市场……92
二、创业板市场……92
三、科创板市场……93
四、新三板市场……93
五、北京证券交易所市场……94
第三节　北交所市场与其他层级市场之比较……95
一、北交所与新三板……95
二、北交所与创业板及科创板……97

第八章　境外多层次资本市场建设经验……99
第一节　美国多层次资本市场结构与建设经验……99
一、层级划分……99
二、建设经验……101
三、中美市场结构差异……101
四、中美市场差异原因……102
第二节　英国多层次资本市场结构与建设经验……103
一、层级划分……103
二、建设经验……104
第三节　韩国多层次资本市场结构及建设经验……104
一、层级划分……104
二、建设经验……106
第四节　印度多层次资本市场结构及建设经验……106
一、层级划分……106
二、建设经验……107
第五节　日本多层次资本市场结构及建设经验……108
一、层级划分……108
二、建设经验……110
第六节　中国台湾多层次资本市场结构及建设经验……111
一、层级划分……111

二、建设经验 …… 112

第九章 美国多层次资本市场架构及对我国多层次资本市场建设启示 …… 115

第一节 引言 …… 115
第二节 美国多层次资本市场架构 …… 116
第三节 新兴公司（ECM）的失败 …… 117
一、新兴公司成立的背景 …… 117
二、新兴公司关闭的原因 …… 119
第四节 新兴公司的兴衰对我国多层次资本市场建设的启示 …… 121
一、北京证券交易所特点 …… 121
二、新兴公司失败对北京交易所的一些启示 …… 121

第十章 注册制效率分析 …… 125

第一节 综述 …… 125
第二节 北交所 IPO 企业概况 …… 126
一、核准制下上市用时较长企业概况——同辉信息 …… 127
二、注册制下上市用时较长企业概况——则成电子 …… 128
第三节 科创板 IPO 企业概况 …… 128
第四节 创业板 IPO 企业概况 …… 130
第五节 沪深主板 IPO 企业概况 …… 131
一、沪市上市用时较长企业概况——瑞丰银行 …… 132
二、深市上市用时较长企业概况——兰州银行 …… 133
第六节 注册制、核准制 IPO 效率对比分析 …… 133
一、整体比较 …… 133
二、逐年比较 …… 134
第七节 科创板、创业板上市公司行业分析 …… 135

第十一章 注册制改革对我国多层次资本市场的影响研究 …… 139

第一节 引言 …… 139
第二节 文献综述与研究假设 …… 140
一、资本市场定价效率 …… 140

二、注册制改革及对市场的影响……141
三、多层次资本市场方面的研究……142
四、研究假设……143
第三节　研究设计……145
一、样本选择与数据来源……145
二、主要变量构建……146
三、实证模型设计……146
第四节　实证分析……149
一、描述性统计……149
二、对第一次注册制改革的分析：科创板注册引入的市场反应……150
三、对注册制改革的分析：创业板注册制引入的市场反应……151
第五节　结论与启示……168

**第十二章　注册制实施对定价效率的影响分析……169**

第一节　引言……169
第二节　理论分析与假设提出……170
一、横向比较……170
二、纵向比较……170
第三节　研究设计……171
一、样本选择……171
二、重要变量定义：实际首日收益率和连续涨停天数……171
三、实证模型——注册制新股定价效率……171
第四节　实证分析……172
一、注册制与非注册制 IPO 定价效率的单变量检验……172
二、注册制新股定价的回归分析……173
三、创业板新股定价……174
四、北交所新股定价……175
第五节　结论……177

**第十三章　注册制下我国上市公司招股说明书与 IPO 抑价研究——基于文本分析法……179**

第一节　引言……179

第二节 文献综述 ……………………………………………………………………181
一、IPO 抑价现象研究……………………………………………………………181
二、文本分析方法的应用 …………………………………………………………183
三、文献评述 ………………………………………………………………………184
第三节 理论与假设 ………………………………………………………………184
一、风险披露与 IPO 抑价…………………………………………………………185
二、文本语调与 IPO 抑价…………………………………………………………186
第四节 数据与模型 ………………………………………………………………186
一、样本选择和数据来源 …………………………………………………………186
二、变量构建 ………………………………………………………………………187
三、计量模型设定 …………………………………………………………………190
四、描述性统计分析 ………………………………………………………………190
第五节 实证分析 …………………………………………………………………194
一、IPO 抑价率与风险披露 ………………………………………………………194
二、IPO 抑价率与文本语调 ………………………………………………………201
第六节 结论 ………………………………………………………………………205

**第十四章 注册制改革下的市场反应 ……………………………………………207**

第一节 引言 ………………………………………………………………………207
第二节 文献综述与研究假设………………………………………………………208
一、注册制改革的制度背景及对市场的影响………………………………………208
二、多层次资本市场方面的研究 …………………………………………………209
三、研究假设 ………………………………………………………………………210
第三节 注册制对市场不同板块影响的初步分析：上市审核效率…………………212
第四节 研究设计 …………………………………………………………………214
一、样本选择与数据来源 …………………………………………………………214
二、主要变量构建 …………………………………………………………………215
三、实证模型设计 …………………………………………………………………215
第五节 实证分析 …………………………………………………………………218
一、描述性统计 ……………………………………………………………………218
二、科创板注册制引入的市场反应 ………………………………………………219
三、创业板注册制引入的市场反应 ………………………………………………227

四、稳健性检验……235
第六节 结论与启示……242
第七节 附录……243

# 第四部分 双向开放研究

第十五章 资本市场制度型开放推动构建新发展格局……247
第一节 引言……247
第二节 制度型开放的提出……248
第三节 资本市场制度型开放的必要性……249
第四节 资本市场制度型开放的内涵……251
一、资本市场开放历程回顾……251
二、资本市场制度型开放的内涵……255
三、我国资本市场制度型开放的独特性……256
第五节 资本市场制度型开放推动新发展格局构建……257
第六节 结论……259
第十六章 资本市场双向开放、跨境股票交易和AH股溢价……261
第一节 引言……262
第二节 研究背景与假设……264
第三节 变量构造与初步统计结果……267
一、数据来源……267
二、变量说明……268
三、描述性统计……269
第四节 回归分析……270
一、相关性分析……270
二、多元回归分析……271
三、内生性检验……275
四、稳健性检验……277
五、单向开放与双向开放——基于QFII/RQFII的回归结果……280
第五节 沪港通交易机制效果的进一步探究……282
第六节 结论与政策建议……285

第十七章 跨境资本流动与信息传递——来自中国股市的证据……287
第一节 引言……287
第二节 制度背景与假说发展……289
一、制度背景……289
二、文献综述和假设提出……291
第三节 数据及初步统计……294
第四节 实证分析……298
第五节 结论……310
主要参考文献……312

# 第一部分

# 文献综述

# 第一章 有关注册制与多层次资本市场的文献综述

## 第一节 关于股票发行制度的文献回顾

### 一、审核制相关研究综述

证券发行审批制，是指在证券市场的发展初期，为了平衡社会经济关系，维护证券市场及上市公司的稳定，更好地满足各行业及各区域企业融资需求，采取行政和计划手段，由地方政府的企业主管部门根据上级下达的发行指标或额度，遴选推荐企业发行股票，并由证监会批准后实施的一种股票发行审核制度。

20 世纪 90 年代初至《中华人民共和国证券法》（以下简称《证券法》）实施之前，我国股票发行制度带有浓厚的计划经济色彩，实行行政审批制。审批制主要有额度管理、两级审批和价格限制等特点。直到 2001 年 3 月，证监会正式启动核准制，审批制就此退出了历史舞台。

对于审批制相关领域的研究，大致涵盖了以下几个方面：（1）审批制与核准制的比较研究；（2）审批制的影响；（3）审批制的问题；（4）审批制的改革建议。本书将从以下几个角度进行文献综述。

#### （一）审批制与核准制比较研究

我国的股票发行审核制度经历审批制、核准制和注册制三个阶段，其中核准制作为审批制与注册制之间的过渡，与审批制、注册制存在较大差异。

在报送材料方面，高勇（2001）认为，相较于核准制，审批制更加强调行政机构的作用，需要省级政府及部委的推荐函，并且提供企业的盈利预测。核准制则侧重于金融中介的作用，需要券商的推荐函、审查意见以及辅导报告，发行人及所有中介机构对发行申请文件的真实性、完整性和准确性的承诺书。在企业选择与推荐方面，吕国文（2004）认为，核准制不同于审批制下的政府行政审批，由主承销商培育、选择和推荐企业发行上市，增加了主承销商的责任与风险。在新股定价方面，张思宁（2006）认为，相较于审批制下由证监会确定市盈率从而限制股票价格，核准制对市盈率不再设限，股票发行价格由企业与主承销商协商，充分反映投资者的需求，真正反映了公司的内在价值和投资风险。在公开透明方面，杨天姿和周东生（2016）认为，核准制相对审批制而言更加透明公开。核准制规定企业在申请发行股票时，既要充分公开企业的真实情况，还必须符合证券监管机构的规定以及有关法律。在发审方式方面，李安兰与陈见丽（2020）认为，审批制突出行政权力，发行审核就决定了上市审核，IPO 定价效率较低。而核准制强调实质审核，以发行审核为主，上市审核为辅，IPO 定价效率较高。

### （二）审批制的影响

20 世纪 90 年代初，我国整个经济体制转轨尚未完成，证券市场刚刚成立，带有计划和行政色彩的审批制有其合理性与必然性。

在稳定市场方面，陈皓（2002）认为，在我国证券市场发展的早期，审批制在一定程度上起到了调控稳定市场的作用。在特定的历史时期，审批制下的额度管理对政府控制社会信用总量，有效实施宏观政策，保障国民经济健康发展是必要的。并且人为规定市盈率在一定程度上防止了企业弄虚作假与任意定价的现象，保证了新股发行的顺利进行和一级市场的活跃。

在券商行业方面，张琳和盖建飞（2004）认为，审批制下的额度管理使得各级地方政府及部委的额度分配权力成为企业发行上市的关键，因此对于券商来说，其自身与地方政府的关系相对于其服务能力更重要，这导致投行业务扭曲为公关行为，不利于券商行业的发展。

在定价效率方面，周孝华等（2006）采用 1995—1999 年和 2001—2005 年沪深两市的 IPO 数据，比较研究了审批制与核准制下 IPO 的定价效率，他们认为审批制的 IPO 定价效率有限，新股发行价仅能反映企业的偿债能力、盈利能力以及股票在二级市场的供需状况，却无法反映企业的规模大小、发行方式与未来的成长能力。

在股价表现方面，刘玉灿和韩冠楠（2013）分别选取了 1993—1999 年审批制下的 A 股新股与 2001—2006 年核准制下的 A 股新股为样本，基于 Fama-French 三因素模型，对不同制度下的股价表现进行实证研究。通过对比分析，他们认为，审批制下的新股上市越久，股价表现越差于核准制下的新股，并且审批制下的新股收益波动性随时间而逐渐增加，并在三年期开始具有高波动性。

### （三）审批制的问题

新股发行审批制的实施带来了诸多的问题，这方面的研究主要集中在股票定价、配额控制、企业制度以及市场参与者等方面。

在股票定价方面，刘强（2003）认为，审批制下以市盈率来确定新股价格的模式较为单一，并且新股发行的市盈率由证监会审定，使得发行人与承销商之间的关联程度较小。审批制遵循严格实质管理原则，具有浓厚的行政色彩，与市场化建设的目标相背离。

在配额控制方面，李扬（1998）认为，相对高度市场化的股票需求面，审批制所体现的配额切块机制与政府审批机制保留着强烈的统制性，当配额因素被引入交易过程中，就会扭曲整个市场活动，资源配置的效率就难以提高。

在企业制度方面，苏玉静（2012）认为，审批制严重削弱了现代企业制度的积极作用，审批制下额度或指标的重要性使得拟上市企业在改制的过程中，过于重视额度大小和包装效果，从而忽视了企业资产内在的技术联系。

在市场参与者方面，李敏（2016）认为，从企业角度来看，审批制大大延长了发行上市的时间，降低了市场效率；从政府角度来看，审批制下的配额管理容易滋生权力寻租和贪污腐败现象；从投资者角度来看，过于严格的审批机制容易导致股票价格虚高，弱化了投资者的投资倾向。

除此以外，张志刚（1999）认为，审批制一方面存在一批劣质企业通过权力寻租等方式上市，弱化了资本市场优化资源配置的功能，也使二级市场所蕴含的风险加大，同时对上市企业的经营理念产生恶劣影响。另一方面，审批制也容易导致券商之间的不正当竞争，不利于投资银行业的发展。

### （四）审批制的改革建议

审批制是特定历史时期的产物，与我国市场经济发展的目标相悖，同时其自身所存在的诸多问题也使得改革势在必行。

在发行方式方面，郑保安和提运华（1999）认为，应当采取集中发行、分批上市的发行方式。这样一方面可以增加一级市场扩容的透明度，降低对二级市场的影响度；另一方面，可以更好地保护投资者的利益。

在制度改革方面，黎翠梅（2000）认为，我国股票发行制度改革应当分为两个阶段，在近期要实行审批制到核准制的转变，在远期条件成熟时，要推动核准制向注册制的过渡。刘纪鹏（2001）认为，一方面要将企业申请上市前的指标配给制度与企业上市中的额度审批制度改变为符合市场经济的核准制，另一方面要把证监会的审核权力逐步下放到股票交易所。

在审批程序方面，王坤与张书云等（2002）认为，各级审批机关要遵循程序透明原则，应当公布所有审批程序，减少企业的盲目性。审批内容要遵循无歧视原则，不能对国有企业、民营企业和外资企业区别对待。

## 二、核准制相关研究综述

周孝华等（2006）利用衡量IPO定价效率的相对效率标准，进行审批制和核准制下IPO定价效率的比较研究，实证结果表明，审核制下IPO定价效率有限，而核准制下新股发行价能够反映发行公司的规模、未来的成长能力和该股票的发行方式，IPO 定价效率提高，IPO定价趋于合理。

关于核准制，国内一些学者研究了发审委和承销商在新股上市资格审核中的作用。冉茂盛等（2011）认为，由于发审委在审核中考虑了企业进行盈余管理的可能性，一个企业的盈余管理程度越高，则越难通过发审委的审核。胡旭阳（2011）对拟发行人的发行申请是否被发审委审核通过的影响因素进行实证分析，结果表明低风险的、具有政治关系的、合规的拟发行人更可能通过发行审核。祝继高等（2012）通过实证研究发现核准制能够筛选出业绩较好的公司上市，但是政府在企业上市审批中会照顾国有企业。黄运成和葛蓉蓉（2005）通过对股票发行制度的演变分析及国际比较，指出保荐人制度通过连带责任机制把发行人质量和保荐人的利益、责任直接挂钩，以期在现有制度框架内最大限度地发挥核准制的作用。吕怀立和贾琬娇等（2021）利用保荐代表人个人层面的数据来研究保代在核准制市场的保荐经历对科创板IPO定价的影响，他们认为保代的核准制保荐经历有利于提升科创板的IPO定价效率。柳建华（2017）认为，在投资者保护水平较差的地区，承销商声誉越高，盈余管理程度越高。陈运森和宋顺林（2018）利用承销商被处罚的冲击事件作为研究场景，研究结果表明投资者、证监会和发行人都在乎承销商的声誉，该机制在有一定程度上有效。

## 三、注册制相关研究综述

当前有众多文献对注册制相关领域进行了研究。本书中包含的文献，大致涵盖了以下几个领域。

### （一）注册制与核准制的比较研究

对于注册制和核准制的比较研究，文献普遍认为，相较于核准制，注册制在公开性、公正性以及效率性上都更有优势。在核准制中，发行证券的权利是由证券监管机关批准获得的，而在注册制中，该权利是自然取得的，无须政府相关部门授权；注册制相较于核准制更强调完全的信息披露；证券监管机关在核准制中进行的是实质审查，而在注册制中是形式审查；注册制强调事后惩罚，而核准制注重事先预防。由以上对比可以看出，核准制与注册制的核心区别在于股票发行的主体权能是掌握在政府手中还是交给市场（王晓亮和彭永芳，2016）。陈见丽（2015）更是认为，核准制将行政权力放在首位，是一种以“人治”为主的制度模式，不仅准确性存在偏差、发审效率低，还容易滋生腐败现象，是催生和加剧 IPO 泡沫现象的根源；而注册制以市场为导向，对 IPO 进行形式审核，将实质审核交给投资者，从制度上消除权力寻租，有利于股市资源的有效配置。

与此同时，该类文献一致认为，注册制的制定和实施不可能一蹴而就，需要一个循序渐进的过程。为此，文献中也提出了一些相应的制度改革建议。魏佳慧和宋阳（2021）认为，实行注册制的重要任务是完善证券发行的信息披露制度，重要环节是建立新股发行市场化定价制度，重要保障是上市公司退市制度。顾连书等（2012）基于制度经济学的制度变迁理论，认为我国的股票发行审核制度应当遵循一条渐进性变迁的路径，由当前的保荐制逐步过渡到注册制，具体可从完善目前的保荐制度和开设“注册板”下手。

除此之外，有学者对注册制的具体定义进行了详细研究。沈朝晖（2011）深入研究对比美国本土的注册制与我国教科书中的注册制，认为二者存在区别。美国实际实行的是双重注册制（Dual Registration），即联邦注册制以注重信息披露为主，而各州普遍进行实质审核的制度，因此美国的注册制实际也充满了实质审核。我国简单地根据是否进行实质审核将股票发行制度分为核准制与注册制，并将不经实质审核的注册制作为中国本土 IPO 改革的方向，很可能存在偏颇。

### （二）注册制对市场的影响

2019 年 3 月，科创板实行注册制，以及 2020 年 8 月，创业板实行注册制，为研究注册制对市场的效应提供了实际的样本。

吴文若（2021）以 2020 年 4 月 27 日，证监会发布《中国证监会就创业板改革并试点注册制主要制度规则向社会公开征求意见》（以下简称《征求意见》）为研究事件，从股价波动及舆情反应检验市场对全面推行注册制的态度。结果发现：（1）市场对《征求意见》的发布作出负面反应；（2）对于财务信息质量差的公司，市场的负面反应更为强烈。这说明，短期内市场对注册制的落地仍存担忧，所以后续应加大力度在中介机构、法律制度、行政监管等方面配套更多有效的举措，为投资者提供更好的保障。

在注册制对市场定价效率影响方面，梁易鑫和段江娇（2021）使用随机前沿分析模型，对科创板、未实施注册制的创业板与中小板对 IPO 定价效率进行研究，结果表明科创板实行的注册制提升了 IPO 定价效率；梁鹏（2021）对 2009—2019 年创业板、科创板 890 家 IPO 公司进行回顾，发现注册制改革显著地降低了 IPO 抑价，促进了定价效率提升，同时还有促进信息透明化、抑制投资者情绪的作用。

在对注册制背景下企业未来融资环境的展望中，曾珠（2021）基于从 2019 年科创板实行注册制至 2020 年的股市特征认为，在注册制背景下，结构性牛市将成为常态，头部集聚效应明显，未来的 IPO 环境不容乐观，中小企业仍难借助 IPO 进入资本市场，因此公司在是否进行 IPO 的决策时需要从经营发展、成本等多因素综合考虑。

除股票市场之外，国家发改委于 2020 年 3 月 1 日明确了企业债券也由核准制改为注册制。陈枫（2021）于企业债券实行注册制一周年之际，回顾了在改革中取得的一系列成效。总体而言，在制度改革下，债市以更高的效率和灵活性辅助企业融资，助力实体经济。

### （三）注册制与双创

此外，针对我国资本市场的发展，有大量文献对于科创板、创业板中注册制的具体实施效果进行了评估并提出了政策建议。

科创板作为完善多层次资本市场的重要举措，重点聚焦科创属性公司，构建多元上市标准，坚持以信息披露为核心，为市场筛选出一批优秀的创新企业。在试行注册制方面，明确规定各市场参与主体责任，实行更为放开的交易机制，严格实施退市制度。接下来，科创板需要进一步提高信息披露质量、提高市场流动性、深化金融与科技联动发展，促进资本市场更好地为实体经济服务（解钢，2021）。

王琳（2021）对我国科创板与创业板实行注册制的实践进行了评估，认为双创的成功为我国市场全面推行注册制提供了宝贵经验，同时借鉴外国发达资本市场的经验，对我国的注册制改革提出了一些建议。

从吕晓莉（2021）、范怡萱（2021）、陶慧敏和杜金向（2021）的研究来看，文献对于注册制改革的建议大同小异，基本可分为科创板发行交易制度建设、信息披露、监管和退市要求、投资者保护机制等几个方面：（1）强化信息披露，持续提升监管能力，具体可进一步分为提高发行人违法违规成本、明晰中介机构责任、明确监管机构职责、建立严格退市制度等；（2）引导理性投资，完善投资者保护机制，具体举措有吸引长期资金、加强投资者教育、完善投资后赔偿和集体诉讼制度等；（3）完善市场化定价机制，不断优化交易制度，具体如放开涨跌幅限制、实行 T+0 制度、降低投资者门槛等。

## 四、对相关制度、法规的改革建议

最后一部分文献是注册制背景下针对个别法律或制度提出的具体建议。在所提供的文献中，可分为以下几个方面：信息披露、退市制度、会计审计、投资者关系。

### （一）信息披露

湘财证券课题组（2021）通过统计发现，上市公司信息披露违规行为大多与控股股东、实际控制人的故意欺诈有关，建议在制度设计与监管执法方面强化对“首恶”的追责，并探索中介机构过错大小与责任承担相匹配的法律路径。中介机构之间的虚假陈述民事责任划分，应综合多维度指标，按照过错程度与导致损失的原因力大小确定责任份额，并厘清第三方主体间接导致虚假陈述的民事责任。

孙迎辰（2021）阐述了信息披露制度的理论基础，如信息不对称、有效市场假说、委托代理理论、金融监管理论等，提出了完善信息披露制度配套制度建设、加强投资者权益保护力度、构建多元主体参与信息披露监督机制和强化差异化信息披露制度建设等政策建议。

肖宇（2014）以美国上市的中概股被做空的经历作为研究对象，认为上市公司在享有注册制的发行效率与便利的同时，要严格履行信息披露义务，中介机构要尽职承担市场看门人职责，否则政府监管、市场的做空机制和投资人的司法诉讼都会在事中、事后阶段使造假的上市公司和中介机构承担惨重的法律责任；我国注册制改革必须同时建立配套监管制度体系和市场治理机制，才能保障我国证券市场的健康繁荣发展。

### （二）退市制度

黄嘉怡（2021）针对我国于2020年末发布的退市新规的意义、不足之处、优化措施进行了具体分析，认为当前的退市制度仍然存在退市指标不合理、执行能力不足、投资者保护制度不完善等问题，为此需要对相应的方面再做调整，以更好地衔接未来的全市场注册制。

李有星和侯凌霄（2021）从法理的角度对当前的重大违法强制退市制度的缺陷进行了分析。他们认为，退市制度适用率低的原因在于该制度的启动需要以有权机关的生效处罚或判决为前置条件，而证券交易所并非认定“违法”的适格主体，判定存在障碍。因此建议将“重大违法退市”改为“损害证券市场声誉退市”，由交易所综合判定。

### （三）科创板注册制与会计的审计风险

王洁（2021）从会计行业的角度，分析了注册制背景下会计师事务所面临审计风险的变化。科创板企业由于其创新属性，存在更高的收入认定风险、研发支出认定风险、持续经营风险、会计政策变更风险。为此，会计师事务所需要更多地听取行业专家意见，全面加强风险管理意识，建立成长评估体系并纳入审计工作中。同时，也需要完善监管法律法规，加大违法惩处力度。

### （四）投资者关系管理

注册制对信息披露要求更高，投资者面临的风险更大，这对（拟）上市公司的投资者关系管理（IRM）提出了新要求。马连福等（2014）认为，我国（拟）IPO公司在IRM方面呈现出仅仅为了满足监管要求，自主性不足的特点。在注册制背景下，随着退市制度的完善、集体诉讼制度的建立、信息披露环境日趋公平、投资者水平逐渐提高，公司的IRM也需要更加注重公司营销与和投资者之间的沟通互动，建立高水平IRM团队，完成从“大股东关系管理”到“公司投资者关系管理”、从强制性治理到自主治理、从关系维护到价值创造的转变。

## 第二节 关于多层次资本市场的文献回顾

多层级资本市场，是指基于社会经济发展的需要，适应不同发展阶段和不同类型企业的融资需求，满足不同类型投资者的投资偏好，由市场自然演进和各类参与者的共同选择所形成的证券市场体系。

国外的资本市场在不同的法律体系下与不同的地理人文环境作用下，形成了各国独具特色的多层级市场体系。其中，美国的多层级资本市场是机制建设较为健全，功能发挥较为完善的代表。

近些年来，众多的国外文献对多层级资本市场的相关领域进行了研究。本次文献综述大致涵盖了以下几个领域：（1）资本市场分层的理论基础；（2）多层级资本市场的影响；（3）多层级资本市场内在互动关系；（4）国外多层级资本市场的现状和经验。以下本章将从这几个角度进行文献综述。

### 一、资本市场分层的理论基础

资本市场的层级划分与基于功能观点的资本市场结构改革理论联系密切。不同于传统观点所认为的现存的金融组织结构是既定的，美国经济学家 Merton 和 Bodie（2005）提出了金融功能相对金融机构更稳定和金融机构功能相对金融机构的组织结构更重要的两个假设，并认为金融体系的改革应当围绕其基本功能，然后根据不同的经济功能建立相应的机构和组织。多层级资本市场的建立在功能上既满足了资金供求双方的差异化需求，也有效地分散了风险，实现了资金的合理配置。

与此同时，由于多层级资本市场的建设目的首先是要满足不同类型和不同发展阶段企业的融资需求，因此资本市场的分层逻辑也离不开企业融资选择理论。Myers（1984）基于对美国上市公司财务数据的实证研究，提出了啄序理论（Pecking-order Theory），该理论认为当企业出现财务困境时会优先考虑内部融资而非借助资本市场进行外部融资。Berger 和 Udell（1998）在前者的基础上，引入企业的不同发展阶段，从而提出了生命周期融资选择理论，该理论认为在企业的不同发展阶段，企业的最优资本结构也存在显著差异。Cumming 和 Deloof 等（2019）认为，随着企业规模的扩大和时间的延长，企业与投资者之间信息不对称程度降低，企业的融资来源会依次从内部融资、私募股权融资逐步升级到公开的证券市场融资，实现融资升级（Finance Escalator）。

除此之外，多层级资本市场的建立是解决中小企业融资难的迫切需要。Revest 和 Sapio（2012）认为与成熟企业相比，技术型的中小企业失败风险较大，发展不确定性强，信息不对称程度较高使得企业融资较难。Hall 和 Lerner（2010）认为，中小企业总资产中有形资产占比较低，在融资时难以提供足够的抵押品。

## 二、多层级资本市场的影响

在多层级资本市场对国家经济发展水平的影响方面。美国经济学家 Goldsmith（1969）基于多国的经济增长数据与金融结构关系的对比研究，认为经济发展与市场深化推动着资本市场结构演进，而金融机构与金融工具的多元化发展提高了市场的投融资效率，促进了经济发展水平的提高。Mckinnon（1973）通过对发展中国家资本市场的研究发现，多层级资本市场在加强金融深化与打破金融抑制方面有积极的促进作用。Teo 和 Cheong（1994）认为中小企业是国家经济发展的基础，多层级资本市场有助于满足中小企业的融资需求和促进企业的快速发展。Beck 和 Demirguc-Kunt（2006）研究发现具有单层次资本市场的国家普遍存在中小企业融资难的现象，并且单资本市场难以为经济发展提供动力支撑。

在多层级资本市场对信息通信技术的传播影响方面。Yartey（2008）利用 76 个新兴市场和发达国家 1990—2003 年的面板数据，研究发现多层级资本市场有利于促进信息通信技术的跨国传播，因此对于资本市场相对落后的国家而言，可能会进一步陷入信息匮乏与缺少沟通的沟壑中。

在多层级资本市场对企业上市变动的影响方面。Yang 和 Shi（2020）通过对 2007—2018 年企业的上市变动后市值和股价波动率的对比研究，发现在多层级资本市场中，上市变更后的企业与直接在主板上市的企业具有更高的市值和更稳定的股价。主板上市变动抑制了股价波动，中小板和创业板市场的上市变动加剧了股价波动。此外，主板的上市变动对市值的影响比中小板和创业板更显著。

## 三、多层级资本市场内在互动关系

资本市场包括公开市场和风险资本市场。一个国家的经济发展，基于两个市场的繁荣发展以及彼此之间的良好互动关系。国内外学者的研究发现，风险资本市场与公开股票市场以及公开股票市场内部都存在着互动关系。

一方面，风险资本市场与公开股票市场彼此影响，一些学者研究发现，活跃的风险资本市场和活跃的公开股票市场之间存在密切关系。Black 和 Gilson（1998）明确了风险资本市场和公开股票市场之间的功能联系：首先，相对于在以银行为核心的资本市场，风险投资在以股票市场为中心的资本市场体系中取得了更大的成功；其次，在以股票市场为中心的资本市场中，风险投资通过 IPO 退出的可能性，有利于风险资本市场的发展。Lin（2017）以中国为例，也得出了相似的结论，股票市场与风险投资市场之间存在着密切的联系，另外，中国的股票市场的制度结构和监管环境对风险资本市场有很大的影响。

另一方面，在公开股票市场内，中小企业与成熟企业的市场之间形成互补。Park 等（2006）研究发现，当资本市场的结构单一时，大多数国家的中小企业面临融资困难，制约了经济的整体发展。Lu 和 Ye（2021）认为中国成立的北交所，将在促进中国资本市场中小企业融资方面与上交所和深交所形成互补，有助于形成制度健全、多层级、全国联通的资本市场融资体系。另外，链接两个市场的转板制度也成为资本市场有效运行的关键。Ecom 等（2016）分析了韩国 KOSDAQ 市场中的企业转板至 KOSPI 主板市场后对交易市场质量的影响程度，研究结果表明企业转板之后，交易市场质量不断恶化。Vismara 和 Paleari 等（2012）则研究了 1995—2009 年欧洲二板市场的表现以及促使一家公司在二板市场上市或从主板市场退市以转到二级市场的动机。

## 四、国外多层级资本市场的现状和经验

中小型企业股票市场是各个国家资本市场的重要组成部分，也是各国学者的主要研究领域之一。在不同国家的针对中小型企业股票市场的差异方面，Granier 和 Revest 等（2017）对不同类型的资本主义国家的二板市场进行了制度比较，他们发现，尽管一些国家的二板市场在很大程度上受到了 AIM（分类投资市场）伦敦模式的启发，但国家特性仍然存在。一方面，AIM 依赖于通过特定中介机构进行基于原则的监管；另一方面，德国和日本准入流程和监管监督的高度集中化与基于信贷的 CMEs 的更加集中化和制度化的机制相关，以规则为基础的监管方法有助于摆脱自由支配的财务分配标准和长期关系。

另有一些学者着重关注如何为中小型企业建立成功的股票市场。Vismara 和 Paleari 等（2012）研究欧洲二板市场发现，在市场繁荣期，二板市场对企业特别有吸引力，但当市场遇冷时，二板市场会迅速崩溃。Harwood 和 Konidaris（2015）发现许多新兴市场国家已经或正在发展中小企业交易所，但成功的却很少，因此借鉴了 7 家中小企业交易所和世界交易所联合会的经验，提出了如重点发展有较大增长率的中小企业、使中小企业交易所在法律层面与主板相关联和不减少披露内容来降低成本等建议；他们还认为发展中小企业交易所之前，各国需要确定它们是否具备适当的支持性环境，并且最关键的是，是否具备愿意利用公开股票市场融资的成长型中小企业、感兴趣的投资者以及支持性的宏观政治、法律、监管环境和政府承诺。

在上市公司退市制度方面，国外一些学者也进行了相关问题的研究。Weir 等（2005）基于英国上市公司的退市行为建立模型加以研究，得出上市公司主动退市行为与其代理成本具有正相关性的结论。Witmer（2005）研究美国的上市公司发现，当企业在美国的营业额百分比较低时，它们更有可能退市，并且在对投资者的保护较弱的国家的公司更有可能自愿退市。

# 第二章　有关制度型开放的文献综述

## 第一节　制度型开放的提出

从制度型开放的历史借鉴和现实需要看，制度型开放虽然是近年来提出的新概念，但从全球主要经济体和多双边贸易机制的开放实践看，制度型开放则早已有之。第二次世界大战后，美国作为国际经贸规则的设计者和主导者，奠定了多边贸易体制的基本框架，多边贸易体制推动了发达国家之间的贸易自由化，同时也为20世纪80年代以来的区域以及全球生产网络的发展打下了基础（宋泓，2020），可以说当时的国际经贸规则体系和框架已经纳入了制度开放的内容，具备了制度型开放的属性，只不过这种制度开放是对各国边境前贸易投资活动进行规制和协调，尚未深入触及边境后领域。随着国际贸易投资新模式、新业态的不断涌现，如电子商务、服务贸易等近年来在国际经贸活动中的比重日益提升，对这类新的贸易模式和业态的规制和监管就涉及诸多边境后规制和制度的协调和对接，这势必涉及各国国内各项制度和体制的对接和协调，制度型开放的内涵和范围也相应地从边境前开放拓展至边境后，深入触及各国国内规则体系的开放，并且国内规则体系的开放和对接大致通过两种路径实现：一是在多边层面，各国国内制度安排要能够实现与国际通行规则协调一致；二是在区域层面，国内制度安排与其他国家国内制度安排相协调，边境后规制和体制的协调也愈来愈多地被纳入多双边贸易投资协定的谈判中。

历史的宝贵经验告诉我们，对外开放是推动我国经济制度变迁不可或缺的重要动力。从宏观的角度来看，开放曾为我国带来了市场机制，促进了我国产权制度改革，形成了更加科学的宏观经济管理制度；从微观的角度来说，企业用工制度、现代企业制度、企业经营机制、负面清单制度等都与对外开放有着密不可分的关系（史彦泽，2019）。正是因为广泛地引进先进制度并结合我国国情加以改造，制度对我国经济发展的正向激励作用才得以发挥，并加速了中国经济融入世界的进程。

新时代全球经济治理面临着新议题、新动向（郭晴，陈伟光，2018），全球经济规则亟待调整和重塑，中国需要适应新形势、把握新特点，推动由商品和要素流动型开放向规则等制度型开放转变（《中共中央　国务院关于推进贸易高质量发展的指导意见》，

2019）。全球经贸规则博弈日趋激烈，客观上要求我国通过制度型开放拓展对外合作空间（李大伟，2020）。

从国内角度看，构建新发展格局要求我国深化制度型开放，新发展格局要求国内国际双循环相互促进（党的十九届五中全会通过的《中共中央关于制定国民经济和社会发展第十四个五年规划和二〇三五年远景目标的建议》，2020），要求深化制度型开放以促进两个循环相互交融（崔卫杰，2019）。随着传统优势的逐步减弱，我们亟须在制度层面构筑新的竞争优势，在商事制度、贸易监管、金融开放创新、事中事后监管等领域进行系统性制度型开放，推动我国由土地、人力等传统优势向制度新优势转换。

## 第二节　制度型开放的内涵

“制度型开放”，主要指一国规则等制度与他国相应制度之间开放透明，并在竞争中调适或变革，实现制度的国际化融入，通过改革来促使本国制度升级，融入国际通行的经贸规则并做出应有的贡献。制度升级的方向是更加有助于贸易和投资便利化，更加符合可持续发展理念，更加公平和公正，更加有利于合作共赢（徐杰，2019）。

自制度型开放提出以来，国内学者对制度型开放的内涵和路径设计展开了探讨。多数学者从高标准对标国际经贸规则的角度拓展了制度型开放的内涵，即制度型开放就是从以往“边境开放”向“境内开放”的拓展、延伸和深化（戴翔，张二震，2019），在促进规则变革和优化制度设计中，形成与国际经贸活动中通行规则相衔接的基本规则和制度体系，是对新一轮高标准化的国际经贸规则的调整和完善具有引领作用的先进制度安排（戴翔，2020）。这种边境后开放的重点在于建立适应国际经济合作大趋势的规则体系，需要在体制层面进行创新与开放，建立与开放型经济形态和发展模式相适应的管理制度与政策体系，还应包括基本经济制度范畴的变革与完善（徐康宁，2019），这是顺应中国自身高质量发展的需要，是顺应经济全球化新发展趋势的需要，也是参与全球经济治理变革大势的需要（钱克明，2019）。而建立并形成与国际高标准经济规则接轨的基本制度框架和行政管理体系，关键是促进规则变革，优化制度供给的安排，鼓励大胆试、大胆闯、自主改，建立一套与国际高标准贸易与投资规则相接轨的基本制度框架和行政管理体系，形成与国际投资、贸易通行规则相衔接的基本制度体系和监管模式（何立胜，2019）。从大多数学者对制度型开放的解读来看，其核心就是在制度层面寻求开放红利，通过改革国内相关体制机制、政策体系和监管模式，建立适应国际经济合作大趋势的规则体系，加快推进制度型开放，有利于深化国内市场化改革，增强国际合作和竞争新优势，参与全球经贸新规则制定。

从制度型开放的体系设计和政策路径来看，国内学者对制度型开放内涵的探讨大多涵盖了如何实现制度型开放的问题。制度型开放对政策制度的系统性要求更高，呈现出平台载体以及产业领域的政策制度设计更趋非标准化、定制化，且政策制度获得感不显著等特征，因此，需要在制度型开放重点、产业开放策略、开放平台载体、开放政策制度上采取更有针对性、更有时代特色的策略和举措（崔卫杰，2020）。李大伟（2020）指出，制度型开放是对新一轮对外开放的制度创新。从国际视角看，制度型开放是我国参与构建国际高标准经贸规则的重要桥梁。从国内视角看，制度型开放将全方位实现各个领域深化改革和扩大开放的有机融合。

部分学者探究了制度型开放的实践路径。刘彬、陈伟光（2022）认为，制度型开放是不断升级和深化的过程，主要包括以下几个阶段：制度学习（早期制度型开放）——制度供给——制度竞争——高水平制度型开放。尹晨、周思力等（2019）提出，推动由商品和要素流动型开放向规则等制度型开放转变，主要包含三方面的新要求：一是加快国内的制度规则与国际通行规则或先进标准接轨；二是加强对外开放政策的贯彻落实，切实履行同各国达成的多边和双边经贸协议；三是在参与制定和完善国际经贸规则和全球经济治理的过程中发挥更加积极的作用，提供更多的制度型公共产品。

值得注意的是，规则等制度型开放并不意味着罔顾中国国情和发展阶段，盲目模仿发达国家的制度，不切实际地开放。而是既应看到中国在制度型开放上的短板，改革上宜快不宜慢、宜早不宜迟；又要根据中国经济发展的国情，注意开放次序，科学防范风险（徐杰，2019）。

## 第三节 制度型开放与法治建设

制度建设是金融市场建设的基础，而法律法规的完善是制度建设中非常重要的一环。随着我国法治建设的不断深化，立法部门也更加重视法律对金融的支持。在我国，法律是除宪法外最高层次的规则，因此，制度与法律相伴而生。在法律层面上，制度型开放即为法律规则的开放。或者说，法律开放是制度开放的手段，也是其重要组成部分。金融制度型开放涉及金融学与法学两个学科，是金融与法学的交叉领域。

一方面，制度型开放强调规则意识（倪红福和张志达，2023），制度由一系列规则构成，可以是文化习俗自然形成的规则，也可以是人为地出于某种目的制定的规则。巴苏（2016）指出，要减少制度的不确定性，其中不确定性体现在两个方面：没有规定而导致的“无规可依”不确定性以及规定间存在矛盾而导致的适用不周延性。以债券市场为例，亚洲证券业与资本市场协会的 2016 年国际投资者调查显示：在所有影响境外主体投资我国债券市场的重要因素中，法律和相关操作安排比宏观经济障碍更为显著（朱小川，2021）。席睿德等（2021）也认为，政策层面的模糊性是影响外国投资者投资中国境内债券的主要障碍之一。但是，法律规则的调整不是制度型开放的全部含义，还需要通过其他规则对接、改善营商环境、变革治理体系来共同促进制度的开放。从这个角度，常娱和钱学锋（2022）支持法律与制度型开放的关系：对标国际通行规则有利于中国充分利用“开放倒逼改革”的作用机制，完善国内制度体系及法律体系。此外，增设相关法律可以将制度型开放的成果以法律的形式固定下来，从而规避政策的变动性和非透明性等内生缺陷。

另一方面，金融制度型开放顾名思义是金融领域的制度开放，必须结合金融学的自身特点加以考量，并结合中国和世界的交易规则和金融现状，科学有序地推进制度型开放。此外，最终目的是推进金融业和金融市场的高水平开放，从而构建我国对外开放新格局。因此，金融制度型开放也是金融领域的分支，是促进金融市场发展的重要手段。

柯武刚和史漫飞（2000）指出，金融市场的制度安排要有利于促进投融资活动，降低成本、歧视和不确定性，这是发挥制度作为第一生产力的关键。上海交通大学上海高级金融学院与上海证券交易所资本市场研究所（2020）对资本市场进行了研究，指出资本市场核心竞争力由制度环境、市场规模、市场功能和市场质量四个维度构成。可见，制度因素是影响金融市场的重要原因之一。此外，金融和经济环境也会对制度选哪个开放产生反向作用，例如，倪红福和张志达（2023）指出，我国加入世贸组织以来，根据经济发展需要和风险管理控制能力逐步放松金融市场管制，融入现有的国际金融体系，我国金融业对外开放具有以被动适应为主的特点。

由于法治建设对金融市场的发展具有重要影响（La Porta 等，1998），完善高效的法律体系可以维护市场经济的竞争秩序（刘伟，2015）。上述理论在市场经济日益活跃的中国同样适用。例如，Xu et al.（2019）讨论了中国不同省份之间法律对投资者权利保护差异如何影响上市公司价值，还进一步分析了法律制度与行政监管之间的互动影响。Xu et al.（2018）则表明，法律环境对公司价值的影响有可能形成对公司治理的薪酬激励以及大股东监督等内部治理机制的有效替代。

# 第四节　金融制度型开放

## 一、金融制度型开放的相关逻辑

金融制度型开放是指金融规制、规则、管理、标准的开放。马兰（2022）指出中国金融业对外开放已迈入制度型开放新阶段，需要构建与国际规则相衔接的金融制度体系，充分运用国际规则推动金融制度正向溢出。

金融业是国民经济中的重要行业，金融服务于国民经济的其他所有行业，对国民经济具有举足轻重的影响。因此，金融业及其制度型开放是我国对外开放格局的重要组成部分，对于我国更好地对标国际规则、深入融入全球化、参与国际竞争具有非常重要的意义。倪红福和张志达（2023）总结了金融制度型开放的意义：一方面有助于我国金融业对标国际标准，更好地吸引境外投资，从而支持国内实体经济发展，同时帮助国内金融机构走出国门，融入全球金融体系，构建更高水平开放格局。另一方面，基础性金融制度的完善能够增强防范、化解金融风险的能力，筑牢金融体系的安全防线，促进高质量发展。

吴晓求等（2020）探究了中国金融开放的进程和现状，提出了中国金融全面开放的路径选择并评估了市场效应。郭贝贝和董小君（2022）分析了新发展格局下制度型开放的逻辑、内涵和路径选择。常娱、钱学锋（2022）说明了制度型开放的背景、内涵、现状以及问题，并提出了相应建议。程实认为中国金融双向开放将为强化国内、国际两大循环的良性互动构建新纽带，而人民币资产有望为金融开放奠定新支点。倪以理（2020）等阐述了对中国金融业新一轮对外开放的四大洞察，主要聚焦于金融业开放的深度和广度、结构性变化、如何吸引外资以及对中国金融体系改革的价值。有学者认为，应当从负面清单管理的角度推动制度型金融开放，坚持稳中求进，增强对市场波动度的忍耐能力。

有学者先阐述了金融业以及金融公司对外开放的动因、进展和风险，然后讲述了目前遇到的问题和难点。李忠远、孙兴杰（2023）探讨了全球化分裂背景下制度型开放的必要性，从而阐释了制度型开放的内在逻辑以及必要性，并对中国制度型开放的策略做了进一步分析。梁丹、陈晨（2023），魏浩等（2022），李平、邱冬晨（2022）的研究都从不同角度反映了制度型开放对于中国而言的必要性和必然性。刘彬、陈伟光（2022）提出制度型开放是中国参与全球经济治理的制度路径，介绍了制度型开放不同阶段的发展重点，并探讨了中国与全球的制度竞争效应，提出相应的治理方案。陈若愚等（2023）以党的二十大精神为指南，探究了我国金融业制度型开放的内在逻辑与策略选择，阐述了金融体系与金融业制度型开放的具体关系。

## 二、自贸区相关研究

中国主动明确地提出高水平对外开放，是具有创造性高水平制度型开放的过程，体现在进一步将国内制度与国际制度高标准对接，并使其与地方性特色结合，具体体现在我国自由贸易试验区和自由贸易港建设（刘彬，陈伟光，2022）。李光辉（2017）提出，自由贸易试验区的主要任务是通过制度创新打造适应新一轮改革开放的体制机制，探索改革开放的路径，形成可复制、可推广的制度体系，不仅承担着对外实行高水平全面开放，对内促进经济高质量转型和新的经济增长的作用，而且也承载着以制度为导向形成面向全球的高标准自由贸易区网络。

自由贸易区被认为可以建立一个有利的环境，以吸引外国投资并促进区内外地区的经济增长（Huang D，Van TV，Hossain EM，2017）。L Yong（2014）提出自贸试验区作为应对全球经济新格局的重要举措，对政府探索创新经济管理模式、促进贸易投资便利化具有重要意义，有助于国家进一步开放探索新途径、积累新经验。Lianghu W，Jun S（2022）利用倾向评分匹配和差异差分（PSM－DID）方法实证检验了自贸区的政策效果，验证了自贸区的建立对贸易效率的提高产生了重大的积极影响。白俊红、丁声怿（2023）以自由贸易试验区实施片区为准自然实验，构建多时点双重差分模型，证明了制度型开放促进了城市全要素生产率的提升，推动了中国经济高质量可持续发展。

杨剑等（2021）、李思敏（2019）、张丹（2020）、陈霜华（2020）、周蓉、潘德昭（2020）和刘航等（2023）基于我国自贸区建设的实践，对我国自贸试验区的发展的现状、成效、不足和发展前景进行了研究，并对制度型开放提出相应的政策建议。刘英（2020）、孔令，蒋晓岚（2022）对区域全面经济伙伴关系（RCEP）签署和落实情况进行研究，提出RCEP为区域经贸合作提供了比较完备的一体化市场规则和竞争规则。在落实RCEP的同时，我们要积极应对全球贸易规则重大调整，加快对标对表高标准国际经贸规则，以适应开展更高标准经贸协定谈判的要求，积极争取加入《全国与进步跨太平洋伙伴关系协定》（CPTPP）、《数字经济伙伴关系协定》（DEPA）等。

## 第五节　资本市场制度型开放（股票、债券市场）

### 一、资本市场开放对金融市场的影响

资本市场开放将会对金融市场产生冲击，现有研究主要从股票价格、市场效率、市场波动和汇率四个角度进行研究。

多数研究认为外来资本流入会在短期内提高**股票价格**，但对于长期作用具有争议。Berko and Clark（1996）认为，外国资本流入通过分担风险和提高市场流动性永久性提高股票价格。Griffin（2004）等也发现外国资本净流入与市场回报存在强相关关系。也有研究者认为，许多外来资本处于信息劣势地位，属于趋势追逐者（Choe et al.，1999；Kim and Wei，2002）。

关于资本市场开放对于**市场效率**的研究，不同研究方法可能会产生差异较大的结论。Rejeb and Boughra（2013）、Kim and Singal（2000）、Kawakatsu and Morey（1999）、Basu et al.（2000）分别使用处理效应模型、随机游走模型、一阶自回归模型或自相关检验等方法，对资本市场自由化与市场效率进行研究。

关于资本市场开放对于**市场波动**的影响，Grabel（1995）衡量了很多新兴市场的资本流动过程，发现一般来说，新兴市场在开放资本市场以后会导致资本市场的波动性加剧。从微观数据的角度来看，并没有翔实的证据证明国际投资者的进出会造成一国资本市场的波动（Choe et al.，1999；Bekaert and Harvey，2000；Pavabutr and Yan，2007）。

资本市场开放也会对**汇率**产生影响，Bekaert et al.（2002）发现跨国资本离开新兴市场的速度远比其进来的速度要快，而这会加剧新兴市场的汇率风险。

在资本市场开放的基础上，一些研究进一步分析了不同市场间的融合对金融市场的影响。Harvey（1991）提出，在资本市场开放和全球金融一体化的背景下，本土金融市场的资产收益会由该市场自身的风险和与其存在金融往来的其他市场风险的协方差决定。这一发现暗示一个市场的资产价格会受到来自另一个与之相关的市场的现金流影响。Bekaert（1995）量化了这一影响，并发现这一影响受到不良信用评级、高通胀以及缺乏足够的跨境资金和可供投资的跨境资产等因素的影响。

## 二、资本市场开放的风险及防范监管措施

结合资本市场开放对于金融市场的影响，部分研究认为，资本市场开放会带来额外的风险。这种风险主要有如下两个方面。

### （一）汇率风险

外国资本离开或进入本国市场需要换汇，如果发生短时间的大量资本内流或外流，可能会对汇率造成升贬值压力。Bekaert et al.（2002）认为，跨国资本外流速度快于内流，会加剧新兴市场的汇率风险。Glick and Hutchison（2005）发现，资本自由化程度较高的国家更不易受到投机攻击。

### （二）股票收益率波动风险

外国资本流动可能会对股票收益率产生外生冲击（Pavabutr and Yan，2007），并且外国资本流入引起的股价上升可能会造成资产价格泡沫（Sidaoui et al.，2011）。也有研究认为外国资本处于信息劣势方，会增加市场噪声，具有趋势追逐特性，可能放大市场波动（Cho et al.，1999；Kim and Wei，2002）。

对于如何防范监管此类风险，Sidaoui et al.（2011）通过定性分析，将外国资本流入分为由基本面因素引起的和由短期因素（比如套利交易）引起的，并认为可以通过调整宏观经济政策来调节国内外利差，通过资本管制限制资本流入流出，使用外汇储备降低汇率风险，对金融机构和市场进行审慎监管以防止产生资产价格泡沫。IMF（2007）指出，财政紧缩政策有助于抑制资本流入对于汇率的影响，但资本管制对于资本流入总量

的影响并不显著。也有研究认为，资本管制可以改变资本流入的结构，提高长期资本比例（Laurens and Cardoso，1998）。

国内对我国资本市场开放的研究分为股票市场和债券市场两个部分。

## 三、对股票市场开放的研究

### （一）早期海外研究

在**跨境资本流动方面**，在我国沪深港通建立之前，已有国外文献对跨境股票投资的影响进行了研究。Froot et al.（2001）在1994—1998年对44个国家研究发现跨境投资的资金流入具有如下特点：（1）随着时间推移而增加；（2）流入较为平稳；（3）强烈依赖于过去的回报，这与国际投资者的正反馈交易一致；（4）对未来的股票回报有积极的预测能力，而在新兴市场上除外；（5）当地股市对外国资金的敏感性为正且较大；（6）股票价格走向与资金流的持续性保持一致，而短暂的价格推升会对未来的回报产生负面影响。

Froot and Ramadorai（2008）、Griffin et al.（2004）、Alderighi et al.（2019）、Ulloa et al.（2016）对新兴市场的跨境资金流动进行了研究，发现拉入因素（pull factors）导致境外资金流入，而跨境投资资金流入会拉高股票价格。

在**股票市场开放对于信息传播**的影响上，Bae et al.（2011）发现，股票市场开放后，更大的可投资性减少了对全球市场信息的价格延迟。除此之外，可投资股票的回报率高于非可投资股票，因为它们能更快地整合全球信息。Rui et al.（2009）认为，全球的私有信息有助于解释美国投资者在各个股票市场上“追逐回报”的交易行为和表现，且该行为更多是由于美国投资者的卓越表现，而不是劣质的知识或幼稚的趋势追随。Bae et al.（2006）研究发现，大量与股票市场开放有关的因素有助于改善信息环境，如法律、跨境上市、可供外国投资者交易的股票比例、美国基金的资金流入等。

在**境外投资者与国内投资者的竞争**方面，Chen et al.（2009）对中国台湾股市封闭式基金的研究发现，大量的境外投资者通过买入折价基金并持有到期的简单策略获取了巨大的超额回报，而台湾投资者为主要卖家。Brennan and Cao（1997）的理论研究表明，当境内投资者相对于境外投资者有信息优势时，他们倾向于在国外资产回报率高的时候购买国外资产，在回报率低的时候卖出。Sirodom（2007）、Choe et al.（2005）、Dvoák（2005）、Hau（2001）、Malmendier et al.（2020）对新加坡、泰国、韩国、印度尼西亚、德国等股票市场进行研究，探究境外投资者的投资行为。

### （二）对股票市场的影响

在**开放对于股票市场影响**的研究上，Stulz（1999）认为，开放一个国家的资本市场可以降低其资本成本，而不会对其证券市场产生不利影响；且没有证据表明，境外资金流动增加了股票回报的波动性或破坏了证券市场的稳定。

Dvorak（2001）研究发现，外资对发达国家证券市场的波动性没有影响，对发展中国家证券市场的影响也很小。与上述文献相反，Chen et al.（2013）研究发现，在中国股票市场上，外资持股比例高的股票的股价波动率更高。Wang（2006）对印度尼西亚和泰国股市的研究发现，外资的交易能够解释市场上大部分的波动。得到类似结论的还有 Bae et al.（2004）。阮睿等（2021）、Qiang，Jaffry（2017）、Wang（2020）、Chen et al.（2019）和 Lundblad（2022）的研究对 A 股和港股之间的信息披露质量、波动溢出、A/H 溢价等问题进行了实证研究，得出了北上资金持股可以显著预测股票未来回报的结论。

在**实证研究**方面，有大量的文献以我国沪港通、深港通的建立为研究事件，通过构建 DID 模型以探究我国资本市场开放带来的变化。Liu et al.（2023）研究发现，向境外投资者开放中国股市，可以通过补充传统的执法和监管机制，帮助抑制经理人的内幕交易行为。万华林等（2022）得到了相似的结论。Wang（2021）认为，沪港通的开通显著提高了沪股通企业的创新能力，特别是对高科技行业的影响更加显著。并且，对于国企的影响并不存在。机制上，沪港通的开通提高了企业管理水平，降低了信息不对称，并且减少了融资约束。

有研究表明，沪深港通提高了现金股利支付水平和公司治理水平（陈运森等，2019；邹洋等，2019），在短期和长期均使得沪市的估值水平下降（潘慧峰等，2018），提升了沪股通标的公司的信息透明度和信息含量（李沁洋，许年行，2019；钟覃琳，陆正飞，2018；李金甜等，2021），减少了标的股的异质性波动（钟凯等，2018），提升了标的公司价值（王瀚晨，王汀汀，2021），Xu et al.（2020）研究发现，沪深港通开通导致了报价价差降低、市场深度降低和短期波动性上升。Aitken et al.（2017）研究发现，在沪深港通开通后的短期内，两个市场的流动性都有所改善。

### （三）对实体经济的影响

在对实体经济的影响上，江轩宇、朱冰（2022）认为，沪深港通制度通过降低债务成本及提升研发意愿，提高了企业劳动收入份额，且当标的公司外资交易活跃程度较高或股价信息含量提高程度较大时，二者正向关系更强。

众多学者对沪港通制度实施的影响进行了探讨，研究发现沪港通实施后，资本深化加剧，提高了企业全要素生产率（戴鹏毅等，2021），挤占了劳动收入份额（江红莉等，2022）；沪港通拓宽了融资渠道，增大了资金供给，降低了标的企业融资约束（谭小芬，邵涵，2021）；沪深港通交易制度实施会提高企业投资与非财务信息定价的敏感性（连立帅等，2019）；沪港通的开放缩小了企业内部薪酬差距（张昭等，2020）；沪港通交易制度通过优化投资者结构与提高股价信息含量，增强了股价的资源配置功能（连立帅等，2019）。此外，马永强、张志远（2021）研究发现，“沪深港通”提升了过度负债公司的去杠杆程度。庞家任等（2020）研究发现，沪港通在初始阶段并未对沪市公司的股权资本成本产生显著影响，但随着政策进一步完善、市场逐渐稳定和交易不断活跃，其对股权资本成本的降低效果于实施两年后开始显现；深港通建立在沪港通的制度基础和运行经验上，其在开通后显著降低了标的公司的股权资本成本。程利敏等（2019）研究发现，资本市场开放加快了公司资本结构调整的速度，并优化了资本结构。

## 四、对债券市场开放的研究

### （一）对债券市场开放制度的研究

债券通，是指境内外投资者经由香港及内地债券市场的基础设施机构，在交易、托管、结算等方面互联互通的机制安排（桂浩明，2017)。“债券通”推动中国与全球债券市场的有序联通，是我国推动债券市场开放的主要渠道之一，可能在未来数年内为我国带来年均千亿美元的资本流入（谢亚轩和林澍，2017)。其促成了金融基础设施的互联互通，给银行间市场带来新血液，为境外投资者投资中国债券市场提供了一个便捷的“一点接入”模式，在推动境外债券市场融合的同时，也活跃了两岸人民币市场，丰富了人民币配置渠道，助推人民币国际化进程（李国辉，2017；汪昌云，2022；魏伟和陈骁，2017)。香港回归 20 周年之际，债券通“北向通”交易在此经济平稳状态下顺利上线，不仅能够开拓境外资本投资人民币的渠道，满足中国经济增长的内在需求，也能支持香港经济。香港的核心竞争力在于其“背靠国家、接轨全球”，债券通可以补齐香港作为国际金融中心的短板，并巩固香港作为内地资金进出中介、离岸人民币中心和风险管理中心的竞争力，深化两地金融市场双向开放，实现两地互通互投（胡杏等，2021；太名，2017；余伟文，2022)。债券通“南向通”为境内机构投资者拓宽了境外债券配置空间，与“北向通”一起助推了我国债券市场的双向开放，有望成为境内投资者投资离岸债券市场的又一重要渠道。开通债券通“南向通”后，境内商业银行可根据市场投资者的风险偏好，按照风险评估机制选择境外的高收益债券，制订一定规模的定向理财计划，进而扩大其全球理财投资范围（陈志坚和吴著煜，2021)。

从 2017 年“北向通”启动到 2021 年 9 月“南向通”落地，债券市场实现双向互联互通，显示出了“债券通”这一跨境债券投资创新模式的勃勃生机。我国债券市场对外开放由此进入新阶段（杨业伟和朱美华，2021；应坚，2021)。目前“债券通”存在着多级托管体系证券权益性质不清、穿透式监管效率低下、跨境监管协作不足等问题，制约着内地与香港债券市场的互联互通，尚待进一步优化与解决（李莉莎和周雪芹，2022)。

可以预期，伴随债市开放步伐加快，将有效提升我国债券市场吸引力与竞争力，提高外资入市便利性，扩大资本项目流入。随着中国香港国际金融中心建设、中资企业“走出去”和人民币国际化的不断深入，中国香港可以配合国家战略发展，承担起更重要的人民币离岸债券投融资职责。未来熊猫债等相关配套政策将持续完善，拓展市场容量，增加市场流动性（毕玉升，2022；连润，2022）。

### （二）聚焦于债券市场跨境融资的研究

在过去的十余年中，越来越多的中国公司在离岸债券市场上发行以美元计价的公司债券，也即中资美元债，其发债规模快速扩大，优化投融资安排的作用日益显著。作为一类重要的外币计价债务，中资美元债涉及的发债企业范围较广，影响力度较大，其所含风险属于我国境内外金融市场潜在风险之一。常殊昱（2021）对后疫情时代中资美元债市场进行了展望：第一，中资美元债市场仍将维持在较高的发债水平；第二，美联储货币政策转向预期增强将对中资美元债市场形成压力；第三，境内国有企业打破刚性兑付后违约风险上升，或向境外传递。

在过往的文献中，对企业海外发债行为的研究主要是从以下三个方面展开的。

部分文献关注新兴市场国家发行美元公司债的驱动因素。Bruno（2017）研究发现，套利指数和发债行为之间存在显著正相关，提出套利是新兴市场非金融部门最主要的发债动机。张雪春等（2022）针对我国情况提出了相反意见，指出虽然中美利差为企业套息提供了可能的空间，但由于我国资本账户仍未完全开放，套利对企业境内外收益率的影响并不显著。海外债市场成熟度高、产品种类丰富、发债成本较低、监管机制较完善，且近些年出现了“程序简化、回流便捷”的发债趋势，吸引了众多中国企业赴海外发债，美元债发行量不断增长（冯洁，邹华，2003；薛宏立，孟芳芳，2015；杨承亮，谭伟伦，2018）。Duca et al.（2016）研究发现，在美国量化宽松政策下，国际债券市场的发行量将上升。地方政府融资平台的发债行为则紧跟监管步调，国内融资渠道受限，而境外发债条件宽松，监管收紧可能是2016年后该行业企业海外发债井喷的一个重要原因（刘尚超，2018；刘昱等，2021）。

一部分文献则关注中国等新兴市场企业海外发债的潜在风险。在美元升值周期中，由于所持有的本币资产和外币负债的组合导致了货币错配，汇率波动会显著加剧发债企业的脆弱性，美元升值还将通过估值效应造成新兴市场公司的美元债务压力上升，进而使得公司面临金融环境收紧的风险（Bruno&Shin，2020；Acharya&Steffen，2015）。有国内学者指出，影响中国企业海外债券发行的因素与政府债券、金融债券的影响因素有所区别，其中政策因素的影响是巨大的，对于中资美元债则还存在着汇率风险、美元加息风险、期限错配风险和再融资风险等潜在风险（易宪容，黄瑜琴，2005；蒋先玲，赵一林，2017；刘振华等，2019）。常殊昱和张明（2020）认为，汇率风险是所有美元债发行主体共同面临的风险，政策转向和集中违约风险则主要集中于房地产部门。

近年来，随着可持续发展和绿色发展等理念深入人心，环境、社会和公司治理（ESG）理念也越来越受到市场主体的重视，企业ESG表现对境外债券融资的促进效应主要来自企业价值提升、企业风险降低和企业偿债能力增强等渠道（石磊等，2023）。吴雄剑等（2022）则考察了ESG信息披露对中资美元债发行利差的影响，它可以通过降低信息不对称水平和提升公司治理效应来降低发行利差，对企业融资成本有着积极作用，并为完善国内ESG制度体系建设提供了相关政策建议。

### （三）债券市场开放对实体经济影响的研究

伴随我国金融市场改革深化以及高水平对外开放推进，基础设施日益健全，产品种类日益丰富，市场化和国际化水平逐步提升，债券市场已然成为拓宽企业融资渠道、深化货币政策传导与宏观调控、服务实体经济发展的重要工具（闫衎等，2022）。钱玮（2022）认为债券市场的高质量发展与高水平开放有助于满足境内外发行人及投资者日益增长的投融资需求，提升直接融资在社会融资中的比重，充分发挥债券市场的价格发现功能，降低实体经济的资金成本。随着资本项下人民币可兑换改革的持续推进，我国资本市场业务开放程度不断提高。为适应“便利化”背景下“防风险”的要求，石红波（2019）在梳理我国资本市场开放现状与存在风险的基础上，借鉴国际经验，对完善我国资本市场业务外汇管理的基本路径进行了探索。

# 第六节　制度型开放与风险

## 一、制度型开放与风险的关联

开放程度的提升往往会加大市场和资本的波动性，相关研究主要集中在金融制度型开放。马理和李厚渊（2019）对资本账户开放、跨境资本流动与金融稳定相关性的实证分析表明，新兴国家资本账户开放导致金融机构不良率上升，金融市场波动加大，监管难度增加。张斌等（2023）提出，资本账户开放会加速资本流动波动，而随着全球金融风险提高，这种加速刺激会逐渐强化。当全球风险达到特定门槛，汇率市场化的边际影响也会发生结构突变，由缓冲器转化为加速器。

此外，也有学者研究制度型开放对产业和价格风险的影响。刘汉、刘金全（2016）通过对外贸易开放度与经济政策和经济风险作用机制的实证分析，提出我国价格容易受到对外贸易开放度的影响，开放程度增加所带来的外在通货膨胀输入性风险不容忽视。

闫永博（2016）研究了我国开放型经济产业风险的形成过程和来源因素。郭澄澄（2022）提出了高水平制度型开放凸显“境内开放”内容，将会形成对一个国家内外经济的关联溢出效应，增加国内制造业断链风险。

与此同时，一些学者认为制度型开放可以在一定程度上分散风险。Bekaert 等（2006）考察了股票市场自由化和资本账户开放对实际消费增长变化的影响，认为资本账户更加开放的国家在开放股票市场后消费增长波动会降低，金融自由化改善了风险分担。邓鑫等（2023）研究了“东盟 10+3”与 RCEP 经济体，发现在长期和短期内金融开放都降低了银行风险承担。

## 二、制度型开放造成风险的特点

Rey（2015）认为，该风险与全球金融周期有关。全球金融日渐一体化背景下，不同经济体之间的金融联动性也在不断上升，导致全球范围内的国际资本流动、金融资产价格波动、银行信贷波动以及金融杠杆率等金融变量调整之间存在一种协同变动趋势，即全球金融周期（Global Financial Cycle）。马理、何云（2021）研究发现，外资持股比例与证券机构风险呈 U 型曲线关系，超过临界点后，外资持股比例增加，会导致证券机构的风险增大；证券业的资金流动对金融风险的影响存在门槛效应，当证券业的资金超过流入门槛之后，跨境证券投资可能增加金融风险。

## 三、制度型开放防范风险的措施

关于应对和化解制度型开放可能带来的风险，郭澄澄（2022）提出以制度型开放形成我国高标准规制供给，推进产业链、供应链和创新链布局优化。建立内外经济一体化的市场运行制度标准，降低国际市场与国内市场联通的制度壁垒。邓鑫等（2023）提出在金融全面开放的过程中还应当重视完善金融市场制度环境，尤其是要提高政府效率，加强金融监管力度。各经济体应在加强金融开放的同时，着重加深金融监管合作。张方波（2023）提出，应完善金融专门立法并与规制类开放有效衔接、加大对国际先进金融标准的吸收与推出国内重点领域金融标准“走出去”并重、做好金融风险防范为推进金融制度型开放保驾护航。毛征兵等（2018）提出“一增二垫三保底，以史为鉴，防突发，有应急”的策略，防控未来中国开放经济的系统性危机的爆发。马理、何云（2021）建议，外商参股证券机构的比例不宜过高，监管层要健全和完善审慎管理以及制度建设，推动金融市场结构性改革等。

# 第二部分

# 我国资本市场发展历程与服务高质量发展

# 第三章　改革开放以来我国资本市场的发展历程、成就、理论逻辑与未来展望

资本市场是我国社会主义市场经济的重要组成部分。资本市场的发展与完善，既是我国经济平稳高效、高质量发展的保障，也是引领创新、推动我国现代化市场体系建设的重要力量。《中华人民共和国国民经济和社会发展第十四个五年规划和2035年远景目标纲要》（以下简称“十四五”规划）中强调要充分发挥市场在资源配置中的决定性作用，通过完善资本市场制度建设深化金融供给侧结构性改革，加快资本市场制度型开放，推进人民币国际化进程。在此背景下，回顾改革开放以来我国资本市场的发展历程，梳理资本市场取得的主要成就和面临的风险与挑战，提炼资本市场发展支撑我国经济高质量发展的理论逻辑并对资本市场的未来进行展望，不仅可以帮助政府决策层完善资本市场服务高质量经济增长的顶层设计，也有助于市场部门进行具体规划。

## 第一节　中国资本市场的发展历程

1978年实行改革开放后，我国开始了从计划经济转向市场经济的探索，我国资本市场的建设开始启动。虽然只经历了不到四十年的时间，但资本市场的发展走出了一条独具中国特色的道路，成为中国特色社会主义市场经济不可或缺的组成部分。回顾过去，资本市场一直勇于改革，锐意进取，其中三次重要的制度改革（或革新）极大地推动了资本市场的发展：分别是1991年沪深交易所的建立和运行，2005年开始的股权分置改革（以下简称“股改”）和2019年开始的股票发行注册制改革（吴晓求等，2020）。这些重要的改革都来自我国政府的顶层设计，并且在最关键的时刻为资本市场的发展指明了方向。因此，我国资本市场发展的过程也体现了政府发现问题——反思——调整改革方向的历程。从20世纪70年代末以来，这一过程可以划分为四个阶段：股份制的探索阶段（1978—1991年）、早期的市场制度和功能创建阶段（1992—2005年）、中期的市场深度和广度拓展阶段（2006—2016年），以及全面市场化改革和服务经济高质量发展阶段

（2017年至今）。

## 一、股份制探索阶段（1978—1991年）

**党的十一届三中全会拉开了经济体制改革的序幕，资本市场建设与我国经济改革开放同时启动，完成了我国资本市场“从零到一”的关键阶段。**随着经济制度由计划经济进入社会主义市场经济的初级阶段，非国有经济开始萌动，国有企业的发展环境发生了巨大变化，国有企业的整体发展遭遇了瓶颈。如何帮助国企摆脱困境、启动国企改革成为当时政府最关心的问题。1984年，十二届三中全会通过了《中共中央关于经济体制改革的决定》，正式启动了股份制改革。国务院确定“各地可以选择少数有条件的全民所有制大中型企业，进行股份制试点”，由此“股份制改革试点”的大幕被拉开。其实，早在国务院的正式定论之前，民间就已经开始了股票发行的尝试。而国家对这些企业自发的改革探索基本采取了默许的态度。比如，1980年1月1日，抚顺红砖一厂发行了第一张股票，但是它没有改名叫股份有限责任公司。1984年，新中国第一家股份制上市公司——上海飞乐音响股份有限公司成立。1986年，邓小平在接见来访的美国纽约证券交易所董事长约翰·凡尔霖时，还将一张飞乐股票作为礼物送给对方，展现了国家对于推行股份制改革的决心。

此间不容忽视的资本市场另一推动力量来自国债的发行。1981年之前，我国既无内债，也无外债。十一届三中全会后，随着经济体制改革的深入，我国国民收入分配格局也发生了重大变化。1981年初，国务院决定恢复发行国库券，来解决国家建设资金不足的问题。新中国最早的场内交易，来自国债市场买卖。此后，债券开始登上我国资本市场的历史舞台。

在我国资本市场早期的探索阶段，不论是发行股票完成国企的现代企业制度转型，还是发行国债筹集国家经济建设资金，都和当时政府财政支出状况有关。通过股票和债券开拓民间募资新渠道，也把国家建设和企业的命运同普通民众联系在了一起。股票与债券也逐渐成为财富积累方式之一。当这些证券大量发行时，它们在流动性方面的匮乏逐渐展现出来。这时的投资者不仅希望持有证券，还希望能够方便地买卖证券。这一需求为新中国证券交易所的出现奠定了基础。在证券交易所正式成立之前，我国各地就出现了一些股票和债券的自发交易。1986年，沈阳信托投资公司获准开办企业债券等柜台（场外）买卖业务。此后，上海、丹东、广州、宁波、重庆等地也试点开放了（场外）证券交易市场，这标志着中国股票二级市场的雏形开始显现。1987年，经中国人民银行和财政部批准，个人持有国债的转让业务得以开展。为适应国债在全国范围内推广，一批证券公司在全国各省得以建立。但是，由于疏于监管和柜台证券交易制度的不统一，非规范的场外交易愈演愈烈（吴晓求等，2020）。1990年、1991年，全国统一的场内证券交易场所——上海证券交易所（以下简称上交所）和深圳证券交易所（以下简称深交所）

应运而生，成为我国资本市场建设的里程碑。将我国最初的两个全国性交易所安排在上海和深圳，源自当时这两个城市正是我国经济体制改革的排头兵。

## 二、早期市场制度和功能初建阶段（1992—2005 年）

**从 20 世纪 90 年代到 21 世纪初，一些重要的资本市场基础制度及法律监管制度得以建立，使得我国资本市场具备了初步的融资、资产定价和资产配置这三个基本功能。**在这段时间，虽然我国资本市场已经开始在经济发展中承担起重要的融资功能，但一些基础性制度亟待建设和完善。同时，资本市场在完善企业经营结构和治理结构、调整优化产业结构、配合宏观调控和分散风险等方面也有了初步的发展。但是，此时的资本市场存在一定程度的割裂现象。一方面，我国资本市场还未完全开放，与全球市场的连接不够紧密，导致国内企业无法充分利用境外资本发展壮大，而国际资本也缺乏畅通的渠道进入中国市场；另一方面，我国境内资本市场存在严重的股权分置现象，占总股数三分之二的国有股和法人股不公开上市，在市场上交易的流通股只占股票总发行量的三分之一。股权分置制度虽然可以保证国有企业的所有权不会被私人资金所收购，但付出的代价却是市场定价机制的失效和内幕交易滋生（吴晓求等，2021）。

这一阶段一个显著的建设成果是资本市场的监管体系得以建立。1992 年，中国证监会的成立标志着我国的证券市场形成了统一的监管体制，监管重心逐步从地方政府转移到中央政府，有益于我国证券市场的健康发展。1997 年，中央全国金融工作会议决定对全国证券管理进行改革，1998 年，国务院正式批准《证券监管机构体制改革方案》，提出“建立全国统一、高效的证券期货监管体系”，标志着集中统一的全国证券监管体制基本形成。

同时，一些重要的法律法规也得以实施。1993 年 11 月，中共十四届三中全会通过了《中共中央关于建立社会主义市场经济体制若干问题的决定》，明确指出国有企业实行公司制是建立现代企业制度的有益探索，具备条件的国有大中型企业要根据自己的不同情况，分别改组成国有独资公司、有限责任公司或股份有限公司。国有大型企业实行“公司化”和中小国企实行“民营化”的“抓大放小”改革与重组策略初步形成。1993 年底，《公司法》获得通过。该法的实施有助于规范公司的组织和行为，保护公司、股东和债权人合法权益，维护社会经济秩序，促进社会主义经济的发展。1997 年，国务院证券委员会颁布实施《证券投资基金管理暂行办法》，这是我国第一部证券投资基金统一法律制度规范。1998 年，我国第一部《证券法》在第九届全国人民代表大会常务委员会第六次会议通过。该法规的实施对规范证券发行和交易行为，保护投资者的合法权益，促进资本市场的健康发展起到了重要作用。《证券法》的实施是中国资本市场法制化的一座里程碑，奠定了我国资本市场的法律基石。2002 年，证监会发布《上市公司治理准则》，提出建立独立董事制度，奠定了上市公司内部治理结构。

这一阶段，资本市场的基础交易制度也得以完善：1995 年，上海、深圳证券交易所实施 A 股、基金交易“T+1”制度。1996 年，两大交易所设置了涨跌幅限制，分别对上市交易的股票、基金类证券交易实行价格涨跌幅限制。此举有助于维护市场稳定，防止过度投机。2001 年，中国证券业协会开办代办股份转让业务，这是我国资本市场在发展进程中的一项探索。其积极作用在于有利于解决历史遗留问题公司的股份流通；有利于化解退市风险，完善退市机制；有利于优化证券市场结构。但是，也存在信息披露不够规范；交易网点较少；监管机制不健全等问题。以代办股份转让市场为基础发展我国场外交易市场，初步建立起场外市场的架构，但市场规模尚小，远远不能满足社会需求。

2001 年，随着我国加入世界贸易组织（以下简称 WTO），资本市场制度改革呼声越来越高，中央政府也一直在进行改革的尝试和探索。2002 年，资本市场引入合格境外机构投资者（以下简称 QFII）制度，2003 年，引入合格境内机构投资者（以下简称 QDII）制度，分别为境外机构投资者投资国内 A 股市场和境内机构投资者投资国际资本市场打开了一条通道。1999 年和 2002 年，证监会进行的两次旨在解决股权分置问题的国有股减持改革，虽然都没有获得成功，却为下一步的改革提供了经验。2004 年 1 月，国务院办公厅《关于进一步加强资本市场中小投资者合法权益保护工作的意见》的发布开启了新一轮的股权分置改革，2005 年 8 月，五部委联合发布《关于上市公司股权分置改革的指导意见》，引入了对价机制来平衡流通股东与非流通股东的权益，最终取得了成功。股权分置改革的成功，打开了我国资本市场的发展与开放之门，资本市场初步具有了定价、资源配置和整合资源功能，为我国金融体系的建立奠定了重要的基础。

值得一提的是，在这一阶段，中央政府在资本市场上市制度的设计上同样也进行了探索。1993 年，我国资本市场建立了全国统一的股票发行制度——审批制，发行、审核全部由政府主导。2001 年，在这一制度的基础上，又进行了调整，A 股上市开始采取核准制。核准制是审批制到注册制的过渡机制，核准制不再采用审批制下的额度管理制度。相对审批制，这一制度设计向市场化的方向迈进了一步，为我国资本市场发行制度的下一步改革铺平了道路。

## 三、中期资本市场广度和深度拓展阶段（2005—2016 年）

**2005 年开始的股权分置改革，是我国资本市场发展的一个重要里程碑。它为资本市场广度和深度的拓展创造了潜在空间，由此开启了我国资本市场快速发展阶段。**到 2007 年末，几乎全部 A 股上市公司都参与了股改，我国资本市场已经从制度设计上实现了全流通，长期困扰我国资本市场发展的一个结构化难题基本解决。改革得到了市场的积极回应，上证综指开始一路飙升。借着改革的契机，资本市场又适时推出了多种金融创新以丰富市场结构。2005年，资本市场启动了资产支持证券以及货币掉期业务，债券市场也首次引入以外资机构为发行主体的债券——熊猫债，公司债券发行工作正式启动。2006年，我国资本市场衍生品交易所——中国金融期货交易所正式成立。然而，蓬勃见好的股市迅速借助改革的利好，开始无序发展成为泡沫，系统性风险逐渐累积，最终酿成了我国资本市场建立以来最严重的股灾[i]。

这次股灾引发了国内资本市场监管者的反思，虽然有全球金融危机的影响，但彼时我国资本市场和以美国为首的全球资本市场之间的连接并不紧密，来自全球的因素不足以让我国市场的基本面短期内发生如此大的变化，更重要的是我国资本市场内部结构和相关制度建设问题，尤其是我国资本市场的投资者结构问题开始浮出水面。我国资本市场制度和投资者结构的相对单一，被普遍认为是造成泡沫形成和破灭的真正推手（Xiong and Yu，2011）。因此，从2009年开始，证券监管机构在资本市场的改革方向就是增加市场的深度和广度。自2009年以来，我国资本市场逐步开展了新一轮的改革。在这一系列改革政策中，将资本市场做大做深，使其匹配甚至能够引领我国日益庞大的经济体成为改革重点。具体表现为，在各个层面增加市场多样化、规范市场的同时，使市场同全球资本市场接轨。如2010年，我国市场引入了做空机制和股指期货；2012年，引入创业板；2013年，中国金融期货交易所推出了首批三个5年期国债期货；2015年，上交所推出了第一个50ETF股指期权。这些机制的建立与金融衍生品的推出对完善我国资本市场的交易机制，拓展资本市场的广度深度起到了重要作用。

我国政府在完善资本市场交易机制的同时，也开始关注引导各类投资者减少投机行为，并培养长期的机构投资者。2014年底，“沪港通”的引入使我国资本市场正式开启了双向开放的时代，成为中国资本市场发展的又一里程碑。双向开放的制度对我国股市发展起到了多方面的作用。首先，它成功解决了之前QFII开放渠道不太活跃的问题，通过允许国外投资者直接投资我国市场，丰富了我国资本市场投资者结构的层次；其次，它允许国内投资者直接投资海外市场，为国内投资者提供了多样化的金融资产；最后，双向开放的政策还有助于人民币利率市场化。与此同时，证监会和两个交易所开始着力个人投资者教育和培育机构投资者。机构投资者持仓比例在2012和2013年都相较2007年至2008年期间有大幅上升。

2008年，金融危机带来的影响是全球经济发展迅速减缓，2009年至2011年，“稳经济，保增长”成为当时的主要经济目标。资本市场的建设一如既往地配合这一目标。在一系列经济刺激政策的作用下，资本市场无论是活跃度指标还是市场参与程度从2014年下半年展现出强劲的上升。在当时的经济政策下，资本市场（尤其是股市）的增长反映了投资者对我国经济增长的信心，也有助于引领宏观经济和居民消费。

2014年，国务院发布了《关于进一步促进资本市场健康发展的若干意见》（以下简称新国九条）。报告指出，我国资本市场仍不成熟，一些体制机制性问题依然存在，新情况新问题不断出现。未来需要“拓展市场广度深度，扩大市场双向开放，促进直接融资与间接融资协调发展，提高直接融资比重，防范和分散金融风险。”但新一轮改革未及开展时，金融“脱实向虚”则愈演愈烈，以至2015年新的市场系统性风险爆发，再次发生股灾[ii]。之后，我国资本市场又开始了新一轮的反思和改革。需要肯定的是，虽然2015年的股灾对股市发展造成了冲击，但从2008年开始的我国资本市场的一系列改革对于市场的发展还是起到了很好的推动作用。我国资本市场无论从深度和广度都大大提高。三个股票市场交易所（沪深港）开始协调配合。我国资本市场在经济发展中发挥了不可忽视的重要作用，同时也日益发展成为全球资本市场中的重要一环。

## 四、全面市场化改革及服务高质量经济发展阶段（2017年至今）

**随着我国经济改革深入和产业结构优化，我国经济发展的目标从“稳增长”转向了“高质量经济增长”。资本市场这一时期的改革也突出了服务实体经济的特征。**2016年底，中央经济工作会议首次将“防风险”纳入宏观经济目标，“稳增长、防风险”双底线成为我国宏观经济调控的主要目标。首先，2017年10月，党的十九大报告中明确提出，我国经济已由高速增长阶段转向高质量发展阶段。当年12月召开的中央经济工作会议指出了这一点。其次，2008年金融危机后，流动性泛滥，资本市场“脱实向虚”日趋严重，系统性金融风险不断累积。2015年股灾后，资本市场改革与发展目标也相应地与新的经济目标保持一致——在守住不发生系统性风险底线的同时，保障经济高质量增长。2017年，全国金融工作会议明确提出：“为实体经济服务是金融的天职。回归本源，服从服务于经济社会发展，是做好金融工作的重要原则。”为此，资本市场要强调市场自身规律，利用市场这个“无形之手”来配合“有形之手”。政府监管从行政实质性监管，走向以信息披露为主的透明性监管。这些改革方向既是对党的十八大以来经济改革从稳定增长到高质量增长的呼应，也是我国政府反思资本市场存在问题的解决思路。新的发展方针更好地确保了资本市场平稳增长，特别是更好地成为调节我国经济结构转型、保障高质量发展过程中的枢纽。

在新的经济目标下，资本市场更加坚定地朝着市场化与国际化方向发展。2018年5月17日，摩根士丹利宣布将我国A股逐批纳入其全球新兴市场国家指数（以下简称MCSI指数）。这一决定不仅为我国资本市场带来大量资金以活跃股灾后相对沉寂的市场，还大幅提高了我国资本市场在全球的地位。MCSI指数接纳A股的重要原因，是我国实行了资本市场的双向开放，因此外资机构能够便利地在我国A股市场交易股票，这满足了海外机构投资者调仓的需求。我国为这一目标奋斗了多年，而最后决定性的原因恰是来自资本市场自身的成长。2019年9月10日，国家外汇管理局决定取消QFII和人民币合格境外机构投资者（RQFII）投资额度限制。同时，RQFII 试点国家和地区限制也一并取消，此举又大大提升了外资对中国市场的参与度，是全面深化资本市场改革的又一重要举措。

在新的市场化改革方针下，引入注册制来实现公司上市市场化调节，这是我国资本市场发展的重要里程碑。2018 年，习近平总书记在首届中国国际进口博览会上宣布，在上交所设立科创板并试点注册制。2022 年 3 月 5 日，中央经济工作会议首次提出："全面实行股票发行注册制，促进资本市场平稳健康发展。"注册制的实施将全面改善资本市场生态，是实现市场化、法制化的根本性制度变革，也是资本市场有活力、有韧性的前提条件和"牛鼻子"工程。注册制把筛选"有价值潜力的企业"选择权交给了市场，提供了更加多元化的包容性的发行上市条件，让更多的创新创业型企业成功登陆 A 股市场。从核准制到注册制的转变，体现了我国减少行政干预、更多发挥市场主导作用的决心。

市场化改革的另一举措是要引入不同层次市场竞争，通过竞争进一步完善市场主体服务水平。过去，我国资本市场虽然有不同交易所及板块，但基本交易制度和对象类似，缺乏板块错层。2019 年，上交所引入科创板，并在科创板中采取和其他板块不一样的定位对象和交易制度[iii]。2021 年 9 月 2 日，习近平总书记在 2021 年中国国际服务贸易交易会全球服务贸易峰会上的致辞中宣布："我们将继续支持中小企业创新发展，深化新三板改革，设立北京证券交易所，打造服务创新型中小企业主阵地。"这是对资本市场更好服务于贯彻新发展理念、构建新发展格局、推动高质量发展做出的新的重大战略部署。2021 年 9 月 3 日，北京证券交易所（以下简称北交所）注册成立。这是我国 A 股市场第三家全国性交易所，标志着我国多层级资本市场的发展建设进入了一个新的阶段。发展多层次资本市场，有利于利用不同板块之间的差异，激发企业创新动力，鼓励良性竞争，通过市场自身的调节功能调整我国的产业结构，引导高端创新型产业的发展，从而全面服务高质量经济发展。

## 第二节　我国资本市场的发展成就

经过 30 多年不懈的探索与改革，我国资本市场在整体规模、产品种类和投资者结构等方面都发生了巨大变化。资本市场的广度与深度都有了长足的进步。构建功能齐全、透明度高、成长性好、具有较好流动性的资本市场，已经初见成效。资本市场发展与我国经济发展同频共振，从贡献直接融资、调整产业结构和提高资源配置效率等方面支持实体经济发展。此外，我国资本市场孕育了一批高质量上市企业，并且共同建立和完善了具有社会主义特色的现代企业制度。

## 一、资本市场整体规模得到巨大发展，市场广度与深度不断拓展

### （一）资本市场整体规模的壮大

1990 年，深圳、上海两家证券交易所成立之初，分别只有 5 只和 8 只股票挂牌交易，1990 年，股市总市值为 23.8 亿元，到 2021 年末，上市公司共 4 693 家，总市值 1 143 669.7 亿元，年复合增长率为 40.58%，增长了 38 491.1 倍。

图 3－1 给出了 2002—2022 年的 A 股上升公司总数及流通市值月度变化情况，2002 年的流通市值为 11 928 亿元，2022 年流通市值为 712 086 亿元，年复合增长率为 22.69%，增长了 59.7 倍。图 3－2 为 1993—2021 年股市总市值与 GDP 的比率。图 3－2 显示，股市总市值呈现波动上升，在 2007 年至 2008 年迎来爆发式增长之后又大幅下跌，对应当时的泡沫破裂和 2008 年的金融危机。股市市值与 GDP 比值的波动趋势类似，除 2007 年达到 120%外，其余都稳定在 70%左右，说明股市市值增长与经济增长基本同步，中国股市与实体经济保持基本一致的发展[iv]。

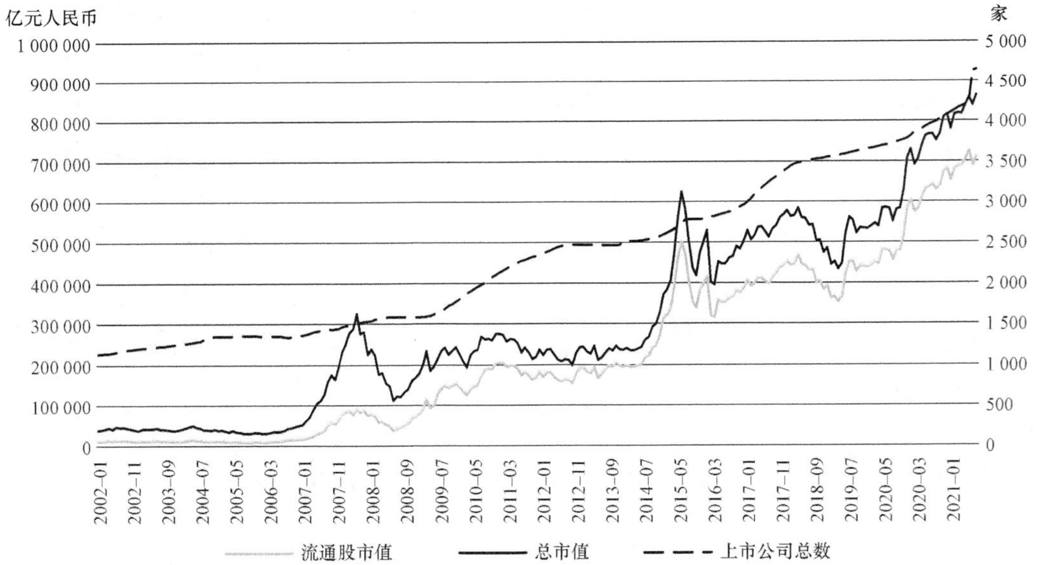


**图 3－1　2002—2022 年 A 股上市公司总数、流通市值及总市值月度变化情况**

资料来源：基础数据来自 Wind 数据库，GDP 数据来自国家统计局网站。

债券市场方面，根据《债券》统计，2021 年，外资增持中国国债逾 2.45 万亿元。2021 年，中国国债被正式纳入富时罗素全球政府债券指数（WGBI），自此全球三大国际债券指数均已纳入中国债券。中央结算公司 2022 年 1 月 10 日公布的数据显示，境外机构在中央结算公司的债券托管量连续 37 个月增加，显示我国债券市场在全球金融资产配置中

的地位不断上升。根据最新统计，目前我国股票市场和债券市场市值都已位列全球第二大市场。

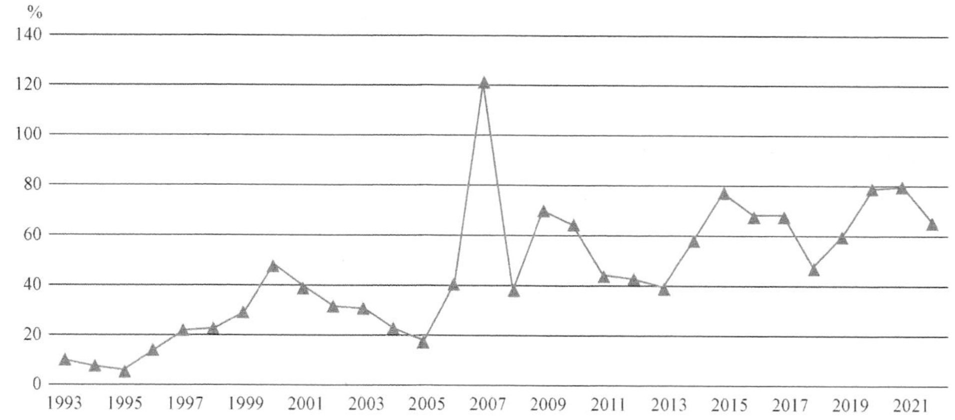


**图 3－2　1993—2021 年股市总市值与 GDP 的比率**

资料来源：基础数据来自 Wind 数据库，GDP 数据来自国家统计局网站。

图 3－3 给出了 2006—2022 年中国债券市场的总市值与 GDP 的比率变化。2006—2022 年，随着我国金融市场不断发展，经济总量规模不断扩大，我国债券市场总市值呈现不断攀升的趋势。由 2006 年 2.2 万亿上升至 2022 年近 80 万亿，尤其是在 2015 年以后，债券市场总市值呈现加速上涨的态势。债券作为主要的融资手段之一，无论是对企业还是政府都是重要的资金来源。债券市场的壮大与成熟，有助于企业融资与政府调节收支，是资本市场的重要组成部分。

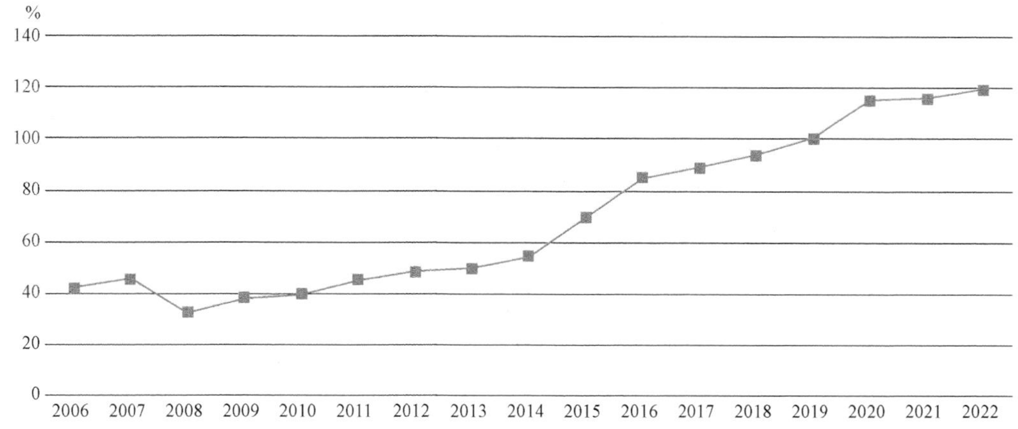


**图 3－3　2006—2022 年债券市场总市值与 GDP 的比率**

## （二）投资者结构趋向多元化

我国资本市场在发展过程中，一方面规模不断扩大，另一方面投资者结构发生积极变化。30 多年来，我国自然人投资者数量增长迅速。中国证券登记结算公司数据显示，我国投资者数量已经突破 2 亿。截至 2022 年 3 月末，投资者数量达到 20 244.94 万户，其中自然人投资账户共 20 138.93 万户，非自然人 48.03 万户。同时，资本市场的参与者也趋向多元，除个人投资者外，机构投资者队伍也越来越壮大，一般法人、境内专业机构投资者和境外机构也越来越多地参与资本市场。其中境内专业机构投资者包括公募基金、私募基金、保险机构、社保基金、证券机构、信托机构和其他机构。境外机构则主要有 QFII、RQFII 和陆股通（来自双向开放的境外投资者）。机构投资者的参与推动了资本市场的发展，同时也随着资本市场的不断发展而壮大。

图 3－4 展示了 2002—2021 年机构持股市值以及其占 A 股总市值的比重。2002 年以来，A 股市值震荡上升，目前达到了 70 万亿元的水平。虽然机构投资者仅有 40 多万户，占投资者总数很少，但其持有的市场份额却不小。截至 2021 年底，机构投资者持股市值达到 762 534 万亿元，持股占总市值比由 2008 年的 6.5%上升到 2021 年的 8.8%。机构投资者持股占总市值和流通总市值的比重整体呈上升趋势。

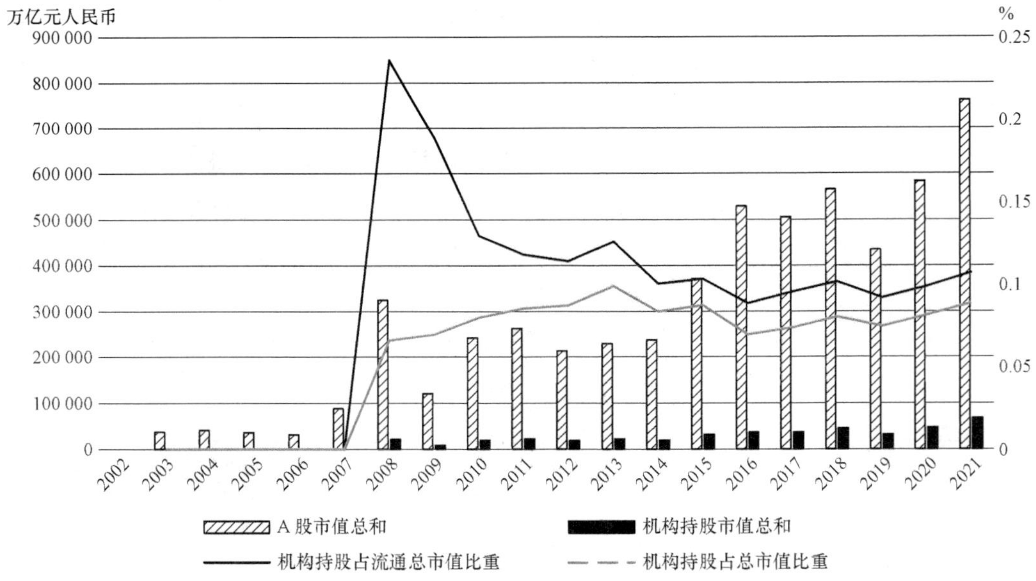


**图 3－4　2002—2021 年机构持股市值及其占 A 股总市值比重**

数据来源：中国证券登记结算有限责任公司。

在机构投资者中，公募基金和私募基金的管理规模也都呈现出较快的增长。wind 数据统计显示，公募基金的规模从 2015 年的 5.24 万亿增长到 2021 年的 25.56 万亿，占总资产管理规模的比例也呈现上升趋势，2015 年第一季度为 22%，在 2021 年底达到了 37.67%。私募基金管理规模则发展更加迅速，从 2015 年的 2.79 万亿增长到了 2021 年的 20.27 万亿，占比从 11.71%上升到了 29.87%。

此外，来自境外的机构投资者作为资本市场的重要参与力量，发挥着越来越重要的作用。在双向开放方面，陆股通与港股通都快速发展。目前陆股通已经成为外资进入我国股票市场的主要途径，为中国股市打开了一扇对外开放的大门。图 3-5 给出了通过陆股通进入的外资持有 A 股流通市值及在 A 股流通市值中的占比。可以看出，从 2016 年到 2021 年，陆股通持股市值稳步上升，2016 年开始从 1 477.78 亿元上升到 16 345.78 亿元。陆股通持股市值占比也大幅上升，从 2016 年底的 0.38%上升到 2021 年的 2.24%。港股通方面，根据中国香港交易所发布的 2021 年市场统计数据，2021 年港股通的成交额为 9.3 万亿元人民币，与 2020 年港股通成交额 5.5 万亿元人民币相比，增幅为 70%。港股通成交金额占港股总成交金额比重持续提升至 13.7%，同比提升 3%。

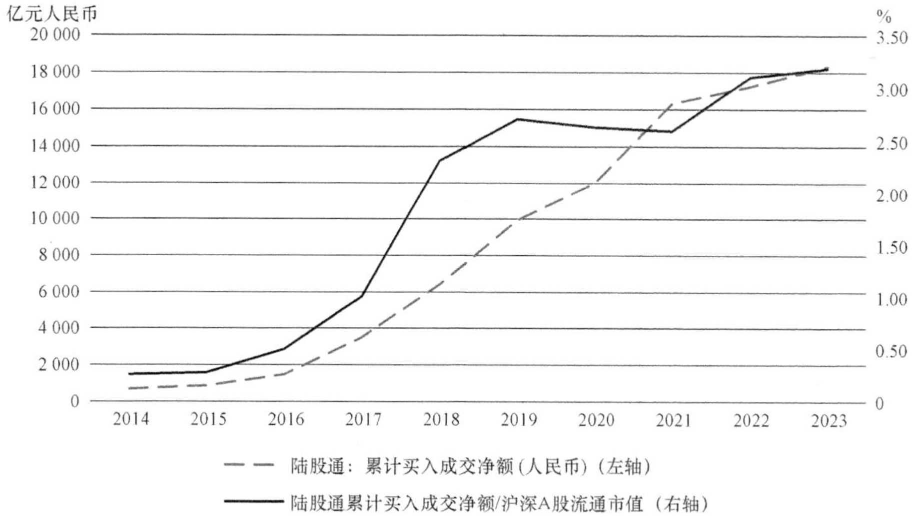


**图 3-5 通过陆股通进入的外资持有 A 股流通市值及在 A 股流通市值中的占比**

## （三）投资品种日益多元化

在十一届三中全会之后相当长的一段时间，我国居民可以投资的品种只有国债。而后，随着资本市场的正式确立和发展，投资品种日益丰富。图 3-6 给出了 2015—2021 年上海证券交易所的政府债、地方债、金融债、企业债、公开与非公开公司债、可转债与可交换债的成交金额。我们可以看到，公司债与可转债增长迅速，公司债所占比例最高。

近年来，随着我国资本市场的迅速发展，国际化与市场化进程加快，金融机构对于精细化风险管理工具的需求增加。各类衍生品得到快速发展，产品类型不断丰富，规模持续扩大。国债期货、金融期权等场内衍生品的上市为投资者实施风险对冲和风险管理提供了更加专业和多样化的选择。

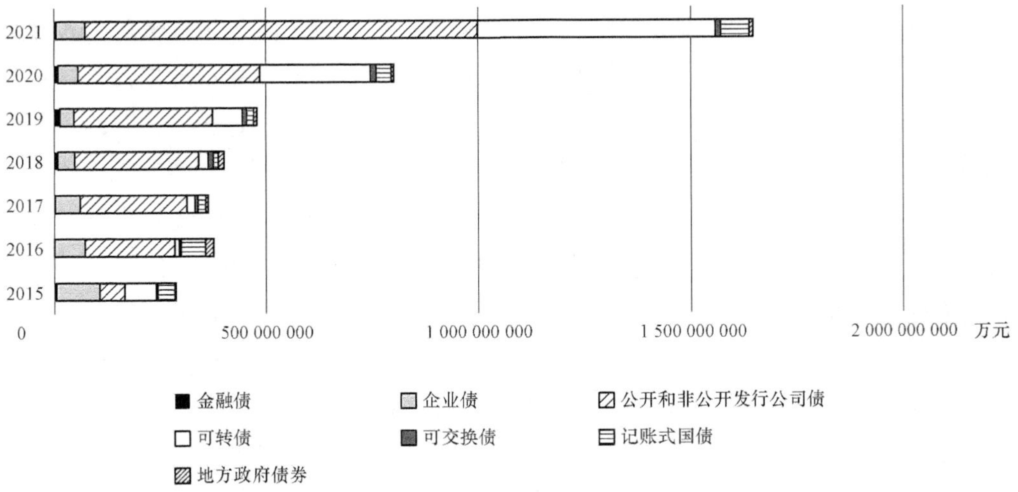


**图 3－6　2015—2021 年我国不同类型债券成交金额统计**

数据来源：上海证券交易所。

图 3－7 给出了 2013—2021 年国债期货成交、持仓情况。从图中可以看出，自国债期货正式在中国金融期货交易所上市交易以来，国债期货日均成交量，日均持仓量出现连年上升趋势。2021 年，国债期货日均成交量超过 10 万手，日均持仓量达到 24.6 万手，已经成为全球交易较为活跃的国债期货品种。从成交持仓比来看，除 2013 年上市初期该比率较高外，2014 年至 2021 年均维持在 40%～70%区间，2021 年该比率由 60%下降至 40%，为近年来最低水平，这一定程度上说明国债期货市场交易更加成熟，投机交易占比不断下降。反映近年来市场规模的不断扩大与市场的不断成熟。

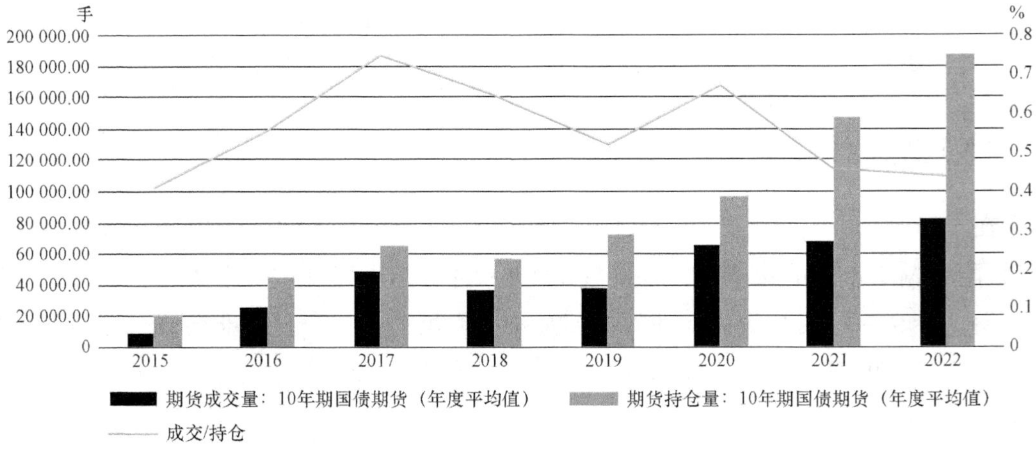


**图 3－7　2015—2022 年 10 年期国债期货成交、持仓情况**

数据来源：中国金融交易所。

金融期权方面，作为我国第一支上市交易的股票指数期权，上证 50ETF 期权自 2015 年上市以来，日均成交量和持仓量均呈现上升趋势，日均持仓量最高达到约 400 万张，日均成交量最高达到约 300 万张。图 3－8 显示，自 2020 年以来 50ETF 期权成交持仓比近年来维持在 80%～120%的较高水平，投资者交易始终保持较为活跃的水平。2019 年，沪深 300ETF 期权挂牌交易，我国股票指数期权市场交易品种和活跃程度进一步提高。为投资者提供了更多投资和风险管理工具的选择。沪深 300 期权作为 A 股宽基指数期权，是衡量我国今年来期权市场发展水平的有效指标。沪深 300 期权 2022 年 3 月日均成交量最高达近 18 万张，持仓量最大的月份超过 20 万张。成交持仓比大致维持在 50%～90%区间，说明期权市场交易活跃度较高，投资者可以利用期权这一有效的金融工具进行投资和风险管理。

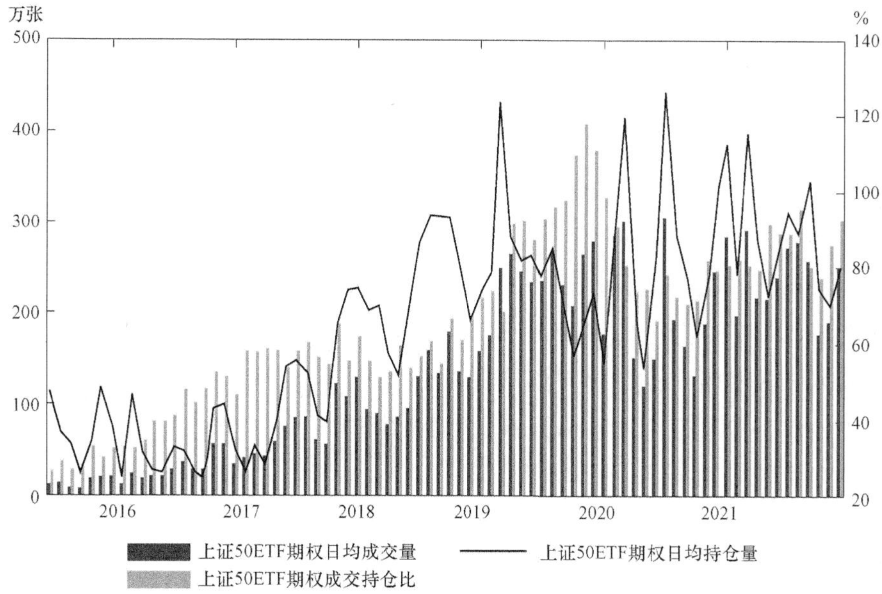


**图 3－8 2016—2021 年上证 50ETF 期权成交、持仓情况**

数据来源：中国金融交易所。

## 二、资本市场服务实体经济效果显著

### （一）资本市场融资功能得到进一步发挥

改革开放之初，为了集中资源高速发展经济，我国形成了以银行为主导的金融体系。随着我国经济的高速发展，产业升级加快和市场化改革的推进，资本市场在金融体系中的重要性不断提升，打破了我国传统的单一间接融资体系，减轻了银行资金的负担和风险。多层次资本市场为一大批有潜力的国有企业、民营企业和科技企业融资提供了有力的资金支持，同时在服务支撑企业壮大方面起到了重要作用，社会融资结构发生了变化。根据央行统计，社会融资规模由 2002 年的 2.01 万亿元增长到 2021 年的 31.35 万亿元，年复合增速 15.55%；

社会融资规模存量由 14.85 万亿元增长到 314.13 万亿元，年复合增速 17.42%。从融资结构来看，2012—2021 年的贷款融资比重都超过了 50%，贷款占绝对比重，尤其是在 2015 年、2017 年和 2018 年超过了 70%。可见，贷款融资是社会融资的主要来源。政府债券融资在社会总融资中的占比增加迅速，从 2018 年的 9.29%提升至 2021 年的 22.39%。企业债券融资在 2012—2021 年一直处于波动，在 2015 年达到 19.08%的最高值，2021 年为 10.49%，较 2020 年回落了 2.27 个百分点。非金融企业境内股票融资在 2012 年至 2021 年一直处于 1%至 7%的区间波动。在 2016 年达到最高值 6.97%。2019 年至 2021 年递增，分别为 1.36%、2.56%和 3.96%。可见，资本市场在社会融资中发挥的重要功能还有很大的提升空间。

### （二）资本市场助力我国经济结构产业调整

随着中国股市的发展，上市公司数量的增多，上市公司涉及的行业以及产业结构也随之发生了变化。同时，我国多层级资本市场也开始建立，国内新兴产业也在资本市场的推动下迅速发展。

表 3－1 给出了 2012—2021 年第三产业比重与第三产业上市公司市值比变化情况。我国国民经济产业结构在总体稳定的情况下，不断优化调整。在保证第一和第二产业基本盘的前提下，第三产业占比不断提升，从 2012 年的 45.5%上升到 53.3%，这说明第三产业已经成为国民经济中的最重要组成部分。但是，从市值来看，第二产业的市值占比在大部分年份里仍旧是三个产业中最高的。2020 年开始的疫情对第三产业的影响显著，市值占比出现了较大的下降。

**表 3－1　2012—2021 年国民经济第三产业比重与第三产业上市公司市值占比**　单位：%

| 年份 | 第一产业比重 | 第一产业上市公司市值占比 | 第二产业比重 | 第二产业上市公司市值占比 | 第三产业比重 | 第三产业上市公司市值占比 |
|---|---|---|---|---|---|---|
| 2012 | 9.1 | 0.68 | 45.4 | 51.15 | 45.5 | 48.16 |
| 2013 | 8.9 | 0.75 | 44.2 | 51.92 | 46.9 | 47.33 |
| 2014 | 8.6 | 0.61 | 43.1 | 47.21 | 48.3 | 52.18 |
| 2015 | 8.4 | 0.97 | 40.8 | 48.83 | 50.8 | 50.21 |
| 2016 | 8.1 | 0.97 | 39.6 | 50.31 | 52.4 | 48.73 |
| 2017 | 7.5 | 0.78 | 39.9 | 52.02 | 52.7 | 47.20 |
| 2018 | 7 | 0.88 | 39.7 | 49.98 | 53.3 | 49.13 |
| 2019 | 7.1 | 1.10 | 38.6 | 51.52 | 54.3 | 47.37 |
| 2020 | 7.7 | 0.94 | 37.8 | 59.85 | 54.5 | 39.20 |
| 2021 | 7.3 | 0.83 | 39.4 | 63.63 | 53.3 | 35.55 |

数据来源：Wind 数据库，国家统计局。

表 3－2 给出了典型行业上市公司总市值在股市总市值中的占比，以及在各自产业上市公司总市值中的占比。在第二产业中，制造业占比较大，且在 2002—2021 年有上升趋势，在第二产业总市值中制造业的占比从 2012 年的 68.64%上升为 2021 年的 94.12%，与此同时，采矿业上市公司总市值在第二产业上市公司总市值中的占比则从 2012 年的 14.78%下降为 2021 年的 3.66%。第三产业中金融业上市公司市值占股市总市值的比重呈下降趋势，从 2012 年的 31.95%下降到 2021 年的 15.94%。新兴行业如信息传入、软件和信息技术服务业在这十年间发展迅速，占第三产业的比重从 4.41%上升到 13.63%，翻了接近三倍。尤其近年来，有关大数据与人工智能、VR、5G、区块链、边缘智能等新技术的交汇融合，新型智慧城市和数字城市建设热潮涌现，推动了信息技术产业持续增长。我国经济的产业结构正在进行优化与调整中，未来第三产业的占比尤其是数字经济占比将有望进一步提升。

**表 3－2　　行业代表性上市公司总市值在股市总市值中及各自行业总市值中的占比**

单位：%

| 年份 | 制造业 | 采矿业 | 第二产业合计 | 制造业/第二产业 | 采矿业/第二产业 | 金融业 | 信息传输、软件和信息技术服务业 | 第三产业合计 | 金融业/第三产业 | 信息传输、软件和信息技术服务业/第三产业 |
|---|---|---|---|---|---|---|---|---|---|---|
| 2012 | 32.36 | 14.78 | 47.13 | 68.64 | 31.36 | 31.95 | 2.31 | 52.27 | 61.12 | 4.41 |
| 2013 | 36.93 | 11.23 | 48.16 | 76.68 | 23.32 | 28.51 | 3.68 | 51.17 | 55.71 | 7.19 |
| 2014 | 34.52 | 10.12 | 44.64 | 77.33 | 22.67 | 30.32 | 3.86 | 54.80 | 55.34 | 7.05 |
| 2015 | 40.80 | 6.15 | 46.95 | 86.90 | 13.10 | 22.08 | 6.22 | 52.13 | 42.35 | 11.93 |
| 2016 | 41.45 | 6.59 | 48.04 | 86.28 | 13.72 | 22.79 | 5.65 | 51.06 | 44.65 | 11.07 |
| 2017 | 43.10 | 6.36 | 49.47 | 87.12 | 12.86 | 24.18 | 4.46 | 49.81 | 48.55 | 8.96 |
| 2018 | 40.29 | 6.66 | 46.95 | 85.82 | 14.18 | 27.22 | 4.62 | 52.24 | 52.11 | 8.84 |
| 2019 | 43.80 | 4.96 | 48.76 | 89.82 | 10.18 | 26.61 | 5.33 | 50.22 | 53.00 | 10.61 |
| 2020 | 54.50 | 3.49 | 57.99 | 93.98 | 6.02 | 20.16 | 4.97 | 41.11 | 49.03 | 12.10 |
| 2021 | 58.53 | 3.66 | 62.18 | 94.12 | 5.88 | 15.94 | 5.05 | 37.03 | 43.05 | 13.63 |

数据来源：根据 Wind 数据库基础数据计算，因四舍五入，结果略有误差。

### （三）上市公司的并购重组带来资源配置功能的完善

并购重组作为资本市场重要的资源配置手段，发挥着整合资源、优化过剩产能、淘汰僵尸企业等重大作用。成功的并购重组，一方面为上市公司带来资本市场红利，另一方面也进一步优化上市公司业务布局，推动上市公司高质量发展。改革开放以来，资本市场逐渐成为并购重组的主渠道。Wind 数据显示，在 A 股市场上，2021 年共有 162 起上市公重大并购重组事件，其中，第二产业重组事件占比下降，尤其是制造业重组事件的数量和占比连续四年下跌，从 2018 年的 68.57%下降到 2021 年的 50%。总体来看，第三产业重组事件占比上升，从 2018 年的占比 28.57%上升到 2021 年的 46.30%。其中，批发和零售业重组事件数量和占比逐年上升，从 2018 年的 4.49%上升到 2021 年的 14.81%。重大重组事件发生较多的还有电力、热力、燃气、水的生产和供应业、信息传输、软件和信息技术服务业和房地产业。而 2021 年开始，房地产业的并购重组事件占比大幅下降，与 2020 年相比下降了 4.5%。由此可见，资本市场在调节资源分配，优化产业结构方面起到了积极作用。

## 三、资本市场帮助我国上市企业做大做强

我国资本市场的发展带动了上市公司治理水平不断提高。图 3－9 给出了 2003—2021 年我国公司治理指数的变化情况，可以看出中国上市公司治理水平在 2003—2021 年总体上不断提高，其中 2015—2021 年历年提升幅度依次为 0.61、0.42、0.18、0.35、0.17、0.3 和 0.56。上市公司治理评价结果显示我国上市公司治理水平达到了一个新的高度，股东治理维度、经理层治理维度、信息披露维度和利益相关者治理维度均呈现上升态势。同时，董事会治理维度略有下降，监事会治理维度与上年持平。

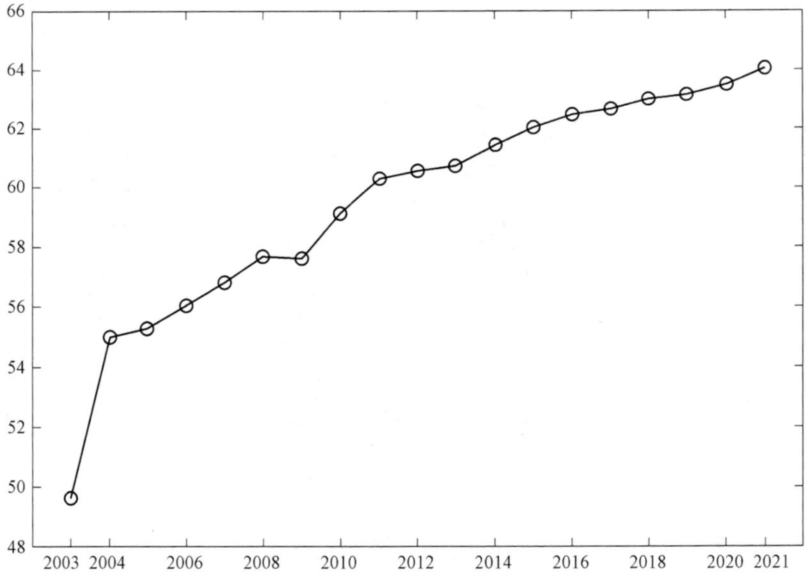


**图 3－9 2003—2021 年公司治理指数**

数据来源：南开大学公司治理评价课题组每年发布的《中国公司治理评价报告》。

资本市场的发展培育了一批实力强劲的企业。图 3－10 给出了 2006—2021 年我国企业进入世界 500 强的公司。我们可以发现，我国进入世界 500 强的公司数量快速增长，

从 2006 年的 23 家变化到 2021 年的 143 家，增长了 521.7%。这在一定程度上也反映出中国经济近年来的高速增长。2014 年，中国上榜公司达到 100 家，2019 年的数量首次超越美国，达到 129 家。2019 年至 2021 年，超过数量分别为 8、12 和 21 家。从中国世界 500 强上榜公司营业收入总额来看，2006 年营业总收入为 6 801.55 亿美元，2021 年为 93 668.781 亿美元，增长了 13 倍多。2021 年，中国有 9 家 ICT 产业公司进入世界 500 强。2021 年我国上榜的互联网相关公司共有 4 家，分别是京东集团、阿里巴巴集团、腾讯控股有限公司和小米集团，美国有 3 家，分别是亚马逊、Alphabet 公司、Face book 公司。信息和通信技术（ICT）产业体现了现代高新技术发展的水平，显示了我国在互联网领域的强劲发展。

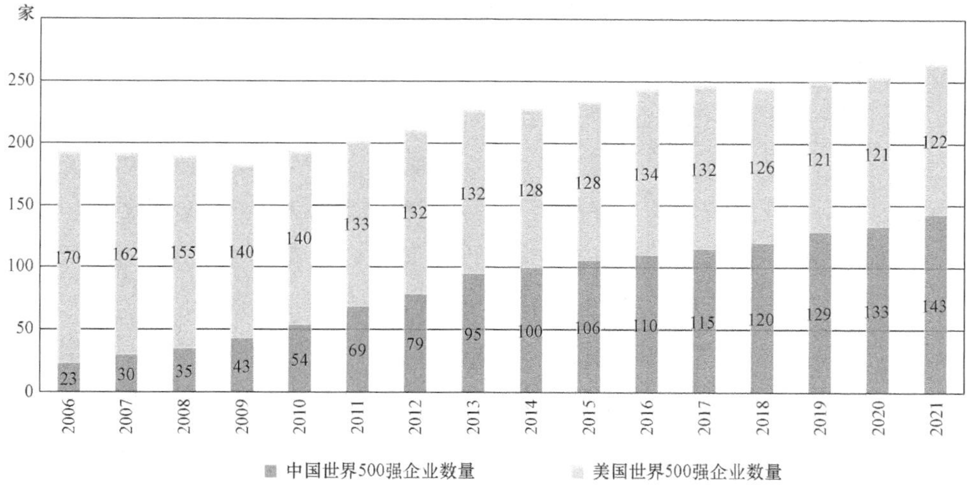


**图 3－10　2006—2021 年中美世界 500 强企业数量**

数据来源:https://www.kaggle.com/datasets/joshuawilkosz/fortune-500-2006-to-2020?select=fortune500_2020.csv.

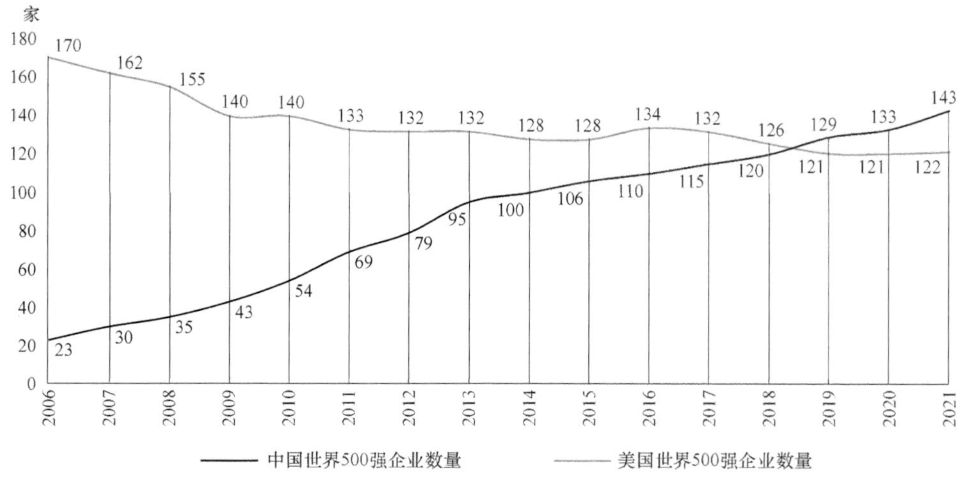


**图 3－11　2006—2021 年中国世界 500 强企业数量**

数据来源：https://www.kaggle.com/datasets/joshuawilkosz/fortune-500-2006-to-2020？select=fortune500_2020.csv.

# 第三节 我国资本市场发展面临的挑战

经过 30 多年的探索与发展，中国资本市场在制度、结构、规模和功能等方面都发生了重大变化，然而，在资本市场定价效率、个人投资者和机构投资者比例、股市异常波动，以及在政府引导和市场化中寻求平衡等方面，仍存在诸多挑战。

## 一、如何提升我国二级市场的定价效率

在我国资本市场发展中，比较重视开发一级市场的融资功能，相对轻视二级市场价格效率的提升。资本市场的有效性主要反映在价格能迅速反映信息、信息质量的高低、信息的透明度。2021 年，我国 GDP 总量达到 114.4 万亿元人民币，已经连续多年稳居世界第二的位置，但是资本市场的发展并没有和经济发展完全对应起来。在成熟的资本市场里，股市是经济的晴雨表，但是在我国，资本市场并未完全反映经济的发展。我国资本市场虽然在规模上保持了快速增长的态势，但是在质的改善上还比较缓慢，一个重要的表现就是资本市场的效率较低。具体表现在资本市场的信息质量不高，交易信息噪声大，资产价格波动大。我国资本市场的信息质量不高，原因之一是因为上市公司存在“做假账”“隐瞒信息”等情况。同时，我国 A 股市场一直存在着严重的 IPO 抑价的现象（刘煜辉，熊鹏，2005；田利辉，2010；刘煜辉，沈可挺，2011；魏志华等，2019）。此外，我国独有的“壳资源”现象也说明了资本市场的效率较低（屈源育等，2018）。我国资本市场也因为一些机制的不完善，如 T+1、卖空限制等，以及一些制度的模糊和缺失导致我国资本市场的定价效率一直被诟病。广大个人投资者也没能在二级市场上通过交易资产实现财富的提升（Jones et al.，2021）。因此，二级市场的定价效率需要进一步提升。

资本市场的定价效率和价格发现功能是资本市场深入改革的重要目标。在现代金融体系中，二级市场的资产价格是资源配置、公司治理、投资者财富管理等多项功能的重要参考指标（张昌彩，1998）。未来，我们要继续提升资本市场的定价效率，完善资源配置功能，更好地辅助实体经济，同时也要得到全社会的认可。可以说，提升我国资本市场二级市场的定价效率是我国资本市场下一步发展的关键。

## 二、如何降低个人投资者市场直接参与比例

我国是人口大国，改革开放以来，广大人民有着日益增长的财富管理的需求，而目前我国资本市场无论投资工具还是投资渠道都比较有限，因此，我国个人投资者直接参与资本市场（特别是股票市场）交易的比例远高于全球其他主要市场。截至 2021 年底，

市场上开户超过 1.9 亿，其中超过 99%是个人投资者。上海证券交易所的统计显示，每年的交易中超过 85%来自个人持股账户[vi]。过多的个人投资者直接参与市场交易会带来很多的弊端。研究显示，我国绝大多数个人资本市场参与者缺乏必需的金融素养，个人投资理念不成熟，多数个人投资者因为不具备专业知识，对公开信息缺乏足够的把控能力，在投资过程中常会表现出过分自信，行为和效益容易出现极大偏差。具体表现在：过度交易、高换手率、股民盲信虚假信息，导致“炒新”“炒壳”“炒概念”等异象，投资者的投机行为盛行等（Liu et al.，2021）。这些现象扰乱了市场的正常定价功能，同时证券市场换手率过高，缩短了投资者持股时间，也降低了投资的收益率。因此，现代金融学理论证明，个人投资者倾向于过度交易，而他们的交易会造成自己财富的缩水（Barber and Odean，1998）。这一点在很多国家（包括我国 A 股市场）得到了证明。

因此，在当代几乎所有成熟的资本市场中，机构投资者都是市场的主导者。与个人投资者相比，机构投资者具有更强的信息获取与分析能力，机构投资者的长期投资在维持市场稳定、快速形成均衡价格、改善公司治理结构等方面都起到了积极作用。而过多的个人投资者群体会阻碍机构投资者的发展。因为机构投资者会被吸引追逐短期利益，而放弃长期投资，目的就是从个人投资者处获利。这不仅会影响我国资本市场的最优投资者结构，也会影响资本市场开放的效果。针对我国资本市场存在大量散户这一问题，“十四五”规划中明确提出要“大力发展机构投资者”，强调了未来资本市场的投资者结构将发生变化。近两年我国公募基金等专业机构投资者数量开始大幅增加，价值投资成为未来资本市场的核心投资理念。但是，数量庞大的个人投资者群体始终没有退出市场，而是每当市场进入牛市后就开始大量涌入，在助推资产价格波动的同时，也造成个人金融财富的损失，这将是未来我国资本市场良性发展的一大阻碍。

## 三、如何避免股市异常波动，防范系统性风险

回顾我国资本市场的成长过程，一个显著的特点就是高增长伴随着高波动。相较全球其他主要经济体，我国资本市场尤其易爆发极端波动。2008 年 1 月和 2015 年 6 月，我国 A 股市场分别经历了两次规模很大的股灾。而彼时，我国 A 股市场已经经历了股权分置改革，且市场的深度和广度都有所加强。两次股灾都对投资者的信心造成了重大打击，政府为挽回投资者信心和稳定市场也付出了巨大的成本[vii]。虽然两次股灾都引起了监管机构的深入反思，并促成了一系列的市场改革政策的推出，但市场过度波动的弊端很明显，尤其在我国当前处于金融市场改革的阶段，容易造成金融市场的动荡并影响其他经济领域的正常运行，引发系统性风险。为此，党的十九大报告中专门谈到要规避金融市场的系统性风险。2022 年 2 月 22 日，习近平总书记在中共中央政治局主持学习时再次强调要防范市场极端波动，建设一个有韧性的资本市场。

如何避免资本市场的异常波动一直是一个棘手的问题。因为价格异动通常是以前期资产价格大幅偏离基本值而形成泡沫开始。有效的方法是能在泡沫形成阶段将其识别并遏制。然而，目前发现泡沫的形成阶段通常伴随着市场改革或新制度的引入[viii]。这些制度和革新本意是为了规范和活跃市场。但由于我国资本市场的基础薄弱，市场结构不完善等原因导致市场最终失控，引发了资产价格的大起大落。而随着我国资本市场改革的深入和规模的扩大，新的交易机制和金融产品肯定会越来越多地被引入，如何保证改革的进一步深化，推进新的制度建设顺利进行，同时又让市场平稳，避免极端价格波动带来的恐慌和系统性风险，将是我国资本市场监管工作面临的挑战。

### 四、如何在政府引导和全面市场化中寻求平衡

关于政府在资本市场发展中所起的作用，学术界和政策制定者们一直有分歧。学者们普遍认为政府应该给予金融市场发展充分的自由，尽量避免行政干预。而在现实中，市场经济很少完全依靠“看不见的手”自我调节，尤其是新兴市场国家。纵观我国资本市场的发展历程，可以清晰地看到政府在引领资本市场改革的过程中起到了非常关键的作用。这些改革，尤其是在早期的阶段，对于资本市场的健康发展起到了良好的推动作用。一些貌似影响市场效率的规章制度在实际应用中也起到了为我国资本市场结构服务的作用[ix]。然而，随着资本市场规模的壮大，对资本市场的行政干预很多时候会适得其反。我国政府已经完全意识到这一点，党的十九大报告明确说明，我国资本市场要逐渐恢复市场功能，减少行政干预。

应该说我国的经济体制结构和相对比较薄弱的资本市场基础决定了我国资本市场的发展无法脱离政府的引导，但另一方面，过度的政府干预却可能向市场中注入噪声，我国特有的国情决定了投资者可能会追逐噪声，而使政府的政策适得其反（Brunnemeier et al.，2021）。因此，关键在于如何在政府引导和市场调节之间寻求平衡。

上述四个方面是目前我国资本市场进一步发展面临的主要挑战。纵观这四个挑战本身，它们彼此之间呈现出高度的关联。深入思考会发现这些挑战其实源自我国独特的经济发展和社会背景。本书认为这些挑战主要围绕两条主线展开：一条是我国的资本市场结构中，个人投资者直接参与市场交易的比例过高；第二条是我国资本市场一直坚持的政府主导的变革方向。这两条主线一直贯穿我国资本市场改革开放的进程，也再次说明我国资本市场的发展不能照搬西方理论，一定要走出一条自己的道路。

## 第四节　资本市场发展支撑经济高质量发展的理论逻辑

“十四五”时期，我国开启全面建设社会主义现代化国家的新征程，经济发展将由高

速增长转向高质量发展阶段，通过自主创新发展、进一步扩大高水平开放、从制度层面改善收入分配和市场经济法治化的角度实现经济发展的主要目标——经济发展取得新成效和民生福祉达到新水平（张晓晶，2021）。资本市场的改革与开放对实现这一经济目标具有举足轻重的作用。经济高质量发展的两个关键是供给侧结构性改革和经济双循环体系。而发达的资本市场对这两个方面都有关键性的帮助。首先，供给侧结构性改革的核心是技术的创新。西方发达国家设置自由贸易和关键技术壁垒，妄图遏制我国从经济大国转变为科技强国。资本市场一方面可以帮助我国自己培育创新型企业，另一方面可以利用国际资本的流动，引入国际机构投资者来改善我国投资者结构，提高市场质量。其次，经济双循环的关键是拉动内需。资本市场的发展有助于提高居民储蓄回报和通过改善投资者的财富管理能力来提高投资者财产性收入，进而刺激消费，带动内需。

综上所述，在目前的关键时期，利用好资本市场，在最大程度上可以更好地服务实体经济。本书认为资本市场的发展可以从**“扶持企业创新、融入全球市场、改善收入分配和提高资源配置效率”**四个方面加速实现经济的高质量增长。

## 一、通过引入多层次资本市场扶持创新型企业，进一步优化我国产业结构，深化供给侧结构性改革

“十四五”规划纲要中明确提出“以推动高质量发展为主题，以深化供给侧结构性改革为主线，以改革创新为根本动力”，我们要实现创新，就需要加快资本市场的发展。这是因为，创新是我国经济新常态下引领经济增长的关键，是“十四五”期间国家经济发展的核心目标，也是当前深化供给侧结构性改革的重心所在。一方面，当前复杂的国际形势对我国企业的创新道路设置了诸多障碍。美国及西方发达国家在我国创新的道路上围追堵截，通过贸易战等一系列手段限制我国的高科技企业发展，并引发贸易保护主义的全面抬头。在这种情况下，我国能否利用自身市场发展创新的能力就尤为关键。当前，我国正面临产业结构升级，经济发展重心逐渐从传统的制造业转向信息技术、软件服务等科技创新型产业。与传统企业不同，这类科技企业通常为轻资本企业，难以对资产有效定价并抵押获得银行贷款，而资本市场的直接融资功能可以相对有效定价，因此健全完善的资本市场制度将有利于培育优质的科技创新型企业。

另一方面，从国际经验来看，直接融资的迅速发展往往与产业升级紧密相连，同时直接融资的迅速发展也会促进科技产业崛起，从而带来资本市场的发达。20 世纪 80 年代后，美国知识密集型制造业和现代服务业加速发展，资本市场连接资金与创新型企业的作用充分发挥，吸引资金持续流入。从结果来看，20 世纪 80 年代以后，市场中通信和信息技术类企业股票市值占比迅速扩张，美国直接融资占比重新明显回升。不光是美国，韩国资本市场的发展也与 20 世纪 80 年代其半导体产业的崛起相辅相成。由此可见，

科技创新带来的产业升级促进资本市场的迅速发展，而资本市场的快速发展也会带来科技创新型企业的壮大。

因此，“十四五”规划明确提出：“增强多层次资本市场融资功能”“完善资本市场基础制度，健全多层次资本市场体系”“提高直接融资特别是股权融资比重”“全面实行股票发行注册制，建立常态化退市机制，提高上市公司质量，深化新三板改革”。这些目标与资本市场的发展壮大是密不可分的。

## 二、通过资本市场制度型开放进一步融入全球市场，提升居民财富管理水平

“十四五”规划明确提出：“稳妥推进银行、证券、保险、基金、期货等金融领域开放，深化境内外资本市场互联互通，健全合格境外投资者制度。”因此，进一步扩大高水平开放，建设更高水平开放型经济新体制，加快建设与国际高标准贸易和投资通行规则相互衔接的市场规则制度体系，是全面深化改革的重中之重。然而，在当前国际背景之下，经济体制的全方位开放受到了多方面的阻碍，资本市场开放是我国在开放领域的一个重要突破口。

首先，全方位的资本市场双向开放，有助于我国资本市场融入全球市场。全球资本的流动在过去半个世纪一直呈上升趋势，而我国资本市场同全球市场的相关性较低，将为全球投资者提供良好的财产避险通道。其次，我国资本市场融入全球市场后，国际基金购入我国股票债券可以为我国上市企业获得更多资金。而且，来自发达国家的投资也有助于我国经济结构调整。一般来说，跨境机构投资者是比较有经验的机构投资者，他们一般倾向于长期持股，比较善于挖掘有发展潜力的创新型企业。最后，资本市场开放，将有助于人民币利率市场化改革。双向开放中的跨境资金，将通过离岸人民币市场转换为外资，活跃离岸人民币市场汇率，影响境内人民币市场汇率改革。

## 三、通过提高居民财产性收入调节居民收入再分配，进而拉动内需，支持经济双循环

“十四五”规划明确提出：“拓展居民收入增长渠道”“多渠道增加城乡居民财产性收入”“创新更多适应家庭财富管理需求的金融产品”。我们要以国内大循环为主体、国内国际双循环相互促进的新发展格局为基础，提升内需，以达到国内市场和国际市场之间的功能互补。在我国经济结构向“后工业化”转型的过程中，通过提高生产力来增加劳动者工资收入进一步刺激内需的空间非常有限（刘志彪、凌永辉，2020），当前更有效的途径是通过良好的资本市场运行提高民众的财产性收入。一个发达的资本市场可以通过两个渠道有效拉动内需：一是提高资源配置效率，做大做强优质企业，增加投资者的回报；二是让居民直接参与二级市场交易，实现财产性收入的增长。这样可以调节居民收

入再分配，增加可支配收入。因此，资本市场的发展，既可以实现对居民财产性收入再分配，也可以有效地为居民养老储备提供支撑，还能有效地调动居民储蓄用于支持企业发展，提高资源配置效率。

### 四、通过依靠市场自我调节优化资源分配，提高资本市场对经济指标的预期作用

“十四五”规划明确提出：“充分发挥市场在资源配置中的决定性作用”“提高金融监管透明度和法治化水平”。这表明，未来我国资本市场的改革将朝着弱化行政干预，强化市场化和法治化的方向进行。在我国社会主义市场经济建设过程中，政府的行政干预有效地引导了我国经济走上快速发展的道路，并在较短的时间内取得了前所未有的发展成就。但在后期也显现出了一些弊端。政府对资本市场自上而下的监管方式不可避免地引入了大量的行政干预，这种干预一定程度上影响了资本市场的资源配置效率。完善资本市场的法治建设，健全法律制度，是建设有韧性的、开放的、稳定的、规范的、有活力的资本市场的保障。

我国政府已经充分意识到市场化与法制化对保障市场稳定，促进经济健康发展的重要作用，提出了一系列新的改革措施。如2019年第十三届全国人大常委会第十五次会议审议通过的《中华人民共和国证券法》是中国资本市场法治建设的重大进展，具有里程碑意义。同时中央明确通过一系列举措使行政化干预逐步退出资本市场，比如2020年在创业板试点注册制，十四五规划提出“在股票市场全面实施注册制”，2020年退市制度改革以及发布再融资新规等，这一系列的改革有效地促进了资本市场的市场化进程。资本市场配置效率的提高有助于经济高质量发展，资本市场作为宏观经济的“晴雨表”，可以被用来预测经济走势。这一指标越准确，就可以越好地协调和指导经济各部门资源的配置。从这个角度说，这一现象也可以产生“溢出”效应。这一效应将帮助各经济领域建立有序市场，以提升资源配置效率，并保障高质量的经济发展。

## 第五节　对我国资本市场未来发展的展望

“十四五”规划为我国建立强大、有韧性和国际化的资本市场明确了方向，党的十九届五中全会进一步强化了资本市场的重要发展地位，并强调要“推动金融更好服务实体经济”“对金融体系进行结构性调整，大力提高直接融资比重”“发挥资本市场对于推动科技、资本和实体经济高水平循环的枢纽作用”。在这一方针指引下，资本市场被提到了引领科技创新，具有枢纽作用的重要战略地位，由此可见，当前资本市场的枢纽功能已经成为共识。展望未来，在加快构建双循环新发展格局的新形势下，我国的资本市场将

进入更加开放与市场化的新阶段，资本市场的结构将进一步优化，机构投资者的比例逐渐上升，个人投资者将通过投资基金、保险等金融资产来提升个人财富。我国资本市场上市公司的数量与质量都将有所提升，上市与退市都更加规范。我国资本市场的功能将更加完善，资源配置功能与配置效率都将有更大的提高。同时，我国资本市场在全球化、数字经济和绿色经济等方面将发挥更大的作用。

**第一，资本市场将成为全球金融中心与资产配置中心。**进入 21 世纪第三个十年以来，国内和国际形势都发生了巨大的变化。新冠疫情的出现，对全球经济都造成了很大的影响。首先，以美国为首的发达国家，由于对疫情反应不力，经济遭受重创，而中国是唯一保持增长的经济体。其次，欧美持续阻挠我国企业在海外的发展，尤其在科技、信息、人工智能等领域对我国进行各种封锁和限制，企图干扰阻断我国在科技创新方面的进程。再次，各种突发的地缘冲突时有发生，如俄乌冲突等将导致更多的政治与经济环境不确定性。针对当前复杂的国际经济环境，资本市场应该在优化产业结构和深化供给侧结构性改革，提高资源配置效率，构建强大有韧性、开放的市场环境，提高人民财富管理水平方面发挥重要作用。未来，我国资本市场将继续发挥引领经济高质量发展的枢纽功能，构建现代社会主义市场经济体系，将我国建设成为未来的全球资产配置中心与国际金融中心。

**第二，资本市场的数字化建设将日益完善。**金融科技的快速发展为资本市场的数字化转型提供了基础。大数据、云计算等人工智能技术在信息甄别、风险防范等方面起到了积极作用，为规范经济运行，进一步提高经济效率提供了必要的技术保障。随着各种海量数据、结构化数据、非结构化数据的大量涌现，需要更加高效的数字化基础设施来推动资本市场的快速发展。资本市场的数字化建设也将有助于未来金融市场的信息透明和安全，有利于金融监管部门的实时监管，在防范金融风险方面起到积极作用。

**第三，资本市场发展将有力支撑和加快绿色产业发展。**“十四五”规划提出：“推动绿色发展，促进人与自然和谐共生。”由此可见，发展绿色经济是我国当前高质量经济发展的重要目标。与其他行业相比，绿色产业投资风险大。因为绿色产业的发展需要持续地投入高科技与新技术、新工艺，并且高科技和高投入贯穿于产业发展的全过程。资本市场既可以满足绿色产业的融资需求，也可以利用资本市场的风险分散功能和资源配置功能来支持绿色产业发展。资本市场未来将大力支持绿色产业企业上市融资，引导更多资金进入绿色产业，分散企业发展风险，缓解绿色企业的融资难问题，更好地支持绿色经济发展。此外，资本市场也将进一步推广绿色创新金融产品与衍生工具，鼓励 ESG（环境、社会、政府）投资，提升企业的可持续成长能力，实现“碳中和”目标。

党的十九大报告中指出：“中国特色社会主义进入新时代，我国社会主要矛盾已经转化为人民日益增长的美好生活需要和不平衡不充分的发展之间的矛盾。”未来资本市场的发展将围绕解决这一新时期的主要矛盾，尽快实现 2035 年的远景目标，进入“共同富裕社会时代”，即“人民生活更加美好，人的全面发展、全体人民共同富裕更为明显的实质性进展”。我们相信，更加紧密地团结在以习近平同志为核心的党中央的周围，坚持党的领导，坚定不移地走市场化、法治化的路线，能够为我国经济带来持续稳定的增长，同时也会进一步推动我们的资本市场更加健康快速的发展与完善！

**注释：**

i　2008 年 1 月—2008 年 10 月，上证指数 6 124 点跌至 1 664 点，历时 10 个月，最大跌幅达 72.8%。

ii　2015 年 6 月—2016 年 1 月，上证指数从 5 178 点跌至 2 638 点，历时 8 个月，最大跌幅达 49.05%。

iii　同其他板块不同，我国科创板针对有巨大潜力的创新型企业。交易中采用 20%的涨跌停，并在上市制度中全面引入注册制。

iv　巴菲特在 2001 年为《财富》撰写的文章中提到，股市市值与 GDP 的比值是衡量股市估值最好的单一指标，他认为当该比率在 70%～80%之间是投资股票的好时机，这也恰好预示着金融市场和实体经济之间的关系。

v　https://baijiahao.baidu.com/s?id=1725526302634266416&wfr=spider&for=pc.

vi　http://www.sse.com.cn/aboutus/research/special/c/5470974.pdf.

vii　根据媒体报道，证金公司投入 2 万亿资金救市，https://www.jiemian.com/article/329313.html。

viii　比如，2008 年股灾前恰逢我国通过“股改”引入非流通股上市，同时还作为对价工具等引入了权证等衍生工具；而 2015 年股灾前几年我国引入了股指期货和两融业务，并且在 2014 年融资和场外配资蓬勃发展（Bian et al., 2021）。

ix　比如，边江泽等（2016）发现上海证券市场个人投资者参与交易的程度同股票波动率成正比。

# 第四章　资本的正反论——跨境资本的“溢出”与“挤出”效应

习近平总书记在2022年4月29日中央政治局第三十八次集体学习时强调，我们“持续扩大对外开放，着力构建以国内大循环为主体、国内国际双循环相互促进的新发展格局，建设更高水平开放型经济新体制”。以国内大循环为主体、国内国际双循环相互促进的新发展格局的基础是提升内需，以达到国内市场和国际市场之间的功能互补。当前的研究显示，在我国经济结构向“后工业化”转型的过程中，通过提高生产力来增加劳动者工资收入进一步刺激内需的空间非常有限，当前更有效的途径是通过良好的资本市场运行提高民众的财产性收入（刘志彪、凌永辉，2021）。而一个发达的资本市场可以通过两个渠道有效拉动内需：一是提高资源配置效率，做大做强优质企业，增加投资者的回报；二是让居民直接参与二级市场交易，实现财产性收入的增长。然而，由于我国的资本市场的建立时间还不长，从改革开放到现在，虽然市值目前已经位居世界第二，但是仍然存在效率偏低和资源配置功能不够完善的问题，同时资本市场的价格波动剧烈，股民中散户占有较高比例，且投资理念不成熟，“炒新”“炒概念”“炒壳”等行为影响了资本市场的定价功能，同时，我国资本市场在短短十年间经历了2008年与2015年两次大的股灾事件，可以说资本市场并没有帮助广大投资者实现财富增值，导致我国资本市场被长期诟病。

党的十八届三中全会明确了“资本市场双向开放”的战略目标，希望以开放促改革，通过一系列渐进式开放，加快我国资本市场与国际市场的对接，推动境内资本市场微观运行机制的优化与完善，提高我国资本市场的质量（祁斌，2015）。在这一目标的指引下，2014年11月沪港股票市场交易互联互通机制（以下简称“沪港通”）正式开始实施。之后，“深港通”和“债券通”也顺利开通。2018年底，“沪伦（伦敦）通”也成功推出。这一系列的资本市场开放措施在加速我国资本市场融入全球市场的同时，也引入了海外的跨境资本。研究发现，资本市场开放后的跨境资本是推动新兴市场融入全球市场和本地市场变革的核心力量。然而，这一重要资本有两面性：一方面，跨境资本可以改善国内市场质量；另一方面，跨境资本的逐利特性也可能使它们为了谋求自身利益最大化而损害我国经济的发展。习近平总书记强调，应在社会主义制度下规范和引导资本健康发展。相比我国境内的资本，跨境资本在监管上难度更大。因此，深入分析跨境资本的两面性及其对我国市场形成影响的具体机制具有重要的经济和战略意义。

跨境资本对本国经济的影响一般被认为包括两个方面：一方面，跨境资本可以通过投资或扶持本地迫切想要发展的龙头企业，帮助其获得资金或技术优势，借以推动整个行业的发展，帮助本国经济领域发展，这个被称为跨境资本的“溢出”效应；另一方面，资本的逐利特征可能使其罔顾本地市场的需要，而只是追求资本在所在国的利益。比如将这些国家居民生活所需，但却相对收益较低的夕阳产业搬到资本输入国，这会间接造成资本输入国本地的行业发展的不均衡。需要迫切发展的新兴产业可能由于无法获得足够的资金而停滞，甚至被砍掉。这被称为是跨境资本的“挤出”效应。

我国从近代以来有三次比较大的跨境资本投资潮。第一次是从 1840 年到卢沟桥事变前的 1936 年，处于半殖民地半封建社会的中国也是很多海外资本的投资场所；第二次是在改革开放之后，从 1990 年开始到 2010 年，我国迎来了一波外商直接投资（以下简称 FDI）的热潮；第三次是在资本市场双向开放之后（2015 年）至今，跨境资本以投资 A 股市场的形式再次进入我国，且规模和影响都是前所未有的。

## 第一节　近代外商在华投资与中国经济发展

我国近代曾经经历过一次跨境资本的投资潮。从 1840 年第一次鸦片战争到卢沟桥事变前的 1936 年。我们民族资本形成的过程曾经遭受过跨境资本的冲击。当时我国处在半殖民地半封建社会的阶段，有两个行业是跨境资本流入的重点行业：煤炭业和棉纺织业。当时煤炭开采业原本是清政府很看重的民生行业，然而由于清政府的财税政策，民营和官办资本发展不太顺利。来自欧美的跨境资本介入之后，通过“挤出”效应将其他资本排除出去，通过控制这一行业不仅为自己攫取财富，也在一定程度上制约了清政府。棉纺织行业的主要跨境资本来自日本。日本跨境资本在这一行业中最初展现出了一定程度的“溢出”效应。然而，在后期，日本跨境资本展现出强烈的“挤出”效应，将民族资本排除出棉纺织业，使这一行业完全被日本资本控制，为日本提供了大量廉价的产品。近代中国市场的经历展现了跨境资本的双面性，同时也提醒我们，在民族产业羸弱的背景下，来自发达国家的跨境资本大多会因为逐利而展现出“挤出”效应。

## 第二节　改革开放后的外商资本流入与中国经济发展

改革开放以来，中国丰富的、廉价的劳动力和中央、地方政府的一系列优惠政策吸引了大量外商来中国直接投资（FDI）。据统计，1993 年中国 FDI 年流入量已经位于发展中国家首位，至 2002 年甚至超过了美国，成为世界第一。学者们的研究发现，FDI 确实对中国经济的发展产生过“溢出”效应。大量的研究表明，外商直接投资是中国经济得以持续 30 年高速增长的重要推动力。FDI 流入给相对落后的中国带来了急缺的资金和技术，促进了 GDP 的增长，增加了财政收入，改善了对外贸易状况。同时，也带来了先进的管理模式，引入了竞争，有助于促进国内企业加快改革的步伐，推动国内企业的进步，创造了更多的就业机会，解决了民生问题。学者们通过对 2001—2008 年的高技术行业进行面板数据实证分析，发现 FDI 对我国高技术产业自主创新能力的提高主要是通过行业间溢出渠道产生的。采用 2005—2009 年的数据，分析浙江整个地区 FDI，发现 FDI 显著帮助了民营企业资本的生成和发展。这也是 FDI 在资本生成层面的“溢出”效应。由此不可否认在中国工业化初期，FDI 对中资企业的创办、经营等，无论是主观上还是客观上都具有不可忽视的“溢出效应”，这种溢出效应既包括了 FDI 在投资国形成的示范效应和培训效应；也包括了中资企业积极主动地模仿、学习以及创新的各种活动，即模仿学习效应与竞争效应。与漂洋过海相比，在国内向外资企业学习，由于没有地域隔阂、语言障碍，学习方便，成本低廉；外资企业进入中国后，为了适应中国国情，一般都有一个中国化的改造过程，较之照搬外国模式，适用性更强、见效更快。

很多学者通过研究发现，中国通过吸引外资虽然促进了经济的快速增长，但是大量 FDI 的涌入并没有促进国内资本的形成，反而对国内投资产生了“挤出”效应。跨国公司的进入导致国内市场竞争加剧，产生新的市场竞争压力，私人企业缺乏融资渠道无法筹借资金进行新投资，而国有企业的效率低下使其无力竞争；外资企业在华投资主要出于抢占市场份额从而占领甚至垄断本地市场的目的，其行为会直接影响国内企业再投资的能力。还有学者认为，FDI 对东道国的投资具有“溢出”和“挤出”的双重效应。国内资本稀缺时，FDI 有助于促进生存的扩大和市场的繁荣，国内资本更容易发现投资机会，从而增加国内的投资。但是，随着东道国资本存量的增加，资本投资收益率被压缩，FDI 会凭借其在技术、管理能力上的优势挤占东道国资本的投资渠道，减少国内资本的投资，助长资本外逃。“挤出”效应会随着 FDI 的不断增加而趋于明显。这一现象很像近代日本跨境资本对清政府棉纺织业的影响效应。

这一阶段，从技术进步的角度看，FDI 的引入的确对国内的技术进步有推动作用，但是，也存在发达国家先进企业利用 FDI 将本国已接近淘汰的技术销往我国的现象。东道国无法获得合资企业的控制权，没有技术自主权，无法接触到核心技术，企业的自主研发能力丧失，国内企业的市场份额下降。这一“挤出”效应在汽车、电子仪器、机械设备、批发零售行业都有所体现。

## 第三节 资本市场双向开放后的跨境资本与中国市场发展

随着我国资本市场的建立和发展，跨境资本的形式也从 FDI 逐渐转变成为资本市场投资。作为 2001 年我国进入 WTO 的一项计划，2002 年 12 月，合格境外机构投资者（QFII）项目宣布实施，允许境外机构投资者投资于国内市场。2011 年 12 月，香港推出人民币 QFII（RQFII）项目，允许境外机构投资者通过离岸人民币账户投资国内资本市场，参与者最初都是内地的资产管理公司，2014 年拓展到内地资产管理公司和券商在香港的分支机构。以上项目针对的都是机构投资者，且有比较高的参与门槛和额度限制，所以这些项目在我国资本市场的投资并不活跃，通过这些项目进入我国的跨境资本一直也不多。

而资本市场双向开放推出之后，由于取消了对资本输出主体的一些限制，海外投资者可以直接控制账户进行跨境投资，这一市场骤然活跃起来。而随着摩根士丹利公司宣布将中国 A 股纳入其新兴市场指数，跨境资本开始大量进入我国资本市场。由于地理位置，我们通常将从香港流向（上海或深圳）A 股的资本称为北上资本。2021 年，北上资本的净流入人民币 4 321 亿元，远超同期 QFII 和 RQFII 的资本净流入，接近同期 FDI 资本流入（1 734 亿美元）的 40%。而北上资本的特点是它还会积极地参与资本市场的交易。北上资本在 2021 年（考虑买卖双向）总成交额超过 25 万亿元，成为我国 A 股市场最为活跃的投资者群体之一。从数据上可以看出北上资本在 A 股市场上进出频繁，这也加剧了对北上资本进行监管的难度。

我国 A 股市场上有一个影响北上资本的独特机制。目前对沪深股通跨境资金的分析中，Bian 等（2022）发现沪深股通交易额占市场总交易额的比例比较低，但仍能对市场上的股票价格或波动率产生影响。那么，应该是有一个机制能够使投资者识别跨境交易并放大其作用。这一效应来源于香港联合交易所（港交所）的一个独特的制度。港交所从 2016 年 5 月开始，一直在其网站上公开南北向资金每日在双方交易所每只股票的持仓。这等于给出了跨境资本的投资信号，我们称之为“信号”效应。A 股的国内投资者就可以识别并跟随北上跨境资本。由于我国 A 股市场目前有接近 2 亿的投资者账户，其中超过 99%为个人账户，因此这一“信号”效应可能导致个人投资者的羊群效应。这就会扩大跨境资本对我国 A 股市场和经济的影响。这一效应在其他跨境项目，如 QFII 中并不存在。

目前虽然跨境资本在 A 股市场交易量占比并不高，但是“信号”效应的存在导致其对我国资本市场的影响不容忽视。我国开放市场的初衷是希望借助境外机构投资者成熟的理念逐步改变国内投资者的投资行为，并希望跨境资本能够帮助扶持具有发展潜力的科技创新型企业，并引领投资风潮，提高A股资源配置效率。这就是A股跨境资本的“溢出”效应。但是资本的逐利性可能会驱使跨境资本并不打算长期投资我国A股市场，而是采取投机的方式赚快钱。他们的这一行为可能通过“信号”效应导致被很多个人投资者所模仿，反而加大了A股市场投机的程度，降低了市场资源配置的效率，使真正需要资金的有发展潜力的高科技创新型优质企业无法获得关注而难以发展。这就是跨境资本的“挤出”效应。

那么，当前我国市场上的跨境资本对我国经济的发展究竟是“溢出”还是“挤出”效应？作者的研究显示，“溢出”和“挤出”效应都存在。“溢出”效应反映在跨境资本体现出了长期价值投资者的一些特征。一方面，目前的研究显示，跨境投资者普遍换手率比较低，持有期比较长。这在一定程度上带动了A股投资者的投资习惯，有助于改善A股投资者结构。但另一方面，跨境资本逐利的本质使他们在投资A股市场的时候基于资产配置的角度会选择一些很“中国化”的企业进行投资，而非监管机构希望的优质科创型企业。比如，数据显示跨境资本大量投资A股的白酒类企业（如茅台、五粮液等），而投资科创类企业的比例很低。这可能是源于国际上的跨境资本认为他们可以在纳斯达克市场选择更加成熟的科创类企业。这一投资趋势在我国A股市场通过“信号”效应造成茅台等酒类价格高居不下，吸引大量资金。这一“挤出”效应导致了市场配资效率的降低，值得关注。

综上所述，本章通过对上述三次我国经历的重要外资流入阶段和影响的梳理，简要分析了我国跨境资本流入中的“溢出”和“挤出”现象。当然，不可否认的是，无论是外商直接投资还是北向资金的投资，都起到了活跃市场，创造就业机会等作用。整体上对我国经济和市场发展的帮助是很明显的。但是，从资本服务实体经济的角度，尤其是在当前北向资金投资占主导的局面下，我们希望尽量引领跨境资本实现“溢出”效应，而避免“挤出”效应的出现。既要承认和尊重资本的价值，充分运用资本有利于生产力发展的功能，发挥资本的积极作用，又要深刻认识资本的逐利性和贪婪性。不唯资本是从，不做资本的附庸，防止资本的无序化。

# 第五章　资本市场服务实体经济、实现全体人民共同富裕的理论逻辑与路径

## 第一节　引　　言

共同富裕是中国特色社会主义制度的根本体现，也是我国建设现代化大国的根本要求。社会主义制度要求我们把逐步实现全体人民共同富裕摆在首要位置，在不断创造和积累社会财富的同时，要坚决防止两极分化。在以习近平同志为核心的党中央坚强领导下，经过全党各族人民持续奋斗，我们如期全面建成了小康社会，实现了第一个百年奋斗目标，开启了第二个百年奋斗目标的新征程。当前，我们到了扎实推动共同富裕的历史阶段。因此，正确认识和把握实现共同富裕的战略目标和实践途径，对于我们稳步迈向共同富裕具有重要理论意义和实践价值。

实现共同富裕，要充分发挥市场作用，尤其是资本市场的收入调节功能。共同富裕，不是单纯的个人或家庭货币收入上的富裕，而是包括人民充分、公平享受公共福利和公共服务的富裕，更是人的全面发展意义上的富裕。因此，共同富裕与资本市场的资源合理配置关系密切。为了实现共同富裕，就应当加强科技创新，推动资本市场的发展，使其有效配置资源的作用得到进一步发挥。金融市场作为社会财富的周转场域，加速了社会资本的积累，也极大地鼓励着人类的科技进步与财富创造，具有重要地位。然而，当前大多数研究却忽略或未重视资本市场在实现共同富裕中扮演的重要角色，对实现共同富裕的基础性制度还处于探索阶段。

资本市场是一个重要的经济交易平台，它为企业提供融资渠道，也为投资者提供投资机会。实际上，资本市场的发展可以促进实体经济的发展，同时也有助于实现全体人民共同富裕。一方面，通过资本市场，企业可以获得更多的融资渠道，提高企业的融资效率和降低融资成本，从而支持企业的发展。资本市场也可以提供信息披露、监管和评价等服务，促进企业的规范化经营和管理，提高企业的质量和效率。企业的发展和壮大，又会带动就业增长和国家经济的繁荣。另一方面，资本市场为广大投资者提供了一种获得财富的途径。投资者可以通过资本市场购买多样的金融产品，分享企业的收益。同时，

资本市场也可以提高个人和家庭的财富管理能力，为个人和家庭提供更多的投资选择和机会。这有助于缩小贫富差距，促进全体人民共同富裕。

由于目前还缺乏理论深入阐述资本市场的发展同共同富裕之间的关系，因此本书从资本市场服务实体经济的角度，探讨如何进一步完善和发展资本市场的基础制度与功能，使之更好地服务实体经济，达到全体人民共同富裕。尝试从中观层面对资本市场更好地服务于共同富裕给出一些（制度上的）建议。

## 第二节　文献综述

### 一、共同富裕的探索历程与内涵阐释

#### （一）共同富裕的探索历程

共同富裕的探索历程大致可以分为四个阶段：新民主主义革命期、社会主义革命和建设期、全面实现小康后的改革开放与社会主义现代化建设的新时期和实现期。近年来，学界广泛开展了党对共同富裕四个主要阶段及其特征的探索研究。以各阶段的主要历史贡献和意义为参照，石文静（2021）将这四个阶段定义为“打开共同富裕的大门”“奠定共同富裕的基础”“开辟共同富裕的道路”“迈出共同富裕的新步伐”。相似地，谢小飞和吴家华（2021）也以各阶段大事件的意义为参考，总结出“新民主主义革命的胜利创造根本政治条件”“社会主义革命和建设时期成为初步探索阶段”“改革开放和社会主义现代化建设新时期进入探索的全方位提速阶段”“党的十八大至今以来是全面深入和逐步实现阶段”。蒋永穆和豆小磊（2021）定义这四个阶段为初萌期、初步探索期、质升期、初步实现期。付文军和姚莉（2021）从党和国家的重要举措出发，将四个阶段依次凝练为以“抓革命、促生产”为核心的初试期，以“巩固政权、恢复民生”为目标的反复尝试期，以“改革开放、先富带动后富”为举措的全面探索期，以“激发社会活力、扎实推进共同富裕”为内容的新时期。黄一玲（2021）认为，从共产党发展历史来看，对于共同富裕的探索，先后经历了新中国建立前革命时期对共同富裕的理论思考和实践探索，新中国成立初期超常规发展战略下的共同富裕探索，改革开放政策下的先富带后富发展，新时期以人民为中心的发展几个不同阶段。陈燕（2021）也从历史发展脉络梳理出共同富裕实践的四个阶段，即新民主主义革命时期（1927—1953 年），社会主义革命和建设时期（1953—1978 年），改革开放新时期（1978—2012 年）和中国特色社会主义新时期（2012 年至今）。总体而言，对党探索共同富裕的阶段的特点，学者们的概括各不相同，但在这四个阶段的着眼点上却有着高度的相似性。

### （二）共同富裕的内涵阐释

共同富裕的内涵在共同富裕的探索中越来越丰富，阐释愈发清晰。针对这一概念，原来较为片面和狭隘的“同等富裕”“平均富裕”或“同步富裕”（李娟，2007）已经转向到改革开放后的全面认识。改革开放以后，邓小平同志在总结我国社会主义建设过程中正反两方面经验的基础上，结合其他国家的建设情况，对共同富裕的理论和实践作了深入的思考，指出走社会主义道路就是要逐步实现共同富裕。

进入新时期，学者们就共同富裕的内涵和地位进行了更广泛、更深入的讨论。曹海军和梁赛（2022）深度结合党的报告，从理论、历史、现实三个逻辑维度讲述了共同富裕的目标因由，从全面、公平、差别三个逻辑区别出共同富裕的独特内涵，并在宏观、中观、微观三个维度给出了实践路径。李泽泉（2011）认为，共同富裕是党矢志不渝的目标，也是中国特色社会主义的本质特征，未来应当坚定不移地走共同富裕道路。刘东超（2022）则在共同富裕的方向上创新性提出了精神生活的共同富裕，强调其与物质生活的同等地位。任保平（2021）就新发展阶段共同富裕的新内涵、新目标、新特征进行了分析。韩步江（2017）指出，共同富裕需要注重共享发展理念，强调对共同富裕的具体的、历史的、辩证的理解。王立胜（2021）同样关注共享发展，指出共同富裕需要以共享发展为先导和基础，并且是经济发展和基本公共服务的全面共享。杨文圣和李旭东（2022）从共同富裕的本质内涵出发，讨论了共有、共建、共享在社会主义、人民主体、公平正义等方面的内涵，并解释了这三者之间的关系。顾海良（2021）从共同富裕是社会主义的本质要求出发，衍生阐释了共同富裕是“社会主义本质理论在新时代的接续和拓展”，是“对新发展主要矛盾发展趋势的深刻把握”，是“对‘中国式现代化’特征的深刻探索”，是“对‘人类文明新形态’内涵的深刻论证”，是“对中华民族伟大复兴主题的深刻探索”。张占斌和吴正海（2022）重点讨论了共同富裕的科学内涵，那就是全体人民共同富裕，全面发展，公平公正，差别有序。并且，在实践路上应当强化总体设计，完善政策体系，夯实经济基础。杨煌（2021）比较全面地论述了共同富裕在脱贫攻坚战基础上的新发展目标，提出处理好所有制、分配制度等几对关系从而扎实推动共同富裕。李军鹏（2021）进行了共同富裕的概念辨析，总结了中国共产党探索共同富裕道路的经验与启示，并指出未来战略目标。刘荣军（2022）在马克思财富哲学领域进一步探讨了共同富裕的内涵，结合三次分配，从对象性本质、社会性本质和主体性本质三个维度进行了汇总。陈新（2021）同样聚焦于马克思主义财富哲学领域，从马克思主义财富观出发，走向现实共同富裕的逻辑建构和路径选择。刘长明和董庆强（2021）基于马克思政治经济学，从最底层的学理和法理基础解释了“共同富裕何以可能”。陈友华和孙永健从现实问题入手，结合国际经验，从财富创造、财富再分配、财富又分配三个阶段给出了共同富裕的路径选择。邱卫东和高海波（2019）从新中国成立开始，讨论了70年中共同富裕的前提、路径、保证和导向，并针对现实挑战在理论、实践和战略维度给出了应对策略。刘旭雯（2022）抓住新时期“推动共同富裕取得更加明显的实质性进展”这一要义，从“为什么要推进”“推进什么”“谁来推进”“如何推进”四个层面阐释了共同富裕的科学含义。侯晓东、朱巧玲和万春芳（2022）一方面总结了共同富裕的发展历程，另一方面在实践创新的基础上给出了高质量发展下共同富裕的路径选择。方世南（2021）深度结合习近平总书记于《求是》杂志发表的《扎实推动共同富裕》(2021年第20期)，凝练了唯物史观、现代化建设和“五位一体”协调发展三个高度，点明了共同富裕的基本内涵、重大价值和主要路径。刘文祥（2021）总结了学界在共同富裕思想的基本内涵、生成逻辑、实现路径和存在分歧等方面取得的成就和未来方向。刘培林、钱滔、黄先海和董雪兵（2021）对共同富裕的研究较为全面，深入解释了共同富裕的实质战略、发展方式和测度体系。从内涵来看，学界的研究可以总结为以下三点：第一，共同富裕的基础是生产力高度发展，社会财富高度积累。共同富裕并非一朝一夕之功，先谈“富裕”才能谈“共同富裕”。必须保证“蛋糕”逐步发展、越做越大。第二，共同富裕的覆盖范围是全体人民，不是少数人的富裕，也不是部分地区的富裕（李军，1998），也不是两极分化的富裕，是城乡差异、群体差距不断缩小，处于合理差距层次的富裕。第三，共同富裕是多层次的富裕，是物质上的富裕和精神上的富足相统一。由此看来，共同富裕不仅需要在物质层面上完成脱贫，更需要在精神层面上完成脱贫。

## 二、关于新时代下共同富裕的实践路径及资本市场作用

如何结合社会发展和我国国情，真正走好共同富裕的道路，是学术界深入探索的时代命题。从广泛意义上来看，学界主要聚焦于马克思主义政治经济学观点、以现实问题为导向推导解决路径、理论与实践结合的全方面建设和金融服务于共同富裕这四个大的角度。由于本书着重探讨的是资本市场服务实体经济、实现全体人民共同富裕的路径，因此主要介绍第四个角度。

截至目前，已有不少学者认识到了资本市场在支持共同富裕方面具有重要作用。国家金融与发展实验室副主任刘瑶指出，应发挥金融政策的再分配效应，推动金融工具创新和创新金融体系的顶层设计，通过金融手段助力实现共同富裕。在资本市场方面，她认为，深化要素定价市场化改革，促进金融市场结构优化，实现金融机构功能发展，才能实现共同富裕，进而提高金融市场的资源配置效率和价格发现功能。上海新金融研究所（SFI）副所长刘晓春也认为，要实现共同富裕，必须进一步推动市场发展，促进科技创新，发挥金融的作用，使资源在市场中有效地配置起来。金融支持共同富裕，需要做好金融服务向善、金融机构向善和金融监管向善三个方面的工作。中国区域经济50人论

坛成员、中国财政科学研究院党委书记刘尚希提出，共同富裕不能仅仅着眼于流量分配，而应该存量、流量双管齐下，追溯贫富差距的真正来源，从户籍、土地、产权、金融等领域的制度改革入手，努力构建更加公平、更可持续的共同富裕市场体制机制，最后传导落实到民生领域。中国社科院财经战略研究院院长何德旭、副研究员谭洪波就具体的角色扮演方式进行了较为实际的阐释：第一，资本可以通过先补贴后收益的方式重塑市场结构，迅速形成垄断，从而使市场收益重新分配；第二，资本的投机行为和由此导致的经济泡沫，会在无形中重新分配社会财富；第三，生产中的资本和劳动往往呈现收入分化的趋势；最后，他们分别对一次分配、二次分配制度建设提出了一些政策建议。在“2021 中国金融学会学术年会”上，中证金融研究院院长张望军表示，金融和资本市场促进优质发展、共同富裕，主要可以从四个方面着手：增加直接融资比重，加快形成创新资本，支持绿色低碳转型发展实体经济，促进形成更有利于发挥财富管理功能的市场环境。因此，我们可以看到，不管是学界还是业界，资本市场助力共同富裕始终是热点讨论话题，也需要凝聚社会共识、明晰发展方向。

### 三、研究评述

总体来看，学界对共同富裕实践路径的探索角度多样，但若将其具体实现路径进行转化归类，大致可分为四个方面：利用经济制度与措施、鼓励兼顾公平与效率、夯实脱贫攻坚与完善“五位一体”建设，这是当前共同富裕与中国金融市场的主流互动讨论方向。以上综述能够帮助梳理出共同富裕与我国金融市场，尤其是资本市场的互动逻辑，有助于把握共同富裕推动社会经济持续发展的内在机理，从而为资本市场助力共同富裕的实践路径做出进一步探索。此外，虽然现有研究对共同富裕的内涵及其实现路径已经做了较为充分的探讨，但是部分内容重复性研究比较多，且主要还是停留在共同富裕早期阶段。随着我国迈入新发展阶段，这一时代背景与现实需求呼唤着学界关于共同富裕的时代特点和实现路径的新思路研究。因此，本书从资本市场的角度出发，分析它在实现共同富裕方面的实现途径。为中国全民提供一个实现共同富裕的新方案。

## 第三节　资本市场服务实体经济，实现共同富裕的路径分析

共同富裕的重要标志之一是中等收入群体的规模和比重较大。因此，应当在收入和财富的分配结构中扩大中等收入群体规模，帮助更多低收入人群跨栏过关，进入中等收入行列。值得注意的是，这一目标同党的十九大报告提出的内循环的重要战略目标一致。内循环的一个重要条件是提高内需。而刺激居民内需的关键就是提高居民的可支配财富。在我国经济结构向“后工业化”转型的过程中，通过提高生产力来增加劳动者工资收入，

进一步刺激内需的空间非常有限，当前更有效的途径是通过良好的资本市场运行提高民众的财产性收入。因此，金融市场（特别是资本市场）能够有效降低居民财产性收入的不均衡。国际货币基金组织 2020 年 1 月的报告指出，全球收入不平等在过去 20 年中有所下降，这在很大程度上是由于金融产业的政策和金融技术的进步促进了普惠金融，特别是中国和印度等大型经济体，允许越来越多的低收入家庭和小企业积极参与经济建设，增加了全民的财产收入与流动性。

改革开放 40 余年，资本市场的高速发展为我国经济腾飞提供了大量的财富积累。我国经济增长不仅提高了居民的当期消费，也增加了财产规模。资本市场是我国社会主义市场经济的重要组成部分，其发展完善对于我国经济稳中向好发展具有不可替代的关键作用，同时其也是引领创新发展、建设现代化市场体系的重要力量。

图 5－1 给出了 1990—2021 年我国 A 股市值与 GDP 占比的变化。可以看出，股市总市值在 2017 年以后逐年上升，股市总市值占 GDP 的比重目前处于 80%的高水平。可见，资本市场在我国国民生产总值中占有极其重要的地位。积累国家财富，提高人民收入水平，增加居民财富和对居民收入进行再分配与资本市场有着千丝万缕的联系。“十四五”规划中强调要充分发挥市场在资源配置中的决定性作用，通过完善资本市场制度建设深化金融供给侧结构性改革。

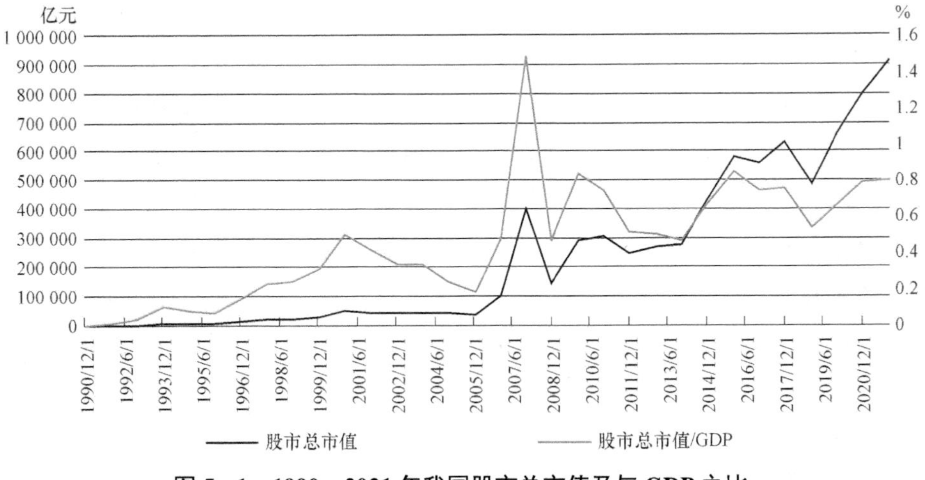


**图 5－1　1990—2021 年我国股市总市值及与 GDP 之比**

创新，是我国经济新常态下增长动力转换的关键，是“十四五”期间国家经济发展的核心目标，也是当前深化供给侧结构性改革的关键所在。然而，当前复杂的国际形势对我国企业的创新道路设置了诸多障碍。美国及西方发达国家在我国创新的道路上围追堵截，通过贸易战等一系列手段限制我国的高科技企业发展，并引发贸易保护主义的全面抬头，给世界经济的增长前景蒙上阴影。在这种情况下，我国如何利用自身市场发展创新的能力就尤为关键。一个发达的资本市场可以通过两个渠道有效拉动内需：一是提高资源配置效率，做大做强优质企业，增加投资者的回报；二是让居民直接参与二级市场交易，实现财产性收入的增长。这样可以调节居民收入再分配，增加可支配收入。我们认为，资本市场推动实现共同富裕的具体路径可以归结如下。

**1. 资本市场定价效率的提升和资源配置功能的完善可以有效推动我国产业结构的升级，优化产业比例，提升上市公司的质量，保障企业职工的工资收入，从而为全体人民共同富裕提供坚实的物质保障**

我国早期的产业结构以第一和第二产业为主。随着我国经济的高速发展，产业结构面临调整和升级转型。传统的工业、制造业、基建和地产等所占份额有所减少，新的经济增长点将聚焦于软件、信息技术、现代服务业等科创型企业。表 5－1 给出了 2012—2021 年三次产业比重与三次产业上市公司市值占比变化情况。我国国民经济产业结构在总体稳定的情况下，不断优化调整。在保证第一和第二产业基本盘稳定的前提下，第三产业占比不断提升，从 2012 年的 45.5%上升到 2021 年的 53.3%。说明第三产业已经成为国民经济中最重要的组成部分。虽然自 2020 年以来，第三产业受疫情影响较大，但是可以预见疫情之后，第三产业发展将保持快速增长的趋势。

**表 5－1　2012—2021 年我国国民经济三次产业比重与三次产业上市公司市值占比**

单位：%

| 年份 | 第一产业比重 | 第一产业上市公司市值占比 | 第二产业比重 | 第二产业上市公司市值占比 | 第三产业比重 | 第三产业上市公司市值占比 |
|---|---|---|---|---|---|---|
| 2012 | 9.1 | 0.68 | 45.4 | 51.15 | 45.5 | 48.16 |
| 2013 | 8.9 | 0.75 | 44.2 | 51.92 | 46.9 | 47.33 |
| 2014 | 8.6 | 0.61 | 43.1 | 47.21 | 48.3 | 52.18 |
| 2015 | 8.4 | 0.97 | 40.8 | 48.83 | 50.8 | 50.21 |
| 2016 | 8.1 | 0.97 | 39.6 | 50.31 | 52.4 | 48.73 |
| 2017 | 7.5 | 0.78 | 39.9 | 52.02 | 52.7 | 47.20 |
| 2018 | 7 | 0.88 | 39.7 | 49.98 | 53.3 | 49.13 |
| 2019 | 7.1 | 1.10 | 38.6 | 51.52 | 54.3 | 47.37 |
| 2020 | 7.7 | 0.94 | 37.8 | 59.85 | 54.5 | 39.20 |
| 2021 | 7.3 | 0.83 | 39.4 | 63.63 | 53.3 | 35.55 |

数据来源：Wind 数据库，国家统计局。

从中国世界 500 强上榜公司营业收入总额来看（如图 5－2 所示），15 年间中国企业占据世界 500 强企业营业总额的比例也大幅提升。在 2006 年为 3.59%，2021 年为 29.56%。

**图 5－2　2006—2021 年中国世界 500 强企业营业收入总和占比**

上市公司的实力增强，既有利于我国经济的稳定，也有助于企业职工的职业规划，保障企业职工的工资收入水平，为全体人民共同富裕提供坚实的物质基础。

**2. 多层次资本市场建立有助于扩大直接融资比例，推动科创型企业的上市，让更多的有潜力的优秀企业进入资本市场，提升我国资本市场的整体投资价值**

过去，我国的融资方式主要以银行间接融资为主，但是随着产业升级，原有的融资方式不适合为科创型企业融资，因为这类企业风险高，未来不确定性大，且科创型企业需要持续投入，大部分这类企业不如成熟的大企业拥有有形的资产，通常情况下其核心资本为人力资本和知识产权，这类资产定价困难，也不宜作为抵押，这与银行需要融资企业有稳定的资金收入来源相悖。且企业高昂的研发投入也难以在短时间内转化为盈利，易增加银行体系风险。因此，以资本市场为主的直接融资将作为更加有效的支撑科创型企业发展的融资方式。

多层次资本市场建立有助于扩大直接融资比例，推动科创型企业的上市，让更多的有潜力的优秀企业进入资本市场，为资本市场注入新鲜血液，增加金融市场的活力。同时，引入多层次资本市场相互竞争，可以进一步优化我国产业结构，深化供给侧结构性改革。因此，“十四五”规划明确指出：要“增强多层次资本市场融资功能”“完善资本市场基础制度，健全多层次资本市场体系”等。这些目标与资本市场的发展壮大是密不可分的。

2022 年 3 月 5 日，中央经济工作会议首次提出：“全面实行股票发行注册制，促进资本市场平稳健康发展。”注册制的实施将全面改善资本市场生态，是实现市场化、法制化的根本性制度变革，也是资本市场服务实体经济、引领我国经济体制转型的“牛鼻子”工程。从核准制到注册制的转变，体现了我国更多发挥市场主导作用和让资本市场服务我国科技创新事业和引领经济结构转型的决心。

注册制把筛选“有价值潜力的企业”选择权交给了市场，提供了更加多元化的，具有包容性的发行上市条件，让更多的不满足主板上市条件但是具备优质潜力的创新型企业登陆A股市场。通过市场化手段，提升资本市场的资源配置与资产定价功能，发挥资本市场的“晴雨表”功能。而发达有效的资本市场又能进一步推动企业完善公司治理，提高上市公司质量，促进企业创新。通过完善资本市场的基础制度，将优质的有价值的公司留在资本市场，进而提升我国资本市场的整体投资价值。

**3. 资本市场有助于改善收入分配：通过提高居民财产性收入调节居民收入再分配**

就我国经济结构现状而言，短期内通过提高生产力来增加劳动者工资收入，进一步刺激内需的空间非常有限，当前更有效的途径是通过良好的资本市场运行提高民众的财产性收入。发达的资本市场可以让居民直接参与二级市场交易，实现财产性收入的增长。这样可以调节居民收入再分配，增加可支配收入。

2020年，中国居民财富总额突破78万亿美元，仅次于美国。中国居民财富的60%为房产，其余40%为金融资产。调查显示，2021年第三季度以来，股票/基金类、贵金属、海外资产投资意愿指数均有不同程度的上升[①]。互联网理财平台、基金公司和券商，市场偏好分别占比为27.8%、22.6%和10.6%。其中，资本市场为满足居民购买各类境内、境外的金融产品提供了广阔的途径。居民通过资本市场购买各类金融资产获得相关收益，一部分是为了满足个人消费及家庭支出，另外还有很重要的一部分则是用于未来养老。《中国养老金融调查报告（2021）》显示，在养老金融参与方面，银行存款依然是居民进行养老财富储备时的主要偏好，达到50.81%。其后，选择依次是商业养老保险（27.98%）、银行理财（26.27%）、房产（21.69%）和基金（15.59%）。也有一些调查对象是通过例如年金、股票、信托、国债等方式来进行养老储备的。由此可见，资本市场的发达和金融工具的发展，既可以实现居民财产性收入调节居民收入再分配，同时又能有效地调动居民储蓄用于支撑企业发展，提高资源配置效率。

**4. 资本市场的产品创新可以丰富居民的投资选择，提升居民的财富价值**

我国资本市场的快速发展丰富了居民收入来源，通过有效管理收入提升了财富的空间。资本市场是企业直接融资的场所，也是投资者进行投资的场所。融资需求的差异化和投资需求的多元化对资本市场提出了结构性要求，只有多层次资本市场才能够满足以上投融资的结构性要求。由于投资者在产品选择、风险偏好以及对收益和流动性等方面都存在差异，我国资本市场的快速发展提供了多样化的金融产品以满足投资者的多样化需求。

一方面，根据中国人民银行发布的《2019年中国城镇居民家庭资产负债情况调查》，我国99.7%的家庭拥有金融资产，户均金融资产64.9万元，占家庭总资产的20.4%。对

① 西南财经大学中国家庭与调查研究中心发布的《中国家庭财富指数调研报告2021Q3——后疫情时代中国家庭的财富变动趋势》报告。

比海外，我国居民配置权益的比例相对较低，主要源于产业结构和金融结构的差异。考虑中国资本市场目前正处于快速发展阶段，随着资本市场更多投资工具的开放与金融产品的推出，中国城镇居民家庭金融资产占总资产的比重未来将会大幅上升。

另一方面，招商银行的《2021 中国私人财富报告》显示，2020 年中国个人可投资资产总规模达 241 万亿元，2018 年至 2020 年年均复合增长率为 13%。资本市场产品规模增速显著，2018—2020 年年均复合增长率攀升至 27%。2018—2020 年，境外投资年复合增长率也达到了 21%，仅次于资本市场。不动产投资在 2018—2020 年的复合增长率为 14%，与 2014—2016 年达到 30%相比有大幅下降。这与我国“房住不炒”的政策定位相吻合，未来我国居民资产配置趋势将持续从地产向金融资产，甚至风险资产转移，这为资本市场发挥财富管理和财富分配作用提供了充分的条件，也为广大居民财富增长畅通了道路。

## 第四节　如何正确面对资本市场中存在大量散户亏钱这一问题

我国资本市场存在大量的个体投资者，他们直接参与交易，这可能带来极大的“散户风险”。具体而言，经典的资本资产定价模型认为，资本市场投资者改变自己财富唯一的风险来自基本面风险。这一风险可以用资本资产定价模型中的 Beta 来近似地衡量。在不考虑信息不对称和其他市场摩擦的情况下，投资者会在一个充分多样化的市场组合和单只股票之间分配自己的投资。不同投资者的组合中，充分多样化的市场组合部分是基本相同的，不同之处在于投资者会根据自己独特的风险偏好来选择不同的风险（Beta）资产。高风险对应预期高的收益，但投资者预期至少也可以得到无风险收益。如果投资者风险厌恶程度高，他会选择将大部分资金投资于无风险资产，少部分投资风险资产。反之，如果投资者偏好风险高，他可以大部分投资于高收益的风险资产，当然也需要承担相应的风险。但是无论是哪类投资者，在经典的资产定价理论中，都隐含了一个结论，即资本市场的存在应该是不会让投资者损失财富的，因为他们至少可以获得无风险收益。然而，现实情况会使这一理想情形无法实现。

一方面，投资者之间可能存在信息不对称或其他市场摩擦，使预期收益平均不等于实际收益。另一方面，投资者之间会存在交易。这种交易自然会使财富从输家向赢家一方转移。然而，这种交易普遍认为是噪声交易者之间的一种无序的交易。它既不影响股市整体走势，涉及面也不是特别广。

Carpenter 等（2021）在金融类国际顶尖期刊 *Journal of Financial Economics* 发表了关于中国资本市场的最新文章《中国股市的真实价值》（*The real value of China's stock market*）。文章发现，在过去 15 年间，中国股市的定价效率不断提升，达到了和美国等发达股市接近的程度。作者指出，中国公司上市受证监会严格监管，上市本身可能存在很大价值。随着中国金融市场的发展，股市中私营企业股价信息度日渐上升，国有企业股价信息度低于私营企业。这表明，中国股市具有有效配置资本和引导企业投资的能力，金融市场的成熟与完善有利于增强国内投资者入市的信心，也有利于吸引境外投资的流入。定价效率的提高说明二级市场的价格中包含了更多有价值的信息。由于股票价格是公开的，所以获取信息成本最高的中小规模个体投资者应该从股票价格信息含量的提升中获得最大的收益。相应地，这一类投资者的财产性收入上升的幅度应该最高。所以，我们期望 A 股价格信息含量的提高可以缓和我国居民股市财富不平等现象，进而有助于平抑我国居民整体财富的不均衡。

以美国股市为例，经过两百多年的发展，已经形成了以机构投资者为主导的结构。个人投资者在交易中所占的比例非常低，因此个人投资者持续亏损的比例也很低。通过高频交易等尽量地降低信息不对称，减少市场摩擦，使市场尽可能理想地完成帮助投资者资产增值的功能。当然，少量的个人投资者如果和机构进行交易还是会发生财富损失的现象，这主要是与个人投资者和机构投资者对基本面风险分析的能力差异相关。因此，大多数个人投资者都会选择持有基金而非直接参与市场。而少量直接参与市场的个人投资者则有能力进行基本面分析。事实上、有学者最近在金融学顶级期刊《金融学杂志》（*Journal of Finance*）上发表论文，发现美国股市的个人投资者在财富增长方面一点也不比机构差（Ekkehart Boehmer 等，2021）。这是完全合理的。美国的基金业很发达，机构投资者的产品众多。个人投资者完全可以选择购买基金致富。在这种情况下，坚持要直接入市的投资者，应该都是投资分析能力比较强的投资者。而中国则明显不同。目前我国股市注册账户已经超过 2 亿，其中超过 99%是个人账户。面对如此巨大的个人投资者的数量，首先，我们不可能期望这些个人投资者都是研究水平能够达到机构水平的专业人士，他们在市场上的交易最好情况也就是有盈有亏，很多时候是以亏损为主；其次，当我们的个人投资者群体过大时，自然其收益分布就会分散，而导致财富不平等扩大；第三，过多的个人投资者群体会有助于机构投资者进行伪装；第四，个人投资者群体过大也不利于机构投资者做大做强，培育机构投资者成为长期价值投资者。最好的例子就是最近几年美国的游戏驿站散户抱团打翻机构的案例。机构投资者除了要面临常见的基本面风险之外，还要面临噪声交易者风险（“散户风险”）。这样的大环境下，机构投资者会基于自身短期利益选择快进快出的投机行为。这样，机构投资者就无法为股市提供优质的长期产品，最终还是会影响个人投资者的股市长期财富。

长期以来，金融监管部门强调的投资者教育正是要培养中国的投资者通过掌握更多的金融市场知识或提高技能来适应这一高风险、高收益的投资方式。同时，国内也在培育合格的机构投资者来帮助广大居民实现股票市场投资。通过投资不仅能将居民手中的资金进行更高效地配置，也可以通过这些配置使投资者财富增加，然后进一步将这些财富用于国内消费市场，促进内循环。这样就实践了股市服务实体经济的宗旨。

## 第五节　结　　论

本书通过对资本市场服务实体经济、促进共同富裕的实现路径深入分析，进一步阐释了在新发展格局下，我国资本市场的作用及强大的现实意义。过去，我国资本市场主要是为经济发展服务的融资为主，未来将转向财富管理功能的投融资并重发展方向，通过激励企业创新，促进上市公司提高和完善治理水平，进而提升资本市场的上市公司质量，创造更多的投资价值与财富积累。同时，在这一市场中，将逐步降低散户在市场的直接参与率，加快培育优秀的机构投资者，提升机构投资者的产品开发与创新能力，研发优质的机构金融产品，提高机构投资者的产品开发与风险管理能力；机构投资者的比例逐渐上升，个人投资者将通过投资基金、保险等金融资产来提升个人财富。同时，加强金融市场监管，帮助中等收入居民在市场中提升个人财富，服务于共同富裕的社会发展目标。

# 第三部分

# **我国资本市场的制度建设**

# 第六章　我国全面实行注册制的意义及理论分析

## 第一节　我国股票发行制度回顾

### 一、审批制

#### （一）审批制的定义

证券市场的证券发行审批制，是指在证券市场的发展初期，为了平衡社会经济关系，维护证券市场及上市公司的稳定，更好地满足各行业及各地企业融资需求，采取行政和计划的手段，由地方政府的企业主管部门根据上级下达的发行指标或额度，遴选推荐企业发行股票，并由证监会批准后发行上市的一种股票发行审核制度。

#### （二）审批制的历史背景

1. 审批制的发展脉络

1990 年底，深圳证券交易所与上海证券交易所相继开设营业，在 1990—2001 年中国股市发展的早期阶段，我国股票发行制度采取行政审批制。

在企业上市审批权的归属方面，1990—1993 年，由于处于证券市场发展初期，相关法律法规尚不完善，新股发行和上市的审批权归属于不同的政府部门。国务院于 1993 年 4 月 22 日颁布《股票发行与交易管理暂行条例》，确定证监会统一审批股票的发行。1993—2001 年，由证监会统一审批新股的发行上市。

在企业上市数量的管理方面，审批制具体可以细分为两个阶段。首先是 1990—1995 年的额度管理阶段，即将额度指标下达至省级政府或行业主管部门，由其在指标限度内推荐企业，后统一由中国证监会审批企业发行股票。其次是 1996—2000 年的指标管理阶段。1996 年 8 月，《关于 1996 年全国证券期货工作安排意见》发布，新股发行计划改为“总量控制，限报家数”的管理办法，即由国家计委、证券委共同制定股票发行总规模，证监会在确定的总规模内，根据市场情况向各地区、各部门下达发行企业个数，并对企业进行审核。

证券市场成立初期仅有八只股票，截至 2000 年末，审批制下 A 股共发行 920 只股票。1999 年 7 月 1 日《中华人民共和国证券法》（以下简称《证券法》）的实施为核准制奠定了法律基础，2001 年 3 月 16 日，中国证监会发布《股票发行核准程序》，并于 17 日正式启动股票发行核准制，审批制正式退出历史舞台。

2. 审批制期间的 IPO 暂停事件

（1）第一次暂停：1994 年 7 月 21 日至 12 月 7 日

1994 年，中国股市经历了一轮严重的下跌行情，上证指数创下两年多来新低，给股民和市场造成了巨大的损失与伤害，为稳定证券市场，缓解资金压力，消除恐慌情绪，证监会接连出台救市政策。一方面，允许大范围资金入市；另一方面，限制上市公司配股，并暂停新股发行上市。首次暂停 IPO 的一个多月后，上证指数从 325.89 点上涨至 1 052.94 点，之后深度回调，在重启 IPO 前，上证指数稳定在 650 点附近。

（2）第二次暂停：1995 年 1 月 19 日至 6 月 9 日

1995 年 1 月，国债期货市场交易火热，但股票市场却因资金流动量较少延续了 1994 年末的弱势行情。为避免市场出现混乱，在 IPO 重启一个月后，证监会再次暂停了新股发行上市。在此期间，上证指数从 524.43 点上涨至 926.41 点，但在 IPO 重启不久后，又下跌至 610.33 点。

（3）第三次暂停：1995 年 7 月 5 日至 1996 年 1 月 3 日

1995 年 7 月，四川长虹发布配股公告，并于次月发布分红公告，随后投资者发现四川长虹的国家股和红股一起在市场流通，四川长虹涉嫌违规，在股票除权日当天股价大幅下跌，从而引发了市场的震荡，交易惨淡。为改变市场走势，在距离上次 IPO 暂停仅一个月后，证监会再次暂停了新股发行上市。在此期间，只有洛阳玻璃和东北电气两家公司发行了新股，上证指数在两次小幅上涨后持续下跌。

### （三）审批制的主要内容

企业在发行新股前必须先改制成为规范运作的股份有限公司，在达到有关公司申请发行上市的实质性条件后，才能聘请主承销商，制作相关申请材料，开始申请发行的工作。

根据有关规定，A 股的发行审核分为预选和审批两个阶段。在预选阶段，首先由证监会向国务院产业部门和地方政府下达股票发行数量的指标，然后由后者遴选推荐企业，在证监会发行部受理预选材料并征求国务院有关部门意见后，进行预选审核。在审批阶段，预选企业先要通过国务院有关部门或地方政府的初审，然后由证监会发行部受理审核正式材料，合格的企业再经发行审核委员会审议通过后，最后由证监会确定具体的发行时间。

1. 额度管理

我国证券市场建立之初便采取了严格的计划管理政策，由证券委确定年度或跨年度全国股票发行总额度，经国务院批准后，再由国家计委向地方政府、中央各部委和中央直属企业进行额度的初次分配，后者在发行额度下达后再进一步分配给若干企业，获得发行额度的企业方可申请发行上市。因为发行规模的限制，计划外的证券发行被严格禁止。

2. 价格限制

我国证券市场建立以来，采取定价发行方式，国务院证券委和证监会直接介入股票的定价过程，规定以市盈率法统一计算股票的发行价格，即新股发行价＝市盈率×每股税后利润，其中市盈率由证监会制定。

3. 两级审批

审批制包括额度审批与资格审批，证券发行企业须先向主管中央部委或其所在地的地方政府提交额度申请，后者在国家下达的额度规模内进行第一级审批，在获得批准后须报送证监会复审，形成第二级审批。

## 二、核准制

### （一）核准制的定义

核准制又称实质性审查制，是指证券的发行不仅要以真实状况的充分公开为条件，而且必须符合证券管理机构制定的若干适于发行的实质条件。符合条件的发行公司，经证券管理机关批准后方可取得发行资格，在证券市场上发行证券。它具有如下特征：第一，在核准制中由证券发行审核机构授予发行权；第二，以实质性审查为核心；第三，强制性信息披露；第四，事前、事后监管相互配合。

### （二）核准制的历史背景

1. 核准制的发展脉络

中国证监会在 2000 年 3 月根据 1999 年实施的《证券法》要求颁布了股票发行审核程序，我国股票发行制度开始转变为核准制。核准制的发展可划分为通道制阶段、保荐制阶段和后期过渡阶段。

（1）通道制阶段（2001—2004 年）

1999 年，核准制在《证券法》中首次出现，并且只适用于股票发行，但是《证券法》并未对具体核准程序作出明确规定。在此背景下，2000 年 3 月 6 日《中国证监会股票发行核准程序》颁布，核准制真正在我国股票市场开始实施。此后又陆续出台了《股票发行上市辅导工作暂行办法》《信誉主承销商考评试行办法》等具体操作的法律规范。核准制最初的实现形式是通道制。其具体实施程序为：先由监管部门确定券商所拥有的通道数额，根据券商逐家上报的顺序来推荐发行。在通道制下，股票的选择不再由行政机制决定，而是转移了部分权力给主承销商。通道制并未改变有限的发行规模控制，发行需求和有限规模之间的矛盾依然存在。证券公司之间的竞争并不完全，承销商间的通道数量差异很小，不能通过优胜劣汰实现资源的优化配置。因此，保留规模限制的通道制只能成为实施核准制前的短暂阶段。

（2）保荐制阶段（2005—2012 年）

2003 年 10 月 9 日，证监会发布《证券发行上市保荐制度暂行办法》（以下简称《保荐暂行办法》），确立了证券发行保荐制度并于 2004 年 2 月 1 日起正式实施。保荐制又称保荐人制度、保荐代表人制度。所谓“保荐人制度”是一种企业证券发行、上市过程中适用的法律规则体系，包括保荐人资格、职责权限、责任承担等。保荐代表人和保荐代表承担上市推荐和辅导，对证券发行的相关文件及信息的真实性、准确性、完整性进行审核，协助证券发行人建立完善的信息披露制度的责任，并承担风险防范责任。2008 年，《保荐暂行办法》修订更名为《证券发行上市保荐业务管理办法》（以下简称《办法》）。2009 年，关于创业板的适用问题，该《办法》进行了再次修改。保荐制加强了保荐人的连带责任，使得上市公司的质量得到保障，同时也保障了投资者的利益。

（3）后期过渡阶段（2013 年之后）

2013 年颁布的《中共中央关于全面深化改革若干重大问题的决定》和《关于进一步推进新股发行体制改革的意见》提出了要推行新股发行注册制改革。2014 年以来，国务院多次要求加快注册制改革的方案，股票发行注册制改革成为资本市场的重要问题。2014 年 11 月，国务院发布《关于取消和下放一批行政审批项目等事项的决定》，其中包括取消保荐代表人资格的审批，下放到中国证券业协会。2014 年底，注册制改革方案已上报国务院等待审核。2015 年底，上海证券交易所和深圳证券交易所公开上市发行的新股实行注册制。以上政策为核准制向注册制的过渡做了铺垫。

2. 核准制期间的 IPO 暂停事件

（1）第四次暂停：2001 年 7 月—2001 年 11 月

1999 年开始试点国有股减持，2001 年 6 月 22 日，国务院五部委联合出台《减持国有股筹集社会保障资金管理暂行办法》。该办法规定：国有股份有限公司向公众投资者首发和增发股票时，需要按融资额的 10%出售国有股，减持国有股采取市场定价方式。此规定引起市场强烈反应，股市开始迅速下跌，IPO 因此暂停。

（2）第五次暂停：2004 年 8 月—2005 年 1 月

证监会于当年公布了试行 IPO 询价制度，在正式方案出台前，IPO 被暂停。

（3）第六次暂停：2005 年 5 月—2006 年 6 月

中国证监会在 2005 年 4 月启动股权分置改革试点工作，并发布了相关文件稿。在股权分置改革的影响下，政策要求新股停发，IPO 从 2005 年 5 月 25 日开始至 2006 年 6 月 2 日进入了空窗期。

（4）第七次暂停：2008 年 12 月—2009 年 6 月

2007 年，美国次贷危机对世界其他国家的影响巨大，全球各地区股指都大幅下跌。中国经济增速放缓，宏观经济面受到严重影响。A 股市场在 2007 年 10 月 16 日创下 6 124.04 点的历史最高点以后，便开始下行，最低降至 1 664.93 点。在此背景下，IPO 再度被暂停。

（5）第八次暂停：2012 年 11 月—2014 年 1 月

一方面，中国 A 股市场一直没有摆脱金融危机的影响；另一方面，中国证监会在 2012 年 12 月发布了新股 2012 年度财务报告专项检查的通知。监管层进行了有史以来最严的新股发行公司财务大检查，以确保上市公司财务报表没有作假。在此基础上，IPO 再次进入暂停阶段。

（6）第九次暂停：2015 年 7 月—2015 年 11 月

2014 年 7 月至 2015 年 6 月 12 日上证指数快速上涨，而之后的十七个交易日内又连续暴跌 35%，A 股总市值蒸发 46.8 万亿人民币。A 股市场出现了成立以来最严重的一次股灾。证监会随即发布公告：因近期市场剧烈震荡，为稳定市场行情，发行人及主承销商需要暂缓新股后续发行工作。IPO 被监管层暂停。

3. 核准制的上市流程

（1）受理和预先披露

中国证监会受理部门依法受理首发申请文件，并按程序转发行监管部。发行监管部在正式受理后即按程序安排预先披露。

（2）反馈会

相关监管处室审核人员审阅发行人申请文件后撰写审核报告，提交反馈会讨论。反馈会后将形成书面意见，履行内部程序后反馈给保荐机构。保荐机构收到反馈意见后，组织发行人及相关中介机构按照要求进行回复。综合处收到反馈意见回复材料进行登记后转相关监管处室。审核人员对申请文件以及回复材料进行审核。审核过程中如发生或发现应予披露而未披露的事项，发行人及其中介机构应及时报告发行监管部并补充、修改相关材料。初审工作结束后，将形成初审报告（初稿）提交初审会讨论。

（3）预先披露更新

发行人对反馈意见已按要求回复、财务资料未过有效期且需征求意见的相关政府部门无异议的，将安排预先披露更新。对于具备条件的项目，发行监管部将通知保荐机构报送发审会材料和用于更新的预先披露材料，并在收到相关材料后安排预先披露更新，以及按受理顺序安排初审会。

（4）初审会

初审会由审核人员汇报发行人的基本情况、初步审核中发现的主要问题及反馈意见回复情况。根据初审会讨论情况，审核人员修改、完善初审报告。初审报告与申请材料一并提交发审会。初审会讨论决定提交发审会审核的，发行监管部在初审会结束后出具初审报告，并书面告知保荐机构需要进一步说明的事项以及做好上发审会的准备工作。初审会讨论后认为发行人尚有需要进一步披露和说明的重大问题，暂不提交发审会审核的，将再次发出书面反馈意见。

（5）发审会

首发发审会由审核人员向委员报告审核情况，并就有关问题提供说明，委员发表审核意见。发审会认为发行人有需要进一步披露和说明问题的，形成书面审核意见后告知保荐机构。保荐机构收到发审委审核意见后，组织发行人及相关中介机构按照要求回复。综合处收到审核意见回复材料后转相关监管处室。审核人员按要求对回复材料进行审核并履行内部程序。

（6）封卷

发行人的首发申请通过发审会审核后，需要进行封卷工作。封卷工作在按要求回复发审委意见后进行。如没有发审委意见需要回复，则在通过发审会审核后即进行封卷。

（7）会后事项

发生会后事项的需履行会后事项程序，发行人及其中介机构应按规定向综合处提交会后事项材料。综合处接收相关材料后转相关监管处室。审核人员按要求及时提出处理意见。需重新提交发审会审核的，按照会后事项相关规定履行内部工作程序。如申请文件没有封卷，则会后事项与封卷可同时进行。

（8）核准发行

核准发行前，发行人及保荐机构应及时报送发行承销方案。封卷并履行内部程序后，将进行核准批文的下发工作。发行人领取核准发行批文后，无重大会后事项或已履行完会后事项程序的，可按相关规定启动招股说明书刊登工作。审核程序结束后，发行监管部根据审核情况起草持续监管意见书，书面告知日常监管部门。

## 三、注册制

### （一）注册制的定义

证券市场的证券发行注册制，是一种公司发行证券上市的制度，指想要上市的公司将与证券发行相关的资料向社会公众公开，并形成法律文件，交由主管单位进行审核，相关主管单位对发行人发行证券，事先不作实质性审查，仅对申请文件进行形式审查，发行者在申报申请文件以后的一定时期以内，若没有被其否定，即可以发行。2023 年 2 月 17 日，随着全面实行股票发行注册制的一系列制度规则正式发布，我国股票发行市场正式进入“全面注册制”新时代。

下面，我们以北交所的上市流程来说明注册制的实施过程。

## （二）北交所上市流程

1.（特殊）注册条件

根据北交所上市规定，要在北交所上市，需要满足在新三板挂牌满一年，且提交上市申报材料时必须是创新层企业。故对非新三板企业而言，须完成以下步骤。

（1）第一阶段：企业完成股改（3 个月左右）

对于有限公司来说，第一步工作就是股份制改造，企业在中介机构的协助下，完成财务梳理、股权机构调整等，经过审计报告的净资产数折股，变成股份公司，整个过程若顺利，耗时在 3 个月左右，即：1 个月财务梳理 + 1 个月审计 + 1 个月股改。

另外，股份制改造分为以下几步。

第一步：有限公司召开股东会通过改制意见并成立改制机构；

第二步：选择发起人、聘请中介机构（法律顾问和财务顾问）；

第三步：审计和资产评估、制作改制文件、注资和验资；

第四步：召开创立大会；

第五步：办理工商登记或变更手续。

其中，应注意以下四个问题。

① 发起人的资格和人数。若以原有企业投资者作为发起人，则涉及原公司组织形式的变更。而变更公司形式，必须经代表 2/3 以上表决权的股东通过。

② 发起人股本和认缴方式。上市发行股票的股份有限公司的最低注册资本为 5 000 万元，公司组建前 3 年均为盈利。

股份有限公司的设立可采用发起设立或募集设立方式。这两种设立方式认购股份和交付股款的程序有所不同。在发起设立方式下，发起人必须认购全部股份并一次性交足股款；在募集方式下，发起人认购的股份不得少于公司股份总数的 35%，其余股份向社会公开募集。

③ 符合股份有限公司要求的治理结构。

④ 具有固定场所和生产经营条件：

（2）第二阶段：准备挂牌新三板（4～6 个月）

新三板挂牌不需要辅导备案再验收，因此，股改完成后就可以选定基准日申报。

整个流程从申报、反馈到挂牌，大致在 4 到 6 个月左右。

（3）第三阶段：新三板挂牌一年且进入创新层（最新征求意见稿未最终发布，以旧版为准）

按照目前股转系统规定，每年 5 月份第一周是基础层向创新层转层周，由督导机构填报上报，符合条件的企业自动从基础层转为创新层。

由于申请北交所上市的前提是先成为创新层企业，因此 5 月这个时点非常重要。

需要注意的是：第一，对于从有限公司股改挂牌的企业来说，无论是挂牌同时成为创新层企业，还是一年后成为创新层企业，都需要经历一年的挂牌时间才能申请北交所 IPO，所以什么时候申请创新层并不重要；而对于已经是在新三板满一年的已挂牌企业来说，每年的 5 月份就很重要，一定要在利润或者收入上达标（进入创新层条件），否则会晚一年申请北交所 IPO。

第二，由于要求“申报的时点”是创新层企业，因此无论是在五月前挂牌还是五月后挂牌的企业，其申报北交所的时间都不会相差太大。

2. 北交所 IPO 审核流程

第四阶段：北交所上市（6 个月左右）。如图 6－1 所示。

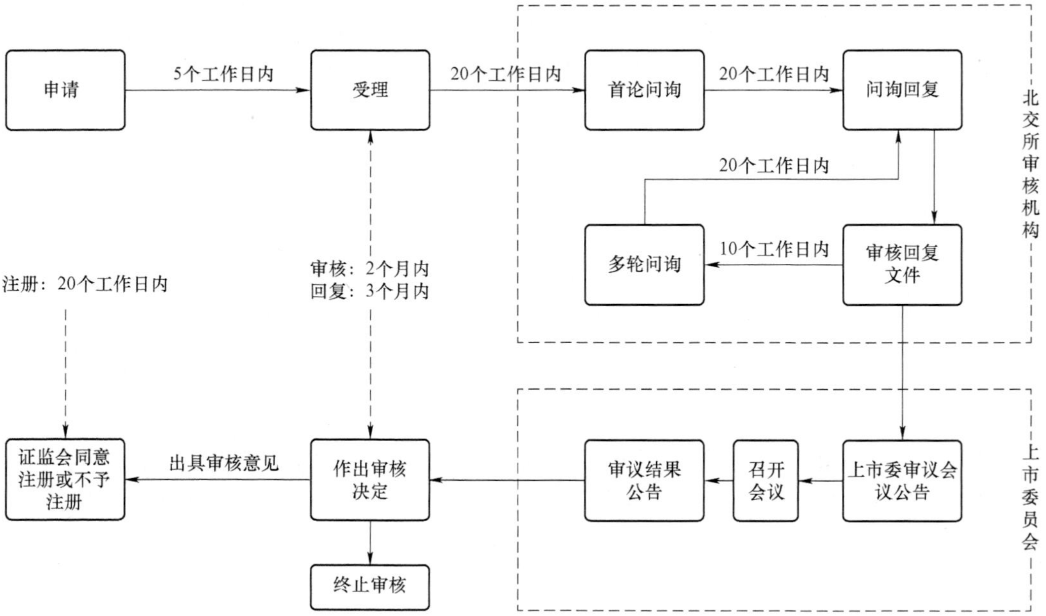


**图 6－1　北交所审核流程图**

资料来源：作者整理。

（1）受理

北交所实行电子化审核，申请、受理、问询、回复等事项均通过本所审核系统办理。发行人通过保荐机构以电子文档形式向北交所提交申请文件。北交所在收到申请文件后 5 个工作日内作出是否受理的决定。受理当日，招股说明书等预先披露文件在北交所网站披露。

北交所受理后仅做形式审查，材料齐备的出具受理通知书，材料不齐备的，一次性告知补正。补正时限最长不超过 30 个工作日。多次补正，补正时间累计计算。

保荐机构报送的发行上市申请文件在 12 个月内累计 2 次被不予受理的，自第 2 次收到北交所不予受理通知之日起 3 个月后，方可报送新的发行上市申请文件。

（2）审核机构审核

自受理之日起 20 个工作日内，北交所审核机构通过审核系统发出首轮问询。发行人及其保荐机构、证券服务机构应当及时、逐项回复审核问询事项。审核问询可多轮进行。

首轮问询发出前，发行人、保荐机构、证券服务机构及其相关人员不得与审核人员接触，不得以任何形式干扰审核工作（静默期）。

首轮问询发出后，发行人及其保荐机构、证券服务机构可与北交所审核机构进行沟通；确需当面沟通的，应当预约。此时，部分不符合北交所上市要求的公司会被“劝退”；部分公司会选择主动“撤材料”；部分公司可能会选择“带病上会”，被否决的可能就会比较大。

发行人/中介机构需要在 20 个工作日内回复问询，至多延长不超过 20 个工作日。北交所审核机构认为不需要进一步问询的，出具审核报告并提请上市委员会审议。需要再次问询的，在收到回复后 10 个工作日内发出。

（3）上市委员会审议

上市委员会召开审议会议，对申请文件和审核机构的审核报告进行审议，通过合议形成发行人是否符合发行条件、上市条件和信息披露要求的审议意见。

上市委员会进行审议时要求对发行人及其保荐机构进行现场问询的，发行人代表及保荐代表人应当到会接受问询，回答参会委员提出的问题。

北交所结合上市委员会审议意见，出具发行人符合发行条件、上市条件和信息披露要求的审核意见或作出终止发行上市审核的决定。

北交所自受理发行上市申请文件之日起 2 个月内形成审核意见，但发行人及其保荐机构、证券服务机构回复审核问询的时间，以及中止审核、请示有权机关、落实上市委员会意见、暂缓审议、处理会后事项、实施现场检查、实施现场督导、要求进行专项核查，并要求发行人补充、修改申请文件等情形，不计算在前述时限内。

（4）报送证监会

北交所审核通过的，向证监会报送审核意见和企业上市申请文件，证监会认为存在需要进一步说明或者落实事项的，可以要求北交所进一步问询。

（5）证监会注册

中国证监会在20个工作日内作出同意注册或不予注册的决定，通过要求北交所进一步问询、要求保荐机构和证券服务机构等对有关事项进行核查、对发行人现场检查等方式要求发行人补充、修改申请文件的时间不计算在内。

发行人发生重大事项，导致不符合发行条件的不予注册/撤销注册。中国证监会作出不予注册决定的，自决定作出之日起6个月后，发行人可以再次提出公开发行股票并上市申请。

（6）发行上市

中国证监会同意注册的，发行人依照规定发行股票。中国证监会的予以注册决定，自作出之日起一年内有效，发行人应当在注册决定有效期内发行股票，发行时点由发行人自主选择。

### （三）所需时间

总结来看，从北交所受理上市材料之日起算，北交所形成审核意见2个月、报证监会完成注册20个工作日，大概需要3个月。

大多数企业回复问询需要1个月，有些回复问询还会申请延长1个月，更有些企业要经历好几轮问询。

因此，从申报完成到北交所上市成功，整个时间大致在6个月左右，如图6－2所示。

综合来看，顺利的情况下，一家企业从申请新三板挂牌到成为创新层企业，再到成功登陆北交所上市，大致的时间为：股改3个月、挂牌4～6个月、新三板挂满1年、北交所上市6个月，一共需要2年左右的时间。

当然，如果企业先在基础层挂牌，然后再转层到创新层，最后再去北交所 IPO，这样算下来基本上要5年以上的时间。

注：（1）发行人及其保荐机构、证券服务机构回复审核问询的时间，以及中止审核、请示有权机关、落实上市委员会意见、暂缓审议、处理会后事项、实施现场检查、实施现场督导、要求进行专项核查，并要求发行人补充、修改申请文件等情形，不计算在上述时限内。（2）根据《征求意见稿》规定，北交所上市条件等于“精选层”条件。

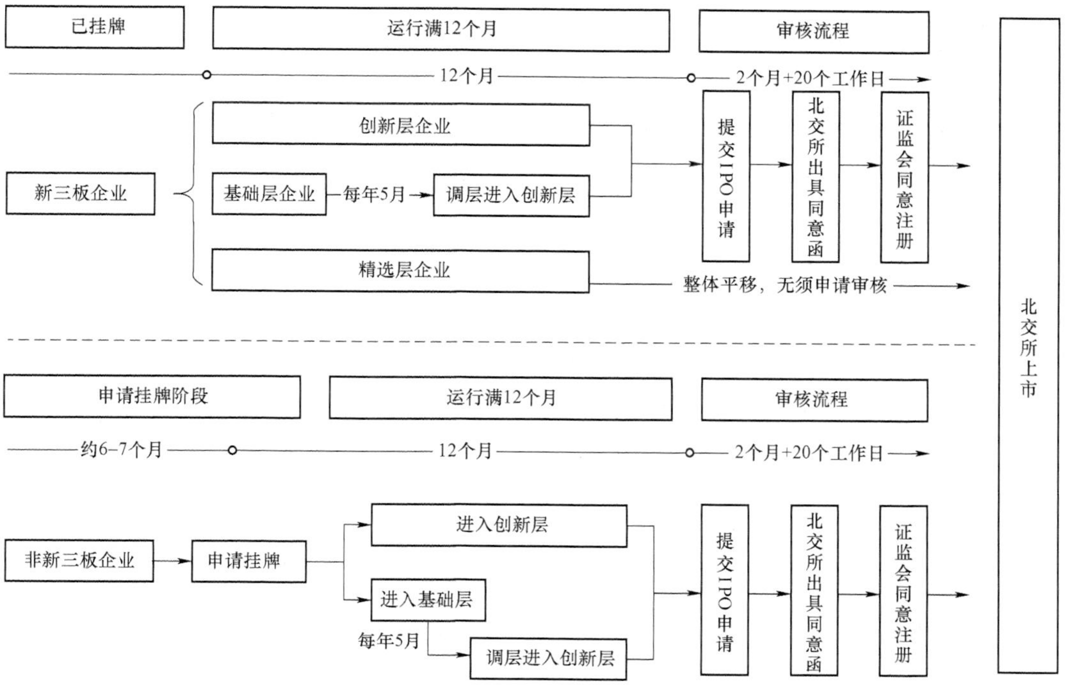


**图 6－2　新三板企业与非新三板企业北交所上市流程图**

资料来源：作者整理。

# 第二节　比较分析与实施注册制的意义

## 一、审批制的问题

### （一）市场融资效率较低

由证监会人为限定市盈率的方式，严重抑制了新股发行价格。这种方法不仅忽略了不同企业所属的行业、自身盈利能力、商业模式、地区背景、发展前景、研发投入等方面的差异，未能充分发挥证券市场的资源配置功能，并且使股票发行价格与二级市场的变化相互脱离，导致新股发行价与市场总体股价存在较大差异，使得大量资金涌入一级市场，加剧了一级市场的供需矛盾，造成社会资源的浪费。

### （二）存在一定的权力寻租

审批制下的额度管理制度，赋予了行政部门较大的权力，为权力寻租和贪污腐败创造了客观条件。根据审批制下的企业上市流程，在一级市场中存在一种多级寻租的运作结构，在证监会和国家计委确定新股发行的总额度后，地方政府为获取更大的份额，容易形成第一级寻租；在地方政府分到额度后，各地公司欲获得上市名额，容易形成第二级寻租；投资银行为获取公司证券的承销权，容易形成第三级寻租。权力寻租一旦发生，便无法达到企业择优上市的目标。

### （三）企业造假，包装上市

一方面，由于审批制下企业上市的名额有限且门槛较高，一些急于上市但不符合条件的企业会倾向于财务造假，以钻空子等手段达到其上市目的。另一方面，由于权力寻租的存在，一些质量较差的企业通过寻租获得上市额度后，在负责其承销的投行帮助下，编造虚假信息从而包装上市。因为监管处罚造成的损失远小于企业造假的获利，所以不断有企业选择造假上市，从而导致上市公司的虚假信息泛滥，投资者与上市公司间的信息不对称程度加深，削弱了证券市场的资源配置和信息生产能力。

## 二、核准制的问题

### （一）审核周期长、成本高、效率低

发行审核的程序非常复杂，并且设定了严格的审核标准，这是导致长期以来股票发行审核效率低下最根本的原因。首先，实质审查延长了核准的时间，短则 2 年，长则 3 至 4 年，降低了市场效率。其次，核准制的成本较高。一方面，核准制发行步骤多、耗时长，相应的审核成本也高，并且核准制的发行审核结果具有很大的不确定性，企业难以在结果出来前做出下一步上市规划，这也增加了企业的等待成本。另一方面，我国上市公司受限多，政府在发生经济危机时要通过货币财政政策频繁对资本市场进行干预，这就增大了政府的隐性的担保成本。

### （二）证券欺诈、内幕交易等违法行为频出

我国以实质性审查原则为根本的股票发行，在实际的操作过程中，大部分情况下，发行审核委员只对拟上市企业提交的书面文件进行形式审查，而并不对企业的运营状况、企业价值等进行实地考察。因此，如果拟上市公司提交的书面材料全面充分，那么它们能通过审核的概率就会比较高。没有通过审核的公司，补充完善之前的材料，在第二次审核中就会通过。

另一方面，“权力寻租”在股票发行过程中始终存在。证券发行审核委员会的负责人拥有股票发行的核准权。但他们在审核拟上市企业提交的申请文件时，只对其是否符合法律规定的形式要件进行审核，对于所提交文件的真实性不做核实，这一职责由保荐人

承担。这就导致了发审委官员在授予发行权时产生“权力寻租”现象。

### （三）中小投资者利益受损害现象严重

由于我国市场经济发展不够完善，市场主体的整体素质不高。一些拟上市企业，为了营造良好的业绩，编制虚假财务报告，提供虚假证明文件欺骗投资者。这不仅给投资者造成了信赖利益的损失，也不利于证券市场的健康发展。因此，在市场制度不够健全、相关法律法规不够完善的情况下，盲目地开放市场，不利于市场的稳定，还可能会使中小投资者丧失对市场的信心。

## 三、审核制、核准制和注册制三种制度的比较分析

到目前为止，我国 IPO 制度已经经历了审批制和核准制两个主要阶段，现阶段正全力向注册制转变。在我国 IPO 制度演进的过程中，出现的特点和趋势主要包括以下四个方面，具体如表 6 – 1 所示。

### （一）市场化程度逐渐增强

在我国 IPO 制度演进和改革的过程中，市场化的趋势主要体现在两大方面。一方面，在发审制度的审核理念上，从审批制到保荐制，证监会的实质审核程度有所降低，逐渐偏向于合规层面的审核；另一方面，在 IPO 定价上，定价方式逐渐发挥市场的定价功能，由审批制阶段的固定价格到现在不再行政管控发行价格。

### （二）投资者作用逐步凸显

首先，通过增加 IPO 公司在审核过程中的信息披露，使投资者能够起到更好地监督作用；其次，IPO 公司信息披露的赔偿责任也逐渐增加，在审批制阶段，索赔机制并不健全，中介机构给投资者造成的损失很难追回，而在保荐制时期制定了明确的规定；第三，在定价和配售阶段，投资者的意愿也逐渐被考虑进来。因此，可以看出，我国 IPO 制度改革过程中对投资者的保护及对市场的尊重逐渐加大。

### （三）信息披露逐渐增强

在审批制阶段，IPO 公司的招股说明书不向社会公布。在核准制时期，渐渐完善了 IPO 公司的申请文件向社会公布的规定，核准制前期对 IPO 公司信息披露的要求是除了中期报告和年度报告，另须披露重大事件。在保荐制时期，信息披露要求变为对投资者有影响的信息均应当披露。从这一过程中可以看出信息披露的要求呈逐渐增强的趋势。

## （四）责任追究力度加强

从审批制到保荐制，需要承担法律责任的主体范围不断扩大，责任追究机制越来越健全，责任划分越来越清晰，处罚力度也逐渐加大。IPO 公司对其所披露信息的责任和中介机构的连带责任有所加大。最初，对第三方中介机构的监管和责任处罚不被重视，相关规定也不健全。而目前，对中介机构的监管和责任追究由自律机构和证监会负责。

**表 6－1　三种制度的对比分析**

| 股票发行制度比较 | 审批制 | | 核准制 | | 注册制 |
|---|---|---|---|---|---|
| | 额度管理 | 指标管理 | 通道制 | 保荐制 | |
| 立法理念 | 行政授权 | | 行政与法律授权 | | 法律授权 |
| 制度核心 | 额度或指标管理 | | 择优发行 | | 以信息披露为中心 |
| 上市程序 | 1. 政府规定额度<br>2. 地方推荐<br>3. 证监会审核<br>4. 交易所上市 | 1. 政府限定额度和家数<br>2. 地方推荐<br>3. 证监会审核<br>4. 交易所上市 | 1. 中介机构鉴证<br>2. 辅导机构推荐<br>3. 证监会审核<br>4. 交易所上市 | 1. 中介机构鉴证<br>2. 保荐机构推荐<br>3. 证监会审核<br>4. 交易所上市 | 1. 中介机构鉴证<br>2. 申报登记<br>3. 证监会审核<br>4. 交易所审核上市 |
| 信息披露 | 真实 | | 真实、准确、完整 | 真实、准确、完整、及时 | 真实、准确、完整、充分、及时 |
| 市场化程度 | 无 | | 半市场化 | | 高度市场化 |
| 定价效率 | 低 | | 较高 | | 高 |
| 监管机构 | 证监会、地方政府 | | 证监会、辅导机构 | 证监会、保荐机构、保荐人、投资者 | 证监会、中介机构、自律组织、投资者、公众 |
| 证监会责任 | 行政审批 | | 实质审核 | | 形式审查 |
| 承销机构责任 | 按规定承销 | 按规定承销；承担舞弊的赔偿责任 | 辅导 IPO 公司；承担连带责任 | 辅导；保证保荐书信息真实准确、IPO 公司信息披露质量；承担连带责任 | 承担独立的发行责任和风险 |
| 投资者角色 | 投资 | | 投资，社会监督 | 投资，受害赔偿请求社会监督 | 自主判断股票价值，社会监督，损害赔偿请求权，提起诉讼 |

资料来源：作者整理。

## 四、我国实行注册制的理论分析

注册制伴随着我国资本市场多层次的开展而被引入。回顾我国资本市场 30 余年的发展历程，资本市场在很长一段时间里基本是以主板形式为主。2009 年，深圳证券交易所（以下简称深交所）推出创业板，但由于创业板无论是交易制度还是上市规则和主板都比较类似，所以并没有能和主板起到根本性的分层；而 2013 年成立的新三板市场，由于对场外交易关注度较低，流动性一直不理想。我国资本市场始终无法充分体现多层次并成功服务于创新型企业。多层次资本市场体系出现在 2019 年。2019 年 7 月 22 日，上海证券交易所（以下简称上交所）科创板首批 25 家公司鸣锣上市，标志着设立科创板并试点注册制这一重大改革任务正式落地。伴随着科创板，我国正式引入了股票上市注册制。这一制度同当时市场普遍采用的核准制有着实质性的不同，从根本上缓解了初创型企业融资难的问题。2020 年 8 月 24 日，深交所创业板注册制首批 18 家企业成功上市，这是继科创板之后又一重大改革举措。之后，随着 2021 年 11 月 15 日全部采用注册制的北京证券交易所（以下简称北交所）的正式运营，我国多层次资本市场架构逐渐清晰与完善。2022 年政府工作报告中更进一步提出，将在所有板块全面推行股票发行注册制，促进资本市场平稳健康发展。注册制作为深化资本市场改革的“牛鼻子”工程，对我国资本市场的发展产生了深刻影响。

注册制经过了三年的试点改革，已经具备在市场全面推行的基础①，目前对于注册制影响的全方位、详细的学术研究就显得尤为重要。这些研究既可以为我国更深层的资本市场制度建设学术问题开拓思路，也可以为下一步的市场改革提供实践指导。总体来说，实施注册制的影响可以从两个角度分析。一个角度是探讨注册制对于 IPO 上市阶段企业的影响。目前已有的研究发现，注册制可以降低新上市公司的 IPO 抑价率。这一结论暗示注册制的实施有助于降低市场上对新股价格的炒作，提高新股定价效率。另一个角度是分析注册制实施这一改革的信息含量及其影响。党的十八届五中全会提出减少政府对市场价格形成过程的干预。并且，习近平总书记在党的十九大报告中明确指出：“坚持社会主义市场经济改革方向”、明确“经济体制改革必须以完善产权制度和要素市场化配置为重点，实现产权有效激励、要素自由流动、价格反应灵活、竞争公平有序、企业优胜劣汰”。在这一方针指引下，注册制的实施说明政府向市场释放了一个信号，即未来中国资本市场将更多依靠市场自身力量决定价格和资源配置等元素，而不是通过行政干预调节。市场中，投资者对这一信号的反应对于下一步的资本市场改革措施有很重要的参考价值。然而，目前这一角度还鲜有研究涉及。本章拟从这一研究角度做出贡献。

① 董亮，丁宁．易会满：全面注册制条件已基本具备［N］．北京商报，2022-08-02.

## 我国资本市场制度建设与开放

在新的市场化改革方针下，引入注册制来实现公司上市市场化调节，这是我国资本市场发展的重要里程碑。2018 年，习近平总书记在首届中国国际进口博览会上宣布，在上交所设立科创板并试点注册制。2022 年 3 月 5 日，中央经济工作会议首次提出，“全面实行股票发行注册制，促进资本市场平稳健康发展”。注册制的实施将全面改善资本市场生态，是实现市场化、法治化的根本性制度变革，也是资本市场有活力、有韧性的前提条件和“牛鼻子”工程。注册制把筛选“有价值潜力的企业”选择权交给了市场，提供了更加多元化的包容性的发行上市条件，让更多的创新创业型企业成功登陆 A 股市场。从核准制到注册制的转变，体现了我国减少行政干预、更多发挥市场主导作用的决心。

我国政府已经充分意识到市场化对保障市场稳定、促进经济健康发展的重要作用，并提出了一系列新的改革措施。如 2019 年第十三届全国人大常委会第十五次会议审议通过《中华人民共和国证券法》（第二次修订）是中国资本市场法治建设的重大进展，具有里程碑意义。同时中央明确通过一系列举措使行政化干预逐步退出资本市场，比如 2020 年在创业板试点注册制，十四五规划提出“全面实行股票发行注册制”，2020 年的退市制度改革以及发布再融资新规等，这一系列改革有效地促进了资本市场的市场化进程。资本市场配置效率的提高有助于经济高质量发展，资本市场作为宏观经济的“晴雨表”，可以被用来预测经济走势。这一指标越准确，就可以越好地协调和指导经济各部门资源的配置。从这个角度说，这一现象也可以产生“溢出”效应。这一效应将帮助各经济领域建立有序市场，以提升资源配置效率，并保障高质量的经济发展。因此，我国股票市场即将全面实行注册制，不仅有助于扩大上市企业的融资渠道，也能进一步促进资本市场规范、透明地发展，服务我国实体经济的发展。

# 第七章　我国多层次资本市场建立介绍

## 第一节　我国多层次资本市场简介

深圳证券交易所（以下简称深交所）和上海证券交易所（以下简称上交所）是我国 A 股主要的场内交易场所。在代表我国主板市场的沪深交易所运行的同时，我国的场外股票交易市场也开始建立，分别是 1992 年成立的全国证券交易自动报价系统（以下简称 STAQ）和 1993 年成立的全国证券交易系统（以下简称 NET）。这两个交易系统主要交易转让（上市或非上市）公司的法人股。2001 年，股权代办转让系统（以下简称老三板）取代了 STAQ 和 NET。由于老三板股票普遍被投资者们冷落，为了活跃这一市场，2006 年初，在北京中关村科技园区建立了新的“代办股份转让系统”。这一系统就是新三板市场的雏形。2013 年成立的新三板是我国第一家公司制运营的证券交易场所。2013 年底，证监会宣布新三板扩大到全国，对所有公司开放，新三板挂牌企业的数量和规模也迅速扩大。2019 年 12 月，新三板市场深化改革，根据挂牌公司质量形成了“基础层、创新层和精选层”的质量逐步优化的市场结构，并配以差异化制度安排，带动企业进一步发展。对于投资人而言，可降低信息搜集成本，提高投资分析效率，增强风险控制能力，引导投融资精准对接。新三板市场无论是交易方式、上市步骤和市场流动性提供的方式都和我国主板市场有比较明显的不同。新三板的确立和改革为我国多层次资本市场体系的建立铺平了道路，也为接下来北京证券交易所的建立奠定了良好的基础。

其实早在 2013 年就有学者呼吁，因为中国经济体量大，待上市公司众多，应该考虑成立第三家全国性证券交易所，分担沪深交易所的压力。然而，一直以来，在哪个城市设立交易所却众说纷纭。之后新三板的深入改革（主要由北京管理）和雄安新区的建立都为这个问题的答案给出了一些暗示。而从地理位置看，政府最终从经济发展平衡的角度决定在北京建立第三个全国性证券交易所，一方面利用现有新三板市场良好的发展基础进一步完善我国多层次资本市场结构，另一方面也可以引领资本向黄河以北的地区流入，带动北方经济发展。

## 第二节　各层级市场基本信息

### 一、主板市场

主板市场，包括上海证券交易所和深圳证券交易所。主板市场对发行人的营业期限、股本大小、盈利水平、最低市值等方面的要求标准较高。一般情况下发行人都是有较强营业能力和较大资本规模的成熟企业。主板市场的上市一般为审核制。证监会要求想在主板上市的企业提交相关材料，只有审批同意才可上市，相对来说较为严格。

交易规则方面，目前我国主板市场采用的是指令驱动交易机制，即在开盘时采用集合竞价，开盘后全天进入连续竞价阶段。指令驱动市场机制下的价格由买卖双方决定，市场决定价格的机制下，价格更能体现资产的真实价值，遭受个人或者机构操控的可能性也稍低。而且，不涉及第三方中介，主要的交易成本仅仅是经纪人的手续费，交易成本较低。但是，这种交易模式要求买卖双方必须达成一致，这会导致市场交易不活跃，流动性减弱。因此，买卖委托的流量是推动价格形成和供给市场流动性的关键。当市场交易活跃，交易规模较大时，订单驱动交易机制是一种较好的交易模式。郭剑光和孙培源（2003）研究表明，我国上海股票市场买卖委托量巨大，大量的竞争性委托使买卖价差维持在低水平上，而买卖价差小说明该市场的流动性情况较好，也就说明电子竞价交易机制适合于主板市场。

中小企业板是现有主板市场的一个组成部分，是中小型公司聚集的一个板块。通过对我国沪深主板和中小板 2004—2008 年的上市数据研究发现，我国中小板市场行业集中度高，主要分布在制造业、信息技术业和社会服务业等行业。而且，与主板相比，上市公司表现出了规模比较小、固定资产比例低、流动负债比例高、成长性高和盈利能力强等特征。中小企业板在交易规则方面，与主板市场的交易规则类似。唯一不同的地方在于存在两次集合竞价，分别在开盘时和收盘时。在我国，中小板在每个交易日上午 9:00—9:25 进行集合竞价；上午 9:30—11:30、下午 1:00—2:57 进行连续竞价；下午 2:57—3:00 再进行收盘集合竞价。

### 二、创业板市场

创业板又称二板市场，专门服务于暂时无法在主板市场上市的创业型企业，帮助有潜力的中小企业融资。该板块设立在深圳证券交易所内。与主板市场相比，创业板也是采用审核制进行上市的，但要求宽松一些，上市后的监管更加严格。

创业板的交易规则在主板市场集合竞价加连续竞价指令驱动交易机制基础上，引入了盘后定价交易。盘后定价交易是指在股市收盘后按照时间优先的原则，以当日收盘价对盘后定价买卖申报逐笔连续撮合的交易方式。在我国，盘后定价交易时间是每个交易日的下午 3:05—3:30，该时间段内投资者可以以收盘价格进行买卖申购，交易所再按照时间优先的方式进行撮合成交。在集合竞价方面，创业板与主板市场存在不同。创业板在开盘和收盘时存在两次集合竞价，且集合竞价的开始时间相比主板有所推迟，即上午 9:15—9:25 和下午 2:57—3:00 进行开盘和收盘集合竞价。

## 三、科创板市场

科创板独立于现有的主板市场，主要服务于与国家战略方针一致、有核心技术的科技创新型企业。该板块设立在上海证券交易所内。它的上市制度为注册制，即只要符合证监会设定的相关条件即可在这个板块上市，无须审批。这样简单方便的上市制度给予盈利和规模都在初创阶段的中小型科创公司更加方便的上市渠道。

交易规则方面，与创业板相同，也在主板市场的集合竞价和连续竞价的基础上加上盘后定价交易，而且存在两次集合竞价，开盘集合竞价时间相比主板市场有所推迟。

## 四、新三板市场

全国中小企业股份转让系统（俗称“新三板”）是继上交所、深交所之后第三家全国性证券交易场所，也是我国第一家公司制运营的证券交易场所。新三板主要服务于中小微型企业，是全国性的非上市股份有限公司股权交易平台。新三板中企业数量多，质量差异大。因此，按照一定的分层标准，将其划分为若干个层次，可降低信息搜集成本，提高投资分析效率，增强风险控制能力，引导投融资精准对接。目前，新三板分为三个层级：基础层、创新层、精选层。三个层次的企业质量、管理水平、业绩逐层递增，而投资风险逐层递减。三个层次的资金门槛分别为 100 万元、150 万元和 200 万元。

在交易方式方面，三个层次也采用不同的模式：精选层股票实施连续竞价交易制度，基础层和创新层采用集合竞价或者做市商制度。三个层次中，精选层的上市公司的质量和股票交易模式与主板市场最为相近。

在交易规则方面，新三板在 2014 年 8 月—2017 年 12 月采用的是协议转让与报价驱动混合的交易机制，2018 年 1 月开始，新三板主要采用报价驱动与指令驱动交易机制并存的交易制度。

协议转让，是新三板最早的交易方式。在这种制度下，双方在线下直接洽谈，自由对接达成协议，最后通过股转系统进行交易。这种制度模式自由度较高，能够帮助处于成长期、股东人数较多的企业短期内迅速获得资金，但这种非公开制度也容易导致信息不对称，损失专业投资者，价格波动剧烈，破坏市场公平等问题。

与指令驱动交易机制相比，在报价驱动机制下，投资者可以在提交订单之前，从做市商手里获得确定的报价，而且不需要等待订单的执行，投资者与做市商进行交易，是一种连续交易商交易。新三板的做市商制度采用的是多对一模式，即几家做市商为一家企业提供做市商服务。报价驱动机制下，做市商的存在是其主要特点。做市商是一个资本雄厚、信誉良好、专业能力较强的群体。做市商制度在纠正买卖指令不平衡，促进价格稳定和增强非专业投资者信心，提升股价方面有显著优势。从我国的实践来看，做市商制度的引入确实使新三板市场的活跃度明显提升。陈一勤（2000）研究表明，做市商在保持市场流动性、稳定性及降低交易成本方面起到了重要作用。但是，做市商制度也有明显的缺陷。由于做市商承担着做市义务，需要投入自有资金参与市场，因此其对提供的服务和承担的风险要求一定的收益，通常买卖价差就是做市商赚取的收益。对于做市商而言的“收益”，无疑对投资者而言是一种“成本”。此外，做市商也可能为了追求利益最大化任意扩大买卖价差，而这种情况很难实现监督。而且，买卖信息通常集中在做市商手中，公众投资者相对做市商具有信息滞后性，降低了市场透明度。

2018 年 1 月开始，原来协议板块转化为集合竞价，做市板块仍然保留。在集合竞价中，不同层次也采用不同的竞价频率。基础层在每日收盘时段，即下午 3:00 集中撮合一次；创新层采取每小时撮合一次的方式，即每日的 9:30、10:30、11:30、下午 2:00、下午 3:30 进行集中撮合。与主板市场的开盘前集中竞价不同的是，新三板的集中竞价是在盘中交易时间内进行撮合，因此与主板相比，其价格的连续性会有所不足。

新三板市场下，企业可以在做市交易、竞价交易和协议转让之间做出选择。李金甜（2019）的研究表明，当市场行情较好或者该企业的规模较大、业绩较好、股权集中度较低、机构持股比例较低、董事长和总经理“二职合一”时，企业更倾向于选择做市交易。

## 五、北京证券交易所市场

北京证券交易所聚焦于服务创新型中小企业，北交所上市公司的来源主要有两个：一是精选层公司整体平移至北交所；二是创新层公司，挂牌满 12 个月后，符合一定条件成为北交所上市公司。从北交所目前上市公司的行业来看，主要集中在软件和信息技术服务业、医药制造业与专用设备制造业。从中可以发现，行业都是集中在高新科技、未来发展较好的朝阳行业。此外，北交所内的企业股票收益率多数为正。总体来看，因为北交所上市要求相比主板市场低，市场包容度较高，那些创新创业型企业以及中小成长型企业更可能选择在北交所上市，以达到融资扩大发展规模的目的。

在上市制度方面，北交所目前采用注册制。在注册制下，证券发行审核机构只对注册文件进行形式审查，不进行实质判断，而是将上市公司交给市场上的投资者进行选择，这是一种更加市场化和去中心化的上市体制。但是，注册制的良好运行不仅需要大众建立“市场主导”的投资理念，也需要交易所、投行（保荐人）、会计所、律所、媒体等多方参与者参与到审查监督当中去，还未发展到高级阶段的中国资本市场还需要一些时间去完成思维观念的转变和良好关系的形成。

在交易规则方面，北交所目前采用连续竞价交易模式。与做市商交易相比，竞价交易理论上能够给市场更多的流动性，竞争性订单驱动也会使资产体现它的真实价值，市场有效性程度将进一步提升。

图 7－1 展示了我国多层次资本市场。

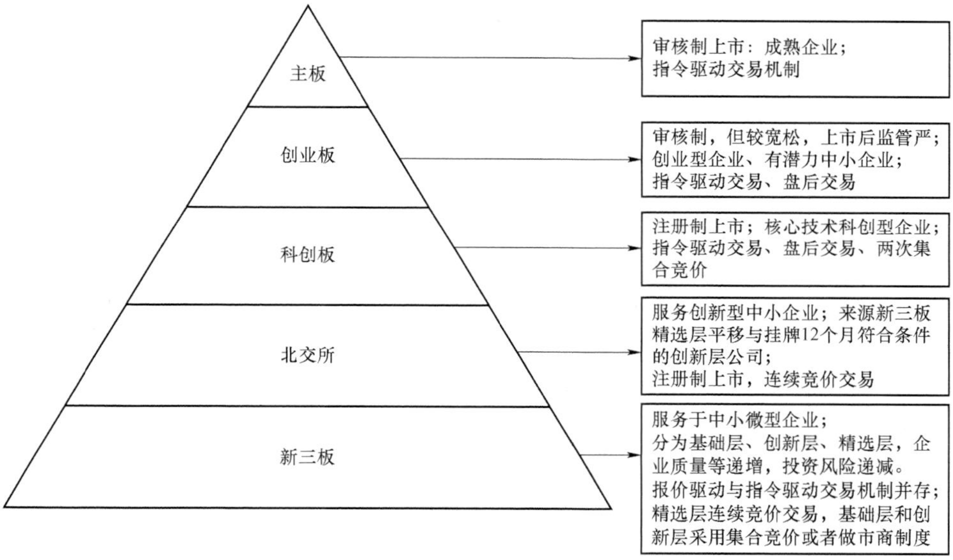


**图 7－1　我国多层次资本市场图**

资料来源：作者整理。

# 第三节　北交所市场与其他层级市场之比较

## 一、北交所与新三板

从上市企业特征画像来看，北交所的上市企业整体市值明显高于新三板。北交所潜在标的企业的市值集中在 5 亿～20 亿元，而新三板挂牌企业市值主要集中在 1 亿元。此外，北交所潜在标的企业业绩增速相比新三板挂牌企业更加稳定，整体成长性突出。因此，相比新三板，北交所的企业更加体现优质成长性中小企业画像特征。这类企业往往处于发展初期，收入、规模和利润都存在上升空间和发展潜力，相比成熟的企业，还需要借助外部力量，拓展融资渠道才能实现更好的发展。此外，这类企业的融资对时间要求也很高。因为所处的行业往往是高速发展的新兴行业，变化快是其主要特征，因此，这类企业需要在短期内筹措资金，灵活募集资金的机制和渠道对于他们是重中之重。

从企业融资途径来看，新三板本质上是一个场外交易系统，新三板挂牌企业的融资途径主要为定向增发，定向增发需要企业寻找投资者。一方面，这种向特定投资者定向增发的融资模式缩小了融资范围，很多类似保险资金、社保基金和公募基金的优质资源无法参与其中；另一方面，企业寻找投资者以及后期的谈判过程都需要耗费大量的时间和精力，甚至有可能让企业错失最佳的融资时机和优质的投资机会。北京证券交易所上市的企业一大部分系原来的新三板中精选层的企业，精选层位于新三板的最顶层，企业质量较好。在此基础上建立交易所，允许企业公开募集资金，将给企业提供一个更加广阔的募集资金的平台，公募基金等更多的资金将参与到企业融资过程中，市场的流动性相比新三板能够得到一定程度的提升。而且，虽然新三板在 2006 年就已经成立了，但到 2021 年才出台相关专板制度。在此之前，在新三板挂牌的企业没有机会公开筹集资金，业绩表现情况好的企业往往会选择退出新三板，然后争取去交易所或者主板市场上市。这种情况下，新三板面临严重的逆向选择问题，优质企业流失，挂牌企业整体质量下滑，投资者对新三板不信任度上升，挂牌企业融资困境进一步加剧，这种恶性循环难以破除。但北交所采用了“上市”模式，而且在成立之后很短的时间内就设立了明确的转板体系，很好地解除了这一恶性循环。

在交易规则方面，新三板交易主要采用做市商制度，缺乏连续竞价机制且集合竞价频率较低，分别为基础层 1 次/天，创新层 5 次/天。选择这样的交易制度的原因主要是企业质量良莠不齐，企业异质特征明显，投资者很难找到可以比较的参考物。而且信息披露质量相比主板市场差距较大，投资者较难获得有关公司基本面的信息。做市商作为其中专业的中介机构，能够给予投资者一些交易信心，匹配到更多的买卖订单，但毫无疑问这种“人工”的匹配方式相比连续竞价下的市场匹配订单的方式效率下降，流动性欠佳。但如今，北交所剥离出新三板中表现较好的企业，这类企业的经营状态和治理能力已达到较高标准，有条件实施连续竞价交易制度，且连续竞价制度在这种条件下也能较好地发挥价格发现和改善市场流动性的功能。

在上市审核方面，新三板规定精选层的财务报表有效期为 6 个月，而且如果没有在财务报表有效期内通过审核，便要重新提交申请材料，降低了审核挂牌的连续性。当一些财务报表发布频率较低时，需要等待很长时间才能申报挂牌，大大降低了审核效率。但北交所的新规下，招股说明书的有效期为 6 个月，说明不需要重复提交材料，财务报表有效期延长，这意味着企业发行的审核难度进一步降低。北交所的新规定给予了中小企业更多的便利。

在企业监管方面，新三板采用的是券商保荐制度，即保荐券商始终对挂牌企业的信息披露和公司治理方面进行合规监督，这种制度将保荐券商和企业紧密捆绑在一起，保荐券商可能因为责任过大而不愿为企业进行保荐，这样中小企业融资难困境难以得到解决，也很难增强企业改善自我治理结构的内生动力。在北交所新规下，保荐券商终身保荐制度取消，而且新增多项有关公司治理的上市规则，引导企业完善内部治理。比如，新增要求上市公司应当设立独立董事，对股东及股东大会、董事及董事大会、监事及监事大会的责任进一步细化等，对相关内容的规定进一步细化和全面。

从投资者角度来看，旧的新三板制度最低申报数量为 1 000 股，整体偏高；北交所体系下，投资者最低申报数量降为 100 股。而且，个人投资者门槛由原来的 100 万降为 50 万。这样的变化给予了更多投资者参与到中小企业融资过程中的机会，市场流动性得到了进一步释放。

## 二、北交所与创业板及科创板

从企业特征画像来看，虽然北交所和创业板、科创板的挂牌企业聚焦的行业相似，都是工业、材料行业占比较高，电信服务、房地产、金融、能源行业占比较小，但还是存在部分差异，例如信息技术、医疗保健、可选消费品行业，北交所拥有更多的行业集中度。此外，北交所的企业规模普遍小于创业板和科创板企业。综上所述，北交所更加聚焦“更早、更新、更小”的企业群体。

在发行标准上，北交所的上市各项要求都更加宽松。对于北交所潜在标的企业而言，上市标准四选一。市值、净利润要求都远低于科创板和创业板，而且相比科创板和创业板，北交所引入了加权平均 ROE、营业收入增长率和研发投入金额的指标。特别是研发类财务指标，要求最近三年累计研发收入占最近三年累计营业收入的比例不低于 15%。总体而言，上市标准更加宽松，对中小企业上市更加友好，而且更加注重企业的成长能力和发展潜力。

# 第八章　境外多层次资本市场建设经验

## 第一节　美国多层次资本市场结构与建设经验

### 一、层级划分

美国的资本市场在全球范围内都是较健全、机制和功能发挥较为完善的。其发达程度主要体现在市场规模、横向多元化以及纵向多层次化。美国多层次资本市场体系的发展历程、完备的资本市场分层体系，为各国进行相应的制度设计提供了值得借鉴的市场模式和经验。美国的资本市场分层在金融工具风险特征、交易组织形式、地理空间三个维度上同时展开，形成了由四个层次构成的金字塔结构的多层次资本市场体系。具体包括：主板市场（纽约证券交易所和美国股票交易所）、创业板市场（纳斯达克市场）、三板市场［柜台公告板市场（OTCBB）和粉单市场］及私募股票交易市场（如图 8–1 所示）。

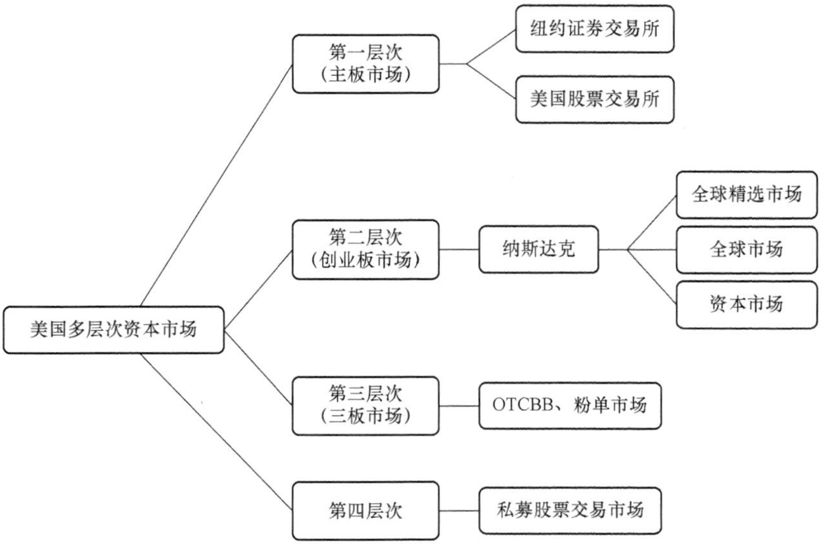


**图 8–1　美国多层次资本市场结构**

资料来源：作者整理。

1. 第一层次：主板市场（纽约证券交易所和美国股票交易所）

纽约证券交易所是金字塔的最顶端，纽约证券交易所是大企业蓝筹股市场，内部没有细分层次，主要目标是发展成为全球性的蓝筹股市场。2021 年，纽交所上市公司总共有 2 400 多家，其中 22%来自海外，来自亚太的上市公司有 120 多家，中国占其中 70%。

美国证券交易所，是除纽约证券交易所、纳斯达克证券交易所以外的美国第三大证券交易所，主要是为中小市值公司提供服务。美国证券交易所中上市交易的金融品种除了股票之外，还有期权、ETF 基金、封闭式基金、货币基金等多种类型。2009 年，美国证券交易所被纽约证券交易所并购。

2. 第二层次：创业板市场（纳斯达克市场）

纳斯达克证券市场全称是美国全国证券交易商协会自动报价系统（National Association of Securities Dealers Automated Quotations），简称纳斯达克（NASDAQ），于 1971 年在美国纽约市成立。纳斯达克市场内部分为三个层次，全球精选市场（Global Select Market）、全球市场（Global Market）和资本市场（Capital Market）。其中，全球精选市场是纳斯达克市场中上市标准最高的一个层次，它的建立与纽约证券交易所的蓝筹股市场形成了竞争。截至 2021 年 10 月，纳斯达克拥有 3 566 家上市公司，股票总市值达 24.07 万亿美元，全球排名第二。纳斯达克市场的建立，大大促进了美国高科技产业的发展、技术创新与资本市场的良性互动，保持了美国经济强国的地位。

3. 第三层次：三板市场（OTCBB 和粉单市场）

柜台公告板市场（OTCBB）和粉单市场的成立目的是为规模较小、需要大量资金发展，却又达不到纽交所和纳斯达克上市条件的高科技公司提供的交易市场。与纳斯达克市场相比，柜台公告板市场门槛较低。该市场没有明确的上市标准，并且上市程序简单。企业只须有健全财务报表，并且财务报表及申报文件经会计师、律师审定签名后，即可直接找做市商要求上市。许多企业先在柜台公告板市场上市，获得最开始的发展资金，通过一段时间积累扩张，达到纳斯达克市场或纽约证券交易所的挂牌要求后，再升级到这些市场。因而，柜台公告板市场又被称为纳斯达克市场的预备市场或是纳斯达克市场摘牌公司的后备市场。在粉单市场上的证券信誉等级比在柜台公告板市场上的更低，挂牌公司不必向美国证券交易委员会（SEC）和全美证券交易商协会（NASD）披露财务信息和任何报告，比在柜台公告板市场受到的监管更少。

4. 第四层次：私募股票交易市场

私募股票交易市场是根据美国证券交易委员会“144A”规则建立的一个市场，是专门为合格机构投资者交易私募股份的市场。由全美证券商协会运营的开发门户系统（PORTAL）为私募证券提供交易平台。机构投资者和经纪商可通过终端和该系统相连，进行私募股票的交易。私募股票交易市场的设立可以大大增强私募证券的流动性。

## 二、建设经验

美国多层次资本市场是发达国家中的典型成功模式，研究其形成此种格局的内在逻辑，对我国建设多层次资本市场具有一定的借鉴意义。

第一，建设多层次资本市场有利于服务实体经济发展及交易所良性竞争。首先，建立资本市场的最初目的就是为实体经济融资及提供交易场所，因此，其发展变化也是为了更好地适应实体经济的发展，多层次资本市场格局的形成及演进，一定程度是为了满足原有层级无法实现的内在需求。其次，交易所之间的良性竞争助推资本市场多层次格局形成。纳斯达克在2006年的第二次分层，给纽交所带来了巨大的竞争压力。纽交所为了保持优势，首先进行了公司化改革，之后建立纽交所主板（NYSE Arca）抢夺市场份额。纳斯达克建立全球精选层后，纽交所又建立纽交所高增长板（NYSE MKT）来应对。另外，不仅全国性市场，区域性交易所之间也充斥着激烈竞争。并且随着经济全球化进程加速，交易所还面临着来自世界各国的挑战。

第二，多层次资本市场的形成是交易所市场自我调节的制度安排。实体经济的需求与应对竞争的需要使得资本市场形成多层次的形态，然而，在发达国家资本市场多层次架构形成过程中，交易所拥有根据时代的发展变化自主进行变革与调整的权利。纽交所上市的蓝筹公司能够在纳斯达克同时挂牌，使交易所之间形成正面竞争，推动了随后的交易所内部分层。

第三，信息技术的快速发展推动了多层次格局的形成。电子化市场不限制交易时间的特点，不仅为全球交易者直接入市提供了便利，而且让单一交易所实现了跨界服务。此外，技术进步还直接推动了另类交易系统市场的形成和发展。

## 三、中美市场结构差异

20 世纪 90 年代以来，我国资本市场从设立沪深主板开始，不断设立创业板、新三板、四板、科创板和北交所，形成了我国目前较为完善的多层次资本市场体系。其中，主板、创业板、科创板、新三板属于场内资本市场；四板也即区域性股权交易市场属于场外资本市场，该板块挂牌企业只能面向特定人群通过私募方式进行股权交易。可以看出，我国资本市场结构与发达国家美国相比有一些共同点，但在很长一段时间内仍存在较大差异。美国形成了由最高层主板到基层上市企业数量递增的结构，我国形成了与之相反的结构。

但是，最近几年，中美两国各板块上市的企业数量在不断变化。美国最高层主板上市的公司有 4 000 多家；在中间层纳斯达克上市的公司 5 400 多家；在三板市场上市的公司超过 1 万多家；由于在私募股票交易市场交易不受美国证券交易委员会关于“报告义务”“持有时间”和“转售数量”的约束，同时美国小企业又占全国企业的极大部分，参与交易的“合格投资者”的数量也十分庞大。我国在深圳和上海两大主板构成的“一板”市场上，上市交易公司数分别为 1 672 家和 1 493 家。由“科创板”和“创业板”所构成的中间层也即“二板”市场的上市公司数目则依次是 422 家和 1 147 家。新三板中基础层挂牌企业有 5 159 家，创新层有 1 558 家，北交所目前有 93 家上市企业。

## 四、中美市场差异原因

美国资本市场是自下而上形成的，随着市场内参与者之间的竞争升级而不断发展。美国场外市场最先发展起来，这一市场，特别是四板市场的形成有利于投资者和筹资者达到各自的目的。因为在市场最初形成时，在社会基层和小范围内很容易获取企业真实的经营情况。

美国的小企业更新替代快，创新程度高，每天有数万家企业进出市场，因此形成的逐层竞争升级模式使得转到场内市场主板上市的企业质量更高，进而形成了更具发展活力的上层市场。同时，美国资本市场内交易者彼此尊重产权，市场主体独立拥有其产权，处于平等互惠的地位，并且没有政府的过度干预和中间机构谋取高额中介收益，使得美国资本市场逐渐走向成熟。

而我国，由于转轨型经济以及长期计划经济造成的影响，资本市场自上而下形成，行政部门决定权较大，市场化程度不高。转轨时期的初期市场，没有完备的法治体系，也不能实现市场参与者共商规则，只能由行政部门代为决定哪些企业能够上市，哪些企业不符合要求。具体来说，根据我国资本市场建设的初衷，行政部门会指派国有企业利用股市做大做强自身并助力脱贫扶困事业。早期的股市规则也是由国家体制改革委员会设计，股市专家和会计师等则作为咨询团队参与。

在建立了可以进行直接融资的资本市场后，一大批国有企业积极参与，主板上市企业逐渐增多。中小板和创业板推出之后，上市公司的数量又进一步增加。股权分置改革后，许多企业从境外转至 A 股上市，使得主板市场的股票数量积累到如今的水平。

在自上而下、行政部门主导的市场里，很难避免产生非效率现象，进而导致证券市场出现信息不对称；上市企业问题较多，造成损失后通过特殊处理和退市解决问题，退市过程艰难又造成进一步损害；证券市场的审查监督权没有分开等问题。在审查 IPO 企业的财务信用等数据、披露获取企业信息、跟踪监督上市企业表现等过程中，行政部门主导，市场化程度低，还容易给企业包装后上市提供机会，进而影响市场的各个环节。总之，私有产权模糊、初始条件和历史惯性产生的路径依赖、法治基础薄弱、政策协调和监督机制效率低下等因素，导致我国资本市场形成了近似倒金字塔的结构。

# 第二节　英国多层次资本市场结构与建设经验

## 一、层级划分

英国是世界性的金融中心之一，其资本市场发展历史悠久，形成了层次鲜明，功能完备的结构体系，促进了英国经济的发展。英国资本市场按照区域可划分为全国性集中交易市场和区域性集中交易市场。其中，全国性集中交易市场按照上市标准的高低又可划分为主板市场、二板市场、三板市场。英国的多层次资本市场结构，如图 8-2 所示。

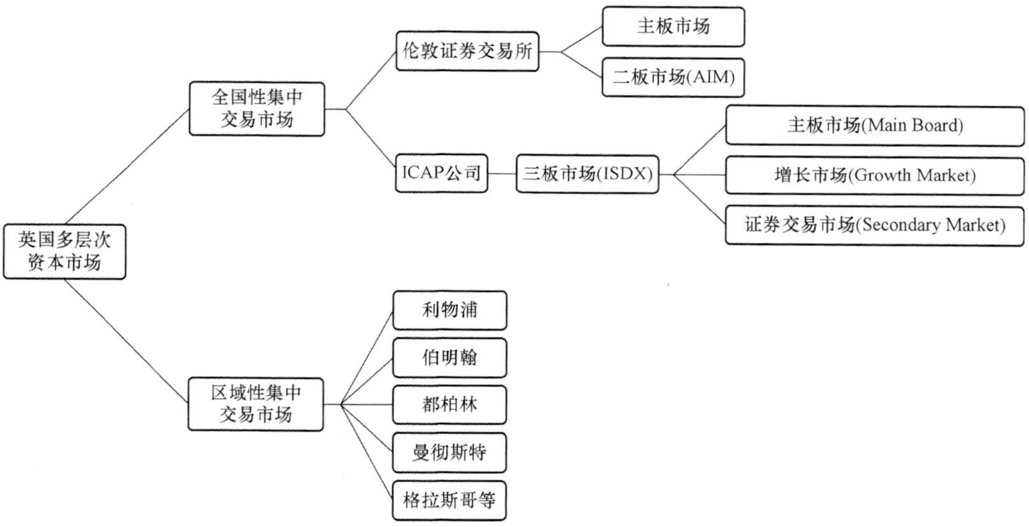


**图 8-2　英国多层次资本市场结构**

资料来源：作者整理。

第一层级为主板市场（Main Market）。伦敦证券交易所作为世界四大证券交易所之一，是世界资金往来的主要渠道。主要针对英国金融服务局批准正式上市的国内外企业提供交易服务。主板市场除股票交易外还提供多元化的产品与服务，例如债券、备兑权证、房地产投资信托基金（REITs）等。

第二层级为二板市场，即选择投资市场（Alternative Investment Market，AIM）。二板市场也称创业板市场，虽依附于伦敦证券交易所，但运行相对独立。其服务对象主要是国内外初创的、高科技、高成长性的企业。设立二板市场的主要目的是解决中小企业融资难题，因此二板市场的上市要求较少，门槛较低。

第三层级为三板市场，即汇业证券衍生品交易所（ICAP Securities & Derivatives Exchange，ISDX）。英国的 ISDX 市场的前身是由 JP Jenkins 公司于 1995 年运营的 OFEX

市场，2004 年 OFEX 市场由 PLUS Market Group 运营并改名为 PLUS 市场，2012 年 PLUS 市场被 ICAP 收购并改名为 ISDX 市场。ISDX 市场采取做市商与竞价混合的交易制度，其内部又细分为主板市场（Main Board）、增长市场（Growth Market）和证券交易市场（Secondary Market）三个层次。ISDX 市场是除伦敦证券交易所的二板市场外，为更为初级的中小企业提供融资服务的交易市场。与 AIM 相比，ISDX 的进入标准更低，层次也更为初级。

第四层级为区域性市场，是指位于利物浦、伯明翰、都柏林、曼彻斯特和格拉斯哥等地方的证券交易市场，主要满足交易地方性企业股票交易的需求，同时还可以交易伦敦证券交易所的挂牌股票。

## 二、建设经验

在转板制度方面，张轩（2009）认为英国 AIM 很好地处理了主板市场与创业板市场的关系。一方面，在 AIM 上市的企业达到一定规模后，若需获得更多的融资和扩大知名度，可以选择转板至伦敦证券交易所的主板市场；另一方面，已经在主板上市的企业若未能满足上市的硬性条件但还有发展潜力，可以转板至 AIM 市场，充分发挥 AIM 与主板的协同效应。陆建民（2013）指出，OFEX 市场与 AIM 或主板市场之间存在类似的转板机制。他认为英国资本市场的转板机制实现了不同层级企业的优胜劣汰，保证了市场活力。

在监管机制方面，周文英（2013）介绍了英国选择投资市场（AIM）的终身保荐人制度的具体规定和基本特征，他认为该制度是英国 AIM 取得成功的关键，一方面健全了英国金融中介市场的发展，另一方面可以防范证券市场的运行风险。并结合中国创业板保荐人制度所存在问题提出了四点建议：一是明确保荐人的准入条件；二是延长保荐人期限；三是完善保荐人的监管机制；四是明确保荐人的法律责任。

在交易机制与退市制度方面，丁京京和张宏妹（2020）指出，英国 AIM 市场的 T+0 交易制度既可促进交易，提高资金利用效率，还有利于投资者及时止损。同时，严格的退市制度反映出 AIM 市场对上市企业要求的提高和板块整体向好的发展趋势，有利于吸引更多的优秀企业。

# 第三节　韩国多层次资本市场结构及建设经验

## 一、层级划分

大韩证券交易所于 1956 年在首尔成立，标志着韩国证券业的启动。当时，该交易所的交易活动以债券交易为主，股票交易很少。此后，随着经济发展，韩国资本市场也得到了较快的发展。1963 年，交易所进行了重组，并更名为韩国证券交易所。2005 年 1 月，韩国合并原韩国证券交易所、韩国期货交易所及韩国创业板市场，正式更名为韩国证券期货交易所。在韩国证券期货交易所上市的股票包括主板（KOSPI）和创业板（KOSDAQ）。目前，韩国证券期货交易所主要是股票、债券、股价指数期货、股价指数期权等现货和衍生商品交易的证券市场，它的交易规模和市价总值在世界 10 强之内。

韩国的场内市场分为主板、创业板和第三市场三个层次，如图 8－3 所示。

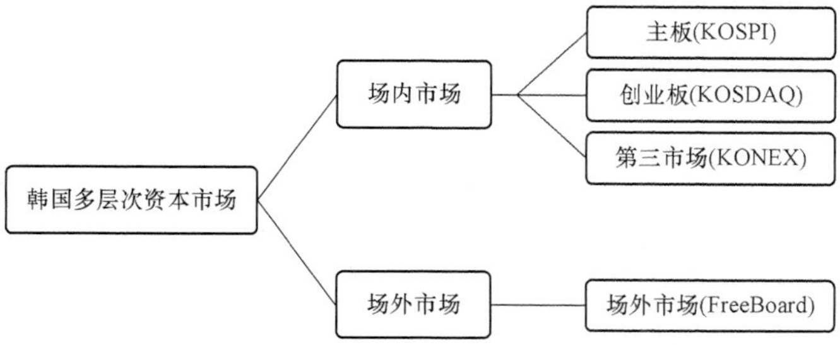


**图 8－3　韩国多层次资本市场结构**

资料来源：作者整理。

1. 第一层次：主板（KOSPI）

主板市场是以大型企业为主的市场，上市公司主要为大型蓝筹企业，包括世界著名企业，如国民银行、浦项钢铁、三星电子、现代汽车等。主板上市企业占全体企业数的 40%，市价总额约相当于韩国所有证券市场的 90%。主板共有企业 775 家，总市值达到 11 480 亿美元。

2. 第二层次：创业板（KOSDAQ）

韩国的科斯达克市场（KOSDAQ）成立于 1996 年 7 月，是在韩国已有的场外交易市场上发展起来的，它的目的是为知识密集型、创造高附加值的高科技新兴公司以及小企业提供直接融资的市场。韩国政府曾大力支持中小风险企业和 IT 产业的发展，促使韩国科斯达克市场世界性的 IT 技术股，短时间内在世界级的新市场中得到了迅速发展。截至 2004 年 6 月 24 日，其上市公司总数已达 896 家，在全球创业板市场中则位居第三位，位于美国 NASDAQ 市场和日本 JASDAQ 市场之后。其股票市值为 300 亿美元，在全球创业板市场中位居第五位。在 2008 年金融危机的冲击下，韩国科斯达克市场仍有 38 家公司成功首发上市，并且上市公司总数首次超过 1 000 家，年成交额达到 308 万亿韩元，成为全球最活跃的创业板市场之一。科斯达克市场上的融资额和信息披露义务等方面与韩国证券期货交易所非常相似，但相对于主板，韩国科斯达克市场具有上市门槛低、上市手续费低等特点，适合成长创新型公司。

3. 第三层次：第三市场（KONEX）

随着 KOSDAQ 市场的发展，其对新兴企业的扶持作用逐渐减弱。在此背景下，韩国交易所集团于 2013 年 7 月推出 KONEX 市场。KONEX 是继主板、KOSDAQ 之后的第三个股票交易市场。与前两个市场的区别在于，KONEX 是专为规模较小、处于创业初期的风险企业或者中小型企业服务的股票市场。交易对象仅限风险承受能力较强的专业投资人和风险资本公司等。KONEX 市场有三大特点：一是准入门槛较低；二是制度规定简化；三是良性循环体系。

4. 场外市场

韩国的证券交易场外市场为 FreeBoard。

场外市场（FreeBoard），是为达不到韩国证券交易所和科斯达克上市标准以及从这两个市场退市的股票，提供融资和股份转让服务的场所。韩国场外市场成立于 1987 年，主要为中小规模的非上市公司提供交易的场所。为了活跃市场交易，韩国直销协会在 2000 年 3 月创建了 KOTCBB。目前的场外市场 FreeBoard 成立于 2005 年，取代了 KOTCBB。Freeboard 由自律组织韩国金融投资协会管理。

## 二、建设经验

韩国资本市场的发展促进了韩国经济的迅速发展。1990 年，韩企获得直接融资超过 140 000 亿韩元，股票市值近 800 000 亿韩元，几乎占 GDP 的一半。可以说，韩国资本市场的发展在一定程度上刺激了微观经济主体的经营活动，并通过微观经济的进步推动了韩国整体经济的发展。

从韩国经济的发展过程来看，多层次资本市场对于韩国经济的发展起到巨大的促进作用。多层次资本市场能够满足不同投资者和筹资者的需求，为新兴产业和中小企业提供融资平台，并为风险资本提供退出渠道。同时，多层次资本市场改变了韩国传统的经济模式，实现产业结构和经济结构的转换与调整，促进了经济的可持续增长。

# 第四节　印度多层次资本市场结构及建设经验

## 一、层级划分

1875 年，孟买证券交易所成立，标志着印度资本市场历史的开始。印度资本市场具有完备的金融法制和成熟的投资者，这使得如今的印度资本市场在市场结构和运作效率上都达到了国际水平，成为国际资本市场的重要组成部分。在市场结构方面，印度证券交易所市场由全国性证券交易所、地方性区域交易所（RSE－Regional Stock Exchange）和场外交易市场（OTC – Over the Counter）三个层级的23家交易所组成，其中全国性交易所2家，地方区域性交易所 21 家。印度最主要的两大全国性证券交易所为孟买证券交易所和印度国家证券交易所。21家区域性交易所中较为活跃的有加尔各答、德里和马德拉斯等交易所。

印度国家证券交易所成立于 1992 年 11 月，是印度第一大证券交易所，交易量仅次于美国纽约股票交易所和纳斯达克交易所。印度国家证券交易所由印度一系列的主要金融机构、银行、保险公司和其他金融中介组成，但作为单独实体经营运作，拥有所有权。根据 Capital IQ 数据库，截至 2020 年 11 月 10 日，印度国家交易所上市股票为 1 896 只。

孟买证券交易所是印度第二大证券交易市场，成立于 1875 年，是亚洲历史最悠久的证券交易所。孟买证券交易所是全球第十大证券交易所之一，截至 2018 年 4 月，总市值超过 2.2 万亿美元。孟买证券交易所过去是公开叫价场交易平台，1995 年用了 50 天的时间过渡为使用电子交易系统。这个自动化交易平台称为 BSE 在线交易（BOLT），每天的交易量为 800 万张。

印度的区域性证券交易所在最初阶段由当地券商聚集而成，无须政府审批并且当时印度的证券交易委员会也未设立，但有法律统一进行管制。印度多层次资本市场结构如图 8 – 4 所示。

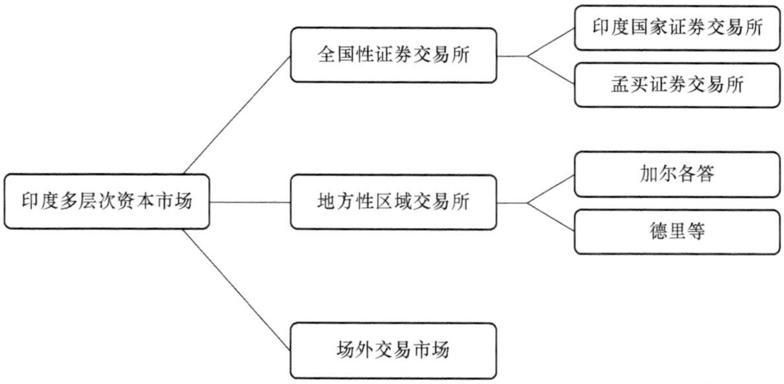


**图 8 – 4　印度多层次资本市场结构**

资料来源：作者整理。

## 二、建设经验

印度和中国都是人口众多的发展中国家，在许多方面有相似之处。中国改革开放之后，经济迅速增长。20 世纪 90 年代后，印度也加快了改革发展的进程，资本市场和经济得以快速发展。印度资本市场的发展经验对我国具有一定的借鉴意义。

### （一）实行对资本市场严格的监管

印度证券交易委员会（SEBI，以下简称印度证交会）是印度证券市场的监管机构，对证券交易所和经纪人等进行监管。印度证交会对股市发生的违规行为处理态度严厉并且事实证明十分有效。在建设相关制度、改进信息披露、完善公司治理、推广交易技术、维持市场秩序和提高市场效率以及保护投资者利益等方面，都取得了长足进步，得到了国际社会的广泛认可。

### （二）重视上市公司的质量

上市公司是证券市场的基础。印度股市市值与公司经营业绩强相关，印度股票市场的融资功能和投资功能发挥得相对较好。印度证券市场的低股价、高回报率和高公司治理水平吸引了大量境内外投资者。另外，印度上市公司的国有股比重很低，而且上市公司主要基于国内消费，这种模式有利于经济的可持续增长。

### （三）建立和完善多层次资本市场体系

印度的资本市场由国家性证券市场和区域性证券市场组成。区域性证券交易所，不仅提高了地方政府和当地投资者的积极性，更促进了区域经济的协调发展。区域性交易所在促进各地中小高成长企业融资方面也发挥了积极作用。一般来说，中小企业在公司治理和风险承受能力等方面都明显低于大型蓝筹股公司，而当地投资者在掌握周边企业信息方面成本较低，因此区域性交易所在改善上市公司信息不对称方面具有明显优势。另外，印度的债券市场和衍生品市场也很发达，与股票市场相互补充。

### （四）把支持中小企业融资和促进高科技产业发展放在突出位置

自 2000 年以来，印度风险投资高速发展，2003 年位居亚洲第二位，并且班加罗尔已成为全球著名的创业资本中心。印度的风险投资主要集中在 IT 和生命技术产业。印度的资本市场培育了很多能与欧美大企业竞争的高科技企业，如软件开发公司 Infosys 和 Wipro 等。将支持大型蓝筹股公司融资和支持中小企业融资放在同等重要的位置，才能拥有经济持续增长的动力。

## 第五节　日本多层次资本市场结构及建设经验

### 一、层级划分

日本资本市场虽然起步较晚，但 20 世纪 90 年代以来发展迅速。2013 年，东京证券交易所与大阪证券交易所合并成立日本交易所集团。其中，上市公司全部集中到东京交易所，金融衍生品业务整合到大阪交易所。至此，日本交易所成为仅次于纽交所和纳斯达克的全球第三、亚洲第一的证券交易所。日本的多层次资本市场主要由全国性交易市场、区域性交易市场和场外交易市场组成。其中，全国性交易市场可划分为市场一部、市场二部、MOTHERS 和 JASDAQ、TOKYO PRO Market，分别对应主板、中小板、创业板和特定投资者市场。日本形成了以东京交易所为主，区域性交易所为辅，场外交易市场为补充的多层次资本市场，其结构如图 8－5 所示。

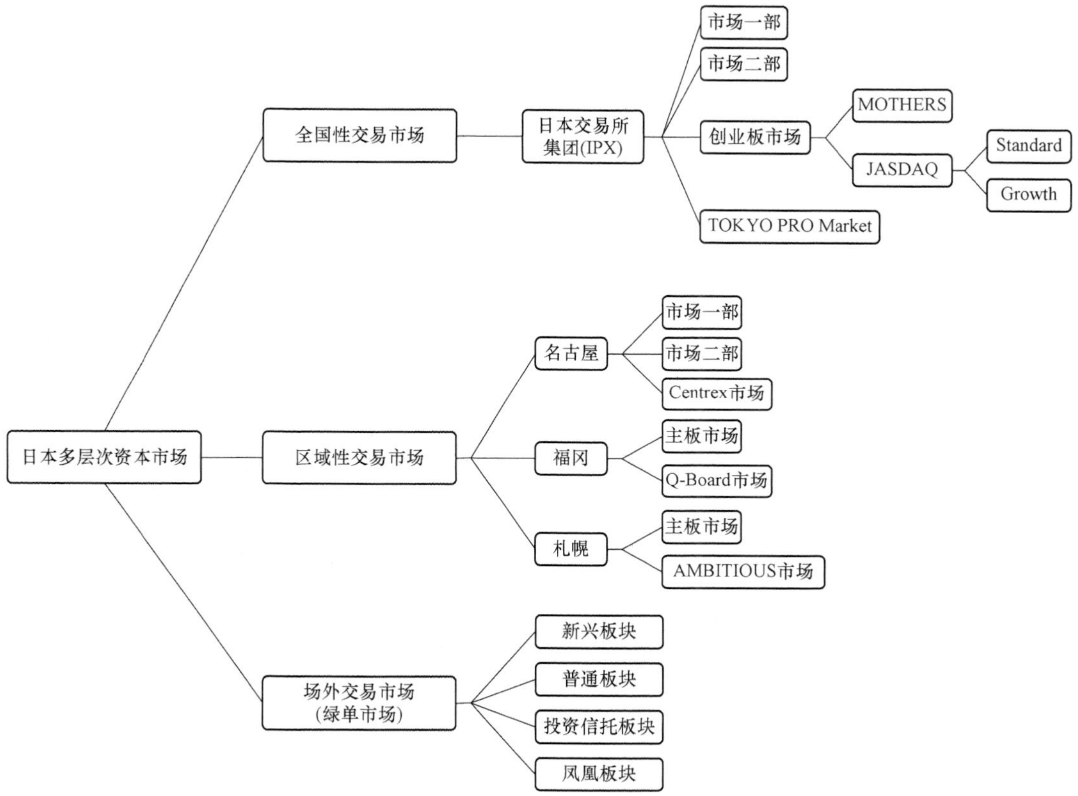


**图 8－5　日本多层次资本市场结构**

资料来源：作者整理。

日本资本市场第一层级为市场一部，即主板市场。市场一部主要面向业务范围涉及全球的大型成熟企业。其上市标准较高，只有当公司达到一定规模并且股票流通数目满足交易所要求才可上市交易。市场一部的交易非常活跃。

第二层级为市场二部，即中小板市场。市场二部成立于 1961 年 10 月，其服务对象主要是具有一定规模、业务基础和经营年限的中小企业。相较于市场一部，市场二部的上市标准较低，因此较多公司通常会选择先在市场二部上市，待发展壮大后转到市场一部上市。

第三层级为 MOTHERS 和 JASDAQ，两者共同组成日本的创业板市场。它们的服务对象均为具有成长潜力的新兴企业，但在交易方式、理念目标等方面存在差异。MOTHERS 成立于 1999 年 11 月，虽然上市标准没有市场一部和市场二部严格，但是对企业的信息披露有较高要求。JASDAQ 前身是成立于 1963 年 2 月的日本证券业协会 OTC 市场，在 2004 年 2 月改制为证券交易所，于 2013 年成为东京交易所的重要组成部分。JASDAQ 内部根据上市标准差异又可细分为 Standard 和 Growth 两个层次。

第四层级为 TOKYO PRO Market，即特定投资者市场。TOKYO PRO Market 成立于 2009 年，服务对象主要是需要向专业投资人融资的企业。与其他市场相比，其在上市标准、信息披露与会计准则等方面的要求更为宽松。除此以外，TOKYO PRO Market 采取保荐人制度，由保荐人对在该市场上市的企业进行资格审查，从申请到正式上市仅需 10 天。

第五层级为区域性交易市场，是指位于名古屋、福冈和札幌的证券交易市场。其中，名古屋证券交易所内部可划分为市场一部、市场二部以及 Centrex 市场；福冈证券交易所内部可划分为主板市场和 Q－Board 市场；札幌证券交易所内部可划分为主板市场和 AMBITIOUS 市场。这些区域性交易市场主要服务于当地企业，它们的交易量较小，重要性远不及全国性的证券交易所。

第六层级为场外市场（Green Sheet Market），即绿单市场。绿单市场成立于 1997 年 7 月，是日本非上市公司，特别是新兴企业和风险公司直接融资和股权转让的平台。2004 年，JASDAQ 获准注册为证券交易所后，绿单市场成为日本真正意义上的场外市场，目前由新兴板块、普通板块、投资信托板块以及凤凰板块组成。其中，新兴板块服务于具有上市意愿和成长潜力的企业，投资信托板块服务于优先股和各种投资信托，凤凰板块服务于退市公司，普通板块服务于其他公司。近些年来，随着交易所的扩张和企业覆盖范围的扩大，绿单市场发展空间不断压缩，基本处于停滞状态。

## 二、建设经验

在市场机制方面，苏鹭（2010）通过考察日本 JASDAQ 市场的信息披露机制与交易机制，对我国创业板市场建设提出两点建议：一是创业板的运行过程要严格贯彻公开、公平和公正的原则，尽量降低在发行上市、日常交易和信息披露等环节信息不对称程度，将投资者权益以及社会公众利益保护落在实处。二是在借鉴国外成功经验时要结合自身实际情况，不能照搬照抄。日本在仿照美国 NASDAQ 市场来建立 JASDAQ 市场时，就是考虑到本国企业的特性，没有照搬纳斯达克的做市商制度，而是采取混合做市商制度。

在退市制度方面，邸振龙（2011）通过研究分析日本 MOTHERS 市场的退市制度，发现 MOTHERS 市场的直接退市制度降低了市场壳资源的价值，较好地避免了借壳上市的现象，有利于市场发展日趋成熟。他认为，中国创业板退市制度的完善应当遵循三点原则：首先要加强大众风险自负投资意识的宣传，保证市场平稳发展；其次，退市标准应当更加注重市场标准而非财务标准；最后，要制定严格的信息披露制度。

在企业质量控制方面，麦欣（2014）介绍了日本JASDAQ市场对挂牌企业质量控制的具体措施，主要体现在挂牌标准、挂牌流程、持续监管以及除牌标准这四个方面。正是JASDAQ市场对企业质量的严格控制，降低了企业与投资者之间的信息不对称，增强了投资者信心，创造了良好的投资环境，促进了日本创业板市场的发展。

在形成逻辑方面，李正全等（2018）分析总结了日本多层次资本市场格局的内在逻辑，主要包括四个方面：一是服务实体经济发展及交易所竞争的需要；二是交易所市场自我调节的制度安排；三是信息技术的进步；四是开放监管的理念。他们认为中国多层次建设应当在立足中国国情的基础上，符合资本市场建设的内在逻辑。

除此之外，刘岩和丁宁（2007）回顾了日本多层次股票市场的发展历史，介绍了市场结构以及各层次的准入标准，并结合我国资本市场的具体情况对我国多层次股票市场提出两点建议：一是要大力发展OTC市场，解决中小企业的股权融资问题；二是制定科学的体系内转板机制，实现不同层级间企业的优胜劣汰，保持整个市场体系的活力与质量。

# 第六节　中国台湾多层次资本市场结构及建设经验

## 一、层级划分

中国台湾资本市场由场内市场和场外市场构成，其中场内市场是指台湾证券交易所代表的主板市场，主板市场内部可细分为创新板和一般板；场外市场是指台湾证券买卖柜台中心管理下的上柜市场、兴柜市场以及创柜市场，而兴柜市场内部又可细分为战略新板和一般板（如图8-6所示）。

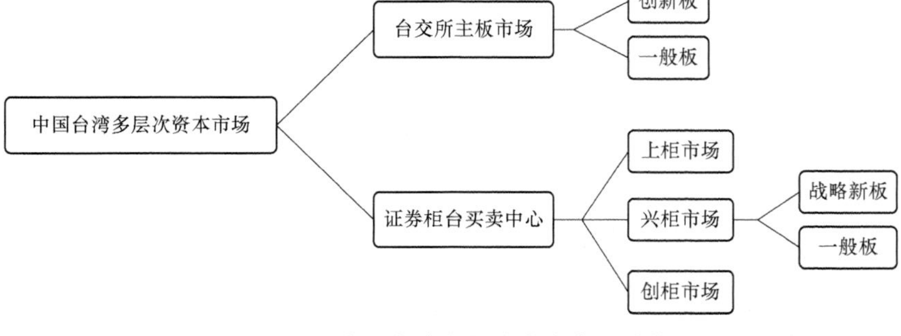


**图8-6　中国台湾多层次资本市场结构**

资料来源：作者整理。

第一层级为集中交易市场，即主板市场。台湾证券交易所（以下简称台交所）成立于 1961 年 10 月，是台湾地区唯一的证券交易所。台交所为公司制，采取典型的竞价制度，其服务对象是台湾的大型蓝筹企业。2020 年 7 月，主板市场中的创新板正式开板，创新板与大陆科创板类似，其主要是提供创新公司筹资新渠道，扶植新创产业发展，鼓励拥有关键核心技术及创新能力或创新经营模式之企业进入资本市场筹资。截至 2022 年 1 月，已经有 961 家企业在主板挂牌交易。

第二层级为上柜市场，即二板市场。上柜市场成立于 1988 年，是仿效美国纳斯达克（NASDAQ）的产物。上柜市场的服务对象是营运较为成熟且具有一定绩效及规模的中小企业或新兴产业公司，承担辅助上柜股票转为上市股票的任务。相比主板市场，上柜市场对企业的限制较为宽松，其交易模式以竞价制度为主，做市商制度为辅。截至 2022 年 1 月，已经有 788 家企业在上柜市场交易。

第三层级为兴柜市场，即三板市场。兴柜市场成立于 2003 年，目的是取代以盘商为中介的未上市上柜股票的交易，将未上市上柜股票纳入制度化管理。兴柜市场交易模式为做市商制度，其服务对象是营运较为成熟的中小企业，因此对企业的限制比上柜市场更为宽松，为众多中小企业进入主板市场或上柜市场提供历练。2021 年第三季度起，兴柜市场下增设战略新板，其目的主要是为了配合创新企业的发展，并且要以政府积极扶持的六大核心战略产业或其他创新性产业为目标挂牌企业，让更多的中小企业或新兴产业进入资本市场。截至 2022 年 1 月，已经有 356 家企业在兴柜市场交易。

第四层级为创柜市场。创柜市场成立于 2014 年，参照美国的 JOBS Act 鼓励新兴成长企业的相关规范，目的是扶持具有创新、创意构想的微小型企业的发展。不同于上柜市场与兴柜市场采取公开发行的方式，创柜市场采取非公开发行，并且相比上柜市场与兴柜市场，创柜市场未对企业设置较多的门槛。创柜市场提供股权筹资，若企业在 3 年内没有转板至上柜市场或兴柜市场，就只能选择退出创柜市场。截至 2022 年 1 月，已经有 91 家企业在创柜市场交易。

## 二、建设经验

在场外市场方面，张立（2013）利用 Jefrey-Wurgler 资本配置效率模型对台交所主板市场、上柜市场与兴柜市场进行实证分析，并得出台交所的资源配置效率低于上柜市场，上柜市场的资源配置效率低于兴柜市场的结论。因此，他认为以低准入门槛和灵活运作机制为特征的台湾场外市场的建设经验值得大陆在建设多层次资本市场的过程中借鉴。

在兴柜市场方面，袁季和徐舜等（2015）通过研究台湾兴柜市场的成功经验，认为大陆的新三板与兴柜市场定位相似，新三板市场主要可以借鉴三个方面：一是引入做市商制度，增强交易活跃度；二是降低挂牌条件，促进中小企业融资；三是完善转板制度，提升新三板的吸引力。杨芳等（2018）通过比较大陆新三板市场与台湾兴柜市场的资本配置效率，对新三板市场的改进与完善进行了补充：一是明确新三板市场的定位；二是降低投资者门槛，增大市场流动性；三是针对中小企业的特点，针对性地完善信息披露制度。

在创柜市场方面，朱新现（2015）通过分析台湾创柜市场的制度安排与特色，介绍取得的成效，认为一方面可以拓宽场外融资渠道，做到资金支撑与智力支持并举，另一方面也要建立合格的投资者制度，保护投资者的利益。

除此之外，闻岳春（2006）在论述台湾多层次资本市场的形成与发展的基础上，结合大陆资本市场的具体情况得出三点启示：一是资本市场的发展离不开市场需求，必须照顾到市场需求；二是大陆应审时度势，调整监管思路，采取“变堵截为疏导”的思维来考虑建立健全多层次资本市场体系问题；三是多层次资本市场的发展和完善离不开法律的保障、严格的执法和投资者行为的理性化。

# 第九章　美国多层次资本市场架构及对我国多层次资本市场建设启示

随着北京证券交易所（以下简称北交所）在2021年11月15日正式开市，我国多层次资本市场的建设进入了一个新的阶段。北交所的成立进一步拓展了我国多层次资本市场的发展，同时也为完善我国社会主义市场经济制度走出坚实的一步。本章通过回顾美国多层级资本市场架构，分析美国新兴公司市场（ECM）的兴起到衰弱的过程，提出我国发展多层级资本市场需要注意的几点建议。

## 第一节　引　　言

2021年9月2日，习近平总书记在中国国际服务贸易交易会全球服务贸易峰会上的致辞中宣布："我们将继续支持中小企业创新发展，深化新三板改革，设立北京证券交易所，打造服务创新型中小企业主阵地。"这是我国资本市场发展历史上的一个里程碑。继上海和深圳证券交易所成立三十年之后，我国A股市场又成立了第三家全国性股票交易所。这是资本市场更好服务构建新发展格局、推动高质量发展所做出的新的重大战略部署。

北交所一个鲜明的特点就是它采取了和其他交易所（主板）不同的运行制度和服务定位。其主要目的包括三个：一是构建一套契合创新型中小企业特点的，涵盖发行上市、交易、退市、持续监管、投资者适当性管理等基础制度安排，补齐多层次资本市场发展普惠金融的短板。二是畅通北京证券交易所在多层次资本市场的纽带作用，形成相互补充、相互促进的中小企业直接融资成长路径。三是培育一批专精特新中小企业，形成创新创业热情高涨、合格投资者踊跃参与、中介机构归位尽责的良性市场生态。北交所的发展方向体现了它服务科创型小企业、完善多层次资本市场的结构，也与北京定位为创新中心是完全一致的。北交所是新三板改革的深化。"北交所＋新三板"的构建是对多层次资本市场体系的进一步完善，由此我国资本市场已经发展形成包括主板、创业板、科创板、北交所、新三板及区域性股权市场等多层次资本市场体系，逐渐与国际市场接轨。

从国际发达国家的发展经验来看，现代资本市场体系的一个重要特点就是多层次市场协调发展。国际上很多国家都已经建立了多层次资本市场。多层次资本市场，是指基于社会经济发展的需要，适应不同发展阶段和不同类型企业的融资需求，满足不同类型投资者的投资偏好，由市场自然演进和各类参与者的共同选择所形成的证券市场体系。各国的资本市场在不同的法律体系下与不同的地理人文环境作用下，形成了独具特色的多层次市场体系。其中，美国的多层次资本市场是机制建设最为健全，功能发挥最为完善的代表，本章通过介绍美国多层次资本市场的结构，重点分析美国新兴公司市场（ECM）从兴起到衰落的原因，为我国发展多层次资本市场提供参考。

## 第二节　美国多层次资本市场架构

美国股票市场由于存在场内交易与场外交易、全国性与区域性、上市标准、上市公司特点等诸多差异，表现为多层级市场结构。在美国多层次资本市场中，主要有纽约证券交易所（NYSE，以下简称纽交所）、纳斯达克股票市场（NASDAQ）、美国证券交易所（AMEX）、区域性证券交易所、美国场外柜台公告板市场（OTCBB），粉单市场（PS）以及灰单市场。

美国多层次市场属于塔形结构，由上至下其市场上市要求逐渐降低。图 9－1 给出了美国多层级市场的结构特征。处于塔尖的是纽约证券交易所主板市场、纳斯达克全球精选市场和纳斯达克全球市场。三个市场层级中，上市要求最高的是纳斯达克全球精选市场，其次是纽约证券交易所主板市场，最后是纳斯达克全球市场。大型高新技术企业的利润无法达到纽交所主板上市要求时，一般会选择在纳斯达克全球市场上市，而一些经营情况好的大型高新技术企业会选择在纳斯达克全球精选市场上市。处于塔中央的是纽交所中小板市场和纳斯达克资本市场，两个市场主要为中小型企业提供上市和交易服务，纳斯达克资本市场的上市要求略高于纽交所中小板市场。处于塔底的是美国场外柜台公告板市场（OTCBB）、粉单市场（PS）以及灰单市场。在这些市场中交易的股票没有上市要求，门槛很低，但 OTCBB 市场对交易的股票仍有一定要求：经过 SEC 核准同时有三名以上做市商愿意为该股票做市。粉单市场上大多是因本身无法定期进行财务披露，而被强制下市或下柜，但仍有做市商的公司，灰单市场则是没有做市商、没有信息披露的股票交易市场。

塔形结构从下至上，市场成熟度逐渐上升，市场级别也逐级上升。因此，当企业经营规模逐渐扩大，市值不断扩大，可以退出现存市场，在更高一级的市场上市或是进行平级转板；反之，当企业经营不善，无法达到现处市场对企业的要求，则会被强制退市，强制退市转板只能转入次一级市场。

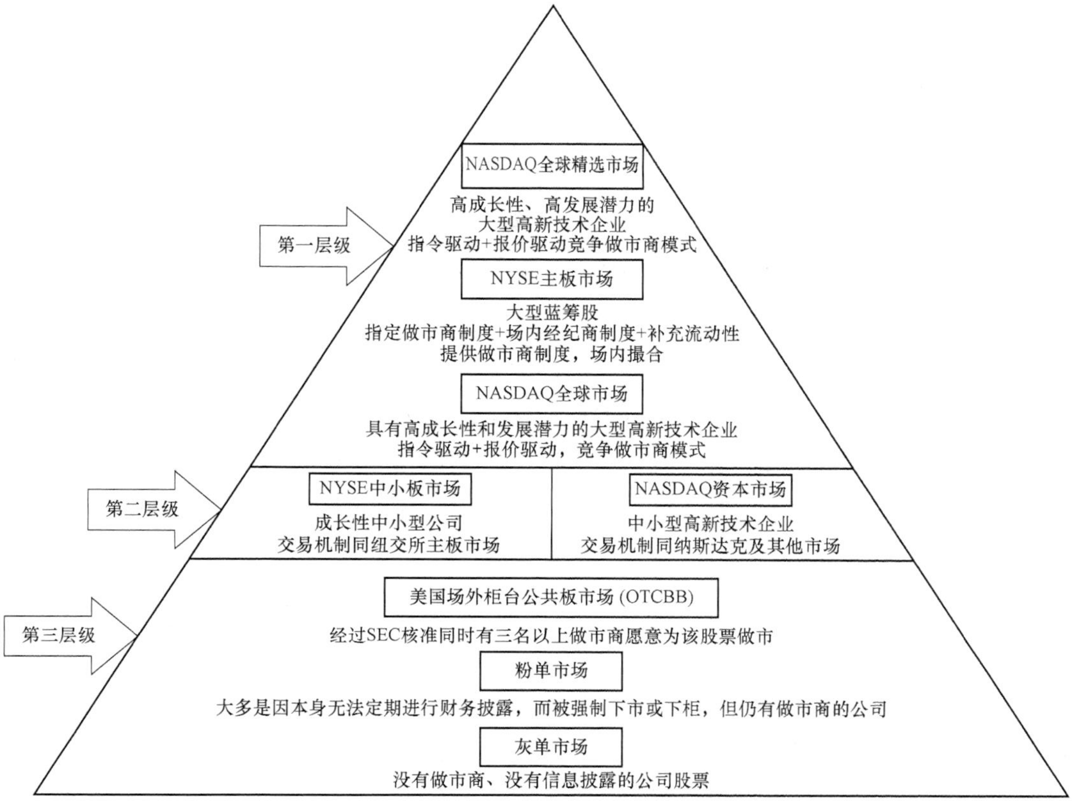


**图 9－1　美国多层级资本市场结构图**

资料来源：作者整理。

# 第三节　新兴公司（ECM）的失败

美国证券市场在最终形成稳定的多层级市场格局之前，也经历了许多次或成功或失败的探索。下面我们就以新兴公司（ECM）的兴起到衰落进行分析。

## 一、新兴公司成立的背景

20 世纪 90 年代，美国多层级市场还只有简单的几个层级：纽交所、纳斯达克市场、美国证券交易所市场、OTC 市场、粉单市场等，各大市场内部的层级还不清晰。但随着纳斯达克市场的不断壮大，多层级市场格局出现变化。1992 年，美国证券交易所正处于竞争困境。美国证券交易所处于 OTC 市场和纽交所这两个市场之间的“中转市场”，和纳斯达克市场共同竞争那些未达到纽交所上市要求的公司，提供必要的流动性和交易规模，给公司提供重要的筹资渠道和发展平台。

传统上，新公司首先需要在场外交易（OTC）市场进行交易，然后随着规模的扩大和公司经营情况的逐渐向好，而转向美国证券交易所，美国证券交易所给这些公司更高级别的交易服务，使得这些公司能够更快地扩张规模，最终达到纽交所上市要求，在纽交所上市。与此同时，纳斯达克市场崭露头角。作为世界上第一个完全采用电子交易模式的证券市场，纳斯达克成为高科技公司的聚集地，其采用的电子信息技术在计算机行业蓬勃发展的背景下，为科技产业公司的快速崛起提供了强大支持。逐渐增加的市值和影响力使得越来越多的公司从传统的场外交易（OTC）市场纷纷转板到纳斯达克市场，推动了高科技公司规模的迅速扩大。与旧的 OTC 市场相比，纳斯达克市场的报价和交易显著更优，大大降低了公司在美国证券交易所上市的首日收益率，最终导致美国证券交易所在其核心股票业务中失去了大量的市场份额。作为传统交易所（纽约证券交易所、美国证券交易所和地区交易所）总成交量的一小部分，美国证券交易所的市场份额从 1968 年的 29.6%的峰值下降到 1991 年的 6.1%。上市公司的数量从 1975 年的 1 215 家下降到 1991 年底的 860 家。

为增加业务，二十世纪七八十年代，美国证券交易所也尝试了多种方法，包括进入期权业务、进入期货交易以及交易在纽交所上市股票。ECM 在概念上与许多初级或“孵化器”市场相似，这些市场是由欧洲主要证券交易所启动的，为不符合高级市场上市要求的公司提供一个交易市场。美国证券交易所还成功上市了纽交所不愿上市的创新衍生证券，但最终收效不明显，建立 ECM 便成为一次新的尝试。

1992 年 3 月 18 日，美国证券交易所（AMEX）大张旗鼓地推出了新兴公司市场（ECM）。美国证券交易所还打算与纳斯达克竞争因规模太小而无法进入美国证券交易所的股票。美国证券交易所希望通过在这些公司发展的早期上市，在它们规模扩大时能够留住它们。ECM 的设计目的是交易小型新兴公司的股票，直到它们符合美国证券交易所上市的资格。ECM 的推出使上市公司买卖价差大幅下降，新闻报道也有所增加。美国证券交易所在这一细分市场有三个潜在的竞争优势。

首先，ECM 产生的买卖价差通常较纳斯达克的经销商市场更小，较低的交易成本有望吸引更多公司和投资者参与。其次，当时纳斯达克股票最后一次交易报告尚未普及，因此投资者拥有的关于这类股票的价格和成交量信息相对较少。相比之下，美国证券交易所几乎在证券买卖汇总记录带上立即公布了交易价格和交易量，这一改进有望吸引更多上市公司和投资者。第三，由于其传统的上市标准，美国证券交易所的上市公司质量较之粉单市场和纳斯达克全国市场以外的纳斯达克股票中的许多公司更高。

美国证券交易所对 ECM 中的公司的上市要求比常规上市要宽松得多。在 ECM 上市的公司，在股东权益方面的要求要低于美国证券交易所的常规要求，且公司也不必有正收益。此外，也不要求设立外部董事或审计委员会。甚至在市场成立之前，SEC 和其他机构就提出了对 ECM 中的公司质量的担忧。但当时的美国证券交易所试图通过承诺非常仔细地筛选这些公司来缓解这些担忧。此外，美国证券交易所对 ECM 的上市费用的定价仅略低于纳斯达克的上市费用。

可以说，在上市要求、上市费用、交易成本、交易信息获取难易程度、上市公司质量保证上，ECM 都有明显优势，更不必说 ECM 隶属于美国证券交易所，交易平台有着充足的保障，其发展逻辑十分畅通。

## 二、新兴公司关闭的原因

虽然 ECM 在成立之时也受到了很多关注，但是在最初上市的 22 家公司之后，愿意在 ECM 上市公司的数量就非常少了，美国运通在 1995 年 5 月 11 日关闭了该市场。ECM 从兴起到衰落再到最终关闭，存在着多方面原因。为什么 ECM 最初能够被市场上许多公司接受并加入？又为什么在发展过程之中问题层出不穷？为什么即便 ECM 能大幅降低交易成本，却未能成功呢？这一失败的尝试说明了什么问题？最终能够给我国发展多层次资本市场带来哪些启示呢？下面我们从 ECM 失败的原因开始分析。

首先，从 ECM 内接受上市的公司来看，刚开始进入市场的公司规模相对较小，其中很多公司都是高科技公司。大多数公司之前都在纳斯达克资本市场交易，纳斯达克资本市场的水平低于纳斯达克全国市场。其中六家公司此前曾在粉单市场上进行过交易，这意味着它们的规模更小，交易也更少。随着时间的推移，ECM 逐渐吸引了更小的公司和从纳斯达克退市的公司。新增上市的股票大部分来自粉单市场或其他地方，其中五只股票是不公开发行的，这些股票在公开市场和粉单市场中均不流通。也就是说，在 ECM 上市的公司多来自纳斯达克资本市场、粉单市场，甚至是从未进入 OTC 市场的公司，来自纳斯达克资本市场的公司也多是因各种原因退市后来到 ECM 的。创立 ECM 的初衷是与纳斯达克市场争夺计划从 OTC 市场转板的优质公司，在这些公司发展的早期提供上市交易服务，最终留下它们，提升美国证券交易所的市场份额，增加业务量与交易收益。但是从最终效果来看，似乎 ECM 并未得到目标公司的青睐。

不仅 ECM 的公司来源未达初始创立目标，同时还出现了严重的问题——逆向选择。设立 ECM 的初衷是培育优质的公司，但是表现良好的公司逐渐转板进入更高级的市场，表现不佳的公司仍留在 ECM，甚至市场内会不断出现倒闭的公司。为了保障充足的公司数量，ECM 必须不断上市新公司，否则将面临上市数量的下降，市场存量股票的下降严重影响着市场活力。如果经济衰退、市场低迷或丑闻等事件扰乱了新上市公司的发行，那么 ECM 将只有不太成功的公司，从而损害其声誉。上市数量的下降和不好的声誉进一步阻碍了新公司在初级市场上市，形成了恶性循环。

其次，从 ECM 的治理结构上看，美国证券交易所是一个营利的会员组织。1992 年，美国证券交易所董事会由 25 个会员组成，会员各代表了不同的利益。其公开董事会成员有几个隶属于较大的美国上市公司。其余的董事会职位分别由专业公司、场内经纪公司和经纪公司担任。会员在美国证券交易所购买席位是为了通过为自己或在美国证券交易所的客户执行交易来赚钱，会员更关注交易业务的收益，而不是美国证券交易所会员的价值最大化，因此，美国证券交易所的利益相关者很少持有 ECM 的股份。此外，由于美国证券交易所设计 ECM 是为了储备更多上市公司，因此 ECM 没有动机阻止公司进入主板上市。事实上，与 ECM 上市公司高管的对话表明，美国证券交易所鼓励这些公司在获得资格后立即进入主板上市，相反，像纳斯达克这样的独立市场会积极阻止其上市公司进入另一个市场，这也同样加剧了逆向选择问题。

除了 ECM 的公司来源和市场治理结构造成的问题之外，市场机制很可能也加速了 ECM 的衰落。美国证券交易所对 ECM 使用了拍卖市场机制，拍卖机制通过在一名同时作为交易商的专家的监督下，整合在一个地点进行交易，可以产生比交易商市场更小的买卖价差。但价差的差异并不一定能证明一种市场机制天生优于另一种市场机制。除了买卖价差，还有一些“赞助”的问题，或者说是经纪自营商为他们所代表的股票做出的营销努力。许多纳斯达克做市商公布了有关他们做市的股票的安全研究报告。这增加了投资者可获得的信息。此外，纳斯达克经纪自营商公司有双重动机来促进股票交易，因为他们既能通过他们产生的订单获得佣金收入，还可以获得交易商交易利润。一些经纪自营商将这种激励措施转嫁给他们的注册代表，允许他们保留这类股票的总佣金的更高比例（摩根森，1993 年）。相比之下，美国证券交易所第 190 条规则禁止其专家推销他们的股票。

大多数满足美国证券交易所和地区交易所上市要求的小型公司更愿意选择一个交易商市场。根据数据来看，截至 1997 年 7 月，在 Compustat PC－Plus 数据库中，符合美国证券交易所对股东权益、税前收入、流通股、市值和价格的上市要求且市值低于 1 亿美元的 1 328 家公司中，有 1 066 家（80.3%）在纳斯达克上市，77 家（5.8%）在纽约证券交易所上市，185 家（13.9%）在美国证券交易所上市。小型公司对市场机制的偏好很可能使得 ECM 对于那些小型公司来说没有吸引力，并不能吸引公司在 ECM 上市，这完全背离了美国证券交易所建立 ECM 的初衷——吸引未达到纳斯达克市场和美国证券交易所市场上市要求的优质公司，也就是说 ECM 采用的市场机制本身并不能吸引那些未来想在纳斯达克市场上市的公司。

最后，美国证券交易所并没有采取任何积极措施而是任由 ECM 上市公司进入美国证券交易所，无动于衷于逆向选择问题，使得问题不断严重化。美国证券交易所本可以鼓励成功的 ECM 公司在 ECM 上停留更长的时间，以建立 ECM 的声誉，在市场声誉尚好期间积极争取优质公司加入 ECM，不断优化市场声誉，此外，它也可以将 ECM 构建为一个独立的实体，从而有动力试图保留其上市公司。但是，美国证券交易所任由 ECM

环境与声誉不断恶化，逆向选择问题愈发严重，最终 ECM 走向失败。

# 第四节　新兴公司的兴衰对我国多层次资本市场建设的启示

## 一、北京证券交易所特点

中国的新三板市场与美国的纳斯达克市场类似：新三板分为精选层、创新层和基础层；而美国纳斯达克市场分为纳斯达克全球精选、纳斯达克全球市场和纳斯达克资本市场。在精选层整体平移至北京证券交易所后，北京证券交易所则与纳斯达克全球精选类似。此外，北交所还额外关注“研发投入”这一指标，体现了中国市场在选择企业时更加关注企业未来成长性和发展可能性。北京证券交易所目前上市公司的来源主要有两个：一个是新三板精选层公司整体平移至北交所；二是新三板创新层公司，挂牌满 12 个月后，符合一定条件成为北交所上市公司。

北交所目前上市公司的行业，主要集中在软件和信息技术服务业、医药制造业和专用设备制造业。从中可以发现，行业都是集中在高新科技、未来发展较好的朝阳行业。此外，北交所内的企业股票收益率多数为正。总体来看，因为北交所上市要求相比主板市场低，市场包容度较高，那些创新创业型企业以及中小成长型企业更可能选择在北交所上市，以达到融资后扩大发展规模的目的。

## 二、新兴公司失败对北京交易所的一些启示

通过分析美国 ECM 的失败原因，我们建议要完善我国多层级资本市场的建设，需要注意以下几点。

### （一）交易模式方面

北交所市场是中国多层级市场中与纳斯达克全球精选类似的市场。纳斯达克市场交易模式采用指令驱动（价格优先、时间优先的竞价交易）和报价驱动（做市商模式）两种模式的混合交易模式，北交所市场则是属于完全的竞价交易模式（集合竞价与连续竞价），因此，理论上是北交所市场采用的交易模式能够给市场更多的流动性，竞争性订单驱动也会使资产体现它的真实价值，市场有效性将进一步提升。

ECM 的失败原因之一是 ECM 采用了与美国证券交易所相同的交易模式，即拍卖交易模式。拍卖交易模式可能产生更小的买卖价差，但做市商模式带来的做市商之间的竞争却给投资者带来了更多股票相关信息和研究报告，做市商有动机增加市场的交易频率以提高市场流动性，获得更多佣金收入和做市商交易利润。因此，拍卖市场和做市商市

场之间的优劣取决于两者交易模式中哪个能给公司带来的相对利润更高，相对资本成本更低。

北交所应鼓励和吸引更多优秀的做市商，壮大做市商队伍，激发市场活力，不能将眼光仅限于创造更小的买卖价差，而是营造出一个能给各行业公司带来最大市场活力和流动性的交易环境，有效促进公司的经营规模扩张，加快高价值、前景远大的行业赛道发展，为中国资本市场与实业的不断进步提供积极市场氛围。

### （二）治理结构方面

ECM 的失败原因之一无疑是治理结构的问题。ECM 的公司引入由美国证券交易所负责，但其是一个营利的会员组织，虽然承诺在引入过程之中一定会仔细筛选，但因为治理结构的问题，使得真正独立代表 ECM 利益的群体占少数，没有能力对 ECM 的公司引入产生有利影响，造成了多个存在劣迹的公司进入 ECM，加剧了逆向选择问题。

在上市制度方面，北交所目前采用注册制。在注册制下证券发行审核机构只对注册文件进行形式审查，不进行实质判断，而是将选择权交给市场上的投资者，是一种更加市场化和去中心化的上市体制。相比会员推荐准入制来说，更显公平，任何达到北交所上市要求的公司都可以在北交所申请注册上市，扩大了北交所市场规模，交由市场和投资者来检验公司的经营能力和质量。但是，注册制的良好运行不仅需要大众建立“市场主导”的投资理念，也需要交易所、投行（保荐人）、会计所、律所、媒体等多方参与者参与到审查监督当中去，思维观念的转变和良好关系的形成，对于还未发展到高级阶段的中国资本市场，还需要一些时间去沉淀。因此，在市场准入监管方面，北交所注册制施行需要不断推进制度的完善，加大监督力度和范围，完善市场在信息披露、交易过程、违规问题查处、退市等各过程的监督机制，鼓励各方积极参与审查监督，加速形成优胜劣汰的市场格局。

### （三）逆向选择问题

ECM 失败的原因之一在于优质公司进入到更加高级的市场，而表现不佳的公司留在市场里，且交易所也没有采取措施将优质公司保留下来，导致市场的逆向选择问题。留在 ECM 的公司都是不好的或将被淘汰掉的公司。北交所在培育上市公司时，应该积极保留优质公司，同时扩大上市公司的来源，保证市场的活力与流动性。

### （四）如何扩大上市公司的种类，吸引多样的、不同类型的公司上市

北交所成立之初主要面向在软件和信息技术服务业、医药制造业和专用设备制造业

等行业的公司，聚焦于高新科技、未来发展较好的朝阳行业。这样，交易所内的公司同质化比较严重。为了规避风险，应该注意吸引多样的、不同类型的公司上市，在股票价格波动中才能有效地规避风险，出现股票价格的涨跌轮动，降低系统性风险的出现。

此外，北交所内的企业已经过新三板市场的筛选，持续经营能力较好的创新创业型企业以及中小成长型企业会被北交所新的、包容度更高的、市场活力可期的交易环境和相比于主板市场更低的上市要求所吸引，更可能选择在北交所上市，以达到融资扩大发展规模的目的。这就意味着北交所的公司来源更好，公司质量也相对较高，但北交所仍需不断采取积极措施，主动吸引未来赛道更宽的行业公司源源不断加入市场，改善市场环境，以免出现逆向选择问题。

# 第十章　注册制效率分析

## 第一节　综　　述

自实施注册制以来，北交所上市企业整体用时最短，且北证上市企业时长波动最小，其用时远低于其他板块。根据注册制 IPO 和核准制 IPO 的对比也可以发现，注册制 IPO 企业总体上市时长比核准制更短，上市速度更快。最后，注册制的实施对于仍实行核准制的市场板块的企业上市效率也存在间接的提升作用，具体说明如下。

北交所无论是在核准制还是注册制下，平均上市用时都是最短的，且标准差也最小。科创板与创业板上市用时其次。而主板的平均上市时间最长，标准差也最大。这说明在北交所上市的企业，从申报受理到上市的时长波动最小，北交所整体上市效率最高。具体数据如表 10－1 所示。

**表 10－1　　　　不同板块 IPO 企业上市用时比较**

| 上市板 | 上市制度 | IPO 企业数目（家） | 最小值（天） | 最大值（天） | 平均值（天） | 标准差 |
|---|---|---|---|---|---|---|
| 北交所 | 核准制 | 79（精选层） | 55 | 448 | 155.83 | 92.92 |
| | 注册制 | 26 | 120 | 373 | 224.31 | 70.46 |
| 科创板 | 注册制 | 448 | 45 | 757 | 284.34 | 98.03 |
| 创业板 | 注册制 | 350 | 53 | 814 | 354.86 | 157.36 |
| 沪市主板 | 核准制 | 237 | 86 | 1 687 | 508.09 | 270.98 |
| 深市主板 | 核准制 | 128 | 162 | 2 026 | 563.22 | 235.25 |

注册制 IPO 相较于核准制 IPO 而言，从申报受理到上市的平均用时更短，且上市用时波动幅度也更小。并且，自市场上逐步实行注册制以来，注册制 IPO 数目远大于核准制 IPO。总体而言，注册制 IPO 比核准制 IPO 从申报受理到上市时间更短，速度更快。

注册制实施后，科创板企业平均上市用时约 284 天，远低于同期主板的 508 天，说明科创板企业上市用时显著低于主板企业。同样，注册制实施后，创业板企业平均上市用时约 355 天，远低于同期主板的 563 天。而且，我们还比较了不同板块新上市企业在注册制实施前后的平均上市用时，同时也逐年对不同板块的上市效率进行了统计。

值得注意的是，即使在没有实施注册制的主板市场，注册制的实施也能在一定程度上缩短了新企业的上市用时。

对科创板以及实施注册制后的创业板中上市效率最高的一批企业进行统计，发现其主要集中于制造业以及信息技术行业；科创板公司行业集聚度更高；而创业板公司行业分布较为分散。

创业板施行注册制是政府向市场发出的一个明确的信号。这进一步打消了投资者在最初科创板引入注册制时，对这一制度是否会大范围施行存在的一些疑虑，而更加相信未来将依赖市场力量进行资源配置。在这一思路之下，注册制下的上市企业和核准制下的上市企业会形成竞争。而这会促使核准制下的监管机构提高审核效率。这一溢出效应正是注册制实施对于市场影响的一个例证。

## 第二节　北交所 IPO 企业概况

截至 2022 年 8 月 16 日，北交所共已上市 105 家企业，其中核准制和注册制下上市的公司分别有 79 和 26 家，如表 10－2 所示。在 221 家在 200 天内完成上市的企业中，72 家为北交所上市。其中，在核准制下上市最快的是三友科技，用时 55 天；在注册制下上市最快的是晨光电缆，用时 120 天。表 10－3 和表 10－4 分别展示了北交所核准制和注册制下上市最快的 10 家企业。

**表 10－2　　北交所 IPO 企业上市用时**

| 上市制度 | IPO 企业数目（家） | 最小值（天） | 最大值（天） | 平均值（天） | 标准差 |
|---|---|---|---|---|---|
| 核准制 | 79 | 55 | 448 | 155.83 | 92.92 |
| 注册制 | 26 | 120 | 373 | 224.31 | 70.46 |

数据来源：Wind 数据库。

**表 10－3　　北交所核准制企业上市时间最短排名**

| 序号 | 证券简称 | 首发保荐机构 | IPO 受理日期 | 上市日期 | 受理到上市天数 | 板块 |
|---|---|---|---|---|---|---|
| 1 | 三友科技 | 国融证券股份有限公司 | 2020/6/2 | 2020/7/27 | 55 | 北交所 |
| 2 | 微创光电 | 安信证券股份有限公司 | 2020/6/1 | 2020/7/27 | 56 | 北交所 |
| 3 | 森萱医药 | 开源证券股份有限公司 | 2020/6/1 | 2020/7/27 | 56 | 北交所 |
| 4 | 殷图网联 | 万联证券股份有限公司 | 2020/6/1 | 2020/7/27 | 56 | 北交所 |

续表

| 序号 | 证券简称 | 首发保荐机构 | IPO 受理日期 | 上市日期 | 受理到上市天数 | 板块 |
| --- | --- | --- | --- | --- | --- | --- |
| 5 | 建邦科技 | 申万宏源证券承销保荐有限责任公司 | 2020/6/1 | 2020/7/27 | 56 | 北交所 |
| 6 | 凯添燃气 | 申万宏源证券承销保荐有限责任公司 | 2020/5/29 | 2020/7/27 | 59 | 北交所 |
| 7 | 连城数控 | 开源证券股份有限公司 | 2020/5/29 | 2020/7/27 | 59 | 北交所 |
| 8 | 富士达 | 中航证券有限公司，招商证券股份有限公司 | 2020/5/28 | 2020/7/27 | 60 | 北交所 |
| 9 | 大唐药业 | 中泰证券股份有限公司 | 2020/5/26 | 2020/7/27 | 62 | 北交所 |
| 10 | 恒拓开源 | 中信建投证券股份有限公司 | 2020/5/19 | 2020/7/27 | 69 | 北交所 |

数据来源：Wind 数据库。

**表 10-4　　北交所注册制企业上市时间最短排名**

| 序号 | 证券简称 | 首发保荐机构 | IPO 受理日期 | 上市日期 | 受理到上市天数 | 板块 |
| --- | --- | --- | --- | --- | --- | --- |
| 1 | 晨光电缆 | 西部证券股份有限公司 | 2022/3/14 | 2022/7/12 | 120 | 北交所 |
| 2 | 惠丰钻石 | 中国银河证券股份有限公司 | 2022/3/10 | 2022/7/18 | 130 | 北交所 |
| 3 | 克莱特 | 西南证券股份有限公司 | 2021/11/9 | 2022/3/21 | 132 | 北交所 |
| 4 | 鑫汇科 | 安信证券股份有限公司 | 2022/1/5 | 2022/5/27 | 142 | 北交所 |
| 5 | 邦德股份 | 中泰证券股份有限公司 | 2021/12/31 | 2022/6/2 | 153 | 北交所 |
| 6 | 奥迪威 | 民生证券股份有限公司 | 2021/12/30 | 2022/6/14 | 166 | 北交所 |
| 7 | 泰德股份 | 中泰证券股份有限公司 | 2021/12/20 | 2022/6/20 | 182 | 北交所 |
| 8 | 威博液压 | 东吴证券股份有限公司 | 2021/6/30 | 2022/1/6 | 190 | 北交所 |
| 9 | 海泰新能 | 中信建投证券股份有限公司 | 2022/1/28 | 2022/8/8 | 192 | 北交所 |
| 10 | 恒进感应 | 安信证券股份有限公司 | 2021/12/24 | 2022/7/5 | 193 | 北交所 |

数据来源：Wind 数据库。

统计显示，北交所在核准制下 200 天内完成上市的企业有 59 家，11 家在 200～300 天内，9 家用时超过 300 天；在注册制下，有 13 家企业在 200 天内完成上市，8 家在 200～300 天内，5 家用时超过 300 天。其中，核准制和注册制下，上市用时最长的分别是同辉信息（448 天）和则成电子（373 天）。

## 一、核准制下上市用时较长企业概况——同辉信息

同辉信息成立于 2008 年 7 月，属于新一代信息技术产业公司，从事各类液晶显示屏

的生产与销售。目前公司已在高端视频墙和室外液晶数字标牌领域占据了较强的市场地位，尤其是在传媒与能源行业知名度较高。同辉信息在2021年实现营业收入5.67亿元，同比增长17.32%；净利润2 617.20万元，同比下降4.61%。

以下为同辉信息从IPO申报到上市的时间轴梳理。

2020年5月18日，同辉信息递交精选层挂牌申请文件；同年5月26日收到审查问询函，并于7月31日进行回复；同年8月14日收到第二轮审查问询函，并于9月18日进行回复；同年9月30日收到第三轮审查问询函，并于2021年5月20日进行回复；2021年7月2日，收到核准公司公开发行股票的批复，并于同年8月9日完成上市。

### 二、注册制下上市用时较长企业概况——则成电子

则成电子成立于2003年1月，为国家级高新技术企业。从事基于柔性运用的定制化智能控制模块产品的研发、生产与销售。产品主要应用于汽车电子、医疗电子、通信、工控和消费电子等领域。公司三项基本业务为智能模组模块、电子装联和电路板。则成电子在2021年营业收入为3.32亿元，同比增长36.75%，净利润为3 289.8万元，同比下降17.26%。

以下为则成电子从IPO申报到上市的时间轴梳理。

则成电子于2021年6月28日发布临时公告《关于向不特定合格投资者公开发行股票并在精选层挂牌申请获得全国中小企业股份转让系统有限责任公司受理的公告》，申报IPO；于2021年7月23日收到该申请的审核问询函。一般情况下要求发行人与保荐机构于20个交易日内对问询意见作出答复，但直到2021年12月14日，公司才发布关于则成电子第一轮问询的回复。

在此之后，公司于2021年12月28日收到第二轮审核问询函，并于2022年1月19日作出答复；于2022年1月28日收到第三轮审核问询函，并于2022年3月8日作出答复；于2022年3月18日收到《关于落实上市委员会审议会议意见的函》，于3月21日落实相关要求并完成回复；2022年3月18日公司参加北京证券交易所上市委员会（以下简称“上市委”）2022年第8次审议会议，审议结果：公司符合发行条件、上市条件和信息披露要求；2022年4月1日，公司完成注册；2022年7月6日，公司于北交所完成上市。

## 第三节　科创板IPO企业概况

2019年3月2日，证监会正式发布设立科创板并试点注册制主要制度规则；同年7月22日，首批25家企业在科创板上市。截至2022年8月16日，科创板自2019年企业

上市用时概况如表 10－5 所示。

**表 10－5　　科创板 IPO 企业上市用时**

| 上市制度 | IPO 企业数目（家） | 最小值（天） | 最大值（天） | 平均值（天） | 标准差 |
|---|---|---|---|---|---|
| 注册制 | 448 | 45 | 757 | 284.34 | 98.03 |

数据来源：Wind 数据库。

在已上市的 448 家企业中，263 家企业上市用时低于 300 天，143 家用时在 300～400 天，28 家用时在 400～500 天区间内，14 家超过 500 天。表 10－6 展示了科创板 IPO 企业受理到上市时间最短的 10 家企业名单。其中，中芯国际以 45 天完成所有上市流程，并以 2020 年 7 月 16 日上市的成绩在所有板块中排名第一。

**表 10－6　　科创板企业上市时间最短排名**

| 序号 | 证券简称 | 首发保荐机构 | IPO 受理日期 | 上市日期 | 受理到上市天数 | 板块 |
|---|---|---|---|---|---|---|
| 1 | 中芯国际 | 中国国际金融股份有限公司，海通证券股份有限公司 | 2020/6/1 | 2020/7/16 | 45 | 科创板 |
| 2 | 奇安信－U | 中信建投证券股份有限公司 | 2020/5/11 | 2020/7/22 | 72 | 科创板 |
| 3 | 中国通号 | 中国国际金融股份有限公司 | 2019/4/16 | 2019/7/22 | 97 | 科创板 |
| 4 | 杭可科技 | 国信证券股份有限公司 | 2019/4/15 | 2019/7/22 | 98 | 科创板 |
| 5 | 西部超导 | 中信建投证券股份有限公司 | 2019/4/15 | 2019/7/22 | 98 | 科创板 |
| 6 | 嘉元科技 | 东兴证券股份有限公司 | 2019/4/15 | 2019/7/22 | 98 | 科创板 |
| 7 | 沃尔德 | 中信建投证券股份有限公司 | 2019/4/12 | 2019/7/22 | 101 | 科创板 |
| 8 | 天宜上佳 | 中信建投证券股份有限公司 | 2019/4/12 | 2019/7/22 | 101 | 科创板 |
| 9 | 航天宏图 | 国信证券股份有限公司 | 2019/4/12 | 2019/7/22 | 101 | 科创板 |
| 10 | 心脉医疗 | 国泰君安证券股份有限公司，华菁证券有限公司 | 2019/4/11 | 2019/7/22 | 102 | 科创板 |

数据来源：Wind 数据库。

科创板从受理到上市用时最长的为观典防务，用时 757 天。观典防务成立于 2004 年 8 月，是国内领先的无人机服务提供商，也是国内最早从事无人机禁毒产品研发与服务产业化的企业，主营业务为无人机飞行服务与数据处理、无人机系统及智能防务装备的研发、生产与销售。公司业务涵盖禁毒、反恐、资源调查、环境监测、应急救援等领域，在禁毒领域具有明显优势，相关科研项目获得公安部颁发的科学技术二等奖。

观典防务最早于 2015 年 4 月 15 日在全国中小企业股转系统的三板上市，后于 2020 年 7 月 27 日转板至北交所上市，最后在 2022 年 4 月 26 日摘牌后，转板至科创板，于同年 5 月 25 日上市。观典防务 2021 年实现营业收入 2.30 亿元，同比增长 27.87%；净利润达 7 228.79 万元，同比增长 35.22%。

## 第四节　创业板 IPO 企业概况

2020 年 6 月 12 日，证监会发布创业板试点注册制相关正式制度规则；同年 8 月 24 日，创业板试点注册制首批 18 家企业上市。截至 2022 年 8 月 16 日，创业板自 2020 年试点注册制的企业上市用时概况，如表 10－7 所示。

**表 10－7　　创业板试点注册制 IPO 企业上市用时**

| 上市制度 | IPO 企业数目（家） | 最小值（天） | 最大值（天） | 平均值（天） | 标准差 |
|---|---|---|---|---|---|
| 注册制 | 448 | 53 | 814 | 354.86 | 157.36 |

数据来源：Wind 数据库。

在已上市的企业中，116 家企业上市用时低于 300 天，80 家用时在 300－400 天，100 家用时在 400～500 天区间内，54 家超过 500 天。表 10－8 展示了科创板 IPO 企业受理到上市时间最短的 10 家企业名单。

**表 10－8　　创业板试点注册制企业上市时间最短排名**

| 序号 | 证券简称 | 首发保荐机构 | IPO 受理日期 | 上市日期 | 受理到上市天数 | 板块 |
|---|---|---|---|---|---|---|
| 1 | 康泰医学 | 申万宏源证券承销保荐有限责任公司 | 2020/7/2 | 2020/8/24 | 53 | 创业板 |
| 2 | 捷强装备 | 中国国际金融股份有限公司 | 2020/7/2 | 2020/8/24 | 53 | 创业板 |
| 3 | 天阳科技 | 光大证券股份有限公司 | 2020/7/1 | 2020/8/24 | 54 | 创业板 |
| 4 | 蓝盾光电 | 华龙证券股份有限公司 | 2020/6/30 | 2020/8/24 | 55 | 创业板 |
| 5 | 杰美特 | 东兴证券股份有限公司 | 2020/6/30 | 2020/8/24 | 55 | 创业板 |
| 6 | 圣元环保 | 国泰君安证券股份有限公司 | 2020/6/29 | 2020/8/24 | 56 | 创业板 |
| 7 | 海晨股份 | 东方证券承销保荐有限公司 | 2020/6/29 | 2020/8/24 | 56 | 创业板 |
| 8 | 大宏立 | 国都证券股份有限公司 | 2020/6/28 | 2020/8/24 | 57 | 创业板 |
| 9 | 安克创新 | 中国国际金融股份有限公司 | 2020/6/28 | 2020/8/24 | 57 | 创业板 |
| 10 | 美畅股份 | 中信建投证券股份有限公司 | 2020/6/24 | 2020/8/24 | 61 | 创业板 |

数据来源：Wind 数据库。

其中上市用时最长的企业为泰祥股份，用时 814 天。泰祥股份成立于 1997 年 7 月，专注于汽车发动机零部件的研发、制造与销售，主营产品为发动机主轴承盖。公司是大众汽车的供应商，产品主要用于大众集团旗下大众、奥迪、斯柯达等品牌，公司客户包括大众汽车及其控股境外企业。

泰祥股份最早于 2015 年 10 月 19 日在全国中小企业股转系统的三板上市，后于 2020 年 7 月 27 日转板至北交所上市，最后在 2022 年 7 月 18 日摘牌后，转板至创业板，于同年 8 月 11 日上市。泰祥股份 2021 年实现营业收入 1.60 亿元，同比增长 3.54%；净利润 7 040.37 万元，同比增长 0.02%。

## 第五节　沪深主板 IPO 企业概况

沪深主板上市依然实行核准制。为了与其他板块进行同时期对比，表 10－9 统计了 2019 年 3 月 1 日（科创板最早进行企业 IPO 受理的日期为 2019 年 3 月 22 日）至 2022 年 8 月 16 日的沪深主板上市企业相关数据。

**表 10－9　　沪深主板核准制 IPO 企业上市用时**

| 上市板 | 上市制度 | IPO 企业数目（家） | 最小值（天） | 最大值（天） | 平均值（天） | 标准差 |
|---|---|---|---|---|---|---|
| 沪市主板 | 核准制 | 237 | 86 | 1 687 | 508.09 | 270.98 |
| 深市主板 | 核准制 | 128 | 162 | 2 026 | 563.22 | 235.25 |

数据来源：Wind 数据库。

在已上市的企业中，仅 17 家企业上市用时低于 300 天，170 家用时在 300～500 天，131 家用时在 500～700 天区间内，47 家超过 700 天。表 10－10 和表 10－11 分别展示了沪市主板和深市主板 IPO 企业从受理到上市时间最短的 10 家企业名单。

**表 10－10　　沪市主板核准制企业上市时间最短排名**

| 序号 | 证券简称 | 首发保荐机构 | IPO 受理日期 | 上市日期 | 受理到上市天数 | 板块 |
|---|---|---|---|---|---|---|
| 1 | 京沪高铁 | 中信建投证券股份有限公司 | 2019/10/22 | 2020/1/16 | 86 | 沪市主板 |
| 2 | 中国电信 | 中信建投证券股份有限公司，中国国际金融股份有限公司 | 2021/4/26 | 2021/8/20 | 116 | 沪市主板 |
| 3 | 中国移动 | 中信证券股份有限公司，中国国际金融股份有限公司 | 2021/8/18 | 2022/1/5 | 140 | 沪市主板 |
| 4 | 中国海油 | 中信证券股份有限公司 | 2021/11/15 | 2022/4/21 | 157 | 沪市主板 |

续表

| 序号 | 证券简称 | 首发保荐机构 | IPO 受理日期 | 上市日期 | 受理到上市天数 | 板块 |
|---|---|---|---|---|---|---|
| 5 | 邮储银行 | 中国国际金融股份有限公司，中邮证券有限责任公司 | 2019/6/25 | 2019/12/10 | 168 | 沪市主板 |
| 6 | 中金公司 | 中国银河证券股份有限公司，东方证券承销保荐有限公司 | 2020/5/9 | 2020/11/2 | 177 | 沪市主板 |
| 7 | 鹿山新材 | 中信证券股份有限公司 | 2021/6/22 | 2022/3/25 | 276 | 沪市主板 |
| 8 | 万朗磁塑 | 国元证券股份有限公司 | 2021/4/21 | 2022/1/24 | 284 | 沪市主板 |
| 9 | 金徽股份 | 华龙证券股份有限公司 | 2021/5/14 | 2022/2/22 | 288 | 沪市主板 |
| 10 | 万控智造 | 国泰君安证券股份有限公司 | 2021/5/26 | 2022/3/10 | 298 | 沪市主板 |

数据来源：Wind 数据库。

**表 10－11　　深市主板核准制企业上市时间最短排名**

| 序号 | 证券简称 | 首发保荐机构 | IPO 受理日期 | 上市日期 | 受理到上市天数 | 板块 |
|---|---|---|---|---|---|---|
| 1 | 三和管桩 | 招商证券股份有限公司 | 2020/8/26 | 2021/2/4 | 162 | 深市主板 |
| 2 | 粤海饲料 | 第一创业证券承销保荐有限责任公司 | 2021/6/28 | 2022/2/16 | 233 | 深市主板 |
| 3 | 宏英智能 | 中信证券股份有限公司 | 2021/6/22 | 2022/2/28 | 251 | 深市主板 |
| 4 | 康冠科技 | 华林证券股份有限公司 | 2021/6/22 | 2022/3/18 | 269 | 深市主板 |
| 5 | 鑫铂股份 | 安信证券股份有限公司 | 2020/5/15 | 2021/2/10 | 271 | 深市主板 |
| 6 | 真爱美家 | 中信建投证券股份有限公司 | 2020/6/24 | 2021/4/6 | 286 | 深市主板 |
| 7 | 南网能源 | 光大证券股份有限公司 | 2020/3/24 | 2021/1/19 | 301 | 深市主板 |
| 8 | 中农联合 | 安信证券股份有限公司 | 2020/6/5 | 2021/4/6 | 305 | 深市主板 |
| 9 | 永泰运 | 民生证券股份有限公司 | 2021/6/22 | 2022/4/29 | 311 | 深市主板 |
| 10 | 炬申股份 | 中信证券股份有限公司 | 2020/6/17 | 2022/4/29 | 316 | 深市主板 |

数据来源：Wind 数据库。

在沪深主板中，上市用时最长的为瑞丰银行和兰州银行，分别用时 1 687 天和 2 026 天。

## 一、沪市上市用时较长企业概况——瑞丰银行

瑞丰银行是一家经原中国银行业监督管理委员会批准，由辖内自然人、农村工商户、企业法人和其他经济组织自愿入股组成的股份有限公司，成立于 2011 年 1 月 18 日，前身是绍兴县农村合作银行。瑞丰银行 2021 年实现营业收入 33.10 亿元，同比增长 10.02%；净利润 12.95 亿元，同比增长 15.66%。

## 二、深市上市用时较长企业概况——兰州银行

兰州银行成立于1997年6月29日，在55家城市信用社的基础上组建成立，是甘肃省第一家具有法人资格的股份制商业银行。经过全行的不懈努力，兰州银行已经成为一家具有一定规模、经营稳健、治理规范的区域性城市商业银行。根据英国《银行家》杂志2012年“全球银行1 000强”排行榜，按一级资本排名，兰州银行位列第717名，按总资产排名，位列第597名。兰州银行2021年实现营业收入78.36亿元，同比增长7.29%；净利润16.03亿元，同比增长4.58%。

# 第六节　注册制、核准制IPO效率对比分析

## 一、整体比较

自2019年3月1日至2022年8月16日，注册制IPO（北交所、科创板和创业板试点注册制之后）共上市企业824家，核准制IPO（北交所、沪深主板和创业板试点注册制之前）共上市企业535家。注册制IPO企业从申报受理到上市最短用时为45天（中芯国际），最长用时为814天（泰祥股份）；核准制IPO企业从申报受理到上市最短用时为55天（三友科技），最长用时为2 026天（兰州银行）。表10－12为注册制与核准制的上市用时对比。

**表10－12　　　　不同制度下IPO企业上市用时比较**

| 上市制度 | IPO企业数目（家） | 最小值（天） | 最大值（天） | 平均值（天） | 标准差 |
|---|---|---|---|---|---|
| 核准制 | 535 | 55 | 2 026 | 493.73 | 269.20 |
| 注册制 | 824 | 45 | 814 | 312.40 | 131.57 |

数据来源：Wind数据库。

可以发现，注册制IPO相较于核准制IPO而言，从申报受理到上市的平均用时更短，且上市用时波动幅度也更小。并且，自市场上逐步实行注册制改革以来，注册制IPO数目远大于核准制IPO。总体而言，注册制IPO比核准制IPO从申报受理到上市时间更短，速度更快。

接下来，我们从各个市场板块入手，分析在科创板和创业板的注册制实施对各市场板块上市效率产生的影响。我们分别选取了科创板首批上市企业2019年7月22日至2022年8月15日，和创业板首批注册制企业2020年8月24日至2022年8月15日的观测值，并配以同期的主板（核准制）上市的公司进行比较，表10－13展示了比较结果。

表 10－13　　不同板块上市用时比较　　单位：天

| 变量 | 平均值 | 标准差 | 平均值 | 标准差 | t 值 |
|---|---|---|---|---|---|
| | 科创板 | | 主板 | | |
| 上市用时 | 284.34 | 98.03 | 536.25 | 250.08 | －17.53*** |
| | 创业板 | | 主板 | | |
| 上市用时 | 354.86 | 157.36 | 512.33 | 232.27 | －9.09*** |
| | 科创板注册制引入前 | | 科创板注册制引入后 | | |
| 主板上市用时 | 561.31 | 185.20 | 536.25 | 250.08 | 1.53*** |
| | 创业板注册制引入前 | | 创业板注册制引入后 | | |
| 主板上市用时 | 567.28 | 207.97 | 512.33 | 232.27 | 3.10*** |
| 创业板上市用时 | 532.06 | 194.79 | 354.86 | 157.36 | 12.13*** |

注：*、**、***分别代表 t 值在 10%、5%和 1%水平显著。

数据来源：Wind 数据库。

表 10－13 显示，注册制实施后科创板企业平均上市用时约 284 天，远低于同期主板的 536 天，说明科创板企业上市用时显著低于主板企业。同样注册制实施后创业板企业平均上市用时约 355 天，远低于同期主板的 512 天。而且，我们还比较了不同板块新上市企业在注册制实施前后的平均上市用时。表 10－13 显示创业板企业上市平均用时在注册制实施后显著下降。这些统计结果支持注册制的实施可以有效提升企业上市审核效率的观点。图 10－1 展现了一致的发现。

值得注意的是，即使在没有实施注册制的主板市场，注册制的实施也能在一定程度上缩短新企业的上市用时。图 10－1 显示在科创板注册制实施前后，主板企业平均上市用时从 561 天下降到 536 天。而这一指标在创业板实施前后从 567 天下降到平均 512 天，且在统计上显著。一个解释是创业板施行注册制是政府向市场发出的一个明确的信号。这进一步打消了投资者在最初科创板引入注册制时，对这一制度是否会大范围施行存在的一些疑虑，而更加相信未来将依赖市场力量进行资源配置。在这一思路之下，注册制下的上市企业和核准制下的上市企业会形成竞争。而这会促使核准制下的监管机构提高审核效率。这一溢出效应正是注册制实施对于市场影响的一个例证。

## 二、逐年比较

接下来，我们对不同市场板块公司的上市效率进行逐年分析，选取 2019—2021 年作为考察时期。对主板及科创板、创业板的逐年平均上市用时相关统计数据如图 10－2 所示。

其中创业板于 2019—2020 年度实行的仍然是核准制，在 2020—2021 年度的上市公司有 42 家为核准制下上市，63 家为注册制上市。需要额外注意的是，创业板在 2019 年

5 月 20 日进行最后一家核准制企业金丹科技（300829.SZ）的 IPO 受理之后就暂停了 IPO 受理业务，直到 2020 年 6 月 22 日注册制改革后重启。

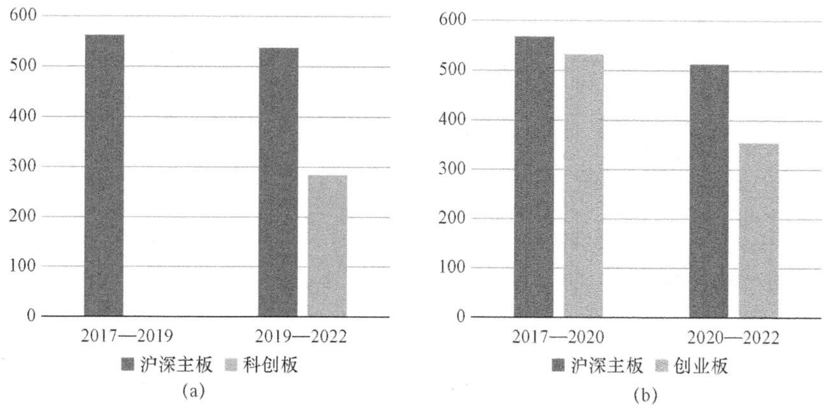


**图 10－1　不同板块注册制改革前后平均上市用时对比**

数据来源：Wind 数据库。

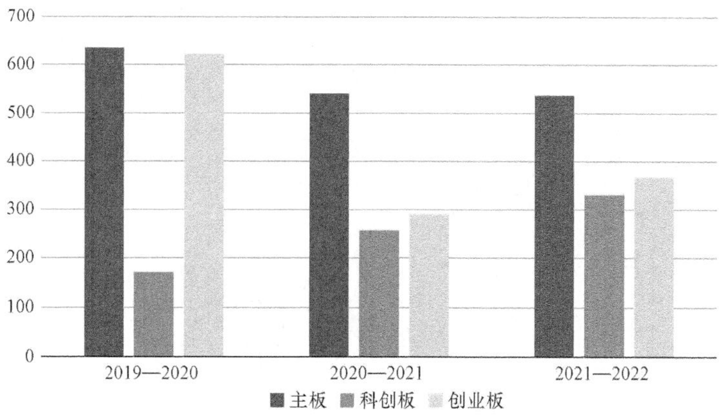


**图 10－2　各板块平均上市用时统计图**

数据来源：Wind 数据库。

由以上二图可见，实施了注册制的科创板和创业板的上市用时普遍低于同期主板。但与此同时，科创板和 2020 年后的创业板注册制公司上市平均用时出现了逐年缓慢上升，这可能是由于申请上市企业数目过多，导致相关审计部门效率降低，但依然显著低于主板公司。

## 第七节　科创板、创业板上市公司行业分析

接下来，我们分别列出科创板和创业板实施注册制后上市用时最短的前 20 家企业及相关信息，尝试分析其可能的共性，如表 10－14 和表 10－15 所示。

**表 10－14　　　　科创板上市用时最短的 20 家企业**

| 证券代码 | 证券简称 | IPO 受理日期 | 首发上市日期 | 受理到上市天数 | 所属证监会行业名称 | 所属战略性新兴产业分类 |
|---|---|---|---|---|---|---|
| 688981.SH | 中芯国际 | 2020－06－01 | 2020－07－16 | 45 | 制造业 | 新一代信息技术产业 |
| 688561.SH | 奇安信－U | 2020－05－11 | 2020－07－22 | 72 | 信息传输、软件和信息技术服务业 | 新一代信息技术产业 |
| 688009.SH | 中国通号 | 2019－04－16 | 2019－07－22 | 97 | 制造业 | 新一代信息技术产业 |
| 688006.SH | 杭可科技 | 2019－04－15 | 2019－07－22 | 98 | 制造业 | 新一代信息技术产业 |
| 688122.SH | 西部超导 | 2019－04－15 | 2019－07－22 | 98 | 制造业 | 新材料产业 |
| 688388.SH | 嘉元科技 | 2019－04－15 | 2019－07－22 | 98 | 制造业 | 新材料产业 |
| 688028.SH | 沃尔德 | 2019－04－12 | 2019－07－22 | 101 | 制造业 | 新材料产业 |
| 688033.SH | 天宜上佳 | 2019－04－12 | 2019－07－22 | 101 | 制造业 | 高端装备制造产业 |
| 688066.SH | 航天宏图 | 2019－04－12 | 2019－07－22 | 101 | 信息传输、软件和信息技术服务业 | 高端装备制造产业 |
| 688016.SH | 心脉医疗 | 2019－04－11 | 2019－07－22 | 102 | 制造业 | 生物产业 |
| 688020.SH | 方邦股份 | 2019－04－10 | 2019－07－22 | 103 | 制造业 | 新材料产业 |
| 688022.SH | 瀚川智能 | 2019－04－04 | 2019－07－22 | 109 | 制造业 | 高端装备制造产业 |
| 688333.SH | 铂力特 | 2019－04－04 | 2019－07－22 | 109 | 制造业 | 新材料产业 |
| 688018.SH | 乐鑫科技 | 2019－04－03 | 2019－07－22 | 110 | 信息传输、软件和信息技术服务业 | 新一代信息技术产业 |
| 688029.SH | 南微医学 | 2019－04－03 | 2019－07－22 | 110 | 制造业 | 生物产业 |
| 688003.SH | 天准科技 | 2019－04－02 | 2019－07－22 | 111 | 制造业 | 高端装备制造产业 |
| 688008.SH | 澜起科技 | 2019－04－01 | 2019－07－22 | 112 | 制造业 | 新一代信息技术产业 |
| 688011.SH | 新光光电 | 2019－03－29 | 2019－07－22 | 115 | 制造业 | 新一代信息技术产业 |
| 688012.SH | 中微公司 | 2019－03－29 | 2019－07－22 | 115 | 制造业 | 新一代信息技术产业 |
| 688015.SH | 交控科技 | 2019－03－29 | 2019－07－22 | 115 | 制造业 | 高端装备制造产业 |

数据来源：Wind 数据库。

**表 10－15　　　　创业板注册制上市用时最短的 20 家企业**

| 证券代码 | 证券简称 | IPO 受理日期 | 首发上市日期 | 受理到上市天数 | 所属证监会行业名称 | 所属战略性新兴产业分类 |
|---|---|---|---|---|---|---|
| 300869.SZ | 康泰医学 | 2020－07－02 | 2020－08－24 | 53 | 制造业 | 生物产业 |
| 300875.SZ | 捷强装备 | 2020－07－02 | 2020－08－24 | 53 | 制造业 | 高端装备制造产业 |

续表

| 证券代码 | 证券简称 | IPO 受理日期 | 首发上市日期 | 受理到上市天数 | 所属证监会行业名称 | 所属战略性新兴产业分类 |
|---|---|---|---|---|---|---|
| 300872.SZ | 天阳科技 | 2020－07－01 | 2020－08－24 | 54 | 信息传输、软件和信息技术服务业 | 新一代信息技术产业 |
| 300862.SZ | 蓝盾光电 | 2020－06－30 | 2020－08－24 | 55 | 制造业 | 节能环保产业 |
| 300868.SZ | 杰美特 | 2020－06－30 | 2020－08－24 | 55 | 制造业 | 非高新技术企业 |
| 300867.SZ | 圣元环保 | 2020－06－29 | 2020－08－24 | 56 | 水利、环境和公共设施管理业 | 节能环保产业 |
| 300873.SZ | 海晨股份 | 2020－06－29 | 2020－08－24 | 56 | 交通运输、仓储和邮政业 | 非高新技术企业 |
| 300865.SZ | 大宏立 | 2020－06－28 | 2020－08－24 | 57 | 制造业 | 高端装备制造产业 |
| 300866.SZ | 安克创新 | 2020－06－28 | 2020－08－24 | 57 | 制造业 | 新一代信息技术产业 |
| 300861.SZ | 美畅股份 | 2020－06－24 | 2020－08－24 | 61 | 制造业 | 新材料产业 |
| 300879.SZ | 大叶股份 | 2020－07－02 | 2020－09－01 | 61 | 制造业 | 高端装备制造产业 |
| 300870.SZ | 欧陆通 | 2020－06－23 | 2020－08－24 | 62 | 制造业 | 新一代信息技术产业 |
| 300871.SZ | 回盛生物 | 2020－06－23 | 2020－08－24 | 62 | 制造业 | 生物产业 |
| 300876.SZ | 蒙泰高新 | 2020－06－23 | 2020－08－24 | 62 | 制造业 | 新材料产业 |
| 300860.SZ | 锋尚文化 | 2020－06－22 | 2020－08－24 | 63 | 文化、体育和娱乐业 | 数字创意产业 |
| 300863.SZ | 卡倍亿 | 2020－06－22 | 2020－08－24 | 63 | 制造业 | 新能源汽车产业 |
| 300864.SZ | 南大环境 | 2020－06－22 | 2020－08－24 | 63 | 水利、环境和公共设施管理业 | 节能环保产业 |
| 300877.SZ | 金春股份 | 2020－06－22 | 2020－08－24 | 63 | 制造业 | 非高新技术企业 |
| 300878.SZ | 维康药业 | 2020－06－22 | 2020－08－24 | 63 | 制造业 | 生物产业 |
| 300881.SZ | 盛德鑫泰 | 2020－06－30 | 2020－09－01 | 63 | 制造业 | 新材料产业 |

数据来源：Wind 数据库。

首先，我们注意到，上市最快的企业大多数都是在科创板成立或创业板改革的第一天进行上市（科创板为 18 家，创业板为 19 家），即最先进行申请的公司最快。这可能是因为板块成立或改革初期，相关部门有更强的动力进行审核以完成指标和业绩。

其次，我们关注到公司的行业分布。科创板上市最快的 20 家企业中，在证监会行业分类下属于制造业的有 17 家，剩余 3 家为信息技术、软件和传输服务业；在创业板中，属于制造业的同样最多，有 15 家。在科创属性公司中，科创板的 20 家公司均为高新技术产业，其中主要为新一代信息技术产业（8 家）、新材料产业（5 家）、高端装备制造产业（5 家）和生物产业（2 家）。创业板的 20 家企业中，17 家属于高新技术企业，而具体行业分类较为分散。

对于双创上市效率排名前 20%或 30%的公司进行统计也可得到相似的结果，如图 10－3 所示。上市最快的公司中，制造业公司始终占绝大多数；科创板中属于信息技术、软件和传输服务业的公司也较多，而创业板公司的行业分布相对更为分散。

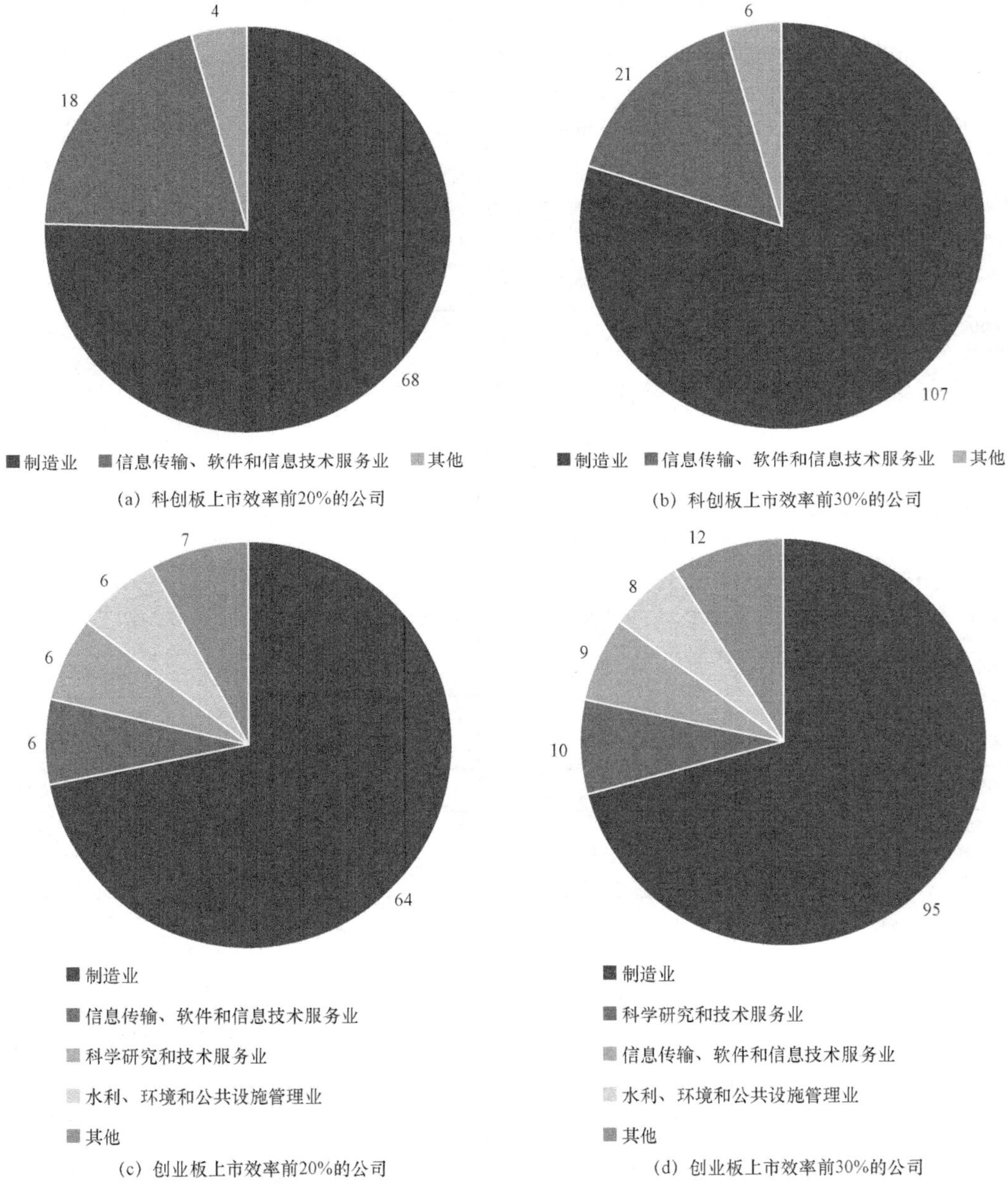


**图 10－3　上市最快的公司行业统计（单位：家）**

数据来源：Wind 数据库。

# 第十一章 注册制改革对我国多层次资本市场的影响研究

本章立足我国股票市场的注册制改革，考察我国主板、科创板与创业板实施注册制前后的变化，并从财务风险因素与企业股权属性两个角度对注册制实施后各板块上市公司的反应进行了探讨。研究发现，注册制实施后，科创板的平均上市时间最短，同时注册制改革不仅提高了创业板的上市效率，而且对提升主板的上市效率也有促进作用。通过财务风险和国企属性两条路径，本章研究发现：（1）在创业板注册制改革事件中，科创板上市公司表现出负面的短期反应以及正面的长期反应；（2）在注册制改革事件中，创业板上市公司无论是短期还是长期都产生了正面反应；（3）整体来看，财务风险较小的公司在注册制改革事件中的市场表现均更好；（4）与非国有企业相比，国有企业对于两次改革事件的反应均更为负面。本章研究表明，不同板块对注册制实施的反应存在显著差异，可为未来股票市场全面实行注册制改革的政策运用和路径选择提供一定的决策参考。

## 第一节 引　言

本章以我国主板、科创板和创业板中已上市企业为研究对象，以注册制的实施为研究事件，探讨注册制的实施对我国资本市场不同板块、不同所有权性质企业收益率的影响。本章研究发现注册制改革事件对于创业板上市公司具有更加显著的正向影响，创业板企业短期与长期收益率表现均优于主板；且注册制实施后，财务风险低的公司短期、中长期市场表现均更好，这一实证结果在加入控制变量和考虑回归固定效应后依然稳健。这一结论支持了注册制改革会提升整个市场的优胜劣汰效率的论点，财务风险小的优质公司更加受到市场的关注，市场对注册制实施有正向预期，这一发现同现有分析注册制对 IPO 阶段的研究在发现结果上一致，并形成互补。

另外，本章还将样本分为国有企业和民营企业的子样本来进行分析。我国独有的以公有制为主体的社会主义市场经济制度，决定了国企承担着推动我国经济建设的重要责任，是经济运行的 “压舱石”。目前的研究，一方面认为国有企业的社会责任导致其效率相对民营企业偏低（Carpenter 等，2021），另一方面认为政府存在给国有企业某种形式隐性担保的可能（Geng 和 Pan，2021）。我们发现，施行注册制使国有企业收益率显著下降，这表明国企效率偏低的问题在市场化的环境下有可能被放大。这一方面为接下来的资本市场改革提供参考，另一方面也暗示当前西方研究范式下的上市企业效率指标由于只以盈利为标准，并不一定能充分衡量国有企业的市场作用。

与以往的文献相比，本章的创新之处主要在于：（1）以往文献在注册制对于市场影响方面的研究主要聚焦于上市过程，较少着眼于注册制改革对市场中已上市公司所产生的短期冲击和长期影响，而本章从这一角度分析了注册制改革作为政府在市场上“减少干预，依赖市场进行资源配置”这一信号对股票市场不同板块、不同所有制属性企业定价效率的影响差异；（2）以往文献大多只考察科创板注册制的影响，而本章同时选取注册制实施事件作为研究对象，分析其对股票市场不同板块、不同所有制属性企业定价效率的影响差异，为将来全面落地的注册制改革提供可能的情景以及相应的对策和启示。研究结果将有助于我国资本市场改革举措的互补与协调，促进资本市场行稳致远。

本章结构安排如下：第二节是文献综述与研究假设，第三节是研究设计，第四节是实证分析，第五节给出结论和建议。

## 第二节　文献综述与研究假设

### 一、资本市场定价效率

对于资本市场的定价效率，学者主要从股价反映信息的速度和反映程度两个方面衡量，前者关注股价是否及时反映了增量信息，后者关注股价是否对信息进行了全面真实的反映，特别是基于公司层面的特质性波动（李志生等，2015）。

国内外学界普遍认为，中国股票市场有效程度偏低，存在股票价格脱离基本面的现象（Carpenter 和 Whitelaw，2017）。以下将从 IPO 抑价、股价信息含量、市场上的投机行为几个方面进行阐述。

首先，我国资本市场上 IPO 抑价（IPO Underpricing）现象十分突出。1990—1996 年，A 股 IPO 平均抑价率达到 338%（Ritter，1998）；2014—2017 年，平均抑价率仍然达到 52.21%，均远高于同期发达国家市场数据（张学勇等，2020）。一般认为，IPO 抑价率越高，表明市场错误定价的情形越严重，进而削弱了资本市场的资源配置功能。

其次，我国股票价格中的信息含量较低。Morck 等（2000）以回归模型 $R^2$ 作为对公司股价包含信息内容的衡量，$R^2$ 越高，表明现在的股价受过去信息的影响越大。他们发现股价的同步性与一国人均 GDP 负相关，而中国股价同步性极高；与此同时，股价高同步性也代表了对产权保护的力度较低。此外，也有理论认为较高的 $R^2$ 代表了我国公司信息缺乏透明度（Jin 和 Myers，2006）。Gul 等以中国上市公司的样本对股价同步性进行研究，发现同步性是一个关于股权集中度的驼峰状函数，且当最大的股东与政府相关，即公司为国有企业时值会更大，这说明国企相对于民营企业的股价信息含量更低。他们还发现，同步性随着审计质量和外资持股比例的提高而降低（Gul 等，2010）。

此外，A 股市场上"炒小""炒差""炒新""炒题材"的投机炒作现象层出不穷。一个重要原因就是在 A 股市场，个人投资者占市场主导地位。根据上交所统计，个人投资者平均持有超过 50%的市场份额，并且贡献市场上年交易额超过 80%[①]。现有研究普遍证实中国市场个人投资者具有赌博心态，会过度配置彩票型股票（Li，2022；廖理，2016），在亏损后不愿意卖出或赚钱后罔顾风险（Bian 等，2018）。这是 A 股市场上投机氛围强烈的根源，进而造成资本市场资源配置效率不高、股价波动过大等问题（Andrade 等，2013；Bian，2020）。

## 二、注册制改革及对市场的影响

注册制以市场为导向，对 IPO 进行形式审核，将实质审核交给投资者，有利于股市资源的有效配置。顾连书等（2012）对股票发行注册制相较于核准制的各种优点进行了详尽的论证。张光利等（2021）关注了核准制 IPO 中的实质审核过程，发现审核意见数量能够显著降低企业 IPO 抑价水平和股票超额累积收益率，但审核意见越多的企业，其未来风险水平越高，"业绩变脸"的程度越严重。在实证检验方面，众多文献验证了注册制的实施提升了市场的定价效率，主要集中于新上市公司的 IPO 定价效率方面。在股票发行核准制阶段，张劲帆等（2020）研究发现新股在二级市场表现有"弹簧效应"：抑制股票一级市场定价，虽然形式上可以解决新股发行价过高的问题，但是却造成二级市场更大的价格扭曲。刘煜辉和沈可挺（2011）则认为，中国股票市场的供给控制构成了 IPO 高抑价非理性解释的制度基础。除此之外，IPO 的资源争夺还涉及地方政府对公司的补助，地区市场化水平越低，地方政府干预越强，其为争夺处于政府管控下的 IPO 资源提供的补助越多，其对 IPO 公司正常生产经营的干扰就越严重（王克敏等，2015）。注册制的实施有助于削弱以上现象。谢朝华和刘玲杉（2020）发现注册制改革能够显著降低 IPO 抑价，促进 IPO 定价效率提升；但吴锡皓和张弛（2022）增加了对于创业板注册制改革

① 上海证券交易所统计年鉴，http://www.sse.com.cn/aboutus/publication/yearly/.

的研究后，发现创业板注册制反而加剧了 IPO 抑价率；赖黎（2022）等发现科创板新股相对于主板的实际首日收益率更低，并且注册制改革影响投资者预期，降低了核准制下企业 IPO 的实际首日收益率，使得非科创板新股定价效率也得以提高。除此之外，通过利用事件研究法对注册制改革事件进行分析，吴文若（2021）发现财务信息质量较差的上市公司具有更强烈的负面反应，而赖黎（2022）等发现壳企业的短期和长期市场表现均更差。

## 三、多层次资本市场方面的研究

在多层次资本市场对国家经济发展水平的影响方面，Goldsmith（1969）基于多国的经济增长数据与金融结构关系的对比研究，认为经济发展与市场深化推动着资本市场结构演进。Mckinnon（1974）对发展中国家资本市场的研究发现，多层级资本市场在加强金融深化与打破金融抑制方面有积极的促进作用。

我国学者也对多层次市场对资源配置效率的影响进行了深入探究。周小川（2013）认为，金融创新是推动资本市场多层次建设的关键。宋凌峰和郭亚琳（2015）借鉴德国的地方性资本市场发展模式，认为我国以私募为主的地方性资本市场应积极吸引外部资金，地方性交易所也应拓展产品业务满足多元化需求，并与主板市场完善联通机制。郑志丹和宋朋（2016）认为，目前中国股票市场更多地体现了政府指导下的资源配置效率，并且主板市场的配置效率最低，创业板的配置效率最高，中小板的配置效率居中。辜胜阻等（2016）认为，需要加强法治建设，健全转板、退市等制度安排，要推进市场化改革，扭转多层次“倒金字塔”型资本市场结构。何牧原和张昀（2017）认为，新三板没有转板的绿色通道，建议要畅通新三板转板机制。冯燕妮和沈沛龙（2020）认为，“非市场化”是制约我国资本市场健康发展的原因之一。

就具体市场分析，郭澄澄和王如忠（2021）认为，科创板对沪市 A 股主板市场局部短期内存在一定的竞争效应，但是从中长期来看，两者构成相容互通的资本池，科创板对于提升沪市 A 股主板市场金融资源配置效率、促进资本市场结构优化和完善我国多层次资本市场体系建设具有积极作用。乔晗等（2020）基于模糊断点回归分析研究了创业板的风险投资对筛选和培育优质企业的作用，研究发现国内风险投资（Venture Capital，以下简称 VC）具有“增值”作用，能够创造经济价值，但不具有“筛选”作用。朱宏泉等（2021）研究了经济不确定性对 IPO 抑价的影响，发现经济政策不确定性虽然会降低股票的发行价、造成 IPO 抑价率的增加，但也会降低投资者对公司的价值认可度，导致 IPO 抑价降低。梁睿等（2022）发现，相比于主板，科创板交易制度提高了市场的价格发现效率，降低了市场流动性，加剧了市场波动。

通过上述分析，我们发现注册制改革利大于弊已成为共识，其有助于引导投资者理性预期、抑制炒作，促进企业价值回归基本面。但上述研究基本没有考虑到市场板块的不同对于注册制改革的可能影响：一方面，各板块上市要求、上市公司特征以及交易制度均存在差别，以及交易所之间存在资源竞争现象很可能会影响注册制的实施效果（李建勇等，2016）。另一方面，之前的实证文献主要研究的是科创板注册制试点的实际影响，而2020年8月24日起实施的创业板注册制改革为注册制改革影响研究提供了新的样本。将科创板和创业板的两次改革实践联系起来进行研究对比，有助于评估注册制试点改革过程中取得的成效，以及对未来的全面注册制改革提出更贴合实际的建议。此外，公司的国有企业属性也可能对其市场表现产生影响，但之前文献较少涉及①。本章对已上市企业分类并进行检验。这一分类有助于我们更好地理解注册制改革作用于投资者预期的形式，以及其对市场造成的实际影响。

## 四、研究假设

### （一）注册制实施对不同市场板块的影响差异

注册制的特点就是减少政府干预，由市场决定资源配置。在这一制度下，资金将流向业绩长期优秀的企业，IPO审批形式的改变将使得新股上市速度加快，与已上市公司形成流动性竞争。与此同时，退市将逐渐成为常态，保持一定的上市公司退市比例，有利于激活资本市场，形成优胜劣汰竞争机制，促进股市资源优化配置（陈见丽，2015）。

我们可以把注册制的实施看作一个包含信息的事件。有效市场假说认为，在理性的环境下，事件的效应将会被迅速反应在证券价格上（Ball，1968；Fama，1969；MacKinlay，1997）。比如，监管环境和相关法律的变化通过影响投资者对未来市场发展的预期，进而改变当前的证券价格（Schwert，1981）。作为注册制的试点，科创板和创业板的改革无疑在逐步增强投资者对于市场全面注册制的预期。在理性预期下，投资者对于市场的定价将提前做出反应以更加符合企业的基本面，也会对潜在风险给出更负面的反应。

由于财务风险和流动性竞争以及更大的退市风险高度相关，本章用财务风险来衡量上市公司的潜在风险。对于财务风险较大的公司，在注册制下投资者会更显著降低对其的预期收益率，进而会对目前的股票价格造成负面影响。而在长期，随着股市“马太效

---

① 吴秋生等（2021）发现国有企业在注册制下IPO审计费用比民营企业低。这一发现和本章视角并不相关。本章关注的是以上国有企业和民营企业的差异。

应”的逐步体现，绩优股的实际表现也会高于财务质量较差的公司，进一步促进资本市场的优胜劣汰。所以，财务风险较大的企业不仅面临短期事件刺激的负面影响，随着注册制改革工作逐步推进，“炒小炒差”现象也将得到根治。因此，长期来看，财务质量差的企业股票价格将持续走低。

本章以 Altman 的 $Z$ 值（Z－Score）模型（Altman，1968）衡量公司的财务风险。Z－Score 模型是一种综合考虑多个财务指标的多变量财务预警模型，从企业的资产规模、折现能力、获利能力、财务结构、偿债能力、资产利用效率等方面综合反映企业财务状况，$Z$ 值越小，则公司财务风险越高。在国内，有大量学者选取我国 A 股上市公司作为样本，对 Z－Score 模型在我国的适用性进行检验，结果表明公司 $Z$ 值的大小可以较好地反映我国上市公司的财务质量以及被特殊处理（ST，special treatment）的风险（向德伟，2002；张玲和曾维火，2004；张蔚虹和朱海霞，2012）；同时也有大量文献选取 $Z$ 值作为衡量公司财务风险的变量进行研究（严若森，2010；孙立新等，2013；张敦力和秦乐，2013；宿玉海和王韧，2017）。

综上所述，本章以 $Z$ 值作为衡量财务风险的变量，我们认为具有较低财务风险的公司 $Z$ 值更高，会拥有更好的股价表现。基于此提出假设 1。

H1：科创板（创业板）注册制实施后，$Z$ 值更高的公司短期、中长期市场表现均更好。

### （二）注册制实施对国有企业与民营企业的影响差异

我国资本市场的特色之一是国有企业在市场的特殊地位。习近平总书记在全国国有企业改革座谈会的重要指示中强调：“国有企业是壮大国家综合实力、保障人民共同利益的重要力量，必须理直气壮做强做优做大，不断增强活力、影响力、抗风险能力，实现国有资产保值增值。”这也是我国资本市场区别于西方国家资本市场的重要特色。截至 2021 年底，我国国有控股公司共 1 317 家，总市值 33.54 万亿元，占境内及港股上市公司的 28.26%[①]，在资本市场上占有重要地位。相比于西方国家中的国企，我国国有企业在经济建设中承担了许多非营利的社会责任，是我国公有制经济重要的运行保障和党的意志传播的重要路径。由于国有企业相对于私营企业承载着很多社会、经济、国家战略层面的责任，而非完全以股东财富最大化为目标（Lin 等，1998），因此，目前的研究中发现，我国国有企业的盈利能力和效率相对（私营企业）偏低（王宏淼，2022）。在市场化改革背景下，对于公司的盈利以及财务质量要求将会进一步提高，国企在承担社会正外部性的情况下，其盈利前景往往不如私企，因此，我们判断国有企业在注册制实施过

① 中国新闻网，http://www.chinanews.com.cn/cj/2022/05－18/9757816.shtml.

程中也会有较差的股价表现。基于此，提出假设 2。

H2：科创板（创业板）注册制实施后，国有企业的短期、中长期表现均更差。

# 第三节　研究设计

## 一、样本选择与数据来源

本章分别以 2019 年 7 月 22 日和 2020 年 8 月 24 日之前在 A 股市场上市的所有公司作为样本选取范围，分别考察科创板和创业板注册制改革两个事件期间，市场的短期和中长期反应。为保证数据的准确性和可靠性，我们对样本进行了如下处理：（1）剔除考察期间相关数据缺失的公司样本；（2）剔除金融业公司。（3）对所有连续变量在上下 1% 处进行缩尾处理。最后在科创板、创业板实行注册制事件中，我们得到的事件观测数据分别为 3 401 和 3 588，公司具体的上市板块以及国企在市场的分布分别如表 11－1 和表 11－2 所示。事件研究的财务数据在考察科创板成立事件时选用 2018 年年报数据，在创业板注册制改革事件中则选用 2019 年年报数据，股市交易数据来源于 CSMAR 和 Wind 数据库，个股收益率为考虑现金红利再投资的日个股回报率，市场收益率选择考虑现金红利再投资的日市场回报率（总市值加权平均法）。

**表 11－1　　样本公司上市板块数分布**　　单位：家

| 事件 | 主板 | 科创板 | 创业板 |
|---|---|---|---|
| 科创板注册制试点 | 2 673 | — | 728 |
| 创业板注册制改革 | 2 740 | 70 | 778 |

数据来源：Wind 数据库。

**表 11－2　　国有企业在上市板块中的分布**　　单位：家

| 时间 | 上市板 | 国企 | 非国企 |
|---|---|---|---|
| 2018 年末 | 主板 | 1 024 | 2 126 |
| | 创业板 | 38 | 1 116 |
| 2019 年末 | 主板 | 1 050 | 2 100 |
| | 创业板 | 60 | 1 094 |
| | 科创板 | 14 | 414 |

数据来源：Wind 数据库。

## 二、主要变量构建

### （一）市场变量

本章设置科创板和创业板的虚拟变量分别用 *STAR* 和 *CHINEXT* 表示。如果上市公司在科创板，*STAR* 取值为 1，否则为 0，如果上市公司在创业板，*CHINEXT* 取 1，否则取 0。当 *STAR* 和 *CHINEXT* 均取 0 时，即代表公司于主板上市。在对科创板注册制试点事件进行检验时，由于科创板为新成立板块，故模型中的市场变量只包含创业板变量 *CHINEXT*。在对创业板注册制改革事件进行检验时，模型同时考虑两个市场变量。

### （二）*Z* 值

本章按照 Altman 的 *Z* 值模型计算公司 *Z* 值。计算方法如下：

$$Z = 0.012X_1 + 0.014X_2 + 0.033X_3 + 0.006X_4 + 0.999X_5$$

其中：

$X_1$ = 净营运资本/总资本；

$X_2$ = 留存收益/总资本；

$X_3$ = 息税前利润/总资本；

$X_4$ = 股票总市值/负债账面价值总额；

$X_5$ = 营业收入/总资本。

一般利用 *Z* 值衡量公司财务风险有两种方式：根据数值大小判断，或与几个事先规定的临界值比较判断。本章将 *Z* 值作为连续变量考量，即使用 *Z* 值数值大小作为评判公司财务风险的标准：*Z* 值越大，公司财务风险越小。

### （三）国有企业变量

本章设置国有企业虚拟变量 *SOE*，当公司实际控制人属性为国有时取 1，否则取 0。在实际判断中，本章将公司实控人为地方政府、国资委或地方国资委、中央或地方国有企业、中央国家机关等部门的公司均纳入国有企业范围。

## 三、实证模型设计

### （一）事件研究法

本章选用事件研究法（Event Study）来考察科创板注册制试点和创业板注册制改革

期间的短期和中长期市场反应。具体做法如下。

（1）界定事件及事件期间：本章主要研究科创板注册制试点和创业板注册制改革两个事件。

（2）事件窗的选择：两个事件分别以 2019 年 7 月 22 日和 2020 年 8 月 24 日为事件日。在短期检验中，分别选取［0，+1］、［0，+2］、［−1，+1］和［−2，+2］为事件窗。在中长期检验中，我们参考赖黎等（2022）、魏志华等（2019）的研究，考察了以 60 天和 120 天为事件窗的检验结果。

（3）估计窗的选择。本章参考赖黎等（2022）的研究，选取［−105，−6］共 100 个交易日作为估计窗。划出估计窗的目的是利用该期间的数据去估算在事件未出现情况下的期望收益值。将期望收益值与事件发生后实际收益值相比较，便得出事件所带来的异常收益值。

（4）计算异常收益率 *AR*（Abnormal Return）。本章利用市场模型与 Scholes 和 Williams（1977）提出的估算程序来确定预测收益率。计算公式为：

$$AR_{i,t} = R_{i,t} - (\hat{\alpha}_i + \hat{\beta}_i R_{M,t}) \tag{11-1}$$

其中 $R_{i,t}$ 为证券 $i$ 在 $t$ 日的实际收益率，$(\hat{\alpha}_i + \hat{\beta}_i R_{M,t})$ 为根据估计窗数据计算得到的预期收益率。

（5）计算累计异常收益率 *CAR*（Cumulative Abnormal Return）。累计异常收益率是计算公司 $i$ 在 $t_1$ 到 $t_2$ 的一段时期内，异常收益率的总和：

$$CAR_i[t_1, t_2] = \sum_{T=t_1}^{t_2} AR_{i,t} \tag{11-2}$$

最后，本章以累计异常收益率作为被解释变量，执行横截面回归，探究公司财务风险、市场板块以及国企属性对其的可能影响。

### （二）财务风险、市场板块与国企属性研究

接下来，我们构建模型（11−3）和模型（11−4），分别考察科创板和创业板实施注册制的短期市场反应，并加入了不同市场（主板、科创板、创业板）以及其与 $Z$ 值的交叉项作为解释变量，研究注册制实施是否对不同板块的财务风险不同的公司的影响有所区别。我们参考赖黎等的做法，选取公司市值 *MV*、资产负债率 *LEV*、总资产报酬率 *ROA*、机构持股比例 *INS*、股利支付水平 *DR*、公司成立年数 *AGE* 作为控制变量。最后，我们控制了行业固定效应。模型中的变量详细定义见表 11−3。

$$\begin{aligned} CAR_i = {} & \alpha + \beta_1 CHINEXT_i + \beta_2 Z_i + \beta_3 CHINEXT_i \times Z_i + \beta_4 log(MV_i) + \\ & \beta_5 LEV_i + \beta_6 ROA_i + \beta_7 INS_i + \beta_8 DR_i + \beta_9 AGE_i + IndFE_i + \varepsilon_i \end{aligned} \tag{11-3}$$

$$CAR_i = \alpha + \beta_1 STAR_i + \beta_2 CHINEXT_i + \beta_3 Z_i + \beta_4 STAR_i \times Z_i + \beta_5 CHINEXT_i \times Z_i + \beta_6 log(MV_i) + \beta_7 LEV_i + \beta_8 ROA_i + \beta_9 INS_i + \beta_{10} DR_i + \beta_{11} AGE_i + IndFE_i + \varepsilon_i \quad (11-4)$$

其中，在模型（11－3）的科创板事件检验中，由于之前不存在科创板上市公司，故在该部分检验中 $STAR_i$ 相关变量予以省略，在模型（11－4）的创业板事件检验中则同时使用两个虚拟变量。

**表 11－3　　　　　　　　　变量定义**

| 变量名称 | 变量符号 | |
|---|---|---|
| 累计超额收益率 | *CAR* | 公司在窗口期［0，+1］、［0，+2］或［－1，+1］、［－2，+2］的累计超额收益率乘以 100；或公司自事件窗结束起 60、120 日的累计超额收益率乘以 100 |
| 购买并持有超额收益率 | *BHAR* | 公司自事件窗起 60、120 日的购买并持有超额收益率 |
| 科创板 | *STAR* | 在实证检验所考察的公司样本中，若公司上市板为科创板为 1，否则为 0 |
| 创业板 | *CHINEXT* | 在实证检验所考察的公司样本中，若公司上市板为创业板为 1，否则为 0 |
| *Z* 值 | *Z* | Altman（1968）中的 *Z* 值 |
| 国有企业 | *SOE* | 在实证检验所考察的公司样本中，若公司为国有企业为 1，否则为 0 |
| 公司市值 | *MV* | 年末股票收盘价与股本数目的乘积 |
| 资产负债率 | *LEV* | 总负债与总资产之比 |
| 总资产收益率 | *ROA* | 税前净利润与总资产之比 |
| 机构持股比例 | *INS* | 机构投资者持股数占公司总股本的比例 |
| 股利支付水平 | *DR* | 税后每股现金股利与每股收益之比 |
| 公司成立年数 | *AGE* | 公司成立年数加 1 的自然对数 |
| 公司市场表现 | *Q* | 公司市值与净资产之比 |
| 第一大股东持股比例 | *TOP*1 | 公司第一大股东持股比例 |

数据来源：CSMAR 和 Wind 数据库。

在长期市场反应考察中，我们参考赖黎等（2022），选取公司市值 *MV*、资产负债率 *LEV*、托宾 *Q*、第一大股东持股比例 *TOP*1 作为控制变量，并控制行业固定效应。我们构建模型（11－5）和式（11－6）考察两起事件的中长期市场反应。

$$CAR_i / BHAR_i = \alpha + \beta_1 CHINEXT_i + \beta_2 Z_i + \beta_3 CHINEXT_i \times Z_i + \beta_4 log(MV_i) + \beta_5 LEV_i + \beta_6 Q_i + \beta_7 TOP1_i + IndFE_i + \varepsilon_i \quad (11-5)$$

$$CAR_i / BHAR_i = \alpha + \beta_1 STAR_i + \beta_2 CHINEXT_i + \beta_3 Z_i + \beta_4 STAR_i \times Z_i + \beta_5 CHINEXT_i \times Z_i + \beta_6 log(MV_i) + \beta_7 LEV_i + \beta_8 Q_i + \beta_9 TOP1_i + IndFE_i + \varepsilon_i \quad (11-6)$$

其中，因变量为累计超额收益率 $CAR_i$ 以及买入并持有超额收益率 $BHAR_i$，以考察事件窗后 60 日、120 日的市场反应。

在对国企属性进行考察时，本章加入国企虚拟变量与 Z 值的交叉项，以探究事件对国企和非国企的影响是否具有差别。由表 11－2 可以发现，国企普遍选择在主板上市，可以认为国有企业在选择上市板时具有明显倾向，国企变量与市场变量具有较高相关性。因此，在此部分检验时剔除市场变量，构建短期和中长期的模型分别如下（11－7）和（11－8）：

$$CAR_i = \alpha + \beta_1 SOE_i + \beta_2 Z_i + \beta_3 SOE_i \times Z_i + \beta_4 log(MV_i) + \beta_5 LEV_i + \beta_6 ROA_i + \beta_7 INS_i + \beta_8 DR_i + \beta_9 AGE_i + IndFE_i + \varepsilon_i \quad (11-7)$$

$$CAR_i / BHAR_i = \alpha + \beta_1 SOE_i + \beta_2 Z_i + \beta_3 SOE_i \times Z_i + \beta_4 log(MV_i) + \beta_5 LEV_i + \beta_6 Q_i + \beta_7 TOP1_i + IndFE_i + \varepsilon_i \quad (11-8)$$

其中，控制变量的选择均与上文中对应的短期和中长期模型相同。

# 第四节　实 证 分 析

本节的实证分析，我们将分析不同板块，不同性质类企业对注册制引入的短期和中长期反应。本节首先对样本进行统计描述。

## 一、描述性统计

表 11－4 为两次事件中研究样本主要变量的描述性统计。在科创板注册制试点中，*CAR* 均值在短期为负，中长期为正，随时间逐渐变大；在创业板注册制改革事件中，*CAR*［0，＋1］均值为 0.196 43，而 *CAR*［0，＋2］均值转为负值，且随着时间拉长，中长期 *CAR* 也为负值且不断变小。这初步说明市场对于两起事件的反应不同。此外，所有变量均在正常范围之内，说明连续变量进行缩尾处理后，不再受极端值影响。

**表 11－4　　主要变量的描述性统计**

| 事件 | 变量 | 观测值 | 均值 | 标准差 | 最小值 | 中位数 | 最大值 |
|---|---|---|---|---|---|---|---|
| 科创板注册制实施 | *CAR*［0，＋1］ | 3 401 | －0.784 9 | 2.611 84 | －8.884 8 | －0.899 2 | 7.694 6 |
| | *CAR*［0，＋2］ | 3 401 | －0.540 74 | 3.022 94 | －9.585 7 | －0.734 6 | 10.013 7 |
| | *CAR*60 | 3 401 | 1.406 67 | 17.711 29 | －45.848 5 | 0.661 7 | 58.379 |
| | *CAR*120 | 3 401 | 1.759 89 | 32.268 99 | －88.204 8 | 0.972 7 | 94.637 9 |
| | *Z* | 3 401 | 4.865 028 | 5.372 112 | －0.824 769 4 | 3.141 816 | 30.933 29 |

续表

| 事件 | 变量 | 观测值 | 均值 | 标准差 | 最小值 | 中位数 | 最大值 |
|---|---|---|---|---|---|---|---|
| 创业板注册制改革 | *CAR*［0，+1］ | 3 588 | 0.196 43 | 4.131 18 | −9.692 9 | −0.405 3 | 14.378 1 |
| | *CAR*［0，+2］ | 3 588 | −0.298 54 | 5.059 92 | −12.676 | −0.857 15 | 16.263 4 |
| | *CAR*60 | 3 588 | −1.241 61 | 26.552 92 | −74.000 5 | −0.693 65 | 72.335 2 |
| | *CAR*120 | 3 588 | −11.120 17 | 40.999 62 | −125.853 | −9.649 4 | 98.568 1 |
| | *Z* | 3 588 | 6.182 584 | 8.580 839 | −1.516 638 | 3.444 725 | 57.381 32 |

数据来源：计算整理得到。

## 二、对第一次注册制改革的分析：科创板注册引入的市场反应

### （一）对财务风险和市场板块的分析

我们先利用模型（11－3）考察科创板和创业板实施注册制的短期市场反应。表 11－5 给出了在科创板实施注册制事件中，不同市场板块的短期反应。列（1）～（4）给出了在不考虑财务风险及企业性质情况下的结果，我们发现创业板虚拟变量 *CHINEXT* 在 1% 水平上均显著为正，说明科创板成立事件对于创业板上市公司具有更加显著的正向影响。列（5）～（12）给出了考虑财务风险变量 *Z* 后的结果，我们发现创业板虚拟变量 *CHINEXT* 的系数依然显著为正。

在公司财务风险方面，*Z* 值回归系数在列（5）～（8）中的回归系数均为正，其中在第（6）列以 *CAR*［0, +2］为因变量的回归值在 5%上显著，说明科创板注册制试点对于财务风险更低的公司有正面影响，由此验证了假设 1 的短期部分。

在列（9）～（12）中，创业板变量 *CHINEXT* 与 *Z* 值的交乘项系数均不显著，由此可以判断创业板上市公司与主板上市公司在财务风险方面对事件的短期反应没有显著的组间差异。

我们采用模型（11－5）考察科创板实施注册制后各板块的中长期市场反应。表 11－6 给出了回归结果。其中创业板变量 *CHINEXT* 在各列回归中以不同置信水平为正，且仅有第（11）列回归中不显著，表明与主板公司相比，科创板注册制的实施在长期对创业板公司具有更为正面的影响，创业板公司在各考察时间段内的股价表现均优于主板公司。同时，与短期表现类似，*Z* 值系数在列（5）～（8）回归中均为正，且在第（6）列以 *CAR*［0, +2］为因变量的回归中在 5%上显著，表明科创板注册制试点对于财务风险更低的公司的中长期有正面影响；列（9）～（12）引入创业板变量与 *Z* 值的交乘项后不影响 *Z* 值的回归结果，且交乘项系数均不显著。

通过比较科创板实施注册制后对主板与创业板的影响，我们可以发现，创业板在短期与长期的表现均优于主板，且财务风险更低的公司，所受正面影响更大。这反映了注册制给不同板块的上市公司带来的影响有显著差异。与主板相比，创业板的公司以创新型中小企业为主，与科创板的企业有一定的相似性，科创板实施注册制，表明了未来资本市场的发展重心将逐渐以创新科技型产业为主，高新技术和创新型企业将更受到市场重视，因此，创业板的企业相比主板更加受到激励，市场反应更加正面。

### （二）企业性质差异：国有企业与非国有企业的比较

在科创板注册制实施事件中，对于国企和非国企不同反应的检验结果如表 11－7 和表 11－8 所示。表 11－7 展示的是短期结果。国企变量 *SOE* 在列（1）至（4）回归中均显著为负，这说明，国有企业在该事件中的短期表现相对于非国企更差，说明假设 2 成立。在考虑增加财务风险变量进行回归后也并未改变 *SOE* 的符号及显著程度。

在公司财务风险方面，列（5）～（8）显示 *Z* 值回归系数均为正，且在第（6）列的回归结果在 1%的水平上显著，表明科创板注册制实施对于财务风险更低的国企有正向影响。最后，在列（9）～（12）回归中，*Z* 值与国企变量 *SOE* 的交乘项并不显著，表明科创板实施注册制在短期对财务风险不同的国企与非国企的影响没有显著区别。

从表 11－8 可以看出，在中长期的回归结果与短期类似，中长期国有企业在该事件中的表现相对于非国企更差；创业板注册制实施对于财务风险更低的企业有一定程度的正向影响。最后，*Z* 值与国企变量 *SOE* 的交乘项并不显著，表明科创板实施注册制在中长期对财务风险不同的国企与非国企的影响没有显著区别。

通过以上分析，我们可以看出，注册制实施对国企与非国企的影响有较大差异。中国国有企业问题的根源在于国有企业普遍都承担着政策性负担，并由之带来了企业的预算软约束问题和企业的 “自生能力”问题（林毅夫，2005），国企由于享受国家政策扶持，在科研投入及创新方面与非国企相比缺乏动力。而注册制的实施将放宽上市标准，有利于非国企的上市，有限的市场资源将引起更大的竞争，尤其是对财务风险高的国企，面临的压力更大。因此，我们发现，在实证分析中，国企无论短期还是长期的反应均为负面，财务风险低的企业受到的影响相对较小。

## 三、对注册制改革的分析：创业板注册制引入的市场反应

### （一）对财务风险和市场板块的分析

在创业板注册制实施事件中，不同市场板块的反应如表 11－9、表 11－10 所示。在

**表 11-5　科创板实施注册制：短期市场反应**

| 变量 | (1) | (2) | (3) | (4) | (5) | (6) | (7) | (8) | (9) | (10) | (11) | (12) |
|---|---|---|---|---|---|---|---|---|---|---|---|---|
| | *CAR* [0, +1] | *CAR* [0, +2] | *CAR* [−1, +1] | *CAR* [−2, +2] | *CAR* [0, +1] | *CAR* [0, +2] | *CAR* [−1, +1] | *CAR* [−2, +2] | *CAR* [0, +1] | *CAR* [0, +2] | *CAR* [−1, +1] | *CAR* [−2, +2] |
| *CHINEXT* | 0.355*** | 0.509*** | 0.525*** | 0.495*** | 0.349*** | 0.475*** | 0.516*** | 0.472** | 0.451** | 0.467** | 0.741*** | 0.554** |
| | (2.76) | (3.37) | (3.48) | (2.7) | (2.72) | (3.15) | (3.4) | (2.56) | (2.51) | (2.29) | (3.57) | (2.24) |
| *Z* | | | | | 0.006 33 | 0.034 2** | 0.009 73 | 0.023 5 | 0.012 7 | 0.033 6** | 0.023 7 | 0.028 7 |
| | | | | | (0.52) | (2.54) | (0.68) | (1.42) | (0.96) | (2.29) | (1.46) | (1.54) |
| *Z*× *CHINEXT* | | | | | | | | | −0.016 4 | 0.001 35 | −0.036 2 | −0.013 2 |
| | | | | | | | | | (−0.77) | (0.06) | (−1.52) | (−0.47) |
| *Log*(*MV*) | 0.505*** | 0.457*** | 0.605*** | 0.647*** | 0.502*** | 0.446*** | 0.601*** | 0.638*** | 0.502*** | 0.447*** | 0.599*** | 0.638*** |
| | (8.22) | (6.40) | (8.29) | (7.21) | (8.16) | (6.24) | (8.22) | (7.10) | (8.14) | (6.24) | (8.19) | (7.10) |
| *LEV* | 0.055 4 | −0.074 7 | 0.240 | 0.264 | 0.162 | 0.50 | 0.404 | 0.66 | 0.204 | 0.497 | 0.495 | 0.694 |
| | (0.21) | (−0.24) | (0.77) | (0.71) | (0.49) | (1.34) | (1.06) | (1.44) | (0.62) | (1.31) | (1.29) | (1.50) |
| *ROA* | 0.532 | 0.636 | 0.495 | 0.172 | 0.482 | 0.364 | 0.418 | −0.015 4 | 0.513 | 0.361 | 0.486 | 0.009 45 |
| | (0.88) | (0.98) | (0.69) | (0.22) | (0.79) | (0.55) | (0.57) | (−0.02) | (0.83) | (0.55) | (0.66) | (0.01) |
| *INS* | 0.054 3 | −0.316 | 0.115 | −0.077 5 | 0.056 7 | −0.303 | 0.118 | −0.068 7 | 0.066 3 | −0.304 | 0.14 | −0.060 9 |
| | (0.28) | (−1.36) | (0.50) | (−0.28) | (0.29) | (−1.30) | (0.52) | (−0.25) | (0.34) | (−1.31) | (0.61) | (−0.22) |
| *DR* | 0.065 7 | −0.188 | 0.048 3 | −0.142 | 0.067 1 | −0.18 | 0.050 5 | −0.137 | 0.071 3 | −0.181 | 0.059 6 | −0.134 |
| | (0.43) | (−1.07) | (0.27) | (−0.66) | (0.44) | (−1.03) | (0.29) | (−0.63) | (0.47) | (−1.03) | (0.34) | (−0.62) |
| *AGE* | −0.095 1 | −0.251 | −0.412* | −0.221 | −0.094 3 | −0.247 | −0.411* | −0.218 | −0.090 8 | −0.247 | −0.403* | −0.215 |
| | (−0.47) | (−1.06) | (−1.74) | (−0.77) | (−0.47) | (−1.05) | (−1.73) | (−0.76) | (−0.45) | (−1.05) | (−1.70) | (−0.75) |
| 观测值 | 3 401 | 3 401 | 3 401 | 3 401 | 3 401 | 3 401 | 3 401 | 3 401 | 3 401 | 3 401 | 3 401 | 3 401 |
| *Adj.R2* | 0.041 | 0.042 | 0.046 | 0.036 | 0.041 | 0.043 | 0.047 | 0.037 | 0.041 | 0.043 | 0.047 | 0.037 |

注：（1）括号中报告值为经稳健标准误调整后的 *t* 值；（2）为节省篇幅，省略了常数项系数；（3）*、**、***分别代表 10%、5%和 1%显著性水平。

数据来源：计算整理得到。

**表 11-6**　　科创板实施注册制：长期市场反应

| 变量 | (1) | (2) | (3) | (4) | (5) | (6) | (7) | (8) | (9) | (10) | (11) | (12) |
|---|---|---|---|---|---|---|---|---|---|---|---|---|
| | *CAR*60 | *CAR*120 | *BHAR*60 | *BHAR*120 | *CAR*60 | *CAR*120 | *BHAR*60 | *BHAR*120 | *CAR*60 | *CAR*120 | *BHAR*60 | *BHAR*120 |
| *CHINEXT* | 2.70*** | 2.76* | 0.136* | 0.343*** | 2.62*** | 2.70* | 0.134* | 0.340*** | 2.51** | 3.81* | 0.036 7 | 0.440*** |
| | (3.35) | (1.87) | (1.76) | (4.13) | (3.24) | (1.82) | (1.74) | (4.08) | (2.24) | (1.84) | (0.34) | (3.63) |
| *Z* | | | | | 0.187** | 0.151 | 0.004 66 | 0.008 4 | 0.180* | 0.229 | −0.002 2 | 0.015 4 |
| | | | | | (2.06) | (0.92) | (0.50) | (0.79) | (1.75) | (1.20) | (−0.21) | (1.23) |
| *Z*×*CHINEXT* | | | | | | | | | 0.016 9 | −0.180 | 0.015 8 | −0.016 3 |
| | | | | | | | | | (0.13) | (−0.80) | (1.20) | (−1.14) |
| *Log*（*MV*） | 0.977*** | 3.26*** | −0.017 9 | −0.007 3 | 0.899** | 3.21*** | −0.019 3 | −0.010 4 | 0.898** | 3.22*** | −0.019 9 | −0.009 8 |
| | (2.76) | (5.03) | (−0.51) | (−0.21) | (2.52) | (4.92) | (−0.54) | (−0.29) | (2.51) | (4.93) | (−0.56) | (−0.28) |
| *LEV* | −0.890 | 4.45 | 0.556*** | −0.348** | 2.67 | 7.33* | 0.645*** | −0.188 | 2.62 | 7.90* | 0.595*** | −0.137 |
| | (−0.52) | (1.42) | (3.48) | (−1.99) | (1.13) | (1.68) | (2.82) | (−0.76) | (1.10) | (1.80) | (2.60) | (−0.54) |
| *Q* | 1.06*** | 1.41*** | −0.056 8*** | 0.019 8 | 0.885*** | 1.27*** | −0.061 2*** | 0.012 0 | 0.887*** | 1.24*** | −0.059 1*** | 0.009 8 |
| | (6.82) | (4.99) | (−3.54) | (1.29) | (5.01) | (3.88) | (−3.20) | (0.66) | (5.01) | (3.78) | (−3.09) | (0.54) |
| *TOP*1 | −2.83 | −8.66** | 0.451** | −0.368 | −3.13 | −8.89** | 0.444** | −0.381* | −3.13 | −8.86** | 0.441** | −0.378* |
| | (−1.37) | (−2.28) | (2.21) | (−1.61) | (−1.51) | (−2.34) | (2.18) | (−1.68) | (−1.51) | (−2.33) | (2.17) | (−1.66) |
| *观测值* | 3 401 | 3 401 | 3 401 | 3 401 | 3 401 | 3 401 | 3 401 | 3 401 | 3 401 | 3 401 | 3 401 | 3 401 |
| *Adj.R*2 | 0.064 3 | 0.053 2 | 0.038 9 | 0.052 2 | 0.065 6 | 0.053 4 | 0.039 0 | 0.052 4 | 0.065 6 | 0.053 6 | 0.039 5 | 0.052 9 |

注：（1）括号中报告值为经稳健标准误调整后的 $t$ 值；（2）为节省篇幅，省略了常数项系数；（3）*、**、***分别代表 10%、5%和 1%显著性水平。
数据来源：计算整理得到。

表 11－7　科创板实施注册制：短期市场反应

| 变量 | （1） | （2） | （3） | （4） | （5） | （6） | （7） | （8） | （9） | （10） | （11） | （12） |
|---|---|---|---|---|---|---|---|---|---|---|---|---|
| | *CAR* [0，+1] | *CAR* [0，+2] | *CAR* [−1，+1] | *CAR* [−2，+2] | *CAR* [0，+1] | *CAR* [0，+2] | *CAR* [−1，+1] | *CAR* [−2，+2] | *CAR* [0，+1] | *CAR* [0，+2] | *CAR* [−1，+1] | *CAR* [−2，+2] |
| *SOE* | −0.338*** | −0.382*** | −0.529*** | −0.615*** | −0.335*** | −0.368*** | −0.525*** | −0.606*** | −0.273** | −0.382** | −0.539*** | −0.697*** |
| | （−3.09） | （−3.06） | （−4.11） | （−4.05） | （−3.06） | （−2.94） | （−4.06） | （−3.98） | （−2.01） | （−2.46） | （−3.37） | （−3.70） |
| *Z* | | | | | 0.008 2 | 0.037 0*** | 0.012 3 | 0.025 4 | 0.010 7 | 0.036 4*** | 0.011 7 | 0.021 6 |
| | | | | | （0.67） | （2.74） | （0.86） | （1.53） | （0.83） | （2.62） | （0.78） | （1.24） |
| *Z*×*SOE* | | | | | | | | | −0.015 8 | 0.003 5 | 0.003 7 | 0.023 4 |
| | | | | | | | | | （−0.67） | （0.12） | （0.14） | （0.74） |
| *Log*（*MV*） | 0.495*** | 0.441*** | 0.591*** | 0.636*** | 0.492*** | 0.431*** | 0.587*** | 0.627*** | 0.493*** | 0.430*** | 0.586*** | 0.625*** |
| | （8.06） | （6.18） | （8.12） | （7.11） | （8.00） | （6.03） | （8.04） | （7.00） | （8.01） | （6.02） | （8.03） | （6.98） |
| *LEV* | 0.073 | −0.080 2 | 0.275 | 0.332 | 0.211 | 0.547 | 0.483 | 0.762* | 0.185 | 0.553 | 0.489 | 0.801* |
| | （0.27） | （−0.25） | （0.88） | （0.88） | （0.64） | （1.46） | （1.27） | （1.66） | （0.56） | （1.46） | （1.27） | （1.73） |
| *ROA* | 0.56 | 0.648 | 0.545 | 0.252 | 0.496 | 0.355 | 0.448 | 0.051 7 | 0.474 | 0.36 | 0.453 | 0.084 4 |
| | （0.93） | （1.00） | （0.76） | （0.32） | （0.81） | （0.54） | （0.61） | （0.06） | （0.77） | （0.55） | （0.62） | （0.11） |
| *INS* | 0.128 | −0.255 | 0.237 | 0.089 3 | 0.132 | −0.239 | 0.242 | 0.099 8 | 0.134 | −0.24 | 0.242 | 0.096 8 |
| | （0.64） | （−1.07） | （1.01） | （0.32） | （0.65） | （−1.00） | （1.03） | （0.36） | （0.66） | （−1.01） | （1.03） | （0.34） |
| *DR* | 0.039 2 | −0.222 | 0.008 16 | −0.184 | 0.041 5 | −0.212 | 0.011 6 | −0.177 | 0.036 1 | −0.211 | 0.012 9 | −0.169 |
| | （0.26） | （−1.26） | （0.05） | （−0.85） | （0.27） | （−1.20） | （0.07） | （−0.81） | （0.24） | （−1.19） | （0.07） | （−0.78） |
| *AGE* | −0.142 | −0.346 | −0.475** | −0.248 | −0.139 | −0.331 | −0.470** | −0.238 | −0.135 | −0.332 | −0.471** | −0.244 |
| | （−0.71） | （−1.47） | （−2.02） | （−0.86） | （−0.70） | （−1.41） | （−2.00） | （−0.83） | （−0.68） | （−1.41） | （−2.00） | （−0.85） |
| 观测值 | 3 401 | 3 401 | 3 401 | 3 401 | 3 401 | 3 401 | 3 401 | 3 401 | 3 401 | 3 401 | 3 401 | 3 401 |
| *Adj.R2* | 0.041 | 0.040 | 0.047 | 0.038 | 0.041 | 0.042 | 0.047 | 0.039 | 0.041 | 0.042 | 0.047 | 0.039 |

注：（1）括号中报告值为经稳健标准误调整后的 $t$ 值；（2）为节省篇幅，省略了常数项系数；（3）*、**、***分别代表 10%、5%和 1%显著性水平。

数据来源：计算整理得到。

**表 11-8**　　科创板实施注册制：长期市场反应

| 变量 | （1） | （2） | （3） | （4） | （5） | （6） | （7） | （8） | （9） | （10） | （11） | （12） |
|---|---|---|---|---|---|---|---|---|---|---|---|---|
| | *CAR*60 | *CAR*120 | *BHAR*60 | *BHAR*120 | *CAR*60 | *CAR*120 | *BHAR*60 | *BHAR*120 | *CAR*60 | *CAR*120 | *BHAR*60 | *BHAR*120 |
| *SOE* | $-5.64^{***}$ | $-11.5^{***}$ | $0.134^{**}$ | $-0.132^{*}$ | $-5.70^{***}$ | $-11.6^{***}$ | $0.132^{**}$ | $-0.135^{*}$ | $-5.32^{***}$ | $-11.8^{***}$ | 0.139 | $-0.165^{*}$ |
| | （-8.25） | （-9.30） | （1.99） | （-1.90） | （-8.34） | （-9.34） | （1.96） | （-1.94） | （-5.88） | （-7.20） | （1.63） | （-1.82） |
| *Z* | | | | | $0.225^{**}$ | 0.215 | 0.004 8 | 0.010 8 | $0.238^{***}$ | 0.206 | 0.005 04 | 0.009 73 |
| | | | | | （2.50） | （1.33） | （0.51） | （1.02） | （2.58） | （1.24） | （0.51） | （0.90） |
| *Z*×*SOE* | | | | | | | | | -0.094 2 | 0.061 8 | -0.001 6 | 0.007 6 |
| | | | | | | | | | （-0.68） | （0.25） | （-0.13） | （0.53） |
| *Log*（*MV*） | $1.16^{***}$ | $3.79^{***}$ | -0.034 2 | -0.020 4 | $1.07^{***}$ | $3.71^{***}$ | -0.035 6 | -0.024 4 | $1.07^{***}$ | $3.71^{***}$ | -0.035 5 | -0.024 7 |
| | （3.29） | （5.91） | （-0.96） | （-0.58） | （3.02） | （5.77） | （-1.00） | （-0.69） | （3.03） | （5.76） | （-0.99） | （-0.70） |
| *LEV* | 0.590 | $8.28^{***}$ | $0.463^{***}$ | $-0.395^{**}$ | $4.94^{**}$ | $12.4^{***}$ | $0.556^{**}$ | -0.187 | $4.76^{**}$ | $12.5^{***}$ | $0.553^{**}$ | -0.173 |
| | （0.34） | （2.64） | （2.88） | （-2.21） | （2.08） | （2.85） | （2.41） | （-0.74） | （1.98） | （2.84） | （2.40） | （-0.68） |
| *Q* | $0.955^{***}$ | $1.14^{***}$ | $-0.050\ 3^{***}$ | 0.023 1 | $0.742^{***}$ | $0.936^{***}$ | $-0.054\ 8^{***}$ | 0.012 9 | $0.748^{***}$ | $0.932^{***}$ | $-0.054\ 7^{***}$ | 0.012 4 |
| | （6.14） | （4.10） | （-3.15） | （1.50） | （4.19） | （2.91） | （-2.86） | （0.70） | （4.20） | （2.88） | （-2.86） | （0.67） |
| *TOP*1 | -0.371 | -2.79 | 0.333 | $-0.394^{*}$ | -0.657 | -3.07 | 0.327 | $-0.408^{*}$ | -0.693 | -3.04 | 0.326 | $-0.405^{*}$ |
| | （-0.18） | （-0.73） | （1.61） | （-1.68） | （-0.31） | （-0.80） | （1.58） | （-1.74） | （-0.33） | （-0.79） | （1.58） | （-1.73） |
| 观测值 | 3 401 | 3 401 | 3 401 | 3 401 | 3 401 | 3 401 | 3 401 | 3 401 | 3 401 | 3 401 | 3 401 | 3 401 |
| *Adj.R*2 | 0.078 | 0.073 | 0.039 | 0.048 | 0.079 | 0.074 | 0.039 | 0.048 | 0.080 | 0.074 | 0.039 | 0.048 |

注：（1）括号中报告值为经稳健标准误调整后的 *t* 值；（2）为节省篇幅，省略了常数项系数；（3）*、**、***分别代表 10%、5%和 1%显著性水平。

数据来源：计算整理得到。

**表 11－9** 创业板实施注册制：短期市场反应

| 变量 | (1) CAR [0, +1] | (2) CAR [0, +2] | (3) CAR [−1, +1] | (4) CAR [−2, +2] | (5) CAR [0, +1] | (6) CAR [0, +2] | (7) CAR [−1, +1] | (8) CAR [−2, +2] | (9) CAR [0, +1] | (10) CAR [0, +2] | (11) CAR [−1, +1] | (12) CAR [−2, +2] |
|---|---|---|---|---|---|---|---|---|---|---|---|---|
| *STAR* | −0.632<br>(−1.29) | −1.10<br>(−1.63) | −1.58**<br>(−2.40) | −1.61*<br>(−1.96) | −0.427<br>(−0.81) | −0.699<br>(−0.97) | −1.49**<br>(−2.05) | −1.04<br>(−1.17) | 0.409<br>(0.47) | 0.097 9<br>(0.08) | −0.929<br>(−0.75) | −0.230<br>(−0.17) |
| *CHINEXT* | 4.32***<br>(23.14) | 4.42***<br>(18.99) | 4.73***<br>(21.49) | 5.10***<br>(16.88) | 4.34***<br>(23.27) | 4.46***<br>(19.17) | 4.74***<br>(21.49) | 5.15***<br>(17.09) | 5.23***<br>(21.66) | 5.43***<br>(17.79) | 5.71***<br>(19.76) | 6.32***<br>(16.00) |
| *Z* | | | | | −0.011 9<br>(−1.16) | −0.023 6*<br>(−1.80) | −0.005 45<br>(−0.44) | −0.032 8*<br>(−1.92) | 0.047 9***<br>(3.82) | 0.041 2***<br>(2.62) | 0.057 6***<br>(3.30) | 0.044 1**<br>(1.96) |
| *Z*×*STAR* | | | | | | | | | −0.072 8***<br>(−2.88) | −0.075 2**<br>(−2.21) | −0.065 9**<br>(−2.01) | −0.084 9**<br>(−2.13) |
| *Z*×*CHINEXT* | | | | | | | | | −0.121***<br>(−6.22) | −0.133***<br>(−5.34) | −0.132***<br>(−5.66) | −0.160***<br>(−4.85) |
| *Log*(*MV*) | 0.018 0<br>(0.22) | 0.170<br>(1.63) | −0.015 6<br>(−0.16) | 0.099 7<br>(0.74) | 0.024 3<br>(0.30) | 0.018 7*<br>(1.78) | −0.016 0<br>(−0.16) | 0.121<br>(0.90) | 0.020 0<br>(0.25) | 0.183*<br>(1.75) | −0.019 3<br>(−0.20) | 0.117<br>(0.87) |
| *LEV* | 0.065 1<br>(0.18) | 0.247<br>(0.54) | 0.303<br>(0.68) | 0.429<br>(0.71) | −0.196<br>(−0.45) | −0.270<br>(−0.49) | 0.183<br>(0.35) | −0.289<br>(−0.41) | 0.353<br>(0.80) | 0.319<br>(0.57) | 0.746<br>(1.38) | 0.404<br>(0.56) |
| *ROA* | −2.91***<br>(−3.34) | −2.86**<br>(−2.48) | −2.10**<br>(−2.00) | −2.63*<br>(−1.79) | −2.79***<br>(−3.19) | −2.63**<br>(−2.27) | −2.05*<br>(−1.94) | −2.31<br>(−1.56) | −2.60***<br>(−3.00) | −2.41**<br>(−2.09) | −1.82*<br>(−1.75) | −2.04<br>(−1.39) |
| *INS* | −0.784***<br>(−2.90) | −0.838**<br>(−2.50) | −1.00***<br>(−3.06) | −1.89***<br>(−4.25) | −0.778***<br>(−2.88) | −0.826**<br>(−2.46) | −1.00***<br>(−3.05) | −1.88***<br>(−4.22) | −0.653**<br>(−2.44) | −0.691**<br>(−2.07) | −0.868***<br>(−2.66) | −1.72***<br>(−3.87) |
| *DR* | 0.632***<br>(2.65) | 0.748***<br>(2.71) | 0.569**<br>(2.12) | 0.701*<br>(1.96) | 0.622***<br>(2.60) | 0.729***<br>(2.64) | 0.564**<br>(2.10) | 0.674*<br>(1.88) | 0.690***<br>(2.88) | 0.804***<br>(2.89) | 0.641**<br>(2.39) | 0.766**<br>(2.13) |
| *AGE* | −0.543**<br>(−2.02) | −0.831**<br>(−2.44) | −0.821**<br>(−2.56) | −0.949**<br>(−2.18) | −0.554**<br>(−2.06) | −0.853**<br>(−2.50) | −0.826***<br>(−2.58) | −0.979**<br>(−2.25) | −0.550**<br>(−2.07) | −0.851**<br>(−2.52) | −0.827***<br>(−2.59) | −0.978**<br>(−2.27) |
| 观测值 | 3 588 | 3 588 | 3 588 | 3 588 | 3 588 | 3 588 | 3 588 | 3 588 | 3 588 | 3 588 | 3 588 | 3 588 |
| *Adj.R2* | 0.222 | 0.172 | 0.195 | 0.162 | 0.223 | 0.173 | 0.195 | 0.163 | 0.233 | 0.181 | 0.204 | 0.171 |

注：（1）括号中报告值为经稳健标准误调整后的 *t* 值；（2）为节省篇幅，省略了常数项系数；（3）*、**、***分别代表 10%、5%和 1%显著性水平。

数据来源：计算整理得到。

表 11－9 的短期检验中，科创板变量 *STAR* 回归系数在列（3）、（4）中显著为负，说明创业板实施注册制，将为更多创新型企业提供上市机会，这样可能导致科创板原有的唯一的注册制上市资源不再稀缺，市场对科创板的反应呈现负向。

考虑财务风险变量 *Z* 值的引入，*STAR* 系数在列（9）～（12）中并不显著，表明公司的财务状况可能导致市场反应的差异。而创业板变量 *CHINEXT* 在 12 列回归中均在 1%上显著为正，说明创业板公司在注册制改革事件中，相对主板和科创板公司有更加显著正向的影响，反映了市场对创业板实施注册制具有明显的正向预期。结合科创板注册制试点事件，两次事件中创业板公司的市场表现都更好，从而验证了该结论的稳健性。

考虑财务风险后，*Z* 值在列（9）至（12）中均显著为正，说明财务风险小的公司受到的负面冲击更小。由此，短期的市场反应验证了本章的假设 1。

除此之外，*Z* 值与科创板变量 *STAR* 的交乘项和 *Z* 值与创业板变量 *CHINEXT* 的交乘项均显著为负。这表明，在其他条件一定的情况下，在拥有相同程度财务风险的公司中，科创板和创业板公司受到的负面冲击明显大于主板公司。本章认为，由于科创板与创业板均实行了注册制，注册制注重信息披露，通过放松上市的盈利条件使得更多优秀的企业有机会进行上市融资，通过执行更严格的退市制度使得财务风险较大的公司面临更大的被 ST 风险和退市风险。相对于主板仍实施核准制的公司，在科创板和创业板上市的公司会面临更大的退市风险，因此市场反应均为负面。

在中长期方面，如表 11－10 所示，科创板变量 *STAR* 回归系数依然均不显著，而创业板变量 *CHINEXT* 在列（9）至（11）中于 1%水平上显著为正。在两起事件中，创业板公司在短期和长期均出现了显著优于主板公司的市场表现。

在 *Z* 值与市场变量的交叉项中，$Z\times CHINEXT$ 在 *BHAR*60 组回归中在 10%水平上显著为负，而在 *BHAR*120 组回归中在 1%水平上显著为正，其余交叉项均不显著，因此，在中长期，实施注册制并不会因为财务风险不同对不同板块的上市公司的影响产生差异。

### （二）对国有企业与非国有企业的比较

表 11－11 和表 11－12 展示了国有企业与非国有企业在创业板注册制实施事件中的不同反应。如表 11－11 所示，国企变量 *SOE* 均在 1%水平上显著为负，说明国企在创业板注改事件中受到了更大的负面冲击。在注册制改革下，投资者将更为理性，受盈利驱动而去寻找优秀的公司；国企由于固有的效率低下、投资回报率低等问题而受到了短期的负面刺激。由此，假设 2 得以验证。

而另一方面，在列（9）～（12）中，*Z* 值与 *SOE* 交叉项的系数均在 1%水平上显著为正，这表明在受到负面冲击的国企公司中，财务风险较小的公司所受到的负面冲击相对更小。*Z* 值系数在回归中均为负，且有两组系数显著。综上所述，在创业板注册制改

表 11 - 10　　创业板实施注册制：长期市场反应

| 变量 | (1) | (2) | (3) | (4) | (5) | (6) | (7) | (8) | (9) | (10) | (11) | (12) |
|---|---|---|---|---|---|---|---|---|---|---|---|---|
| | *CAR60* | *CAR120* | *BHAR60* | *BHAR120* | *CAR60* | *CAR120* | *BHAR60* | *BHAR120* | *CAR60* | *CAR120* | *BHAR60* | *BHAR120* |
| *STAR* | 7.28** | 14.6*** | 1.22 | 4.89 | 7.68** | 14.0** | 1.89 | 4.66 | 4.47 | 10.2 | 0.995 | 7.33 |
| | (2.16) | (2.79) | (0.52) | (1.19) | (2.16) | (2.50) | (0.74) | (1.03) | (0.82) | (1.12) | (0.23) | (0.91) |
| *CHINEXT* | 14.5*** | 8.29*** | 10.3*** | 0.429 | 14.5*** | 8.26*** | 10.3*** | 0.417 | 16.0*** | 6.58*** | 11.5*** | -2.25 |
| | (11.28) | (4.45) | (10.94) | (0.37) | (11.27) | (4.43) | (10.94) | (0.36) | (9.68) | (2.76) | (9.32) | (-1.51) |
| *Z* | | | | | -0.027 2 | 0.040 9 | -0.045 3 | 0.015 8 | 0.040 5 | -0.100 | 0.024 7 | -0.134 |
| | | | | | (-0.33) | (0.33) | (-0.83) | (0.19) | (0.38) | (-0.64) | (0.33) | (-1.57) |
| *Z* × *STAR* | | | | | | | | | 0.056 3 | 0.229 | -0.021 6 | 0.021 2 |
| | | | | | | | | | (0.32) | (0.85) | (-0.18) | (0.11) |
| *Z* × *CHINEXT* | | | | | | | | | -0.196 | 0.234 | -0.162* | 0.360*** |
| | | | | | | | | | (-1.47) | (1.21) | (-1.77) | (2.82) |
| *Log*（*MV*） | -1.18** | 3.39*** | 0.304 | 6.60*** | -1.19** | 3.37*** | 0.323 | 6.63*** | -1.15** | 3.36*** | 0.347 | 6.58*** |
| | (-2.46) | (4.51) | (0.82) | (12.62) | (-2.46) | (4.44) | (0.87) | (12.57) | (-2.38) | (4.43) | (0.93) | (12.48) |
| *LEV* | 18.2*** | 33.0*** | 9.69*** | 15.9*** | 17.5*** | 34.0*** | 8.58*** | 16.3*** | 17.8*** | 32.5*** | 9.09*** | 15.3*** |
| | (7.96) | (8.99) | (5.86) | (6.53) | (5.94) | (7.12) | (4.07) | (5.13) | (5.75) | (6.58) | (4.04) | (4.81) |
| *Q* | -0.981*** | -1.15*** | -0.662*** | -0.439** | -0.951*** | -1.20*** | -0.612*** | -0.456** | -0.951*** | -1.16*** | -0.621*** | -0.439** |
| | (-6.25) | (-4.57) | (-6.25) | (-2.48) | (-5.24) | (-4.07) | (-5.00) | (-2.37) | (-5.17) | (-3.89) | (-5.01) | (-2.28) |
| *TOP*1 | -3.64 | -11.2** | 4.05* | 2.06 | -3.59 | -11.3** | 4.14* | 2.03 | -3.59 | -11.3** | 4.15* | 2.02 |
| | (-1.19) | (-2.35) | (1.85) | (0.65) | (-1.17) | (-2.36) | (1.89) | (0.64) | (-1.17) | (-2.37) | (1.89) | (0.64) |
| 观测值 | 3 588 | 3 588 | 3 588 | 3 588 | 3 588 | 3 588 | 3 588 | 3 588 | 3 588 | 3 588 | 3 588 | 3 588 |
| *Adj.R2* | 0.084 | 0.057 | 0.095 | 0.106 | 0.084 | 0.057 | 0.095 | 0.106 | 0.085 | 0.057 | 0.096 | 0.108 |

注：（1）括号中报告值为经稳健标准误调整后的 $t$ 值；（2）为节省篇幅，省略了常数项系数；（3）*、**、***分别代表 10%、5%和 1%显著性水平。

数据来源：计算整理得到。

**表 11-11　　创业板注册制实施：短期市场反应**

| 变量 | (1) | (2) | (3) | (4) | (5) | (6) | (7) | (8) | (9) | (10) | (11) | (12) |
|---|---|---|---|---|---|---|---|---|---|---|---|---|
| | *CAR* [0, +1] | *CAR* [0, +2] | *CAR* [-1, +1] | *CAR* [-2, +2] | *CAR* [0, +1] | *CAR* [0, +2] | *CAR* [-1, +1] | *CAR* [-2, +2] | *CAR* [0, +1] | *CAR* [0, +2] | *CAR* [-1, +1] | *CAR* [-2, +2] |
| *SOE* | -1.03*** | -1.17*** | -1.29*** | -1.78*** | -1.04*** | -1.19*** | -1.30*** | -1.81*** | -1.45*** | -1.70*** | -1.77*** | -2.46*** |
| | (-6.48) | (-5.94) | (-6.75) | (-7.03) | (-6.50) | (-6.01) | (-6.76) | (-7.11) | (-7.24) | (-6.81) | (-7.20) | (-7.61) |
| *Z* | | | | | -0.007 9 | -0.021 7* | -0.008 5 | -0.033 6** | -0.013 6 | -0.028 8** | -0.015 0 | -0.042 7*** |
| | | | | | (-0.76) | (-1.67) | (-0.69) | (-2.05) | (-1.32) | (-2.24) | (-1.25) | (-2.64) |
| *Z×SOE* | | | | | | | | | 0.094 8*** | 0.119*** | 0.109*** | 0.151*** |
| | | | | | | | | | (3.24) | (3.16) | (2.89) | (2.99) |
| *Log(MV)* | -0.107 | 0.036 9 | -0.159 | -0.045 1 | -0.105 | 0.053 5 | -0.157 | -0.018 8 | -0.104 | 0.054 8 | -0.156 | -0.017 2 |
| | (-1.22) | (0.34) | (-1.52) | (-0.32) | (-1.19) | (0.48) | (-1.49) | (-0.13) | (-1.18) | (0.49) | (-1.48) | (-0.12) |
| *LEV* | -0.440 | -0.200 | -0.130 | 0.049 7 | -0.626 | -0.710 | -0.330 | -0.742 | -0.328 | -0.337 | 0.011 4 | -0.268 |
| | (-1.09) | (-0.41) | (-0.27) | (0.08) | (-1.32) | (-1.22) | (-0.59) | (-1.01) | (-0.67) | (-0.56) | (0.02) | (-0.35) |
| *ROA* | -3.46*** | -3.42*** | -2.71** | -3.22** | -3.38*** | -3.20** | -2.62** | -2.88* | -3.31*** | -3.12** | -2.55** | -2.77* |
| | (-3.51) | (-2.74) | (-2.31) | (-2.06) | (-3.41) | (-2.55) | (-2.22) | (-1.83) | (-3.33) | (-2.48) | (-2.15) | (-1.76) |
| *INS* | -1.19*** | -1.18*** | -1.34*** | -2.07*** | -1.19*** | -1.18*** | -1.34*** | -2.07*** | -1.20*** | -1.20*** | -1.35*** | -2.09*** |
| | (-4.00) | (-3.29) | (-3.80) | (-4.47) | (-4.00) | (-3.28) | (-3.80) | (-4.46) | (-4.04) | (-3.33) | (-3.83) | (-4.50) |
| *DR* | 0.369 | 0.478 | 0.278 | 0.387 | 0.362 | 0.459 | 0.271 | 0.357 | 0.397 | 0.503* | 0.312 | 0.414 |
| | (1.36) | (1.57) | (0.93) | (0.99) | (1.33) | (1.50) | (0.91) | (0.92) | (1.46) | (1.65) | (1.04) | (1.06) |
| *AGE* | -1.63*** | -1.87*** | -1.89*** | -2.02*** | -1.66*** | -1.94*** | -1.92*** | -2.12*** | -1.70*** | -1.99*** | -1.97*** | -2.19*** |
| | (-5.89) | (-5.40) | (-5.65) | (-4.55) | (-5.97) | (-5.57) | (-5.72) | (-4.77) | (-6.11) | (-5.72) | (-5.87) | (-4.92) |
| 观测值 | 3 588 | 3 588 | 3 588 | 3 588 | 3 588 | 3 588 | 3 588 | 3 588 | 3 588 | 3 588 | 3 588 | 3 588 |
| *Adj.R2* | 0.069 9 | 0.065 2 | 0.064 8 | 0.082 2 | 0.070 1 | 0.066 0 | 0.065 0 | 0.083 3 | 0.073 3 | 0.069 4 | 0.068 0 | 0.086 5 |

注：（1）括号中报告值为经稳健标准误调整后的 $t$ 值；（2）为节省篇幅，省略了常数项系数；（3）*、**、***分别代表 10%、5%和 1%显著性水平。

数据来源：计算整理得到。

表 11-12 创业板注册制实施：长期市场反应

| 变量 | (1) | (2) | (3) | (4) | (5) | (6) | (7) | (8) | (9) | (10) | (11) | (12) |
|---|---|---|---|---|---|---|---|---|---|---|---|---|
| | *CAR*60 | *CAR*120 | *BHAR*60 | *BHAR*120 | *CAR*60 | *CAR*120 | *BHAR*60 | *BHAR*120 | *CAR*60 | *CAR*120 | *BHAR*60 | *BHAR*120 |
| *SOE* | $-4.10^{***}$ | $-1.13$ | $-3.15^{***}$ | 0.108 | $-4.10^{***}$ | $-1.15$ | $-3.14^{***}$ | 0.102 | $-5.71^{***}$ | $-3.13$ | $-4.03^{***}$ | $-1.05$ |
| | (−4.15) | (−0.71) | (−4.38) | (0.10) | (−4.16) | (−0.72) | (−4.38) | (0.09) | (−4.79) | (−1.60) | (−4.70) | (−0.75) |
| *Z* | | | | | 0.035 7 | 0.153 | −0.028 8 | 0.052 7 | 0.024 6 | 0.139 | −0.034 8 | 0.044 8 |
| | | | | | (0.46) | (1.31) | (−0.58) | (0.73) | (0.32) | (1.18) | (−0.70) | (0.61) |
| *Z*×*SOE* | | | | | | | | | $0.357^{**}$ | $0.439^{*}$ | $0.197^{*}$ | 0.255 |
| | | | | | | | | | (2.38) | (1.78) | (1.91) | (1.26) |
| *Log*（*MV*） | $-1.62^{***}$ | $3.19^{***}$ | −0.039 3 | $6.62^{***}$ | $-1.68^{***}$ | $3.08^{***}$ | −0.033 7 | $6.62^{***}$ | $-1.67^{***}$ | $3.09^{***}$ | $-0.025\ 8^{*}$ | $6.63^{***}$ |
| | (−3.29) | (4.21) | (−0.10) | (12.61) | (−3.39) | (4.03) | (−0.09) | (12.51) | (−3.37) | (4.05) | (−0.07) | (12.53) |
| *LEV* | $15.4^{***}$ | $29.8^{***}$ | $8.26^{***}$ | $15.2^{***}$ | $16.3^{***}$ | $33.8^{***}$ | $7.50^{***}$ | $16.6^{***}$ | $17.6^{***}$ | $35.4^{***}$ | $8.22^{***}$ | $17.5^{***}$ |
| | (6.60) | (8.05) | (4.95) | (6.17) | (5.42) | (7.04) | (3.50) | (5.22) | (5.74) | (7.21) | (3.77) | (5.40) |
| *Q* | $-0.783^{***}$ | $-0.960^{***}$ | $-0.547^{***}$ | $-0.404^{**}$ | $-0.826^{***}$ | $-1.14^{***}$ | $-0.513^{***}$ | $-0.467^{**}$ | $-0.872^{***}$ | $-1.20^{***}$ | $-0.538^{***}$ | $-0.500^{***}$ |
| | (−5.13) | (−3.81) | (−5.27) | (−2.28) | (−4.63) | (−3.87) | (−4.30) | (−2.40) | (−4.86) | (−4.05) | (−4.50) | (−2.58) |
| *TOP*1 | $-6.77^{**}$ | $-13.8^{***}$ | 2.02 | 1.79 | $-6.83^{**}$ | $-14.0^{***}$ | 2.06 | 1.71 | $-6.75^{**}$ | $-13.9^{***}$ | 2.10 | 1.77 |
| | (−2.17) | (−2.87) | (0.89) | (0.55) | (−2.19) | (−2.92) | (0.91) | (0.53) | (−2.16) | (−2.90) | (0.92) | (0.55) |
| 观测值 | 3 588 | 3 588 | 3 588 | 3 588 | 3 588 | 3 588 | 3 588 | 3 588 | 3 588 | 3 588 | 3 588 | 3 588 |
| *Adj.R*2 | 0.044 | 0.050 | 0.057 | 0.105 | 0.044 | 0.050 | 0.057 | 0.105 | 0.045 | 0.051 | 0.058 | 0.106 |

注：（1）括号中报告值为经稳健标准误调整后的 *t* 值；（2）为节省篇幅，省略了常数项系数；（3）*、**、***分别代表 10%、5%和 1%显著性水平。
数据来源：计算整理得到。

革事件中，国企与非国企 Z 值的回归系数出现了显著区别：由系数大小比较可知，国企 Z 值回归系数为正，而非国企为负。这表明，尽管国企整体受到了负面冲击，但财务风险更小的国企受到的负面冲击较小。

如表 11－12 所示，在中长期，SOE 回归系数也均为负，且有两列回归显著，这表明创业板注册制改革对于国企的负面冲击具有持续性，从中长期验证了假设 2。Z 值与 SOE 的交乘项均为正且在三列回归中显著，而 Z 值的回归系数并不显著。这表明财务风险程度对于公司市场表现的影响只体现在国企中：财务风险较小的国企所受负面影响较小，而对于非国企，财务风险对其没有显著影响。

## （三）稳健性检验

我们对模型进行了稳健性检验，具体来说，我们利用 Fama－French 三因子、Carhart 四因子、Fama－French 五因子模型估计预期收益率，然后重新对以上结论进行了分析，如表 11－13 至表 11－20 所示。研究结果表明，大部分回归结果与用市场模型进行的估计保持一致。

**表 11－13　　科创板注册制实施：短期市场反应**

| 变量 | (1) | (2) | (3) | (4) | (5) | (6) |
|---|---|---|---|---|---|---|
| | Fama－French 三因子模型 | | Carhart 四因子模型 | | Fama－French 五因子模型 | |
| | CAR [－1，＋1] | CAR [－2，＋2] | CAR [－1，＋1] | CAR [－2，＋2] | CAR [－1，＋1] | CAR [－2，＋2] |
| CHINEXT | 0.883*** | 0.820*** | 0.845*** | 0.792*** | 0.862*** | 0.742*** |
| | (4.19) | (3.26) | (3.94) | (3.13) | (4.10) | (2.96) |
| Z | 0.014 7 | 0.023 7 | 0.011 8 | 0.022 0 | 0.012 9 | 0.022 0 |
| | (0.92) | (1.30) | (0.72) | (1.20) | (0.81) | (1.20) |
| Z × CHINEXT | －0.033 8 | －0.010 3 | －0.040 2* | －0.014 2 | －0.034 1 | －0.013 8 |
| | (－1.42) | (－0.36) | (－1.67) | (－0.50) | (－1.44) | (－0.49) |
| Log (MV) | 0.219*** | 0.233*** | 0.188*** | 0.216*** | 0.223*** | 0.207*** |
| | (3.47) | (3.08) | (2.95) | (2.86) | (3.53) | (2.75) |
| LEV | 0.285 | 0.493 | 0.158 | 0.404 | 0.289 | 0.407 |
| | (0.74) | (1.06) | (0.40) | (0.87) | (0.75) | (0.88) |
| ROA | －2.037*** | －2.725*** | －0.474 | －1.809** | －1.906** | －2.116** |
| | (－2.70) | (－3.32) | (－0.62) | (－2.19) | (－2.53) | (－2.57) |
| INS | －0.382 | －0.628** | －0.179 | －0.510* | －0.350 | －0.513* |
| | (－1.61) | (－2.21) | (－0.74) | (－1.79) | (－1.47) | (－1.81) |

续表

| 变量 | (1) | (2) | (3) | (4) | (5) | (6) |
|---|---|---|---|---|---|---|
| | Fama-French 三因子模型 | | Carhart 四因子模型 | | Fama-French 五因子模型 | |
| | *CAR* [-1, +1] | *CAR* [-2, +2] | *CAR* [-1, +1] | *CAR* [-2, +2] | *CAR* [-1, +1] | *CAR* [-2, +2] |
| *DR* | 0.003 37 | -0.206 | 0.119 | -0.142 | 0.009 84 | -0.167 |
| | (0.02) | (-0.91) | (0.65) | (-0.63) | (0.06) | (-0.75) |
| *AGE* | -0.368 | -0.227 | -0.257 | -0.170 | -0.348 | -0.167 |
| | (-1.55) | (-0.78) | (-1.06) | (-0.58) | (-1.47) | (-0.58) |
| 观测值 | 3 401 | 3 401 | 3 401 | 3 401 | 3 401 | 3 401 |
| *Adj.R2* | 0.032 | 0.029 | 0.025 | 0.024 | 0.030 | 0.023 |

注：(1) 括号中报告值为经稳健标准误调整后的 *t* 值；(2) 为节省篇幅，省略了常数项系数；(3) *、**、***分别代表 10%、5%和 1%显著性水平。

数据来源：计算整理得到。

**表 11-14　　　科创板注册制实施：长期市场反应**

| 变量 | (1) | (2) | (3) | (4) | (5) | (6) |
|---|---|---|---|---|---|---|
| | Fama-French 三因子模型 | | Carhart 四因子模型 | | Fama-French 五因子模型 | |
| | *CAR*60 | *CAR*120 | *CAR*60 | *CAR*120 | *CAR*60 | *CAR*120 |
| *CHINEXT* | 0.974 | 2.636 | 1.160 | 3.476* | 0.960 | 1.888 |
| | (0.86) | (1.28) | (1.02) | (1.65) | (0.84) | (0.92) |
| *Z* | 0.118 | 0.128 | 0.116 | 0.114 | 0.128 | 0.120 |
| | (1.13) | (0.66) | (1.09) | (0.57) | (1.23) | (0.62) |
| *Z* × *CHINEXT* | -0.022 5 | -0.239 | -0.017 7 | -0.223 | -0.029 3 | -0.250 |
| | (-0.18) | (-1.06) | (-0.14) | (-0.97) | (-0.23) | (-1.12) |
| *Log* (*MV*) | 0.348 | 3.016*** | 0.289 | 2.772*** | 0.142 | 2.919*** |
| | (1.03) | (4.76) | (0.84) | (4.22) | (0.42) | (4.66) |
| *LEV* | 3.205 | 6.397 | 3.776 | 8.587* | 2.284 | 4.755 |
| | (1.34) | (1.45) | (1.55) | (1.87) | (0.95) | (1.08) |
| *Q* | 0.672*** | 1.098*** | 0.674*** | 1.103*** | 0.738*** | 1.149*** |
| | (3.82) | (3.36) | (3.81) | (3.31) | (4.11) | (3.52) |
| *TOP*1 | -2.320 | -9.568** | -2.698 | -11.10*** | -1.703 | -8.056** |
| | (-1.11) | (-2.49) | (-1.27) | (-2.80) | (-0.81) | (-2.11) |
| 观测值 | 3 401 | 3 401 | 3 401 | 3 401 | 3 401 | 3 401 |
| *Adj.R2* | 0.037 | 0.038 | 0.037 | 0.040 | 0.039 | 0.034 |

注：(1) 括号中报告值为经稳健标准误调整后的 *t* 值；(2) 为节省篇幅，省略了常数项系数；(3) *、**、***分别代表 10%、5%和 1%显著性水平。

数据来源：计算整理得到。

**表 11-15**　　科创板注册制实施：短期市场反应

| 变量 | (1) | (2) | (3) | (4) | (5) | (6) |
|---|---|---|---|---|---|---|
| | Fama-French 三因子模型 | | Carhart 四因子模型 | | Fama-French 五因子模型 | |
| | *CAR* [-1, +1] | *CAR* [-2, +2] | *CAR* [-1, +1] | *CAR* [-2, +2] | *CAR* [-1, +1] | *CAR* [-2, +2] |
| *SOE* | -0.444*** | -0.673*** | -0.364** | -0.626*** | -0.463*** | -0.696*** |
| | (-2.78) | (-3.56) | (-2.24) | (-3.30) | (-2.89) | (-3.66) |
| *Z* | 0.006 31 | 0.021 4 | -0.000 081 0 | 0.017 3 | 0.003 99 | 0.017 1 |
| | (0.43) | (1.24) | (-0.01) | (1.00) | (0.27) | (0.99) |
| *Z* × *SOE* | -0.001 05 | 0.018 6 | 0.003 00 | 0.022 1 | -0.000 491 | 0.019 6 |
| | (-0.04) | (0.57) | (0.11) | (0.68) | (-0.02) | (0.60) |
| *Log*（*MV*） | 0.204*** | 0.215*** | 0.173*** | 0.199*** | 0.209*** | 0.194** |
| | (3.21) | (2.83) | (2.71) | (2.62) | (3.29) | (2.56) |
| *LEV* | 0.265 | 0.595 | 0.111 | 0.491 | 0.274 | 0.512 |
| | (0.68) | (1.28) | (0.28) | (1.06) | (0.71) | (1.11) |
| *ROA* | -2.090*** | -2.676*** | -0.547 | -1.770** | -1.950*** | -2.049** |
| | (-2.77) | (-3.28) | (-0.71) | (-2.16) | (-2.58) | (-2.50) |
| *INS* | -0.322 | -0.506* | -0.152 | -0.408 | -0.280 | -0.369 |
| | (-1.32) | (-1.73) | (-0.61) | (-1.40) | (-1.14) | (-1.27) |
| *DR* | -0.046 3 | -0.252 | 0.075 3 | -0.183 | -0.039 4 | -0.210 |
| | (-0.26) | (-1.10) | (0.41) | (-0.80) | (-0.22) | (-0.93) |
| *AGE* | -0.514** | -0.364 | -0.400* | -0.304 | -0.481** | -0.262 |
| | (-2.18) | (-1.25) | (-1.66) | (-1.04) | (-2.05) | (-0.91) |
| 观测值 | 3 401 | 3 401 | 3 401 | 3 401 | 3 401 | 3 401 |
| *Adj.R2* | 0.028 | 0.028 | 0.021 | 0.023 | 0.027 | 0.023 |

注：(1) 括号中报告值为经稳健标准误调整后的 $t$ 值；(2) 为节省篇幅，省略了常数项系数；(3) *、**、***分别代表 10%、5%和 1%显著性水平。

数据来源：计算整理得到。

**表 11-16**　　科创板注册制实施：长期市场反应

| 变量 | (1) | (2) | (3) | (4) | (5) | (6) |
|---|---|---|---|---|---|---|
| | Fama-French 三因子模型 | | Carhart 四因子模型 | | Fama-French 五因子模型 | |
| | *CAR*60 | *CAR*120 | *CAR*60 | *CAR*120 | *CAR*60 | *CAR*120 |
| *SOE* | -4.121*** | -10.91*** | -4.346*** | -11.89*** | -3.869*** | -10.75*** |
| | (-4.49) | (-6.64) | (-4.69) | (-6.98) | (-4.20) | (-6.53) |
| *Z* | 0.142 | 0.065 8 | 0.145 | 0.070 3 | 0.150 | 0.049 2 |
| | (1.56) | (0.40) | (1.57) | (0.41) | (1.62) | (0.30) |

续表

| 变量 | (1) | (2) | (3) | (4) | (5) | (6) |
|---|---|---|---|---|---|---|
| | Fama－French 三因子模型 | | Carhart 四因子模型 | | Fama－French 五因子模型 | |
| | *CAR*60 | *CAR*120 | *CAR*60 | *CAR*120 | *CAR*60 | *CAR*120 |
| *Z*×*SOE* | －0.087 2<br>（－0.61） | 0.054 9<br>（0.22） | －0.090 3<br>（－0.62） | 0.045 4<br>（0.17） | －0.096 9<br>（－0.69） | 0.042 8<br>（0.17） |
| *Log*（*MV*） | 0.550<br>（1.65） | 3.529***<br>（5.68） | 0.491<br>（1.45） | 3.286***<br>（5.10） | 0.335<br>（1.00） | 3.474***<br>（5.66） |
| *LEV* | 4.911**<br>（2.02） | 10.51**<br>（2.37） | 5.569**<br>（2.26） | 13.07***<br>（2.84） | 3.863<br>（1.58） | 8.886**<br>（2.01） |
| *Q* | 0.555***<br>（3.12） | 0.813**<br>（2.51） | 0.552***<br>（3.09） | 0.798**<br>（2.42） | 0.628***<br>（3.46） | 0.858***<br>（2.65） |
| *TOP*1 | －0.108<br>（－0.05） | －3.972<br>（－1.03） | －0.414<br>（－0.19） | －5.195<br>（－1.30） | 0.401<br>（0.19） | －2.308<br>（－0.60） |
| 观测值 | 3 401 | 3 401 | 3 401 | 3 401 | 3 401 | 3 401 |
| *Adj.R*2 | 0.047 | 0.054 | 0.048 | 0.059 | 0.048 | 0.050 |

注：（1）括号中报告值为经稳健标准误调整后的 *t* 值；（2）为节省篇幅，省略了常数项系数；（3）*、**、***分别代表 10%、5%和 1%显著性水平.

数据来源：计算整理得到。

**表 11－17　　创业板注册制实施：短期市场反应**

| 变量 | (1) | (2) | (3) | (4) | (5) | (6) |
|---|---|---|---|---|---|---|
| | Fama－French 三因子模型 | | Carhart 四因子模型 | | Fama－French 五因子模型 | |
| | *CAR*［－1，＋1］ | *CAR*［－2，＋2］ | *CAR*［－1，＋1］ | *CAR*［－2，＋2］ | *CAR*［－1，＋1］ | *CAR*［－2，＋2］ |
| *STAR* | －1.723<br>（－1.46） | －0.764<br>（－0.56） | －2.076*<br>（－1.76） | －1.205<br>（－0.95） | －0.904<br>（－0.76） | －0.009 47<br>（－0.01） |
| *CHINEXT* | 5.358***<br>（17.87） | 6.056***<br>（15.08） | 5.609***<br>（18.75） | 6.463***<br>（15.81） | 5.401***<br>（17.91） | 6.064***<br>（14.99） |
| *Z* | 0.017 9<br>（1.14） | 0.010 7<br>（0.51） | 0.017 0<br>（1.07） | 0.009 67<br>（0.44） | 0.010 8<br>（0.68） | 0.004 21<br>（0.20） |
| *Z*×*STAR* | －0.041 2<br>（－1.33） | －0.063 7*<br>（－1.66） | －0.023 0<br>（－0.76） | －0.036 4<br>（－0.98） | －0.047 8<br>（－1.51） | －0.074 7*<br>（－1.89） |
| *Z*×*CHINEXT* | －0.123***<br>（－5.23） | －0.154***<br>（－4.72） | －0.119***<br>（－5.14） | －0.148***<br>（－4.47） | －0.117***<br>（－5.00） | －0.150***<br>（－4.63） |
| *Log*（*MV*） | －0.169*<br>（－1.95） | －0.052 3<br>（－0.46） | －0.029 3<br>（－0.34） | 0.158<br>（1.35） | －0.160*<br>（－1.86） | －0.096 5<br>（－0.86） |

续表

| 变量 | (1) | (2) | (3) | (4) | (5) | (6) |
|---|---|---|---|---|---|---|
| | Fama-French 三因子模型 | | Carhart 四因子模型 | | Fama-French 五因子模型 | |
| | *CAR* [-1，+1] | *CAR* [-2，+2] | *CAR* [-1，+1] | *CAR* [-2，+2] | *CAR* [-1，+1] | *CAR* [-2，+2] |
| *LEV* | 0.762 | 0.428 | 0.704 | 0.387 | 0.625 | 0.241 |
| | (1.38) | (0.58) | (1.27) | (0.51) | (1.14) | (0.33) |
| *ROA* | -2.746** | -3.030** | -1.382 | -0.879 | -4.042*** | -4.150*** |
| | (-2.51) | (-1.99) | (-1.26) | (-0.56) | (-3.64) | (-2.72) |
| *INS* | -0.680** | -1.617*** | -1.003*** | -2.118*** | -0.681** | -1.476*** |
| | (-1.99) | (-3.47) | (-2.91) | (-4.44) | (-1.99) | (-3.17) |
| *DR* | 0.649** | 0.750** | 0.631** | 0.742* | 0.601** | 0.749** |
| | (2.30) | (2.01) | (2.19) | (1.91) | (2.10) | (2.02) |
| *AGE* | -0.621* | -0.788* | -0.832** | -1.134** | -0.508 | -0.673 |
| | (-1.87) | (-1.78) | (-2.51) | (-2.50) | (-1.51) | (-1.52) |
| 观测值 | 3 588 | 3 588 | 3 588 | 3 588 | 3 588 | 3 588 |
| *Adj.R2* | 0.178 | 0.160 | 0.192 | 0.175 | 0.183 | 0.163 |

注：(1) 括号中报告值为经稳健标准误调整后的 *t* 值；(2) 为节省篇幅，省略了常数项系数；(3) *、**、***分别代表 10%、5%和 1%显著性水平。

数据来源：计算整理得到。

**表 11-18　　创业板注册制实施：长期市场反应**

| 变量 | (1) | (2) | (3) | (4) | (5) | (6) |
|---|---|---|---|---|---|---|
| | Fama-French 三因子模型 | | Carhart 四因子模型 | | Fama-French 五因子模型 | |
| | *CAR*60 | *CAR*120 | *CAR*60 | *CAR*120 | *CAR*60 | *CAR*120 |
| *STAR* | 8.397 | 24.48*** | 7.959 | 24.57*** | 8.397 | 14.05* |
| | (1.61) | (2.86) | (1.61) | (2.82) | (1.61) | (1.69) |
| *CHINEXT* | 16.60*** | 10.32*** | 17.47*** | 9.958*** | 16.60*** | 8.788*** |
| | (10.57) | (4.43) | (11.13) | (4.26) | (10.57) | (3.74) |
| *Z* | 0.124 | 0.000 269 | 0.118 | 0.002 71 | 0.124 | 0.019 1 |
| | (1.23) | (0.00) | (1.17) | (0.02) | (1.23) | (0.14) |
| *Z* × *STAR* | -0.009 31 | 0.102 | 0.038 9 | 0.081 9 | -0.009 31 | 0.201 |
| | (-0.06) | (0.42) | (0.25) | (0.33) | (-0.06) | (0.88) |
| *Z* × *CHINEXT* | -0.207* | 0.150 | -0.195 | 0.141 | -0.207* | 0.135 |
| | (-1.67) | (0.81) | (-1.57) | (0.76) | (-1.67) | (0.72) |
| *Log* (*MV*) | -0.207 | 1.841*** | 0.246 | 1.645** | -0.207 | 2.033*** |
| | (-0.51) | (2.83) | (0.60) | (2.52) | (-0.51) | (3.07) |

续表

| 变量 | (1) | (2) | (3) | (4) | (5) | (6) |
|---|---|---|---|---|---|---|
| | Fama－French 三因子模型 | | Carhart 四因子模型 | | Fama－French 五因子模型 | |
| | *CAR*60 | *CAR*120 | *CAR*60 | *CAR*120 | *CAR*60 | *CAR*120 |
| *LEV* | 15.12*** | 27.58*** | 13.86*** | 28.10*** | 15.12*** | 23.56*** |
| | (5.07) | (5.72) | (4.69) | (5.80) | (5.07) | (4.83) |
| *Q* | －0.371** | －0.555** | －0.324* | －0.574** | －0.371** | －0.257 |
| | (－2.17) | (－1.97) | (－1.88) | (－2.03) | (－2.17) | (－0.89) |
| *TOP*1 | －2.427 | －14.88*** | －2.548 | －14.81*** | －2.427 | －11.37** |
| | (－0.83) | (－3.20) | (－0.87) | (－3.18) | (－0.83) | (－2.42) |
| 观测值 | 3 588 | 3 588 | 3 588 | 3 588 | 3 588 | 3 588 |
| *Adj.R*2 | 0.095 | 0.069 | 0.102 | 0.067 | 0.095 | 0.048 |

注：(1) 括号中报告值为经稳健标准误调整后的 *t* 值；(2) 为节省篇幅，省略了常数项系数；(3) *、**、***分别代表 10%、5%和 1%显著性水平。

数据来源：计算整理得到。

**表 11－19　　　　创业板注册制实施：短期市场反应**

| 变量 | (1) | (2) | (3) | (4) | (5) | (6) |
|---|---|---|---|---|---|---|
| | Fama－French 三因子模型 | | Carhart 四因子模型 | | Fama－French 五因子模型 | |
| | *CAR* [－1，＋1] | *CAR* [－2，＋2] | *CAR* [－1，＋1] | *CAR* [－2，＋2] | *CAR* [－1，＋1] | *CAR* [－2，＋2] |
| *SOE* | －1.171*** | －1.938*** | －1.330*** | －2.225*** | －0.907*** | －1.703*** |
| | (－4.74) | (－5.99) | (－5.36) | (－6.65) | (－3.70) | (－5.31) |
| *Z* | －0.044 6*** | －0.067 1*** | －0.039 7*** | －0.058 9*** | －0.045 1*** | －0.069 8*** |
| | (－3.80) | (－4.24) | (－3.42) | (－3.69) | (－3.81) | (－4.43) |
| *Z*×*SOE* | 0.089 8** | 0.136*** | 0.077 1** | 0.120** | 0.077 0** | 0.126** |
| | (2.43) | (2.77) | (2.16) | (2.41) | (2.07) | (2.55) |
| *Log*（*MV*） | －0.304*** | －0.181 | －0.168* | 0.024 7 | －0.301*** | －0.230* |
| | (－3.30) | (－1.52) | (－1.81) | (0.20) | (－3.29) | (－1.94) |
| *LEV* | 0.089 7 | －0.179 | 0.059 3 | －0.163 | －0.093 2 | －0.421 |
| | (0.15) | (－0.23) | (0.10) | (－0.20) | (－0.16) | (－0.55) |
| *ROA* | －3.249*** | －3.555** | －1.917 | －1.451 | －4.601*** | －4.711*** |
| | (－2.62) | (－2.18) | (－1.53) | (－0.86) | (－3.66) | (－2.88) |
| *INS* | －1.192*** | －2.023*** | －1.460*** | －2.437*** | －1.321*** | －1.993*** |
| | (－3.25) | (－4.16) | (－3.92) | (－4.86) | (－3.57) | (－4.09) |

续表

| 变量 | (1) | (2) | (3) | (4) | (5) | (6) |
|---|---|---|---|---|---|---|
| | Fama－French 三因子模型 | | Carhart 四因子模型 | | Fama－French 五因子模型 | |
| | *CAR* [－1，+1] | *CAR* [－2，+2] | *CAR* [－1，+1] | *CAR* [－2，+2] | *CAR* [－1，+1] | *CAR* [－2，+2] |
| *DR* | 0.342<br>(1.09) | 0.417<br>(1.03) | 0.302<br>(0.94) | 0.378<br>(0.90) | 0.294<br>(0.92) | 0.418<br>(1.04) |
| *AGE* | －1.753***<br>(－5.09) | －2.017***<br>(－4.44) | －1.998***<br>(－5.75) | －2.424***<br>(－5.21) | －1.756***<br>(－5.03) | －1.991***<br>(－4.35) |
| 观测值 | 3 588 | 3 588 | 3 588 | 3 588 | 3 588 | 3 588 |
| *Adj.R*2 | 0.050 | 0.079 | 0.059 | 0.091 | 0.054 | 0.080 |

注：（1）括号中报告值为经稳健标准误调整后的 *t* 值；（2）为节省篇幅，省略了常数项系数；（3）*、**、***分别代表 10%、5%和 1%显著性水平。

数据来源：计算整理得到。

**表 11－20　　　　创业板注册制实施：长期市场反应**

| 变量 | (1) | (2) | (3) | (4) | (5) | (6) |
|---|---|---|---|---|---|---|
| | Fama－French 三因子模型 | | Carhart 四因子模型 | | Fama－French 五因子模型 | |
| | *CAR*60 | *CAR*120 | *CAR*60 | *CAR*120 | *CAR*60 | *CAR*120 |
| *SOE* | －6.678***<br>(－5.85) | －5.894***<br>(－3.06) | －7.326***<br>(－6.38) | －5.627***<br>(－2.91) | －6.678***<br>(－5.85) | －8.921***<br>(－4.50) |
| *Z* | 0.114<br>(1.57) | 0.274**<br>(2.46) | 0.130*<br>(1.81) | 0.266**<br>(2.37) | 0.114<br>(1.57) | 0.240**<br>(2.20) |
| *Z* × *SOE* | 0.366***<br>(2.65) | 0.501**<br>(1.98) | 0.318**<br>(2.29) | 0.524**<br>(2.06) | 0.366***<br>(2.65) | 0.646**<br>(2.52) |
| *Log*（*MV*） | －0.640<br>(－1.52) | 1.562**<br>(2.34) | －0.182<br>(－0.43) | 1.363**<br>(2.04) | －0.640<br>(－1.52) | 1.975***<br>(2.94) |
| *LEV* | 15.26***<br>(5.17) | 31.24***<br>(6.45) | 14.20***<br>(4.84) | 31.67***<br>(6.51) | 15.26***<br>(5.17) | 28.57***<br>(5.85) |
| *Q* | －0.313*<br>(－1.86) | －0.648**<br>(－2.28) | －0.275<br>(－1.61) | －0.663**<br>(－2.34) | －0.313*<br>(－1.86) | －0.433<br>(－1.51) |
| *TOP*1 | －5.077*<br>(－1.71) | －17.44***<br>(－3.73) | －5.083*<br>(－1.70) | －17.41***<br>(－3.72) | －5.077*<br>(－1.71) | －11.86**<br>(－2.52) |
| 观测值 | 3 588 | 3 588 | 3 588 | 3 588 | 3 588 | 3 588 |
| *Adj.R*2 | 0.049 | 0.054 | 0.053 | 0.054 | 0.049 | 0.042 |

注：（1）括号中报告值为经稳健标准误调整后的 *t* 值；（2）为节省篇幅，省略了常数项系数；（3）*、**、***分别代表 10%、5%和 1%显著性水平。

数据来源：计算整理得到。

## 第五节　结论与启示

我国正处于社会主义初级阶段，资本市场以服务实体经济为目标，以创新为驱动，推动我国市场经济转型实现高质量发展。在这一关键时期，如何充分发挥注册制的作用，深化多层次资本市场的建设，是我们亟须解决的一个重要问题。

本章针对我国科创板与创业板先后实施注册制的事件，将注册制改革看作一个有信息含量的改革事件，分析了市场对这一资本市场改革的反应。研究发现注册制下，创业板与主板的上市效率都有显著提升，并且科创板上市效率最高。同时我们还发现各市场板块对注册制改革的反应存在不同：在注册制改革事件中，创业板上市公司无论是短期还是长期都产生了正面反应，而科创板在注册制改革事件中出现了短期的负面反应。同时，我们还发现，财务风险较小的公司在注册制改革事件中表现均更好。与非国企相比，国企对于两次事件的反应均更为负面，短期和中长期的市场表现均更差，这表明注册制下，投资者对于国企表现预期较为悲观。

本章结论具有重要的理论意义和实践价值。从本章结论中可以看出，市场不同板块对注册制改革的反应有所区别，这可能是由于各板块的上市要求、交易制度等不同所导致的。交易所和监管部门应当审慎考察不同制度对市场的影响，促进市场更有效地反映企业的公平价值。同时需要注意到，国有企业的盈利能力相对偏弱的特点在注册制下被放大，造成市场呈悲观预期态度。这一方面需要进一步加快当下的国企改革进程，找到国企社会责任与盈利之间的平衡点。另一方面，也应思考制定中国特色国有企业效率指标，摆脱西方范式中唯盈利的指标体系，更加全面和准确地描绘国企在市场上的价值。同时，在注册制即将全面落地的现在，政策制定者和监管部门应当加强宣传和投资者教育，积极引导投资者预期，促进市场平稳运行。

# 第十二章　注册制实施对定价效率的影响分析

本章基于2020年的创业板注册制试点改革和2021年底北交所改行注册制，从新股市场表现的视角，检验了注册制对定价效率的影响。研究发现：第一，在创业板注册制改革后，实行注册制的市场板块（科创板、创业板）的新股实际首日收益率和连续涨停天数反而高于同期实行核准制的市场板块（沪深主板）；第二，尽管注册制板块下IPO抑价率更高，但创业板新股的实际首日收益率、连续涨停天数依然在注册制改革后有所下降；第三，注册制对于北交所新股的市场表现没有显著影响。在提供部分关于注册制提升新股定价效率的证据的同时，文章认为需要辩证看待注册制对市场的影响，特别是考虑其与交易制度等的综合效应。

## 第一节　引　　言

自科创板宣布设立并试点注册制以来，作为全面深化资本市场改革的头号工程，试点注册制正在有序平稳推进。随着科创板、创业板、北交所试点注册制成功落地，支持科技创新的示范效应初步显现。

上交所于2019年设立科创板并试点注册制，对于完善多层次资本市场体系，提升资本市场服务实体经济的能力，促进上海国际金融中心、科创中心建设，具有重要意义，为上交所发挥市场功能、弥补制度短板、增强包容性提供了至关重要的突破口和实现路径。而创业板改革并试点注册制是首次将增量与存量改革同步推进的资本市场重大改革，涉及发行、上市、信息披露、交易、退市等一系列基础性制度。该次改革充分借鉴科创板改革经验，统筹推进创业板改革与多层次资本市场体系建设，一体推进试点注册制与基础制度建设。北交所维持新三板基础层、创新层与北京证券交易所“层层递进”的市场结构，同步试点证券发行注册制，将有利于进一步提升服务中小企业的能力，打造服务创新型中小企业主阵地。

为了全市场顺利实行注册制，进一步完善多层次资本市场体系，需要社会各界充分了解我国资本市场目前注册制试点改革的成效以及发展趋势。对于监管部门而言，需要结合各市场板块特点和优势，制定合理的企业上市分流引导，以减少板块间的过度同质化；对于企业而言，需要充分了解我国资本市场的发展动态，通过融资使企业获得发展，在行业内的激烈竞争中能够更好地成长；对于投资者而言，需要深入了解注册制的内涵，践行理性投资，促进资本市场平稳健康发展。

新股发行的定价效率是注册制发行的一个重点，学术领域和业界均对此有不同的观点。基于以往的学术成果，本书基于创业板和北交所实施注册制前后的新股发行情况，展示和分析了注册制为新股定价效率带来的变化，为监管部门、企业和投资者在相关决策上提供事实依据。

## 第二节　理论分析与假设提出

### 一、横向比较

IPO 抑价是二级市场上常见的现象，通常被认为是新股定价效率偏低的表现。针对注册制对 IPO 定价效率的影响，学术研究给出了两种不同的结论，如赖黎等（2022）证明注册制可以提升新股定价效率，其检验了科创板成立后，科创板与非科创板新股的上市收益率，发现相比非科创板，科创板 IPO 实际首日收益率更低，连续涨停天数更少；而吴锡皓和张弛（2022）则得出了相反的结论，认为注册制改革反而使得 IPO 抑价率更高。

随着创业板试点注册制和北交所的建立，我们有了更多的数据可以用于检验该结论的稳健性，因此我们提出假设：

H1：相比非注册制新股，注册制新股的实际首日收益率更低，连续涨停天数更少。

### 二、纵向比较

赖黎等（2022）研究发现，科创板注册制宣告后，核准制下企业 IPO 实际首日收益率更低，连续涨停天数更少，说明注册制的实施使得核准制上市企业的 IPO 抑价现象同样得到缓解，定价效率得到提升。因此，我们利用创业板注册制相关数据对同一市场板块在注册制实施前后进行类似的检验，提出假设：

H2：创业板（北交所）注册制宣告后，企业 IPO 较之前核准制下的实际首日收益率更低，连续涨停天数更少。

# 第三节　研 究 设 计

## 一、样本选择

首批创业板注册制企业为 2020 年 8 月 24 日上市，所以在横向比较中，我们选取 2020 年 8 月 24 日至 2022 年 10 月 14 日期间上市的新股作为样本。为保证结果的可靠性，具体处理如下：（1）剔除金融业 IPO 以及相关数据缺失的样本；（2）对连续变量进行上下 1%缩尾处理。在横向比较中共得到 1 017 个 IPO 事件。

在对创业板的纵向比较中，我们选取其注册制实施前后一年（2019 年 8 月 24 日—2021 年 8 月 24 日）的创业板企业 IPO 作为样本；在对北交所的纵向比较中，由于成立和实施注册制时间较短，选取全部的北交所上市企业（2020 年 11 月 9 日—2022 年 10 月 14 日）IPO 作为样本。经由（1）剔除金融业 IPO 以及相关数据缺失的样本；（2）对连续变量进行上下 1%缩尾处理之后，分别得到 249 和 85 个样本。

## 二、重要变量定义：实际首日收益率和连续涨停天数

目前，我国证券市场上各板块的新股交易制度和涨跌幅有所不同，因此为了统一化，参考魏志华等（2019）和赖黎等（2022）的做法，使用修正后的实际首日收益率（*IR*）和连续涨停天数（*LU*）衡量新股市场表现。具体计算方式如下：

实际首日收益率（*IR*）= 新股首个收盘未涨停日的收盘价/新股发行价 − 1

连续涨停天数（*LU*）= 新股上市首日至首个收盘未涨停日的连续涨停天数

其中，不设新股涨跌幅限制的科创板与创业板，使用首日收益率反推其连续涨停天数，当首日收益率小于 44%时，连续涨停天数 *LU* 设为 0，若大于等于 44%，则计算如下：

$$LU = ln\left(\frac{1+E}{1.44}\right) / ln1.1 + 1 \tag{12-1}$$

## 三、实证模型——注册制新股定价效率

构建模型如下：

$$IR_i \ or \ LU_i = \alpha + \beta REGIS_i + \lambda CONTROLS_i + INDFE_i + YearFE_i + \varepsilon_i \tag{12-2}$$

其中，被解释变量是衡量新股定价效率的实际首日收益率 *IR* 和连续涨停天数 *LU*，$REGIS_i$ 为注册制虚拟变量，当新股为注册制下发行时取 1，否则为 0。参考魏志华等（2019）和赖黎等（2022）的做法，本章选取了上市前一年资产负债率、净资产收益率、发行规模和综合市场行情等作为控制变量，并控制公司所属行业和 IPO 年份效应。

变量详细定义见表 12－1。

**表 12－1　　　　　　　　　　变量定义**

| 变量名称 | 变量符号 | 变量描述 |
| --- | --- | --- |
| 实际首日收益率 | *IR* | 新股首个收盘未涨停日的收盘价与发行价之差除以发行价 |
| 连续涨停天数 | *LU* | 新股上市首日至首个收盘未涨停日的连续涨停天数 |
| 注册制 | *REGIS* | 若公司为注册制下发行取 1，否则取 0 |
| 公司成立时间 | *AGE* | 公司成立年数加 1 的自然对数 |
| 上市前一年净资产收益率 | *PREROE* | 上市前一年净利润除以股东权益 |
| 上市前一年资产负债率 | *PRELEV* | 上市前一年总负债除以总资产 |
| 发行市盈率 | *IPOPE* | 发行价格除以发行前每股收益 |
| 发行规模 | *IPOSIZE* | 募集资金总额取自然对数 |
| 发行中签率 | *LOTTERY* | 新股发行数量除以有效申购股数后乘以 100 |
| 市场情绪 | *MKT*90 | 新股上市前 90 天的市场收益率 |
| “热市”效应 | *HOTISSUE* | 新股上市前 30 个交易日市场上所有的 IPO 数量加 1 的自然对数 |
| 承销商声誉 | *UNDERW*10 | 若 IPO 由当年国内首发承销金额前十的承销商承销取 1，否则为 0 |

数据来源：Wind 数据库。

# 第四节　实 证 分 析

## 一、注册制与非注册制 IPO 定价效率的单变量检验

表 12－2 对比了创业板实施注册制（2020 年 8 月 24 日）以来各市场板块的实际首日收益率和连续涨停天数。

**表 12－2　　　　　　不同板块 IPO 定价效率比较**

| 市场板块 | *IR* | | | *LU* | | |
| --- | --- | --- | --- | --- | --- | --- |
| | 观测值 | 均值 | 与主板的 *t* 检验 | 观测值 | 均值 | 与主板的 *t* 检验 |
| 主板 | 254 | 1.302 038 | — | 254 | 5.420 409 | — |
| 科创板 | 317 | 1.248 969 | 0.446 5 | 317 | 4.742 818 | 1.744 1** |
| 创业板 | 382 | 1.685 042 | －2.975 1*** | 382 | 6.020 608 | －1.530 6* |
| 北交所 | 88 | 0.391 782 | 7.500 6*** | 88 | 1.698 785 | 8.548 1*** |

注：***、**、*分别表示显著性水平为 1%、5%、10%。

数据来源：计算整理得到。

可以看出，科创板的 *IR* 略低于主板，*LU* 显著小于主板；创业板的 *IR* 及 *LU* 均显著高于主板；北交所的 *IR* 及 *LU* 显著低于主板。

表 12－3 报告了注册制与非注册制 IPO 的实际首日收益率和连续涨停天数。

**表 12－3　　注册制与非注册制 IPO 定价效率比较**

| 变量 | 非注册制 | | 注册制 | | $t$ 检验 |
|---|---|---|---|---|---|
| | 观测值 | 均值 | 观测值 | 均值 | |
| *IR* | 304 | 1.178 262 | 737 | 1.420 098 | $-2.461\ 9^{***}$ |
| *LU* | 304 | 4.918 613 | 737 | 5.202 665 | －0.894 0 |

注：***、**、*分别表示显著性水平为 1%、5%、10%。

数据来源：计算整理得到。

在实际首日收益率上，注册制 IPO 显著高于非注册制 IPO。

## 二、注册制新股定价的回归分析

表 12－4 考察了 2020 年 8 月 24 日—2022 年 10 月 14 日的注册制与非注册制新股定价效率。从回归结果可知，列（1）～（4）的注册制变量回归系数均在 1%上为正，这说明注册制新股的实际首日收益率和连续涨停天数高于非注册制新股，定价效率更低。

**表 12－4　　注册制新股定价效率**

| | （1） | （2） | （3） | （4） |
|---|---|---|---|---|
| | *IR* | *IR* | *LU* | *LU* |
| *REGIS* | $0.670^{***}$ | $0.735^{***}$ | $1.634^{***}$ | $1.912^{***}$ |
| | （5.62） | （6.23） | （4.59） | （5.52） |
| *PREROE* | 0.003 16 | 0.001 71 | 0.009 73 | 0.004 14 |
| | （0.21） | （0.11） | （0.21） | （0.09） |
| *PRELEV* | 0.327 | 0.304 | 1.378 | 1.293 |
| | （1.10） | （1.04） | （1.55） | （1.51） |
| *AGE* | 0.037 4 | －0.056 4 | 0.250 | －0.130 |
| | （0.29） | （－0.45） | （0.65） | （－0.35） |
| *IPOPE* | 0.000 126 | 0.000 198 | 0.000 146 | 0.000 438 |
| | （0.42） | （0.67） | （0.16） | （0.50） |
| *IPOSIZE* | $-0.701^{***}$ | $-0.653^{***}$ | $-2.279^{***}$ | $-2.088^{***}$ |
| | （－12.20） | （－11.53） | （－13.25） | （－12.55） |

续表

| | (1) | (2) | (3) | (4) |
|---|---|---|---|---|
| | *IR* | *IR* | *LU* | *LU* |
| *LOTTERY* | $-0.236^{***}$ | $-0.229^{***}$ | $-0.858^{***}$ | $-0.823^{***}$ |
| | (−5.03) | (−4.96) | (−6.10) | (−6.08) |
| *MKT*90 | 1.037 | 0.531 | $3.695^{*}$ | 1.176 |
| | (1.39) | (0.61) | (1.65) | (0.46) |
| *SOE* | 0.046 6 | 0.229 | 0.123 | 0.872 |
| | (0.25) | (1.23) | (0.22) | (1.60) |
| *HOTISSUE* | $1.294^{***}$ | $0.606^{**}$ | $4.332^{***}$ | $1.620^{*}$ |
| | (4.52) | (2.01) | (5.05) | (1.83) |
| *UNDERW*10 | $0.213^{**}$ | 0.038 3 | $0.539^{*}$ | −0.162 |
| | (2.18) | (0.39) | (1.84) | (−0.55) |
| *_CONS* | $9.447^{***}$ | $11.64^{***}$ | $30.94^{***}$ | $39.58^{***}$ |
| | (5.31) | (6.56) | (5.81) | (7.59) |
| *N* | 1 017 | 1 017 | 1 017 | 1 017 |
| *Industry FE* | Yes | Yes | Yes | Yes |
| *Year FE* | No | Yes | No | Yes |
| *ADJ.R2* | 0.244 4 | 0.276 7 | 0.274 2 | 0.331 2 |

注：*T* statistics in parentheses，* $p<0.1$，** $p<0.05$，*** $p<0.01$。

数据来源：计算整理得到。

## 三、创业板新股定价

表 12－5 报告了对假设 2 的检验结果，考察了注册制实施前后创业板的 IPO 定价效率变化。如列（1）～（4）所示，无论是以实际首日收益率（*IR*）还是连续涨停天数（*LU*）作为被解释变量，创业板注册制实施后（Announ）的回归系数均在 1%水平上显著为负。本部分结果表明，注册制宣告后，IPO 实际首日收益率和连续涨停天数显著下降，新股定价效率有了明显的提升，验证了假设 2。

**表 12－5　　创业板注册制与新股定价效率**

| | (1) | (2) | (3) | (4) |
|---|---|---|---|---|
| | *IR* | *IR* | *LU* | *LU* |
| *REGIS* | $-1.882^{***}$ | $-2.141^{***}$ | $-6.167^{***}$ | $-6.462^{***}$ |
| | (−3.47) | (−3.52) | (−4.49) | (−4.18) |

续表

| | (1) | (2) | (3) | (4) |
|---|---|---|---|---|
| | *IR* | *IR* | *LU* | *LU* |
| *PREROE* | 0.057 8 | 0.051 1 | 0.064 7 | 0.062 7 |
| | (0.08) | (0.07) | (0.04) | (0.03) |
| *PRELEV* | −0.925 | −0.889 | −2.547 | −2.496 |
| | (−1.05) | (−1.00) | (−1.14) | (−1.10) |
| *AGE* | −0.272 | −0.242 | −0.561 | −0.529 |
| | (−0.87) | (−0.77) | (−0.71) | (−0.66) |
| *IPOPE* | 0.015 2 | 0.017 6 | 0.031 3 | 0.034 0 |
| | (1.31) | (1.48) | (1.06) | (1.13) |
| *IPOSIZE* | −1.798*** | −1.785*** | −5.313*** | −5.300*** |
| | (−8.44) | (−8.30) | (−9.84) | (−9.71) |
| *LOTTERY* | 112.4*** | 116.6*** | 347.1*** | 351.7*** |
| | (6.20) | (6.25) | (7.55) | (7.42) |
| *MKT*90 | 0.405 | 1.279 | 0.845 | 1.796 |
| | (0.28) | (0.74) | (0.23) | (0.41) |
| *SOE* | 0.918* | 0.887 | 1.936 | 1.902 |
| | (1.66) | (1.59) | (1.38) | (1.34) |
| *HOTISSUE* | −0.002 39 | −0.089 5 | −0.353 | −0.452 |
| | (−0.01) | (−0.19) | (−0.30) | (−0.38) |
| *UNDERW*10 | 0.170 | 0.069 7 | 0.428 | 0.320 |
| | (0.73) | (0.27) | (0.72) | (0.49) |
| *_CONS* | 38.71*** | 38.79*** | 117.6*** | 117.7*** |
| | (8.81) | (8.75) | (10.56) | (10.45) |
| *N* | 235 | 235 | 235 | 235 |
| *Industry FE* | Yes | Yes | Yes | Yes |
| *Year FE* | No | Yes | No | Yes |
| *ADJ.R2* | 0.409 4 | 0.406 4 | 0.492 7 | 0.497 9 |

注：*T* statistics in parentheses，* $p<0.1$，** $p<0.05$，*** $p<0.01$。

数据来源：计算整理得到。

## 四、北交所新股定价

如表 12－6 所示，在对北交所新股 IPO 定价效率的检验中，无论是以 *IR* 还是 *LU* 作为被解释变量，变量 *REGIS* 的系数为负，但均不显著，说明在北交所实施注册制前后，新股的定价效率没有明显变化。

**表 12-6　　　　北交所新股定价效率**

| | (1) | (2) |
|---|---|---|
| | *IR* | *LU* |
| *REGIS* | -0.289 | -1.529 |
| | (-0.98) | (-1.35) |
| *PREROE* | -0.577 | -1.672 |
| | (-0.50) | (-0.38) |
| *PRELEV* | -0.377 | -0.556 |
| | (-0.52) | (-0.20) |
| *AGE* | 0.006 16 | 0.354 |
| | (0.02) | (0.24) |
| *IPOPE* | -0.013 8 | -0.048 8 |
| | (-1.07) | (-0.99) |
| *IPOSIZE* | 0.289 | 0.989 |
| | (1.30) | (1.17) |
| *LOTTERY* | -0.058 2 | -0.184 |
| | (-1.51) | (-1.25) |
| *MKT*90 | -2.523 | -9.277 |
| | (-1.09) | (-1.05) |
| *SOE* | -0.283 | -1.421 |
| | (-0.57) | (-0.75) |
| *HOTISSUE* | 1.027 | 3.300 |
| | (1.56) | (1.31) |
| *UNDERW*10 | 0.752* | 2.289 |
| | (1.78) | (1.42) |
| *_CONS* | -9.221* | -31.12 |
| | (-1.73) | (-1.53) |
| *N* | 80 | 80 |
| *Industry FE* | Yes | Yes |
| *ADJ.R2* | 0.052 4 | 0.003 4 |

注：*T* statistics in parentheses，* $p<0.1$，** $p<0.05$，*** $p<0.01$。

数据来源：计算整理得到。

## 第五节　结　　论

注册制改革是我国资本市场目前正在推行的重大制度改革。前事不忘，后事之师。为了保证注册制顺利落地，有必要根据当前已实行股票发行注册制板块的宝贵经验对市场进一步推广注册制进行指导。本章从IPO定价效率视角，从创业板和北交所注册制出发，考察了注册制对市场定价效率的影响。研究发现：

（1）创业板注册制实施后，整体市场上实施注册制的IPO定价效率反而低于非注册制IPO，其首日收益率和连续涨停天数更高；

（2）与此同时，创业板在实施注册制后，该板块的IPO抑价现象得到明显缓解，定价效率提升。

（3）北交所在注册制实施后的IPO定价效率没有明显提升。

本章认为，注册制客观上的确起到了提升市场定价效率的作用，但现实市场中各个制度不是孤立的，最终的市场表现是多个制度共同作用下的结果。我们需要辩证看待注册制对于市场定价效率的影响，并结合其他与注册制同时试行的制度（如新股涨跌幅制度、投资者准入门槛等）综合研判，力争使得多个制度相互配合，从而更好地起到提升市场定价效率的作用。

# 第十三章　注册制下我国上市公司招股说明书与 IPO 抑价研究——基于文本分析法

## 第一节　引　　言

我国注册制改革不断推进，自科创板、创业板和北交所率先实施注册制以来，2023 年 2 月 17 日，中国证监会发布全面实行股票发行注册制相关制度规则并施行，并就制度规则公开征求意见。这标志着注册制经过三年的试点改革，将正式在市场全面推行。注册制的实施是我国股票发行制度的重要改革，也是我国资本市场进一步市场化的重要举措。早在 2020 年 10 月，党的十九届五中全会就提出全面实行股票发行注册制。2023 年政府工作报告中也提出，推动金融监管体制改革，推进股票发行注册制改革，完善资本市场基础制度，加强金融法治建设。在这一背景下，探究注册制如何影响我国上市企业和资本市场的发展尤为重要。因为这些研究既可以为我国更深层的资本市场制度建设学术问题开拓思路，也可以为下一步的市场改革提供实践指导。

注册制下，政府部门实施形式性审核，要求发行企业及时、充分、准确地披露信息，以供投资者客观决策；而核准制遵循实质审核原则，由证监会判断拟上市公司的质量，确定其是否符合发行要求（赖黎等，2022）。注册制的核心是信息披露，发挥市场在资源配置中的作用，在注册制下，证监会的职能、中介机构和市场的作用加强，对信息披露提出了更高的要求（夏东霞和范晓，2019）。注册制下，上市公司的招股说明书作为首次详细地向投资者披露包含公司价值相关的核心文件，隐含了大量的信息。公司在招股书中需要向公众如实披露公司章程、董监高结构、经营状况、财务状况、股本状况等法律和证券监管机构规定载明的事项。投资者通过阅读招股说明书，可以了解该行业发展情况、同业竞争企业、企业财务状况和公司未来发展规划等信息，从而做出投资决策。已有研究表明，招股说明书中所包含的风险信息和价值信息会对 IPO 定价产生十分重要的影响（姚颐和赵梅，2016）。而在注册制改革下，为了满足投资者需求，披露规则应从“审批者”导向向“投资者”导向转移，招股说明书也应由“审批文件”转变为“销售和法律文件”，强调信息披露的真实性和客观性（封文丽，2015）。因此，招股说明书不仅对于投资者，而且对于监管者来说也具有极其重要的意义。

现有关于招股书的研究多聚焦于核准制下招股书的文本语调与IPO抑价的关系。如何智等（2019）发现，招股说明书中的不确定和负面语气会增加信息不对称程度，导致IPO抑价更高。招股说明书文本负面语调越强，IPO抑价越高（Ferris et al.，2013；卞世博等，2020；呼建光等，2020）。一方面，仅有少量研究关注了注册制改革对IPO抑价的影响（冯冠等，2022；赖黎等，2022），以及企业招股说明书、审核问询函等文本中信息披露情况的变化（朱鹏和张亚澜，2022；俞红海等，2022）。另一方面，目前还鲜有关于就招股书中的风险披露部分进行单独人工阅读提取信息的研究。风险披露是招股书中的重要组成部分，风险因素章节在招股说明书正文十三节中位居第四节。证监会要求公司在招股书中对风险因素作强制而充分的披露，是为了降低信息不对称，实现资产有效定价（姚颐和赵梅，2016）。因此，本章将从招股说明书文本语调和风险披露两方面对现有研究进行补充，在我国注册制改革新的实践背景下，研究我国上市公司招股说明书文本和IPO抑价关系的变化。

另外，2021年9月18日，上交所发布了《上海证券交易所科创板股票发行与承销实施办法》《上海证券交易所科创板发行与承销规则适用指引第1号——首次公开发行股票》，同日，深交所发布了《创业板首次公开发行证券发行与承销业务实施细则》，对发行与承销规定中的询价环节进行修订，一般称为“询价新规”。询价新规实施以后，上市企业报价区间增大，报价难度上升，新的规则对机构研究能力和定价能力提出了更高的要求。询价新规公布后，机构在报价时需要更关注企业本身经营、财务状况等信息，从而应该更加关注招股说明书中所披露的内容。招股说明书的风险披露和文本语调与IPO抑价率的关系在询价新规后会如何变化，本章将在实证部分中作进一步讨论。

本章首先对我国股市上市公司招股说明书的风险披露得分和文本语调数据进行提炼、统计和分析，然后探讨我国注册制改革下上市公司IPO抑价率、招股说明书风险披露和文本语调的变化情况。一方面，通过人工阅读的方法分析2017年6月到2022年3月创业板391家上市公司和科创板339家上市公司招股说明书的风险披露特点，对比实施注册制前后招股书在风险披露方面的变化，并探究其与IPO抑价之间的关系。另一方面，本章使用中文金融情感词典，通过文本分析的方法分析了2017年6月到2022年3月沪深交易所主板、创业板、科创板共1 192家上市公司招股说明书文本语调的特点，通过对样本划分核准制和注册制进行比较，探究注册制改革后，招股说明书的文本语调是否有助于缓解公司IPO抑价现象，并探讨询价新规的实施对注册制上市制度完善和发展的实践效果。实证结果表明，注册制下招股说明书的风险披露和文本语调与IPO抑价率有显著相关关系，招股书风险披露越多，IPO 抑价率越低；文本语调越负面，IPO 抑价率越低。研究发现在注册制实施后，科创板和创业板 IPO 抑价率升高，但询价新规的实施有效抑制了 IPO 抑价率偏高的情况。

相对于已有文献，本章的主要贡献有以下两点：第一，给定注册制改革这一外生冲击，本章基于注册制的实施这一新的实践基础，研究招股说明书文本语调、风险披露对 IPO 抑价的影响，为讨论注册制改革对于改善信息披露、提高定价效率的作用提供了实证证据。第二，本章首次将研究视角从招股说明书文本语调拓展到风险披露。以往的研究大多采用大数据文本分析的方法对招股说明书信息披露进行研究，而本章在此基础上，采用人工阅读的方法对招股说明书风险因素章节的信息披露情况进行分析，模拟投资者真实阅读感受，提高了结论的稳健性和现实意义。

本章余下部分结构安排如下：第二部分文献综述；第三部分阐述理论和研究假设；第四部分介绍研究所用数据和模型构建；第五部分实证分析，对研究问题进行统计和回归分析；第六部分得出结论。

## 第二节　文 献 综 述

### 一、IPO 抑价现象研究

在 IPO 抑价的理论研究方面，Ibbotson and Jaffe（1975）首次提出 IPO 抑价之谜，吸引了许多学者的兴趣。对 IPO 抑价的研究中，比较有代表性的理论是信息不对称理论、行为金融理论等，而国内外关于 IPO 抑价研究的主流理论则是传统的信息不对称理论，在此框架下又衍生出委托代理理论、赢家诅咒假说和信号假说等理论。Rock（1986）分析一级市场的信息不对称现象，发现其导致了逆向选择风险，并使用“赢者诅咒”理论来解释抑价现象，他最早指出公司内在价值的不确定性增加会提高 IPO 的信息不对称程度，IPO 抑价程度也随之提高。Allen and Faulhaber（1989）提出信号理论，即由于信息不对称的存在，拟上市公司为了吸引投资者购买，会采取抑价发行。另外，Carter et al.（1998）认为有高声誉承销商支持和风险投资背景的公司可以在 IPO 过程中传递高质量信号，降低信息不对称程度，从而降低 IPO 估值的不确定性。而行为金融学研究分析 IPO 抑价现象的角度较为新颖，分别从承销商、拟上市发行公司和投资者等视角分析抑价的成因并获得了一定的经验证据，由此提出了信息叠加理论、价格支持理论和投资者情绪理论等（Welch，1992；Ruud，1993；Cornelli et al.，2006）。

中国学者也对 IPO 抑价的理论研究进行了探索，刘煜辉和熊鹏（2005）针对中国市场制度安排的特点，对 IPO 抑价的成因提出了新的理论假说，并进行验证。韩立岩和伍燕然（2007）从抑价和溢价两方面来解释新股首日收益率过高的现象，论证投资者情绪影响资产定价。刘煜辉和沈可挺（2011）采用随机前沿分析法，认为我国IPO定价更多的首日超额收益主要源于投资者非理性造成的二级市场溢价。范汉熙（2011）总结了关于IPO抑价的理论研究，归纳出了基于委托代理、逆向选择、信息显示、信息揭示、声誉和从众行为六个模型。另外，张学勇等（2020）的理论研究表明重返IPO公司的信息不对称程度更低，因此IPO抑价程度也较首次IPO公司更低，长期股票回报率更高。

在对于IPO抑价的实证研究上，近年来取得了不少进展。Krause et al.（2021）针对不同权力距离的国家市场进行研究，发现企业高管权力对企业IPO抑价存在正向影响。Salerno et al.（2022）对于国际样本进行研究，发现金融科技企业比非金融科技行业的IPO定价更低。Hu et al.（2021）发现声誉较高的承销商能够通过加快上市流程，减少信息不对称来降低创业板公司的IPO抑价，Hoque and Mu（2021）发现在IPO市场引入私营部门监督后，保荐制度相比核准制降低了IPO抑价率，表明更加市场化的制度有利于提高IPO市场定价效率。另外，Wang et al.（2022）发现承销商与上市公司之间的地理距离会增加IPO抑价率。

国内学者结合中国资本市场相关情况，也对IPO抑价进行了许多研究。不少学者针对我国股票市场进行了实证探索，检验了我国股票市场的IPO抑价问题（陈工孟和高宁，2000；杨丹和王莉，2001；邓召明，2001）。曹凤岐和董秀良（2006）利用主成分因子方法分析了我国股票IPO定价的合理性，检验了发行制度改革的效果。郭泓和赵震宇（2006）则发现承销商声誉不影响上市公司IPO定价，而影响公司的长期回报。周孝华等（2006）发现我国核准制下IPO定价效率高于审批制，IPO定价趋于合理，核准制的实施提高了我国IPO定价效率。之后有研究发现，分析师情感倾向、风险投资参与、IPO前研发投入、分析师高估式报告以及承销商造假历史等因素，都会通过推高新股价格或抑制发行价格等渠道提高IPO抑价程度（汪宜霞和张辉，2009；陈工孟等，2011；胡志颖等，2015；邵新建等，2018；张学勇和张秋月，2018），IPO补税和发审委意见等因素也会影响IPO抑价和IPO后市场表现（魏志华等，2018；张光利等，2021）。我国股票市场存在新股首日涨停板制度，也曾经历过IPO限价发行的阶段，目的都是抑制投资者“炒新”的投机行为。宋顺林和唐斯圆（2019）、唐齐鸣等（2017）发现IPO限价发行和首日价格管制导致IPO溢价更高，新股价值不确定性得不到有效反映，反而可能助长投机行为。张劲帆等（2020）通过比较IPO市场化发行和限价发行的时期，发现抑制股票一级市场发行价格会造成新股二级市场价格短期内超涨，造成二级市场的价格扭曲，我国IPO发行定价机制需要进一步完善。

在我国注册制改革新的实践基础上，近年来实证研究也取得了新的进展。郝远洋（2020）从理论角度探究价格发现机制的经济学基础，并结合实践研究了注册制改革对资本市场价格发现功能的影响。张宗新和滕俊樑（2020）基于科创板注册制询价制改革的研究发现，新股发行询价制度改革提升了 IPO 定价效率。赖黎等（2022）发现，实行注册制的科创板比其他板块实际首日收益率更低，连续涨停天数更少，注册制提升了市场定价效率。但我国股票发行制度市场化的探索仍处在初期，实践中也存在一些问题。程小可等（2022）发现，注册制下 IPO 询价阶段机构投资者报价集聚，降低了报价信息含量，压低了 IPO 发行价格，造成 IPO 抑价率的提高和一级市场的资源错配。东北证券—复旦大学课题组等（2022）发现，新股发行市场化改革引导了投资者询价行为，提升了 IPO 定价效率，但新股询价与定价机制仍部分缺位。张汨红（2022）发现，受限于机构投资者定价能力、二级市场投资者热情等因素，科创板注册制实施初期 IPO 抑价率仍然较高。

## 二、文本分析方法的应用

文本分析法是一种量化分析方法，被当前学术界广泛运用于测量信息质量。通过挖掘文本特征词完成从定性表述到数据形式的转换，从而分析内容的感情倾向性，辅助判断信息性质。学者通过测度投资者接收的文本信息（通常来自招股书、新闻媒体等）的质量与环境来分析 IPO 估值不确定性。根据著名的埃尔斯伯格悖论，当面对不确定情况下的决策时，大多数人表现出对不确定性的厌恶。Garlappi et al.（2007）由此提出由于不确定性厌恶，相关信息的模糊程度会影响投资者在投资组合上的配置权重。

在经济学领域，文本大数据被用于刻画经济政策不确定性、度量媒体报道偏差等方面；在金融学领域，文本数据被用于刻画关注度、情绪或语调等方面，拓宽了相关研究领域（沈艳等，2019），其在词典、识别方法等方面也不断改进和发展。Loughran and Mcdonald（2013）从情感倾向角度研究分析了公司的文本信息，指出上市公司 IPO 首日收益率等文本语气间存在相关性，并在此基础上构建了经典的 L&M 情感词典以对文本语气进行理论分析。Tao et al.（2018）在机器学习方法不断进步的基础上设计了一种新的前瞻性陈述（Forward-looking Statements，FLSs）识别方法，首次在 IPO 招股说明书的管理层的讨论和分析（Management's Discussion and Analysis，MD&A）部分识别 FLSs，并评估它们对 IPO 估值的影响。

很多学者将文本分析方法应用于中国市场的研究。Yan et al.（2019）对 2007—2016 年中国 A 股市场部分招股说明书进行研究分析，发现 IPO 招股说明书的不确定或负面基调与 IPO 初始收益率和 IPO 后收益率波动显著相关。另外，以招股说明书、上市公司年度业绩说明会文本、媒体报道、企业年报等不同的文本资料作为研究样本，学者发现特有风险提示信息和投资者情绪都会影响或预测上市公司的 IPO 抑价，且管理层披露的语调特征也具有独特的信息含量（郝项超和苏之翔，2014；汪昌云和武佳薇，2015；谢德仁和林乐，2015；林乐和谢德仁，2016；张秀敏，2016）。另外，姚颐和赵梅（2016）首次以人工阅读方式度量风险，研究了我国招股说明书中风险因素的披露状况以及市场反应，发现我国企业 IPO 市场表现与风险披露水平密切相关。

也有学者将招股说明书文本分析应用到 IPO 定价领域。姚颐和赵梅（2016）、郝项超和苏之翔（2016）等从信息披露角度研究了招股说明书文本信息对 IPO 市场表现的影响。例如，利用文本分析方法，张飞和周孝华（2020）发现，招股书模糊信息增加了信息不对称程度，导致更高的 IPO 抑价水平；贾德奎和卞世博（2019）发现，招股说明书文本负语调与 IPO 后业绩表现呈现显著负相关；呼建光等（2020）发现，负面语调与 IPO 抑价程度正相关，但正面语调和在创业板的实证结果显示影响不显著。另外，关于科创板审核问询制度下回复函与招股说明书信息披露质量的研究发现，审核问询制能提升资本市场信息效率（石玉峰等，2022；薛爽和王禹，2022）。

### 三、文献评述

已有文献从理论与实证两个角度对 IPO 抑价进行了广泛而深入的探讨，在引入文本分析方法后也取得了一定的成果。但是，现有研究基本局限于对核准制下招股说明书的文本分析及招股说明书与公司 IPO 抑价之间关系的讨论，而对注册制改革对 IPO 抑价的影响方面探讨不足。且尚未有学者就注册制和询价新规实施后的招股书文本进行深入分析。另外，目前关于招股说明书文本的分析大多使用计算机文本分析方法，而计算机进行文本分析受限于词典词库构成，对实际语境理解能力略有欠缺，相较于投资者真实阅读感受具有一定的差距。因此，本章除基于计算机文本分析方法以外，还采用人工阅读判断的方式对招股说明书风险披露内容进行分析统计，从文本语调和有效风险披露两个角度对招股说明书进行分析研究，模拟真实投资者，增强研究结论的稳健性和现实意义。

## 第三节　理论与假设

注册制实施后，对企业是否符合上市条件由实质审查转为形式审查，对公司证券价值判断的任务转交给了市场。因此，提高信息披露质量就成为注册制股票发行的重中之重，对发行人信息披露提出了更高要求（郭雳等，2023）。在注册制下，招股说明书是股票发行阶段信息披露的主要载体，是投资者做出价值判断的基本依据，证监会也据此发布了《关于注册制下提高招股说明书信息披露质量的指导意见》，督促发行人、中介机构归位尽责，提高招股说明书信息披露质量。即在理想状况下，拟上市企业应充分披露信息，IPO 抑价率应当降低，市场效率得以提高（赖黎等，2022；东北证券—复旦大学课题组，2022）。然而，注册制并非完美解决方案，虚假披露和投资者不成熟都可能会导致信息的披露、处理环节出问题，从而导致一级市场定价的偏离（宋顺林，2021），尤其是在我国试点注册制的实践初期，由于机构合谋报价、投资者估值分歧、承销商风险溢价补偿、投资者非理性行为等原因，存在 IPO 抑价率不降反升的问题（程小可等，2022；张汨红，2022；吴锡皓和张弛，2022）。

## 一、风险披露与 IPO 抑价

注册制的一大核心要求是加强上市公司的信息披露，很多研究聚焦于上市公司招股说明书风险披露的变化。风险因素章节是招股说明书中的核心章节，风险因素章节的真实性和有效性的提高，是招股说明书质量提升、信息披露制度完善的重要体现。如《公开发行证券的公司信息披露内容与格式准则第 28 号——创业板公司招股说明书（2020 年修订）》规定，在风险因素节中，发行人应遵循重要性原则，按顺序简明易懂地披露可能直接或间接对发行人及本次发行产生重大不利影响的所有风险因素。有学者对招股说明书风险披露进行阅读、统计、分析，发现许多类别风险因素的披露频率呈递增趋势，定量披露内容增多（邓传洲和李正，2003；汪海粟和白江涛，2013；吕祥友等，2015）

注册制实施后，保荐机构必须承担更多的责任。为此，证监会多次督促保荐机构归位尽责，发挥好“看门人”的职责，建立健全投行业务违规处罚的信息公示机制，强化投行的声誉约束。保荐人要为所保荐的上市公司披露信息的虚假性、误导性和遗漏性而给投资者造成的损失承担赔偿责任。因此，在注册制下，保荐人更加谨慎地对上市公司的财务、盈利和未来风险状况进行评估，以免受到监管机构的处罚，损害自己的声誉。在上述原因的影响下，注册制下企业会倾向于在招股说明书中更有效地披露风险。姚颐和赵梅（2016）发现，公司在招股说明书中披露的风险越多，IPO 抑价越低，信息不对称得到缓解。另外，注册制下企业上市限制更为宽松，上市企业仅通过监管机构的形式审查，因此投资者会更注重招股说明书的内容，掌握拟上市企业相关信息，判断投资价值，做出投资决策，注册制下招股说明书中所包含的信息对企业 IPO 抑价率的影响也会随之增强。

综上所述，本章认为在注册制下，由于实质审查的放宽和信息披露违规的处罚加重两方面的原因，上市公司招股说明书会更加清晰、有效地披露公司所面临的经营风险、财务风险、市场风险、宏观风险等风险因素。并且，投资者会更加注重招股说明书所披露的信息，招股说明书风险披露对企业 IPO 抑价的影响会增强。上市公司招股说明书的风险披露变量将与企业 IPO 抑价率呈现负相关关系。据此，本章提出研究假设 1：

H1：注册制下，上市公司招股说明书有效风险披露越多，IPO 抑价率越低；有效风险披露越少，IPO 抑价率越高。

## 二、文本语调与 IPO 抑价

针对招股书语调与 IPO 抑价的关系，不少学者发现，核准制下，招股说明书文本具有越强的负面语调，则 IPO 首日回报率越高（Ferris et al.，2013；卞世博等，2020；何智等，2019）。何智等（2019）从发行人、投资者和承销商三个视角对招股说明书负面语气与 IPO 抑价的关系提出了解释：由于低质量的发行人倾向于使用更多的负面语言，增加信息不对称，而投资者会为这部分多承担的风险要求更高的收益，且承销商也会利用自身优势压低包含更多负面语气的发行公司的 IPO 价格，因此负面语气更强的公司，IPO 抑价率越高。夏东霞和范晓（2019）认为，上市公司财务造假、虚假陈述的原因是多方面的：中介机构声誉诚信机制的缺失、僵化上市门槛的要求、责任约束机制的失灵。

另一方面，也有研究认为，我国新股上市“打新”期间，投资者情绪高涨，招股说明书正面语调存在情绪感染效应，因此管理层正面语调越高，IPO 抑价率越高（周阔和周佰成，2020）。

已有研究发现企业在招股说明书中使用更多的负面语气提示风险，会提高其所披露信息的可信度，降低投资者预期，降低未来可能面临的法律和诉讼风险（陈琪和刘卫，2017），且能够为公司和保荐人减少因隐瞒信息或欺诈而被追究责任的可能（卞世博等，2020；姚颐和赵梅，2016；Ferris et al.，2013）。

由于注册制下交易所不再对公司的财务状况进行实质性审核，上市公司可以更加有效地披露公司的风险信息，而不需要为了满足严格的上市标准进行隐瞒或虚假陈述。因此，注册制实施后，招股说明书文本语调和 IPO 抑价的关系可能发生变化。基于以上分析，本章提出竞争性假设 H2 和 H3：

H2a：注册制下，上市公司招股说明书文本正面语调越高（低），IPO 抑价率越高（低）。

H2b：注册制下，上市公司招股说明书文本正面语调越高（低），IPO 抑价率越低（高）。

H3a：注册制下，上市公司招股说明书文本负面语调越高（低），IPO 抑价率越低（高）。

H3b：注册制下，上市公司招股说明书文本负面语调越高（低），IPO 抑价率越高（低）。

# 第四节　数据与模型

## 一、样本选择和数据来源

本章选取 2017 年 6 月到 2022 年 3 月各板块的 1 578 家上市公司，对样本数据进行处理，剔除金融行业的上市公司、数据缺失的公司以及北交所公司，得到 1 192 个文本语调分析样本。其中，沪深交易所主板437家，创业板401家，科创板354家。风险披露分析部分选取样本期2017年6月到2022年3月的创业板上市公司和2019年7月开板到2022年3月的科创板上市公司招股说明书作为样本，共得到730家样本公司，其中创业板391家，科创板339家。数据均进行缩尾处理。本章所使用的股票和财务数据来自Wind数据库和CSMAR数据库，招股说明书来自上海、深圳、北京证券交易所官网。

## 二、变量构建

### （一）IPO抑价率

本章参考呼建光等（2020）的研究，分别使用未经市场调整的IPO抑价率（*UNPRICING*）和经市场调整的IPO抑价率（*ADUNPRICING*）来衡量IPO抑价水平，计算公式如下：

$$UNPRICING=\frac{\text{上市首日收盘价}-\text{发行价格}}{\text{发行价格}} \quad (13-1)$$

$$ADUNPRICING=\frac{\text{上市首日收盘价}-\text{发行价格}}{\text{发行价格}}-\text{市场收益率} \quad (13-2)$$

### （二）招股说明书风险披露得分

为了研究注册制前后企业招股说明书风险披露的特点，本章选择创业板和科创板上市公司作为研究对象，选取样本期2017年6月到2022年3月的创业板上市公司和2019年7月开板到2022年3月的科创板上市公司招股说明书作为样本，共得到730家样本公司。其中，创业板391家，科创板339家。创业板上市公司以2020年8月24日为界，划分为核准制和注册制样本。

根据证监会和创业板、科创板的要求，企业在风险因素小节中，应当针对自身情况对相关风险因素进行定量分析，无法进行定量分析的，应当有针对性地作出定性描述，并要求风险因素中不得包含对风险对策、发行人竞争优势等其他任何可能减轻风险因素的类似描述。基于证监会给出的信息披露准则，且为了真实模拟投资者阅读招股书的实际效果，评估招股书风险披露的水平，本章参考姚颐和赵梅（2016）的研究方法，通过人工阅读创业板、科创板上市公司的招股说明书，对公司披露的风险进行逐条阅读和判断，并对有效的风险披露进行加总，进而将招股说明书中有效披露的风险量化为“风险披露得分”。

本章细化了风险披露的分类，参照《公开发行证券的公司信息披露内容与格式准则第1号——招股说明书（2015年修订）》《公开发行证券的公司信息披露内容与格式准则第 28 号——创业板公司招股说明书（2020 年修订）》和《公开发行证券的公司信息披露内容与格式准则第 41 号——科创板公司招股说明书》，将风险划分为市场风险、经营风险、财务风险、技术风险、项目风险、宏观风险和法律风险 7 类。本章对风险披露的判断标准为该条风险提示是否提供了充分的数据和依据来说明该项风险的存在性，让投资者相信该条风险的存在，若认可该条风险披露，则记为 1，否则记为 0。将所有有效的风险披露得分按照不同风险分类加总，得到不同类别的风险披露得分。风险披露得分越高，则说明该类型风险越大，投资者应该谨慎。

### （三）招股说明书文本语调

本章选取 2017 年 6 月到 2022 年 3 月沪深交易所主板、创业板和科创板上市公司的招股说明书数据，采用文本分析法对招股说明书的隐含文本语调信息进行分析。参照姜富伟等（2021）提出的中文金融情感词典对招股书进行分词并统计，参考呼建光等（2020）对招股说明书净语调指标的构建，用式（13－3）词袋法计算净词频率，构建招股说明书净语调变量。正面语调和负面语调变量的计算方法，如表 13－1 所示。

$$净词频率=\frac{积极词数-消极词数}{积极词数+消极词数} \tag{13-3}$$

同时，本章还使用了知网情感词典、清华金融情感词典和姚加权等（2021）提出的金融情绪词典以及这些词典的组合对招股说明书的净词频率进行了稳健性分析。各词典的重复率小于 10%，不同词典统计出的积极词数和消极词数结果类似，本章采用中文金融情感词典进行后续研究。

### （四）控制变量

本章使用的控制变量中，发行价格、网下发行比例、网上发行中签率、IPO 募集资金净额是参照呼建光等（2020）对招股说明文本语气影响新股市场表现的研究选取，公司年龄、发行规模、主承销商市场地位、上市前一年每股盈余、净资产收益率、资产负债率、资产规模和上市间隔期是参考何智等（2019）对 IPO 抑价的研究作为控制变量的补充，另外增加了上市当日交易量作为投资者情绪的代理变量（Baker and Wurgler，2006），并控制了新股定价方式。

**表 13－1　　　　变量含义和计算方法**

| 变量类型 | 变量名称 | 变量含义 | 计算方法 |
|---|---|---|---|
| 被解释变量 | *UNPRICING* | 未经市场调整的抑价率 | （上市首日收盘价－发行价格）/发行价格 |
| | *ADUNPRICING* | 经市场调整的抑价率 | （上市首日收盘价－发行价格）/发行价格－市场收益率 |

续表

| 变量类型 | 变量名称 | 变量含义 | 计算方法 |
|---|---|---|---|
| 解释变量 | *OVERALLR* | 总风险 | 对招股说明书进行人工阅读并统计，若认可公司有效地披露了某项风险记为1，否则记为0，某公司各类风险披露得分由该类所有风险披露项加总得到 |
| | *MARKETR* | 市场风险 | |
| | *BUSIR* | 经营风险 | |
| | *FINANR* | 财务风险 | |
| | *TECHR* | 技术风险 | |
| | *PROJR* | 项目风险 | |
| | *MACROR* | 宏观风险 | |
| | *LEGALR* | 法律风险 | |
| | *NETTONE* | 招股说明书净语调 | （正面词数－负面词数）/（正面词数＋负面词数） |
| | *POSTONE* | 招股说明书正面语调 | 正面词数/（正面词数＋负面词数） |
| | *NEGTONE* | 招股说明书负面语调 | 负面词数/（正面词数＋负面词数） |
| 调节变量 | *ENQUIRY* | 询价新规 | 企业上市是否受询价新规影响，不受影响为0，受影响为1 |
| 控制变量 | *OFFERPRICE* | 发行价格 | IPO公司股票的发行价格 |
| | *PROPO* | 网下申购配售比例 | IPO过程中网下申购配售占总发行数量的比例 |
| | *ALLOCATIONR* | 网上发行中签率 | 股票网上发行部分的中签率 |
| | *FUNDSIZE* | IPO募集资金净额 | 实际募集资金净额的自然对数 |
| | *AGE* | 公司年龄 | 公司成立年数 |
| | *SIZE* | 发行规模 | 新股发行数量的自然对数 |
| | *UNDERWRITER* | 主承销商市场地位 | 主承销商收入排名，排名前十的承销商取值为1，否则为0 |
| | *EPS* | 每股盈余 | 上市前一年的净利润/总股本 |
| | *ROE* | 净资产收益率 | 上市前一年的净利润/净资产 |
| | *DEBT* | 资产负债率 | 上市前一年的负债/总资产 |
| | *ASSET* | 资产规模 | 上市前一年的总资产 |
| | *DAYS* | 上市间隔期 | 从提交IPO申报稿到正式上市的间隔天数 |
| | *LN_VOLUME* | 上市交易量 | 投资者情绪，用上市首日对数交易量表示 |
| | *PRICING* | 定价方式 | 新股定价方式虚拟变量，仅网上定价用1表示，网下询价用2表示，战略配售用3表示 |

## 三、计量模型设定

### （一）IPO 抑价率与风险披露

为了研究招股说明书风险披露对企业 IPO 抑价率的影响，本章构建 OLS 模型如式（13－4）－（13－5），研究风险披露得分与 IPO 抑价率的关系。模型式（13－4）中 *UNPRICING* 表示 IPO 抑价率，实证采用经市场收益率调整后的 *AdUnPricing* 进行回归。模型中 *Risk* 表示总风险、市场风险、经营风险、财务风险、技术风险、项目风险、宏观风险和法律风险。模型式（13－5）引入表示询价新规的调节变量 *ENQUIRY*，加入交互项进行回归。

$$UNPRICING=\alpha+\beta_1 RISK+\sum\beta_i CONTROLS+\sum Ind+\sum Year+\varepsilon \quad (13-4)$$

$$UNPRICING=\alpha+\beta_1 RISK+\beta_2 ENQUIRY\times RISK+\sum\beta_i CONTROLS+\sum Ind+\sum Year+\varepsilon \quad (13-5)$$

模型控制变量为发行价格、网下发行比例、网上发行中签率、IPO 募集资金净额、公司年龄、发行规模、主承销商市场地位、上市前一年每股盈余、净资产收益率、资产负债率、资产规模、上市间隔期、新股定价方式和上市首日交易量，此外还加入了行业（*Ind*）和年份（*Year*）控制变量。

### （二）IPO 抑价率与文本语调

为了研究招股说明书文本语调对企业 IPO 抑价率的影响，本章构建 OLS 模型式（13－6）－（13－7）。

$$UNPRICING=\alpha+\beta_1 TONE+\sum\beta_i CONTROLS+\sum Ind+\sum Year+\varepsilon \quad (13-6)$$

$$UNPRICING=\alpha+\beta_1 TONE+\beta_2 ENQUIRY\times TONE+\sum\beta_i CONTROLS+\sum Ind+\sum Year+\varepsilon \quad (13-7)$$

模型式（13－6）中 *UNPRICING* 表示未经调整的 IPO 抑价率，实证中还采用了经市场收益率调整后的 *ADUNPRICING* 进行检验。*TONE* 表示语调变量，实证中分别使用净语调（*NETTONE*）、负面语调（*NEGTONE*）和正面语调（*POSTONE*）进行回归。另外，为了考虑询价新规对于招股说明书语调和 IPO 抑价率关系的影响，模型式（13－7）引入表示询价新规的调节变量 *ENQUIRY*，加入交互项进行回归。

## 四、描述性统计分析

### （一）招股说明书风险披露分析

本章对创业板和科创板公司样本划分核准制和注册制进行描述性统计，得到表 13－2。

表 13－2 中显示，样本总体招股说明书披露的总风险披露得分均值为 7.819 2，即各家公司在招股书中披露的风险平均约为 7 至 8 条，其中占主要地位的是经营风险，均值为 2.741 1，其次为宏观风险和财务风险。核准制上市公司招股书中披露的总风险均值为 7.006 5，而注册制下为 8.034 7，高于核准制下的结果。另外，除市场风险外，其他的风险披露类别中注册制下的风险披露均值也均高于核准制下的结果。

对核准制和注册制公司的风险披露情况进行组间均值差异检验，结果如表 13－3 所示，发现总风险、市场风险、经营风险、财务风险、技术风险和法律风险的差异显著，均表现为注册制下公司倾向于披露更多的风险，反映在总风险上，注册制上市公司招股书风险披露显著高出核准制上市公司 1.028 1。我们推测这是由于实质审查的放宽和信息披露违规的处罚加重两方面的原因导致的。

**表 13－2　　　　招股说明书风险披露得分描述性统计结果**

| 上市制度 | 风险分类 | 样本数 | 均值 | 中位数 | 标准差 | 最小值 | 最大值 |
|---|---|---|---|---|---|---|---|
| 总体 | *OVERALLR* | 730 | 7.819 2 | 8 | 3.313 1 | 0 | 18 |
| | *MARKETR* | 730 | 0.801 4 | 1 | 0.784 1 | 0 | 3 |
| | *BUSIR* | 730 | 2.741 1 | 3 | 1.466 6 | 0 | 8 |
| | *FINANR* | 730 | 1.489 0 | 1 | 1.129 7 | 0 | 5 |
| | *TECHR* | 730 | 0.301 4 | 0 | 0.592 2 | 0 | 4 |
| | *PROJR* | 730 | 0.468 5 | 0 | 0.806 2 | 0 | 11 |
| | *MACROR* | 730 | 1.631 5 | 1 | 1.198 9 | 0 | 6 |
| | *LEGALR* | 730 | 0.382 2 | 0 | 0.624 6 | 0 | 3 |
| 核准制 | *OVERALLR* | 153 | 7.006 5 | 7 | 2.990 1 | 1 | 16 |
| | *MARKETR* | 153 | 0.692 8 | 1 | 0.754 6 | 0 | 3 |
| | *BUSIR* | 153 | 2.568 6 | 2 | 1.365 8 | 0 | 7 |
| | *FINANR* | 153 | 1.261 4 | 1 | 0.951 3 | 0 | 4 |
| | *TECHR* | 153 | 0.130 7 | 0 | 0.338 2 | 0 | 1 |
| | *PROJR* | 153 | 0.424 8 | 0 | 0.704 2 | 0 | 3 |
| | *MACROR* | 153 | 1.620 9 | 1 | 1.112 2 | 0 | 5 |
| | *LEGALR* | 153 | 0.287 6 | 0 | 0.569 8 | 0 | 3 |
| 注册制 | *OVERALLR* | 577 | 8.034 7 | 8 | 3.363 2 | 0 | 18 |
| | *MARKETR* | 577 | 0.830 2 | 1 | 0.789 9 | 0 | 3 |
| | *BUSIR* | 577 | 2.786 8 | 3 | 1.490 0 | 0 | 8 |
| | *FINANR* | 577 | 1.549 4 | 1 | 1.165 8 | 0 | 5 |
| | *TECHR* | 577 | 0.346 6 | 0 | 0.635 6 | 0 | 4 |
| | *PROJR* | 577 | 0.480 1 | 0 | 0.831 3 | 0 | 11 |
| | *MACROR* | 577 | 1.634 3 | 1 | 1.221 8 | 0 | 6 |
| | *LEGALR* | 577 | 0.407 3 | 0 | 0.636 4 | 0 | 3 |

表 13－3　　风险披露－组间均值差异检验

| 变量 | 核准制 | | 注册制 | | 比较 | |
|---|---|---|---|---|---|---|
| | 观测数 | 均值 | 观测数 | 均值 | 均值差异 | *t* 值 |
| *OVERALLR* | 153 | 7.006 5 | 577 | 8.034 7 | －1.028 1 | －3.680 3*** |
| *MARKETR* | 153 | 0.692 8 | 577 | 0.830 2 | －0.137 3 | －1.981 7** |
| *BUSIR* | 153 | 2.568 6 | 577 | 2.786 8 | －0.218 2 | －1.722 9* |
| *FINANR* | 153 | 1.261 4 | 577 | 1.549 4 | －0.288 0 | －3.166 5*** |
| *TECHR* | 153 | 0.130 7 | 577 | 0.346 6 | －0.215 9 | －5.674 4*** |
| *PROJR* | 153 | 0.424 8 | 577 | 0.480 1 | －0.055 2 | －0.829 |
| *MACROR* | 153 | 1.620 9 | 577 | 1.634 3 | －0.013 4 | －0.129 7 |
| *LEGALR* | 153 | 0.287 6 | 577 | 0.407 3 | －0.119 7 | －2.252 5** |

注：该表展示了组间均值差异检验的结果，***表示在 1%的水平下显著，**表示在 5%的水平下显著，*表示在 10%的水平下显著。下表同。

## （二）招股说明书文本语调分析

表 13－4 展示了样本总体的描述性统计结果。样本公司的 IPO 抑价率平均为 1.13 左右，*UNPRICING* 和 *ADUNPRICING* 分别为 1.131 5 和 1.130 9，经市场调整后的抑价率更低，但差距不大。招股说明书中 *NETTONE* 平均为正，正面语调占据主导。核心解释变量 *NETTONE* 的均值为 0.376 9，*NEGTONE* 和 *POSTONE* 平均为 0.311 5 和 0.688 5，且 *NETTONE* 的最小值为 0.174 3。

将各板块公司按照核准制和注册制划分，表 13－5 为划分上市类型后对核心变量的组间均值差异检验结果。样本总体中有 591 家核准制上市公司和 601 家注册制上市公司。核准制上市公司平均的 *UNPRICING* 和 *ADUNPRICING* 分别为 0.437 9 和 0.382 1，注册制上市公司平均为 1.813 5 和 1.866 0，注册制上市公司平均抑价率更高。核准制上市公司 *NETTONE* 平均为 0.381 2，注册制为 0.372 8，注册制上市公司招股说明书文本净语调略微低于核准制上市公司。对于正语调，核准制下 *POSTONE* 的均值为 0.690 6，注册制下为 0.686 4。对语调的差异进行检验，发现核准制和注册制下招股书语调的差异在 10%的水平下显著，注册制公司的净语调更低。在注册制下，由于没有交易所实质性审核的需要，公司无须在招股说明书中进行虚假和夸张的陈述以满足严格的上市标准，同时配合注册制实施的更加严格的信息公示制度、退市制度和处罚制度，都使得公司有动机在招股书中更加真实、有效、全面地披露公司的状况，招股书文本水分更少，净语调平均指标更低。另外，对 *UNPRICING* 和 *ADUNPRICING* 进行比较，发现注册制公司的 IPO

抑价率高于核准制公司，这种差异在 1%的水平下显著。

表 13－4　　招股说明书文本语调及模型主要变量描述性统计结果

| 变量名 | 均值 | 中位数 | 标准差 | 最小值 | 最大值 |
|---|---|---|---|---|---|
| *UNPRICING* | 1.131 5 | 0.440 2 | 1.275 8 | －0.150 0 | 6.553 8 |
| *ADUNPRICING* | 1.130 9 | 0.749 8 | 1.881 3 | －3.421 0 | 19.513 8 |
| *NETTONE* | 0.376 9 | 0.376 5 | 0.080 5 | 0.174 3 | 0.556 0 |
| *NEGTONE* | 0.311 5 | 0.311 7 | 0.040 2 | 0.222 0 | 0.412 9 |
| *POSTONE* | 0.688 5 | 0.688 3 | 0.040 2 | 0.587 1 | 0.778 0 |
| *OFFERPRICE* | 24.223 5 | 17.350 0 | 22.250 6 | 2.650 0 | 133.730 0 |
| *PROPO* | 0.044 6 | 0.018 7 | 0.224 4 | 0.000 0 | 6.362 0 |
| *ALLOCATIONR* | 0.035 2 | 0.028 5 | 0.059 8 | 0.010 8 | 1.283 1 |
| *FUNDSIZE* | 1.743 3 | 1.615 2 | 0.774 1 | －0.219 3 | 4.309 9 |
| *AGE* | 18.086 4 | 18.000 0 | 5.822 3 | 6.000 0 | 36.000 0 |
| *SIZE* | 8.187 6 | 8.101 2 | 0.718 4 | 6.885 0 | 11.202 8 |
| *UNDERWRITER* | 0.560 4 | 1.000 0 | 0.496 5 | 0.000 0 | 1.000 0 |
| *EPS* | 1.115 5 | 0.930 0 | 0.858 8 | －0.900 0 | 4.700 0 |
| *ROE* | 22.995 2 | 21.271 3 | 13.188 8 | －12.426 6 | 76.907 3 |
| *DEBT* | 37.952 1 | 36.744 6 | 16.650 0 | 7.334 2 | 80.073 7 |
| *ASSET* | 20.811 0 | 20.622 3 | 0.945 2 | 19.224 5 | 24.550 9 |
| *DAYS* | 21.777 7 | 20.000 0 | 6.448 1 | 13.000 0 | 46.000 0 |
| *LN_VOLUME* | 4.908 7 | 6.664 3 | 3.112 1 | －1.514 1 | 12.870 0 |
| *PRICING* | 2.232 4 | 2.000 0 | 0.650 9 | 1.000 0 | 3.000 0 |

表 13－5　　文本语调—组间均值差异检验

| 变量 | 核准制 | | 注册制 | | 比较 | |
|---|---|---|---|---|---|---|
| | 观测数 | 均值 | 观测数 | 均值 | 均值差异 | $t$ 值 |
| *UNPRICING* | 591 | 0.437 9 | 601 | 1.813 5 | －1.375 6 | －22.279 5*** |
| *ADUNPRICING* | 590 | 0.382 1 | 601 | 1.866 0 | －1.483 9 | －14.892 8*** |
| *NETTONE* | 591 | 0.381 2 | 601 | 0.372 8 | 0.008 4 | 1.806 9* |
| *POSTONE* | 591 | 0.690 6 | 601 | 0.686 4 | 0.004 2 | 1.806 9* |
| *NEGTONE* | 591 | 0.309 4 | 601 | 0.313 6 | －0.004 2 | －1.806 9* |

## （三）询价新规与 IPO 抑价率

表 13－6 为对科创板和创业板注册制上市公司划分询价新规前后进行组间均值差异

检验结果。样本中通过注册制上市的企业中，有 480 家是询价新规实施前上市的，121 家在询价新规实施后上市。结果显示，询价新规实施以后，注册制上市企业 IPO 抑价率均值大幅降低，*UNPRICING* 比询价新规实施前降低 1.261，*ADUNPRICING* 降低了 1.093 4，且这种差异都在 1%的水平上显著。询价新规的实施达到了预期效果，约束了机构“抱团报价”的行为，增加了报价信息含量，IPO 抑价率显著降低，客观上起到了抑制“打新”的作用，是一次成功的资本市场的自我完善，有利于保护中小投资者的利益。

**表 13－6　　询价新规实施前后 IPO 抑价率比较**

| 变量 | 询价新规前 | | 询价新规后 | | 比较 | |
|---|---|---|---|---|---|---|
| | 观测数 | 均值 | 观测数 | 均值 | 均值差异 | *t* 值 |
| *UNPRICING* | 480 | 2.067 4 | 121 | 0.806 4 | 1.261 | 10.934 5*** |
| *ADUNPRICING* | 480 | 2.086 2 | 121 | 0.992 8 | 1.093 4 | 5.748 6*** |

# 第五节　实 证 分 析

## 一、IPO 抑价率与风险披露

### （一）上市制度对比

本章利用招股说明书总风险披露替代语调变量，按照模型式（13－4）进行回归分析，采用异方差稳健标准误，均控制了时间、行业及其他控制变量，表 13－7 和表 13－8 分别展示了风险披露样本公司在核准制和注册制下的结果，模型被解释变量均为经市场指数调整后的 IPO 抑价率。由于篇幅限制，控制变量的系数在表格中予以省略。

表 13－7 和表 13－8 显示，核准制和注册制下总风险与公司 IPO 抑价率相关系数都为负，核准制下仅有经营风险的系数显著。对比表 13－7 和表 13－8 的结果发现，在注册制下，总风险的系数和显著性均增强，招股说明书风险披露对 IPO 抑价的影响被加强，招股书有效的风险披露值越大，公司 IPO 抑价率越低。另外，相较核准制，在注册制下，总风险、市场风险、经营风险、财务风险和宏观风险与 IPO 抑价率的关系变得显著，且系数为负，结合描述性统计中的发现，这意味着注册制下公司招股说明书倾向于披露更多有效的经营、财务等风险，且这些风险披露与 IPO 抑价率呈现显著的负相关。假设 H1 得到验证，注册制下，招股书中有效披露的风险越多，即风险披露得分越高，则 IPO 抑价率越低，公司在首发上市时的定价更加合理。

表 13-7　　风险披露回归结果（核准制）

| 变量名 | (1) | (2) | (3) | (4) | (5) | (6) | (7) | (8) |
|---|---|---|---|---|---|---|---|---|
| | ADUNPRICING | | | | | | | |
| *OVERALLR* | -0.042 | | | | | | | |
| | (-1.08) | | | | | | | |
| *MARKETR* | | -0.052 | | | | | | |
| | | (-0.38) | | | | | | |
| *BUSIR* | | | -0.207*** | | | | | |
| | | | (-2.74) | | | | | |
| *FINANR* | | | | -0.024 | | | | |
| | | | | (-0.21) | | | | |
| *TECHR* | | | | | -0.079 | | | |
| | | | | | (-0.25) | | | |
| *PROJR* | | | | | | 0.278* | | |
| | | | | | | (1.87) | | |
| *MACROR* | | | | | | | -0.027 | |
| | | | | | | | (-0.30) | |
| *LEGALR* | | | | | | | | -0.141 |
| | | | | | | | | (-0.93) |
| 截距项 | 5.122 | 4.580 | 6.141 | 4.693 | 4.508 | 3.936 | 4.985 | 5.048 |
| | (0.68) | (0.60) | (0.89) | (0.61) | (0.57) | (0.53) | (0.65) | (0.66) |
| 观测值 | 153 | 153 | 153 | 153 | 153 | 153 | 153 | 153 |
| $R^2$ | 0.239 | 0.230 | 0.280 | 0.229 | 0.229 | 0.253 | 0.229 | 0.233 |

注：使用异方差稳健标准误，括号中为 $t$ 值。***表示在 1%的水平下显著，**表示在 5%的水平下显著，*表示在 10%的水平下显著。本表被解释变量均为经市场调整后的 IPO 抑价率 *ADUNPRICING*，控制变量的系数均省略。下表同。

表 13-8　　风险披露回归结果（注册制）

| 变量 | (1) | (2) | (3) | (4) | (5) | (6) | (7) | (8) |
|---|---|---|---|---|---|---|---|---|
| | ADUNPRICING | | | | | | | |
| *OVERALLR* | -0.086*** | | | | | | | |
| | (-4.16) | | | | | | | |

续表

| | ADUNPRICING | | | | | | | |
|---|---|---|---|---|---|---|---|---|
| 变量 | (1) | (2) | (3) | (4) | (5) | (6) | (7) | (8) |
| *MARKETR* | | −0.260*** | | | | | | |
| | | (−2.61) | | | | | | |
| *BUSIR* | | | −0.157*** | | | | | |
| | | | (−3.28) | | | | | |
| *FINANR* | | | | −0.194*** | | | | |
| | | | | (−2.93) | | | | |
| *TECHR* | | | | | −0.110 | | | |
| | | | | | (−0.84) | | | |
| *PROJR* | | | | | | −0.111 | | |
| | | | | | | (−1.33) | | |
| *MACROR* | | | | | | | −0.105* | |
| | | | | | | | (−1.70) | |
| *LEGALR* | | | | | | | | 0.041 |
| | | | | | | | | (0.33) |
| 截距项 | −11.296*** | −11.529*** | −11.605*** | −11.643*** | −11.448*** | −11.843*** | −11.949*** | −11.838*** |
| | (−4.58) | (−4.69) | (−4.71) | (−4.73) | (−4.47) | (−4.79) | (−4.83) | (−4.79) |
| 观测值 | 577 | 577 | 577 | 577 | 577 | 577 | 577 | 577 |
| $R^2$ | 0.383 | 0.374 | 0.378 | 0.375 | 0.368 | 0.369 | 0.370 | 0.367 |

## （二）分板块对比

为了考虑创业板和科创板上市公司招股说明书风险披露对 IPO 抑价影响的差异，本章对样本划分创业板和科创板分别进行回归，得到表 13－9 和表 13－10。表 13－9 回归结果显示，创业板注册制上市公司招股书总风险披露与 IPO 抑价率显著负相关，风险披露越多，IPO 抑价率越低，风险分类中市场、经营、财务、技术风险的系数也显著为负。表 13－10 显示科创板上市公司招股书总风险披露也与 IPO 抑价率显著负相关，风险披露越多，IPO 抑价率越低。另外，风险分类中市场风险、经营风险、财务风险和宏观风险的系数也显著为负。验证了姚颐和赵梅（2016）的发现，即公司在招股说明书中披露的风险越多，信息不对称得到缓解，IPO 抑价越低。

表 13－9　　风险披露回归结果（创业板——注册制）

| | ADUNPRICING | | | | | | | |
|---|---|---|---|---|---|---|---|---|
| 变量 | （1） | （2） | （3） | （4） | （5） | （6） | （7） | （8） |
| *OVERALLR* | －0.122*** | | | | | | | |
| | （－2.97） | | | | | | | |
| *MARKETR* | | －0.329* | | | | | | |
| | | （－1.91） | | | | | | |
| *BUSIR* | | | －0.235** | | | | | |
| | | | （－2.23） | | | | | |
| *FINANR* | | | | －0.206* | | | | |
| | | | | （－1.78） | | | | |
| *TECHR* | | | | | －0.675** | | | |
| | | | | | （－2.19） | | | |
| *PROJR* | | | | | | －0.057 | | |
| | | | | | | （－0.30） | | |
| *MACROR* | | | | | | | －0.052 | |
| | | | | | | | （－0.55） | |
| *LEGALR* | | | | | | | | －0.033 |
| | | | | | | | | （－0.13） |
| 截距项 | －12.080 | －10.883 | －10.373 | －10.799 | －9.601 | －9.790 | －9.945 | －9.581 |
| | （－1.50） | （－1.38） | （－1.33） | （－1.35） | （－1.23） | （－1.24） | （－1.24） | （－1.21） |
| 观测值 | 238 | 238 | 238 | 238 | 238 | 238 | 238 | 238 |
| $R^2$ | 0.542 | 0.532 | 0.538 | 0.532 | 0.536 | 0.526 | 0.526 | 0.525 |

表 13－10　　风险披露回归结果（科创板——注册制）

| | ADUNPRICING | | | | | | | |
|---|---|---|---|---|---|---|---|---|
| 变量 | （1） | （2） | （3） | （4） | （5） | （6） | （7） | （8） |
| *OVERALLR* | －0.086*** | | | | | | | |
| | （－3.28） | | | | | | | |
| *MARKETR* | | －0.250** | | | | | | |
| | | （－1.97） | | | | | | |
| *BUSIR* | | | －0.160*** | | | | | |
| | | | （－2.72） | | | | | |

续表

| | ADUNPRICING | | | | | | | |
|---|---|---|---|---|---|---|---|---|
| 变量 | (1) | (2) | (3) | (4) | (5) | (6) | (7) | (8) |
| *FINANR* | | | | −0.191** | | | | |
| | | | | (−2.18) | | | | |
| *TECHR* | | | | | 0.010 | | | |
| | | | | | (0.07) | | | |
| *PROJR* | | | | | | −0.151 | | |
| | | | | | | (−1.59) | | |
| *MACROR* | | | | | | | −0.179** | |
| | | | | | | | (−2.01) | |
| *LEGALR* | | | | | | | | −0.001 |
| | | | | | | | | (−0.01) |
| 截距项 | −7.703*** | −8.171*** | −8.685*** | −8.492*** | −9.093*** | −8.805*** | −8.754*** | −9.047*** |
| | (−2.83) | (−2.99) | (−3.18) | (−3.11) | (−3.16) | (−3.27) | (−3.22) | (−3.34) |
| 观测值 | 339 | 339 | 339 | 339 | 339 | 339 | 339 | 339 |
| $R^2$ | 0.246 | 0.232 | 0.238 | 0.231 | 0.222 | 0.226 | 0.232 | 0.222 |

## （三）询价新规与风险披露

为了进一步考虑询价新规对市场 IPO 的影响，本章引入询价新规虚拟变量 *ENQUIRY*，询价新规之前为 0，询价新规之后为 1，按照式（13－5）进行回归，回归分析结果如表 13－11 和表 13－12。回归结果显示，创业板和科创板总风险披露与 IPO 抑价系数显著均为负，招股说明书风险披露得分越高，IPO 抑价率越低。总体来看，总风险、市场风险、经营风险、技术风险都对创业板和科创板的 IPO 抑价有显著影响，但询价新规的影响在创业板样本上并不显著，而对科创板具有一定影响。询价新规的实施增强了招股说明书风险披露对于上市公司 IPO 抑价率的影响，这一影响更多地体现在科创板。

**表 13－11　　风险披露回归结果（比较询价新规的影响——创业板）**

| | ADUNPRICING | | | | | | | |
|---|---|---|---|---|---|---|---|---|
| 变量 | (1) | (2) | (3) | (4) | (5) | (6) | (7) | (8) |
| *OVERALLR* | −0.119** | | | | | | | |
| | (−2.48) | | | | | | | |

续表

| 变量 | ADUNPRICING | | | | | | | |
|---|---|---|---|---|---|---|---|---|
| | (1) | (2) | (3) | (4) | (5) | (6) | (7) | (8) |
| *OVERALLR×ENQUIRY* | −0.007 | | | | | | | |
| | (−0.17) | | | | | | | |
| *MARKETR* | | −0.275* | | | | | | |
| | | (−1.66) | | | | | | |
| *MARKETR×ENQUIRY* | | −1.223*** | | | | | | |
| | | (−5.93) | | | | | | |
| *BUSIR* | | | −0.270** | | | | | |
| | | | (−2.11) | | | | | |
| *BUSIR×ENQUIRY* | | | 0.081 | | | | | |
| | | | (0.71) | | | | | |
| *FINANR* | | | | −0.206 | | | | |
| | | | | (−1.46) | | | | |
| *FINANR×ENQUIRY* | | | | −0.001 | | | | |
| | | | | (−0.01) | | | | |
| *TECHR* | | | | | −0.741* | | | |
| | | | | | (−1.87) | | | |
| *TECHR×ENQUIRY* | | | | | 0.226 | | | |
| | | | | | (0.44) | | | |
| *PROJR* | | | | | | 0.084 | | |
| | | | | | | (0.32) | | |
| *PROJR×ENQUIRY* | | | | | | −0.438 | | |
| | | | | | | (−1.45) | | |
| *MACROR* | | | | | | | −0.015 | |
| | | | | | | | (−0.12) | |
| *MACROR×ENQUIRY* | | | | | | | −0.102 | |
| | | | | | | | (−0.66) | |
| *LEGALR* | | | | | | | | −0.112 |
| | | | | | | | | (−0.42) |
| *LEGALR×ENQUIRY* | | | | | | | | 0.303 |
| | | | | | | | | (0.49) |
| 截距项 | −11.845 | −13.485* | −11.388 | −10.792 | −10.014 | −9.269 | −9.299 | −9.530 |
| | (−1.43) | (−1.75) | (−1.39) | (−1.31) | (−1.24) | (−1.19) | (−1.14) | (−1.20) |
| 观测值 | 238 | 238 | 238 | 238 | 238 | 238 | 238 | 238 |
| $R^2$ | 0.542 | 0.570 | 0.539 | 0.532 | 0.537 | 0.529 | 0.527 | 0.526 |

表 13－12　　风险披露回归结果（比较询价新规的影响——科创板）

| 变量 | ADUNPRICING | | | | | | | |
|---|---|---|---|---|---|---|---|---|
| | (1) | (2) | (3) | (4) | (5) | (6) | (7) | (8) |
| *OVERALLR* | −0.073*** | | | | | | | |
| | (−2.77) | | | | | | | |
| *OVERALLR × ENQUIRY* | −0.122*** | | | | | | | |
| | (−4.03) | | | | | | | |
| *MARKETR* | | −0.190 | | | | | | |
| | | (−1.39) | | | | | | |
| *MARKETR × ENQUIRY* | | −0.430** | | | | | | |
| | | (−2.50) | | | | | | |
| *BUSIR* | | | −0.126** | | | | | |
| | | | (−2.18) | | | | | |
| *BUSIR × ENQUIRY* | | | −0.349*** | | | | | |
| | | | (−4.65) | | | | | |
| *FINANR* | | | | −0.128 | | | | |
| | | | | (−1.46) | | | | |
| *FINANR × ENQUIRY* | | | | −0.448*** | | | | |
| | | | | (−3.53) | | | | |
| *TECHR* | | | | | 0.078 | | | |
| | | | | | (0.48) | | | |
| *TECHR × ENQUIRY* | | | | | −0.912*** | | | |
| | | | | | (−3.63) | | | |
| *PROJR* | | | | | | −0.111 | | |
| | | | | | | (−1.19) | | |
| *PROJR × ENQUIRY* | | | | | | −0.583* | | |
| | | | | | | (−1.93) | | |
| *MACROR* | | | | | | | −0.125 | |
| | | | | | | | (−1.32) | |
| *MACROR × ENQUIRY* | | | | | | | −0.339** | |
| | | | | | | | (−2.50) | |
| *LEGALR* | | | | | | | | 0.007 |
| | | | | | | | | (0.05) |

续表

| 变量 | ADUNPRICING | | | | | | | |
|---|---|---|---|---|---|---|---|---|
| | （1） | （2） | （3） | （4） | （5） | （6） | （7） | （8） |
| *LEGALR × ENQUIRY* | | | | | | | | −0.157 |
| | | | | | | | | （−0.53） |
| 截距项 | −7.486*** | −7.800*** | −7.915*** | −8.170*** | −9.532*** | −8.968*** | −9.021*** | −9.137*** |
| | （−2.80） | （−2.81） | （−2.94） | （−2.97） | （−3.33） | （−3.33） | （−3.30） | （−3.34） |
| 观测值 | 339 | 339 | 339 | 339 | 339 | 339 | 339 | 339 |
| $R^2$ | 0.267 | 0.239 | 0.261 | 0.248 | 0.231 | 0.232 | 0.240 | 0.222 |

## 二、IPO抑价率与文本语调

### （一）上市制度对比

本章将样本按照核准制上市公司和注册制上市公司分组，利用模型式（13－6）分别对 *UNPRICING* 和 *ADUNPRICING* 进行回归分析，本节展示了回归分析的结果。

2019 年 7 月 22 日，首批注册制企业在科创板上市，在此之前所有的上市公司都通过核准制上市。对核准制上市公司单独回归，表 13－13 给出了计算结果。表 13－13 第（1）列显示的是未加入核心解释变量的回归结果，拟合优度为 0.331，引入核心解释变量后，模型如第（2）、（4）、（6）列显示，拟合优度上升为 0.333，说明了招股说明书的语调信息对于 IPO 抑价率具有一定的解释力。回归结果显示，在核准制下，无论是正面语气还是负面语气，对 IPO 抑价率都无显著性影响。

本章对注册制上市公司单独进行回归，结果如表 13－14 所示。本章发现注册制下的分析结果与核准制有明显不同，净语调、正面语气与负面语气对抑价率的影响均在 10% 的水平下显著。其中，引入核心解释变量后，模型拟合优度从第（1）列的 0.519 上升到 0.523。*NETTONE* 对 *UNPRICING* 和 *ADUNPRICING* 的影响系数分别为 1.488 和 2.506，系数为正，说明招股说明书净语调越高，文本语气越积极，IPO 抑价率越高。*NEGTONE* 对 *UNPRICING* 和 *ADUNPRICING* 的影响系数分别为－2.976 和－5.013，*POSTONE* 的回归系数则相反。假设 H2a 和 H3a 得到验证，招股说明书正面语调越高，IPO 抑价率越高；负面语调越高，IPO 抑价率越低。注册制下，监管机构不对上市企业进行实质审核，而市场需要承担这部分责任，依据企业信息对企业投资价值做出估值和判断，投资者更需要对自己的投资决策负责，从而招股说明书所披露的企业信息在投资者投资决策的过程中占据重要地位。

另外，比较核准制和注册制的结果，发现注册制下招股书语调对 IPO 抑价率的影响更加显著，系数绝对值也更大。即注册制下，公司上市表现更加依靠市场决定，投资者“打新”不再是“稳赚不赔”的选择。因此，二级市场的投资者在交易新上市股票时也更加注重招股说明书的披露内容，更加注重公司经营财务和发展状况，招股说明书文本语气对 IPO 抑价率影响更显著，“打新”行为更多地受理性驱动。

表 13-13　　文本语调回归结果（核准制）

| | （1） | （2） | （3） | （4） | （5） | （6） | （7） |
|---|---|---|---|---|---|---|---|
| 变量名 | *UNPRICING* | *UNPRICING* | *ADUNPRICING* | *UNPRICING* | *ADUNPRICING* | *UNPRICING* | *ADUNPRICING* |
| *NETTONE* | | 0.009 | 0.356 | | | | |
| | | （1.16） | （0.51） | | | | |
| *NEGTONE* | | | | -0.018 | -0.713 | | |
| | | | | （-1.16） | （-0.51） | | |
| *POSTONE* | | | | | | 0.018 | 0.713 |
| | | | | | | （1.16） | （0.51） |
| 截距项 | 0.344*** | 0.338*** | -0.056 | 0.347*** | 0.301 | 0.330*** | -0.412 |
| | （9.67） | （9.30） | （-0.03） | （9.84） | （0.14） | （8.45） | （-0.17） |
| 样本量 | 591 | 591 | 590 | 591 | 590 | 591 | 590 |
| $R^2$ | 0.331 | 0.333 | 0.074 | 0.333 | 0.074 | 0.333 | 0.074 |

注：使用异方差稳健标准误，括号中为 $t$ 值。***表示在 1%的水平下显著，**表示在 5%的水平下显著，*表示在 10%的水平下显著。下表同。

表 13-14　　文本语调回归结果（注册制）

| | （1） | （2） | （3） | （4） | （5） | （6） | （7） |
|---|---|---|---|---|---|---|---|
| 变量名 | *UNPRICING* | *UNPRICING* | *ADUNPRICING* | *UNPRICING* | *ADUNPRICING* | *UNPRICING* | *ADUNPRICING* |
| *NETTONE* | | 1.488** | 2.506** | | | | |
| | | （2.05） | （2.08） | | | | |
| *NEGTONE* | | | | -2.976** | -5.013** | | |
| | | | | （-2.05） | （-2.08） | | |
| *POSTONE* | | | | | | 2.976** | 5.013** |
| | | | | | | （2.05） | （2.08） |
| 截距项 | -10.978*** | -11.339*** | -12.723*** | -9.851*** | -10.217*** | -12.827*** | -15.229*** |
| | （-6.35） | （-6.58） | （-5.21） | （-5.55） | （-3.83） | （-6.54） | （-5.47） |
| 样本量 | 601 | 601 | 601 | 601 | 601 | 601 | 601 |
| $R^2$ | 0.519 | 0.523 | 0.375 | 0.523 | 0.375 | 0.523 | 0.375 |

### （二）分板块对比

本章将样本公司按照上市板块划分，分别对创业板和科创板的上市公司进行检验。

表 13－15 展示了创业板上市公司在注册制下的表现，在样本时间段内，创业板共有 247 家公司为注册制上市，结果显示创业板招股说明书文本语调对 IPO 抑价的影响关系并不显著。科创板自设立以来，所有该板块的公司均为注册制上市公司。表 13－16 展示了 354 家科创板上市公司样本的回归结果。科创板公司招股说明书 *NETTONE*、*NEGTONE* 和 *POSTONE* 的系数都在 5%的水平下显著，*NETTONE* 对 *ADUNPRICING* 的影响为正，系数为 3.609，即招股说明书语调越正面，IPO 抑价率越高。

从实证结果中可以看出，科创板在注册制下，企业 IPO 抑价率对招股书语调的反应显著，招股书语调越正面，即积极词数越多，消极词数越少，企业 IPO 抑价率越高。这表明招股说明书文本语调对 IPO 抑价的作用更多地体现在科创板市场，科创板上市公司招股说明书隐含的语调信息更多地被投资者利用并纳入投资决策。

以下是对招股说明书文本语调对 IPO 抑价的作用更多地体现在科创板市场的两方面的解释。

从二级市场来看，IPO 抑价的一大成因是投资者非理性行为（魏志华等，2018；方先明和张若璇，2020），中小散户的信息甄别能力较机构投资者较弱，是造成股市非理性行为的重要因素（周晓苏和吴锡皓，2014）。创业板投资者准入门槛为证券账户及资金账户的资产日均不低于 10 万元人民币，科创板的准入门槛为 50 万元人民币，科创板对投资者资金要求较高，通过抬高投资者准入门槛，能够一定程度上筛选出具有投资知识和经验的投资者，防止市场上出现非理性的炒作、投机行为，营造良好的投资环境（吴锡皓和张弛，2022）。专业投资者比普通个人投资者具有更强的信息获取与分析能力，对于维持市场稳定、改善公司治理结构、加速市场价格形成等有积极影响（高雅等，2020）。更具投资经验和专业素养的投资者，在投资中会更关注企业的价值信息，企业招股说明书中所包含的信息将更加受到投资者重视。因此，科创板投资者准入门槛较高，投资者更具理性和估值经验，更加注重企业价值，对招股说明书更加关注。

另外，科创板和创业板在跟投制度方面存在差异，科创板实施完全强制跟投，即承销商必须按照发行价购入其保荐项目 2%～5%的股份，且锁定两年；创业板则仅实施半强制跟投，仅对未盈利、红筹架构、特殊投票权以及高价发行的四类公司采取强制跟投（吴锡皓和张弛，2022）。强制跟投制度将承销商和发行方、投资者的利益捆绑，能有效抑制承销商的机会主义行为（张岩和吴芳，2021）。因此，承销商会向投资者如实传递信息，信息不对称程度降低，招股说明书信息含量提高，这将加强招股说明书文本与 IPO 抑价之间的关联性。

表 13－15　　文本语调回归结果（创业板——注册制）

| 变量名 | ADUNPRICING (1) | (2) | (3) |
|---|---|---|---|
| *NETTONE* | 0.820 | | |
| | （0.41） | | |
| *NEGTONE* | | －1.640 | |
| | | （－0.41） | |
| *POSTONE* | | | 1.640 |
| | | | （0.41） |
| 常数项 | －11.359 | －10.539 | －12.179 |
| | （－1.41） | （－1.24） | （－1.50） |
| 样本量 | 247 | 247 | 247 |
| $R^2$ | 0.521 | 0.521 | 0.521 |

注：使用异方差稳健标准误，括号中为 $t$ 值。***表示在 1%的水平下显著，**表示在 5%的水平下显著，*表示在 10%的水平下显著。本表被解释变量均为经市场调整后的 IPO 抑价率 *ADUNPRICING*，控制变量的系数均省略。下表同。

表 13－16　　文本语调回归结果（科创板——注册制）

| 变量名 | ADUNPRICING (1) | (2) | (3) |
|---|---|---|---|
| *NETTONE* | 3.609** | | |
| | （2.25） | | |
| *NEGTONE* | | －7.217** | |
| | | （－2.25） | |
| *POSTONE* | | | 7.217** |
| | | | （2.25） |
| 截距项 | －10.810*** | －7.201*** | －14.419*** |
| | （－4.04） | （－2.63） | （－4.18） |
| 样本量 | 354 | 354 | 354 |
| $R^2$ | 0.249 | 0.249 | 0.249 |

## （三）询价新规与文本语调

为了进一步研究询价新规对市场 IPO 的影响，本章引入询价新规虚拟变量 *ENQUIRY*，按照模型式（13－7）进行回归，回归分析结果如表 13－17 所示。由于询价新规仅影响创业板和科创板，本章对创业板和科创板企业进行回归分析。表 13－17 的回归结果显示，询价新规对于招股说明书语调对创业板上市公司 IPO 抑价率影响不显著，而对科创板上市公司作用显著。在询价新规实施以前，科创板净语调越高，IPO 抑价率越高。询价新规与文本语调的交互项系数显著为负，询价新规实施以后，净语调和正面语调的影响减弱，负面语调的影响增强。

综合描述性统计检验中的结果来看，询价新规对询价机构提出了新的要求，打破了过去机构“抱团报价”的情况，提高了报价质量，降低了 IPO 抑价率，我国注册制改革自我纠错和完善的机制有效发挥了作用。但询价新规实施以后，仍然存在新股暴涨或大幅破发情况，询价机制仍然存在进一步改进的必要。

表 13-17　　文本语调回归结果（比较询价新规的影响）

| 变量名 | *ADUNPRICING* | | | | | |
|---|---|---|---|---|---|---|
| | (1) | (2) | (3) | (4) | (5) | (6) |
| | 创业板 | 创业板 | 创业板 | 科创板 | 科创板 | 科创板 |
| *NETTONE* | 0.815 | | | 3.994** | | |
| | (0.40) | | | (2.48) | | |
| *NETTONE × ENQUIRY* | -0.130 | | | -3.209*** | | |
| | (-0.08) | | | (-4.35) | | |
| *NEGTONE* | | -0.548 | | | -6.249** | |
| | | (-0.12) | | | (-1.99) | |
| *NEGTONE × ENQUIRY* | | -1.338 | | | -3.937*** | |
| | | (-0.95) | | | (-4.25) | |
| *POSTONE* | | | 1.317 | | | 7.207** |
| | | | (0.30) | | | (2.28) |
| *POSTONE × ENQUIRY* | | | -0.361 | | | -1.861*** |
| | | | (-0.47) | | | (-4.42) |
| 截距项 | -11.228 | -9.381 | -11.191 | -9.973*** | -7.203*** | -13.700*** |
| | (-1.35) | (-1.12) | (-1.29) | (-3.74) | (-2.63) | (-3.99) |
| 观测值 | 247 | 247 | 247 | 354 | 354 | 354 |
| $R^2$ | 0.521 | 0.524 | 0.522 | 0.272 | 0.270 | 0.272 |

## 第六节　结　　论

本章研究注册制实施后招股说明书文本对企业 IPO 抑价率的影响，探究注册制改革对我国资本市场定价效率的作用。本章分析了注册制前后创业板和科创板上市公司招股说明书风险披露的特点，并检验了注册制实施对上市公司招股书风险披露信息和IPO抑价关系的影响。另外，本章对注册制实施前后主板、创业板和科创板上市公司招股说明书文本语调进行分析，分上市制度和板块探讨了招股说明书语调与企业IPO抑价率的关系。研究发现，注册制下，企业招股说明书更加有效地披露了公司的经营、财务状况和相关风险信息，风险披露得分更高，招股书净语调更低。在注册制下，招股说明书风险披露与IPO抑价呈现显著负相关关系，公司招股说明书披露的有效风险越高，IPO抑价率越低；招股说明书文本净语调与IPO抑价呈现显著正相关关系，招股书正面语调越强，IPO抑价率越高；负面语调越强，IPO抑价率越低。注册制下，招股说明书文本与IPO抑价关系增强，由于对公司的实质审核转移到市场，公司上市表现将更加依靠市场决定，投资者会更加注重公司经营财务和发展状况，招股说明书文本对IPO抑价率影响增强。且询价新规的实施降低了企业IPO抑价率，缓解了IPO抑价率居高不下的情况。

本章提出如下政策建议：第一，交易所应建立更加完善的信息披露和审查机制，要求企业在招股说明书中提供更为详细、准确、透明的信息，提高招股说明书的信息披露质量，减少信息不对称，更好地服务投资者的投资决策；第二，在投资者准入条件的限制之外，还应加强对投资者的教育和培训，提高投资者的风险认知和风险承受意识，使投资者更加关注企业本身价值，理性决策，提高市场定价效率；第三，注册制改革需配套监管转型，信息公示制度、投资者权益保护制度、中介机构承担责任机制等注册制试点的相关制度需要推进，为投资者提供一个稳定和健康的投资环境；最后，我国注册制实行还处在初级阶段，部分制度尚未完善，信息不对称和投资者非理性行为依旧存在，资本市场仍需要经历一段时间的发展，还需要类似询价新规一类的制度自我完善，定价效率还有进一步提高的空间。

# 第十四章　注册制改革下的市场反应

## 第一节　引　言

本章以我国主板、科创板和创业板上已上市企业为研究对象，以注册制在科创板和创业板的分别实施为研究事件，探讨注册制的实施对我国资本市场不同板块、不同所有权性质企业收益率的影响。本章发现注册制改革事件对于创业板上市公司具有更加显著的正向影响，创业板企业短期与长期收益率表现均优于主板；且注册制实施后，财务风险低的公司短期、中长期市场表现均更好，这一实证结果在加入控制变量和考虑回归固定效应后依然稳健。这一结论支持了注册制改革会提升整个市场的优胜劣汰效率，财务风险小的优质公司更加受到市场的关注，市场对注册制实施有正向预期，这一发现同现有分析注册制对 IPO 影响的论文在结果上一致，并形成互补。

另外，本章还将样本分为国有企业和民营企业的子样本进行分析。党的二十大报告中指出，深化国资国企改革，加快国有经济布局优化和结构调整，推动国有资本和国有企业做强做优做大，提升企业核心竞争力。我国独有的以公有制为主体的社会主义市场经济制度决定了国企承担着推动我国经济建设的重要责任，是经济运行的"压舱石"。目前的研究，一方面认为国有企业的社会责任导致其效率相对民营企业偏低，另一方面认为政府存在给国有企业某种形式隐性担保的可能。我们发现施行注册制使国有企业收益率显著下降，这表明国企效率偏低的问题在市场化的环境下有可能被放大。这一方面为接下来的资本市场改革提供参考，另一方面也暗示当前西方研究范式下的上市企业效率指标，由于只以盈利为标准，并不一定能充分衡量国有企业的市场作用。

与以往的文献相比，本章的创新之处主要在于：（1）以往文献在注册制对于市场影响方面的研究主要聚焦于上市过程，较少着眼于注册制改革对市场已上市公司所产生的短期冲击和长期影响，而本章从这一角度分析了注册制改革作为政府在市场上"减少干预，依赖市场进行资源配置"这一信号对股票市场不同板块、不同所有权属性企业定价效率的影响差异；（2）以往文献大多只考察科创板注册制的影响，而本章同时选取注册制实施事件作为研究对象，分析其对股票市场不同板块、不同所有权属性企业定价效率的影响差异，为将来全面落地的注册制改革提供可能的情景以及相应的对策和启示。研究结果将有助于我国资本市场改革举措的互补与协调，促进资本市场行稳致远。

本章结构安排如下：第二部分是文献综述与研究假设，第三部分是注册制效率分析，第四部分是研究设计，第五部分是实证分析，第六部分给出结论和启示，第七部分附录。

# 第二节　文献综述与研究假设

## 一、注册制改革的制度背景及对市场的影响

三年以来，注册制的试点改革翻开了我国资本市场的新篇章。一系列与注册制有关的历史事件如表 14-1 所示。

表 14-1　　注册制发展进程

| 时间 | 简介 |
| --- | --- |
| 2013 年 11 月 | 党的十八届三中全会将“推进股票发行注册制改革”写入《中共中央关于全面深化改革若干重大问题的决定》，这是注册制首次写入中央文件 |
| 2015 年 4 月 | 证券法修订草案提请一审，并明确取消股票发行审核委员会制度，规定公开发行股票并拟在交易所上市交易的，由交易所负责对注册文件进行审核 |
| 2015 年 12 月 27 日 | 2015 年 12 月 27 日，全国人大授权国务院进行注册制改革，授权有效期确定为两年 |
| 2018 年 2 月 24 日 | 十二届全国人大常委会决定，股票发行注册制改革授权有效期获准延长两年 |
| 2018 年 11 月 5 日 | 国家主席习近平宣布设立科创板，试点注册制 |
| 2019 年 1 月 30 日 | 证监会就《科创板上市公司持续监管办法（试行）》和《科创板首次公开发行股票注册管理办法（试行）》公开征求意见，上交所就设立科创板并试点注册制相关配套业务规则公开征求意见 |
| 2019 年 3 月 2 日 | 证监会正式发布设立科创板并试点注册制主要制度规则；随后，上交所正式发布科创板配套业务规则 |
| 2019 年 7 月 22 日 | 科创板首批 25 家企业上市 |
| 2019 年 10 月 20 日 | 证监会首次公开提出创业板试点注册制 |
| 2019 年 12 月 28 日 | 十三届全国人大常委会第十五次会议通过新修订证券法，明确全面推行注册制 |
| 2020 年 3 月 1 日 | 新证券法开始正式施行 |
| 2020 年 4 月 27 日 | 中央全面深化改革委员会第十三次会议审议通过了《创业板改革并试点注册制总体实施方案》随后，证监会、深交所就创业板改革并试点注册制主要制度规则向社会公开征求意见 |
| 2020 年 6 月 12 日 | 证监会发布创业板试点注册制相关正式制度规则 |
| 2020 年 8 月 24 日 | 创业板试点注册制首批企业上市 |
| 2021 年 11 月 15 日 | 北交所鸣锣开市，实行注册制 |

注册制以市场为导向，对IPO进行形式审核，由投资者进行实质审核，有利于股市资源配置。顾连书等对股票发行注册制相较于核准制的各种优点进行了详尽的论证。张光利等关注了核准制IPO中的实质审核过程，发现审核意见数量能够显著降低企业IPO抑价水平和股票超额累积收益率，但审核意见越多的企业，其未来风险水平越高，“业绩变脸”的程度越严重。在实证检验方面，众多文献验证了注册制的实施提升了市场的定价效率，主要集中于新上市公司的IPO定价效率方面。在股票发行核准制阶段，张劲帆等研究发现，新股在二级市场表现有“弹簧效应”：抑制股票一级市场定价虽然解决了新股发行价过高问题，但是却造成二级市场更大的价格扭曲。刘煜辉和沈可挺则认为，中国股票市场的供给控制构成了IPO高抑价非理性解释的制度基础。除此之外，IPO的资源争夺还涉及地方政府对公司的补助，地区市场化水平越低，地方政府干预越强，其为争夺处于政府管控下的IPO资源提供的补助越多，其对IPO公司正常生产经营的干扰就越严重。注册制的实施有助于削弱以上现象。谢朝华和刘玲杉发现注册制改革能够显著降低IPO抑价，促进IPO定价效率提升；赖黎等发现科创板新股相对于主板的实际首日收益率更低，并且注册制改革影响投资者预期，降低了核准制下企业IPO的实际首日收益率，使得非科创板新股定价效率也得以提高。除此之外，通过利用事件研究法对注册制改革事件进行分析，吴文若发现财务信息质量较差的上市公司对注册制改革具有更强烈的负面反应，而赖黎等发现壳企业的短期和长期市场表现均更差。而巫岑等从信息溢出的视角出发，研究发现在注册制下的IPO由于强调更加充分、准确的信息披露，改善了其他同行业上市公司的信息环境，降低了其股价同步性，从而提升了整个市场的定价效率。

## 二、多层次资本市场方面的研究

在多层次资本市场对国家经济发展水平的影响方面，Mckinnon对发展中国家资本市场的研究发现，多层级资本市场在加强金融深化与打破金融抑制方面有积极的促进作用。Teo和Cheong认为，中小企业是国家经济发展的基础，多层级资本市场有助于为中小企业提供良好的融资需求和促进企业的快速发展。Beck和Demirguc-Kunt研究发现，具有单层次资本市场的国家普遍存在中小企业融资难的现象，并且单层资本市场难以为经济发展提供动力支撑。

我国学者也对多层次市场对资源配置效率的影响进行了深入探究。周小川认为，金融创新是推动资本市场多层次建设的关键。宋凌峰和郭亚琳借鉴德国的地方性资本市场发展模式，认为我国以私募为主的地方性资本市场应积极吸引外部资金，地方性交易所也应拓展产品业务满足多元化需求并与主板市场完善联通机制。郑志丹和宋朋认为，目前中国股票市场更多地体现了政府指导下的资源配置效率，并且主板市场的配置效率最低，创业板的配置效率最高。辜胜阻等认为，需要加强法治建设，转板、退市等制度安排，要推进市场化改革，扭转多层次“倒金字塔”型资本市场结构。何牧原和张昀认为，新三板没有转板的绿色通道，建议要畅通新三板转板机制。冯燕妮和沈沛龙认为，“非市场化”是制约我国资本市场健康发展的原因之一。

就具体市场分析，郭澄澄和王如忠认为，科创板对主板市场局部短期内存在一定的竞争效应，但是从中长期来看，两者构成相容互通的资本池，科创板对于提升主板市场资源配置效率，促进资本市场结构优化和完善我国多层次资本市场体系建设具有积极作用。乔晗等基于模糊断点回归，分析研究了创业板的风险投资对筛选和培育优质企业的作用，研究发现国内 VC 具有“增值”作用，能够创造经济价值，但不具有“筛选”作用。朱宏泉等研究了经济不确定性对 IPO 抑价的影响，发现经济政策不确定性虽然会带来 IPO 抑价率的增加，但也会降低投资者对公司的价值认可度，导致 IPO 抑价降低。梁睿等发现，相比于主板，科创板交易制度提高了市场的价格发现效率，降低了市场流动性，加剧了市场波动。

通过上述分析，我们发现注册制改革利大于弊已成为共识，其有助于引导投资者理性预期、抑制炒作，促进企业价值回归基本面。但一方面，上述研究基本没有考虑到市场板块的不同对于注册制改革的可能影响：各板块上市要求、上市公司特征以及交易制度均存在差别，以及交易所之间存在资源竞争现象很可能会影响注册制的实施效果。另一方面，之前的实证文献主要研究的是科创板注册制试点的实际影响，而 2020 年 8 月 24 日起实施的创业板注册制改革为注册制改革影响研究提供了新的样本。将科创板和创业板的改革实践联系起来进行研究对比，有助于评估注册制试点改革过程中取得的成效，以及对未来的全面注册制改革提出更贴合实际的建议。此外，公司的国有企业属性也可能对其市场反应表现产生影响，但之前文献较少涉及[①]。本章将已上市企业分类并进行检验。这一分类有助于我们更好地理解注册制改革作用于投资者预期的形式，以及其对市场造成的实际影响。

## 三、研究假设

### （一）注册制实施对不同市场板块的影响差异

注册制的特点就是减少政府干预，由市场决定资源配置。在这一制度下，资金将流向业绩长期优秀的企业，IPO 审批形式的改变将使得新股上市速度加快，与已上市公司

① 吴秋生等发现国有企业在注册制下 IPO 审计费用比民营企业低。这一发现和本章视角并不相关。本章关注的是以上是国有企业和民营企业的差异。

形成流动性竞争。与此同时，退市将逐渐成为常态，保持一定的上市公司退市比例，有利于形成优胜劣汰竞争机制，促进股市资源优化配置。

我们可以把注册制的实施看做一个包含信息的事件。有效市场假说认为，在理性的环境下，事件的效应将会被迅速反映在证券价格上。比如，监管环境和相关法律的变化影响投资者对未来市场发展的预期，进而改变当前的证券价格。作为注册制的试点，科创板和创业板的改革无疑在逐步增强投资者对于市场全面注册制的预期。在理性预期下，投资者对于市场的定价将提前做出反应以更加符合企业的基本面，也会对潜在风险给出更负面的反应。

由于财务风险和流动性竞争以及更大的退市风险高度相关，本章用财务风险来衡量上市公司的潜在风险。对于财务风险较大的公司，在注册制下投资者会更显著降低对其的预期收益率，进而会对目前的股票价格造成负面影响。而在长期，随着股市"马太效应"的逐步体现，绩优股的实际表现也会高于财务质量较差的公司，进一步促进资本市场的优胜劣汰。所以，财务风险较大的企业不仅面临短期事件刺激的负面影响，随着注册制改革工作逐步推进，"炒小炒差"现象也将得到根治。因此，长期来看，财务质量差的企业股票价格将持续走低。

本章以 Altman 的 *Z* 值（*Z*-Score）模型衡量公司的财务风险。*Z*-Score 模型是一种综合考虑多个财务指标的多变量财务预警模型，从企业的资产规模、折现能力、获利能力、财务结构、偿债能力、资产利用效率等方面综合反映了企业财务状况，*Z* 值越小，则公司财务风险越高。该指标在 1 年内预测企业破产的概率达到 95%。在国内，有大量学者选取我国 A 股上市公司作为样本，对 *Z*-Score 模型在我国的适用性进行检验，结果表明公司 *Z* 值的大小可以较好地反映我国上市公司的财务质量以及被特殊处理（Special Treatment，ST）的风险；同时也有大量文献选取 *Z* 值作为衡量公司财务风险的变量进行研究。

综上所述，本章以 Z 值作为衡量财务风险的变量，我们认为具有较低财务风险的公司 *Z* 值更高，会拥有更好的股价表现。基于此，提出假设 1。

H1a：科创板注册制实施后，*Z* 值更高的公司短期、中长期市场表现均更好。

H1b：创业板注册制实施后，*Z* 值更高的公司短期、中长期市场表现均更好。

### （二）注册制实施对国有企业与民营企业的影响差异

我国资本市场的特色之一是国有企业在市场的特殊地位。习近平总书记在全国国有企业改革座谈会的重要指示中强调："国有企业是壮大国家综合实力、保障人民共同利益的重要力量，必须理直气壮做强做优做大，不断增强活力、影响力、抗风险能力，实现国有资产保值增值。”这也是我国资本市场区别于西方国家资本市场的重要特色。截至 2021 年底，我国国有控股公司共 1 317 家，总市值 33.54 万亿元，占境内及港股上市公司的 28.26%①。我国国有企业在经济建设中承担了许多非营利的社会责任，是我国公有制经济重要的运行保障和党的意志传播的重要路径。由于国有企业相对于私营企业，承载着很多社会、经济、国家战略层面的目标，而非完全以股东财富最大化为目标，因此，目前的研究发现，我国国有企业的盈利能力和效率相对（私营企业）偏低。在市场化改革背景下，对于公司的盈利以及财务质量要求将会进一步提高，国企在承担社会正外部性的情况下，其盈利前景往往不如私企。因此，我们判断国有企业在注册制实施过程中也会有较差的股价表现。基于此，提出假设 2。

H2a：科创板注册制实施后，国有企业的短期、中长期表现均更差。

H2b：创业板注册制实施后，国有企业的短期、中长期表现均更差。

## 第三节　注册制对市场不同板块影响的初步分析：上市审核效率

在本章实证分析之前，我们先简要分析注册制的实施对企业上市审核效率的影响。这一角度是对目前注册制对 IPO 定价效率的一个补充，也可以给读者带来注册制对市场影响的初步感受。我们利用 IPO 企业上市用时来衡量上市审核的效率。上市用时定义为自公司 IPO 申请受理日至公开上市日期间的天数。在注册制之下，对上市企业的审核权由证监会转移到了交易所。这一审核权力的下放被普遍认为是政府减少了对市场的行政干预。

注册制的实施可以有效提升企业上市审核效率。我们统计了 2019 年 7 月至 2022 年 8 月期间，实行注册制的板块（科创板及后来的创业板）与实行核准制的板块（沪深主板）每个月的平均上市用时，并将两者之差作为统计量进行均值 $t$ 检验，最后得到 $t=-7.400\,9$，具体如附表 14－1 所示。这说明实行注册制板块的平均上市用时显著低于实行核准制的板块。

本章分别选取了科创板首批上市企业 2019 年 7 月 22 日至 2022 年 8 月 15 日，和创业板首批注册制企业 2020 年 8 月 24 日至 2022 年 8 月 15 日的观测值，并配以同期的主板（核准制）上市的公司进行比较，表 14－2 展示了比较结果。

---

① 中国新闻网，http://www.chinanews.com.cn/cj/2022/05－18/9757816.shtml.

表 14－2　不同板块上市用时比较

| 变量 | 平均值 | 标准差 | 平均值 | 标准差 | $t$ 值 |
|---|---|---|---|---|---|
| | 科创板 | | 主板 | | |
| 上市用时 | 284.34 | 98.03 | 536.25 | 250.08 | －17.53*** |
| | 创业板 | | 主板 | | |
| 上市用时 | 354.86 | 157.36 | 512.33 | 232.27 | －9.09*** |
| | 科创板注册制引入前 | | 科创板注册制引入后 | | |
| 主板上市用时 | 561.31 | 185.20 | 536.25 | 250.08 | 1.53*** |
| | 创业板注册制引入前 | | 创业板注册制引入后 | | |
| 主板上市用时 | 567.28 | 207.97 | 512.33 | 232.27 | 3.10*** |
| 创业板上市用时 | 532.06 | 194.79 | 354.86 | 157.36 | 12.13*** |

注：*、**、***分别代表 $t$ 值在 10%、5%和 1%水平显著。

表 14－2 显示，注册制实施后科创板企业平均上市用时约 284 天，远低于同期主板的 536 天，说明科创板企业上市用时显著低于主板企业。同样，注册制实施后创业板企业平均上市用时约 355 天，远低于同期主板的 512 天。而且，我们还比较了不同板块新上市企业在注册制实施前后的平均上市用时。表 14－2 显示创业板企业上市平均用时在注册制实施后显著下降。这些统计结果同样支持注册制的实施可以有效提升企业上市审核效率的论点。图 14－1 展现了一致的发现。

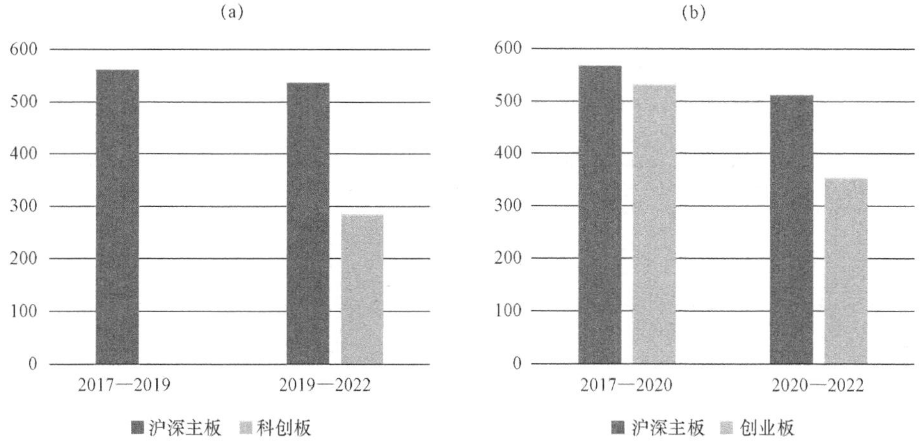


**图 14－1　不同板块注册制改革前后平均上市用时对比**

值得注意的是，即使在没有实施注册制的主板市场，注册制的实施也能在一定程度上缩短新企业的上市用时。表 14－2 显示在科创板注册制实施前后，主板企业平均上市用时从 561 天下降到 536 天。而这一指标在创业板实施前后从 567 天下降到平均 512 天，且在统计上显著。一个解释是创业板施行注册制是政府向市场发出了一个明确的信号，进一步打消了投资者在最初科创板引入注册制时，对这一制度是否会大范围施行存在的一些疑虑，而更加相信未来将依赖市场力量进行资源配置。在这一思路之下，注册制下的上市企业和核准制下的上市企业会形成竞争，这会促使核准制下的监管机构提高审核效率。这一溢出效应正是注册制实施对于市场影响的一个例证，也为本章接下来的实证分析提供了重要依据。

# 第四节 研究设计

## 一、样本选择与数据来源

本章分别以2019年7月22日和2020年8月24日之前在A股市场上市的所有公司作为样本选取范围，分别考察科创板和创业板注册制改革两个事件期间市场的短期和中长期反应。为保证数据的准确性和可靠性，我们对样本进行了如下处理：（1）剔除考察期间相关数据缺失的公司样本；（2）剔除金融业公司。（3）对所有连续变量在上下1%处进行缩尾处理。最后，在科创板、创业板实行注册制事件中，我们得到的事件观测数据分别为3 401和3 588，公司具体的上市板块以及国企在市场的分布分别如表14－3和表14－4所示。事件研究的财务数据在考察科创板成立事件时选用2018年年报数据，在创业板注册制改革事件中则选用2019年年报数据，股市交易数据来源于CSMAR和Wind数据库，个股收益率为考虑现金红利再投资的日个股回报率，市场收益率选择考虑现金红利再投资的日市场回报率（总市值加权平均法）。

**表14－3　　样本公司上市板块家数分布**

| 事件 | 主板 | 科创板 | 创业板 |
|---|---|---|---|
| 科创板注册制试点 | 2 673 | —— | 728 |
| 创业板注册制改革 | 2 740 | 70 | 778 |

**表14－4　　国有企业在上市板块中的分布**

| 时间 | 上市板 | 国企 | 非国企 |
|---|---|---|---|
| 2018年末 | 主板 | 1 024 | 2 126 |
| | 创业板 | 38 | 1 116 |
| 2019年末 | 主板 | 1 050 | 2 100 |
| | 创业板 | 60 | 1 094 |
| | 科创板 | 14 | 414 |

## 二、主要变量构建

### （一）市场变量

本章设置科创板和创业板的虚拟变量分别用 *STAR* 和 *CHINEXT* 表示。如果上市公司在科创板，*STAR* 取值为 1，否则为 0；如果上市公司在创业板，*CHINEXT* 取 1，否则取 0。当 *STAR* 和 *CHINEXT* 均取 0 时，即代表公司于主板上市。在对科创板注册制试点事件进行检验时，由于科创板为新成立板块，故模型中的市场变量只包含创业板变量 *CHINEXT*。在对创业板注册制改革事件进行检验时，模型同时考虑两个市场变量。

### （二）*Z* 值

本章按照 Altman 的 *Z* 值模型计算公司 *Z* 值。计算方法如下：

$$Z = 0.012X_1 + 0.014X_2 + 0.033X_3 + 0.006X_4 + 0.999X_5 \quad (14-1)$$

其中：

$X_1$ = 净营运资本/总资本；

$X_2$ = 留存收益/总资本；

$X_3$ = 息税前利润/总资本；

$X_4$ = 股票总市值/负债账面价值总额；

$X_5$ = 营业收入/总资本。

一般利用 *Z* 值衡量公司财务风险有两种方式：根据数值大小判断，或与几个事先规定的临界值比较判断。本章将 *Z* 值作为连续变量考量，即使用 *Z* 值数值大小作为评判公司财务风险的标准：*Z* 值越大，公司财务风险越小。

### （三）国有企业变量

本章设置国有企业虚拟变量 *SOE*，当公司实际控制人属性为国有时取 1，否则取 0。在实际判断中，本章将公司实控人为地方政府、国资委或地方国资委、中央或地方国有企业、中央国家机关等部门的公司均纳入国有企业范围。

## 三、实证模型设计

### （一）事件研究法

本章选用事件研究法（Event Study）来考察科创板注册制试点和创业板注册制改革期间的短期和中长期市场反应。具体做法如下。

（1）界定事件及事件期间：本章主要研究科创板注册制试点和创业板注册制改革两个事件。

（2）事件窗的选择：两个事件分别以 2019 年 7 月 22 日和 2020 年 8 月 24 日为事件日。在短期检验中，分别选取［0，+1］、［0，+2］、［-1，+1］和［-2，+2］为事件窗。在中长期检验中，我们参考赖黎等、Fan 等、魏志华等的研究，考察了以 60 天和 120 天为事件窗的检验结果。

（3）估计窗的选择。本章参考赖黎等，选取［-105，-6］共 100 个交易日作为估计窗。划出估计窗的目的，是利用该期间的数据去估算在事件未出现情况下的期望收益值。将期望收益值与事件发生后实际收益值相比较，便得出事件所带来的异常收益值。

（4）计算异常收益率 *AR*（Abnormal Return）。本章利用市场模型和 Scholes 和 Williams 提出的估算程序来确定预测收益率。计算公式为：

$$AR_{i,t} = R_{i,t} - (\hat{\alpha}_i + \hat{\beta}_i R_{M,t}) \tag{14-2}$$

其中，$R_{i,t}$ 为证券 $i$ 在 $t$ 日的实际收益率，$(\hat{\alpha}_i + \hat{\beta}_i R_{M,t})$ 为根据估计窗数据计算得到的预期收益率。

（5）计算累计异常收益率 *CAR*（Cumulative Abnormal Return）。累计异常收益率是计算公司 $i$ 在 $t_1$ 到 $t_2$ 的一段时期内，异常收益率的总和：

$$CAR_i[t_1, t_2] = \sum_{T=t_1}^{t_2} AR_{i,t} \tag{14-3}$$

最后，本章以累计异常收益率作为被解释变量，执行横截面回归，探究公司财务风险、市场板块以及国企属性对其的可能影响。

## （二）财务风险、市场板块与国企属性研究

接下来，我们构建式（14-4）和（14-5），分别考察科创板和创业板实施注册制的短期市场反应，并加入了不同市场（主板、科创板、创业板）以及其与 *Z* 值的交叉项作为解释变量，研究注册制实施是否对不同板块的财务风险不同的公司的影响有所区别。我们参考赖黎等的做法，选取公司市值 *MV*、资产负债率 *LEV*、总资产报酬率 *ROA*、机构持股比例 *INS*、股利支付水平 *DR*、公司成立年数 *AGE* 作为控制变量。最后，我们控制了行业固定效应。

$$\begin{aligned} CAR_i = {} & \alpha + \beta_1 CHINEXT_i + \beta_2 Z_i + \beta_3 CHINEXT_i \times Z_i + \beta_4 log(MV_i) + \\ & \beta_5 LEV_i + \beta_6 ROA_i + \beta_7 INS_i + \beta_8 DR_i + \beta_9 AGE_i + IndFE_i + \varepsilon_i \end{aligned} \tag{14-4}$$

$$\begin{aligned} CAR_i = {} & \alpha + \beta_1 STAR_i + \beta_2 CHINEXT_i + \beta_3 Z_i + \beta_4 STAR_i \times Z_i + \\ & \beta_5 CHINEXT_i \times Z_i + \beta_6 log(MV_i) + \beta_7 LEV_i + \beta_8 ROA_i + \\ & \beta_9 INS_i + \beta_{10} DR_i + \beta_{11} AGE_i + IndFE_i + \varepsilon_i \end{aligned} \tag{14-5}$$

其中，在模型（14－4）的科创板事件检验中，由于之前不存在科创板上市公司，故在该部分检验中，$STAR_i$ 相关变量予以省略，在模型（14－5）的创业板事件检验中则同时使用两个虚拟变量。

在长期市场反应考察中，我们参考赖黎等、Fan 等人的研究，选取公司市值 $MV$、资产负债率 $LEV$、托宾 $Q$、第一大股东持股比例 $TOP1$ 作为控制变量，并控制行业固定效应。我们构建式（14－6）和（14－7）考察两起事件的中长期市场反应。

$$\begin{aligned} CAR_i / BHAR_i = {} & \alpha + \beta_1 CHINEXT_i + \beta_2 Z_i + \beta_3 CHINEXT_i \times Z_i + \\ & \beta_4 log(MV_i) + \beta_5 LEV_i + \beta_6 Q_i + \beta_7 TOP1_i + IndFE_i + \varepsilon_i \end{aligned} \tag{14-6}$$

$$\begin{aligned} CAR_i / BHAR_i = {} & \alpha + \beta_1 STAR_i + \beta_2 CHINEXT_i + \beta_3 Z_i + \beta_4 STAR_i \times Z_i + \\ & \beta_5 CHINEXT_i \times Z_i + \beta_6 log(MV_i) + \beta_7 LEV_i + \\ & \beta_8 Q_i + \beta_9 TOP1_i + IndFE_i + \varepsilon_i \end{aligned} \tag{14-7}$$

其中，因变量为累计超额收益率 $CAR_i$ 以及买入并持有超额收益率 $BHAR_i$，以考察事件窗后 60 日、120 日的市场反应。

在对国企属性进行考察时，本章加入国企虚拟变量与 $Z$ 值的交叉项，以探究事件对国企和非国企的影响是否具有差别。由表 14－4 可以发现，国企普遍选择在主板上市，可以认为国有企业在选择上市板时具有明显倾向，国企变量与市场变量具有较高相关性。因此，在此部分检验时剔除市场变量，构建短期和中长期的模型分别如下：

$$\begin{aligned} CAR_i = {} & \alpha + \beta_1 SOE_i + \beta_2 Z_i + \beta_3 SOE_i \times Z_i + \beta_4 log(MV_i) + \beta_5 LEV_i + \\ & \beta_6 ROA_i + \beta_7 INS_i + \beta_8 DR_i + \beta_9 AGE_i + IndFE_i + \varepsilon_i \end{aligned} \tag{14-8}$$

$$\begin{aligned} CAR_i / BHAR_i = {} & \alpha + \beta_1 SOE_i + \beta_2 Z_i + \beta_3 SOE_i \times Z_i + \beta_4 log(MV_i) + \\ & \beta_5 LEV_i + \beta_6 Q_i + \beta_7 TOP1_i + IndFE_i + \varepsilon_i \end{aligned} \tag{14-9}$$

其中，控制变量的选择均与上文中对应的短期和中长期模型相同。

模型中具体变量的定义，如表 14－5 所示。

**表 14－5　　变量定义**

| 变量名称 | 变量符号 | 说明 |
|---|---|---|
| 累计超额收益率 | *CAR* | 公司在窗口期［0, +1］、［0, +2］或［−1, +1］、［−2, +2］的累计超额收益率乘以 100；或公司自事件窗结束起 60、120 日的累计超额收益率乘以 100 |
| 购买并持有超额收益率 | *BHAR* | 公司自事件窗起 60、120 日的购买并持有超额收益率 |
| 周收益率 | *WEEKRET* | 个股的周收益率 |
| 科创板 | *STAR* | 在实证检验所考察的公司样本中，若公司上市板为科创板，取值为 1，否则为 0 |

续表

| 变量名称 | 变量符号 | 说明 |
| --- | --- | --- |
| 创业板 | *CHINEXT* | 在实证检验所考察的公司样本中，若公司上市板为创业板，取值为 1，否则为 0 |
| Z 值 | *Z* | Altman（1968）中的 Z 值 |
| 公司市值 | *MV* | 年末股票收盘价与股本数目的乘积 |
| 资产负债率 | *LEV* | 总负债与总资产之比 |
| 总资产收益率 | *ROA* | 税前净利润与总资产之比 |
| 机构持股比例 | *INS* | 机构投资者持股数占公司总股本的比例 |
| 股利支付水平 | *DR* | 税后每股现金股利与每股收益之比 |
| 公司成立年数 | *AGE* | 公司成立年数加 1 的自然对数 |
| 公司市场表现 | *Q* | 公司市值与净资产之比 |
| 第一大股东持股比例 | *TOP*1 | 公司第一大股东持股比例 |

# 第五节 实证分析

本节的实证分析我们将分别分析注册制改革对市场的影响。我们将分析不同板块、不同性质类企业对注册制引入的短期和中长期反应。本节首先对样本进行统计描述。

## 一、描述性统计

表 14－6 为主要变量的描述性统计。在科创板注册制试点中，*CAR* 均值在短期为负，中长期为正，随时间逐渐变大；在创业板注册制改革事件中，*CAR*［0，+1］均值为 0.196 43，而 *CAR*［0，+2］均值转为负值，且随着时间拉长，中长期 *CAR* 也为负值且不断变小。这初步说明市场对于两起事件的反应不同。此外，所有变量均在正常范围之内，说明连续变量进行缩尾处理后，不再受极端值影响。

**表 14－6　　主要变量的描述性统计**

| 事件 | 变量 | 观测值 | 均值 | 标准差 | 最小值 | 中位数 | 最大值 |
| --- | --- | --- | --- | --- | --- | --- | --- |
| 科创板注册制实施 | *CAR*［0，+1］ | 3 401 | －0.784 9 | 2.611 84 | －8.884 8 | －0.899 2 | 7.694 6 |
| | *CAR*［0，+2］ | 3 401 | －0.540 74 | 3.022 94 | －9.585 7 | －0.734 6 | 10.013 7 |
| | *CAR*60 | 3 401 | 1.406 67 | 17.711 29 | －45.848 5 | 0.661 7 | 58.379 |

续表

| 事件 | 变量 | 观测值 | 均值 | 标准差 | 最小值 | 中位数 | 最大值 |
|---|---|---|---|---|---|---|---|
| 科创板注册制实施 | *CAR*120 | 3 401 | 1.759 89 | 32.268 99 | −88.204 8 | 0.972 7 | 94.637 9 |
| | *Z* | 3 401 | 4.865 028 | 5.372 112 | −0.824 769 4 | 3.141 816 | 30.933 29 |
| | *MV* | 3 401 | 8.878 | 15.661 | 1.265 | 4.011 | 117.539 |
| | *LEV* | 3 401 | 0.423 | 0.201 | 0.065 | 0.412 | 0.918 |
| | *ROA* | 3 401 | 0.032 | 0.092 | −0.445 | 0.038 | 0.222 |
| | *INS* | 3 401 | 0.355 | 0.239 | 0.000 | 0.354 | 0.870 |
| | *DR* | 3 401 | 0.265 | 0.297 | 0.000 | 0.208 | 1.756 |
| | *AGE* | 3 401 | 3.157 | 0.231 | 2.485 | 3.178 | 3.714 |
| | *Q* | 3 401 | 2.551 | 2.237 | 0.512 | 1.944 | 15.967 |
| | *TOP*1 | 3 401 | 0.336 | 0.144 | 0.088 | 0.313 | 0.731 |
| 创业板注册制改革 | *CAR*［0，+1］ | 3 588 | 0.196 43 | 4.131 18 | −9.692 9 | −0.405 3 | 14.378 1 |
| | *CAR*［0，+2］ | 3 588 | −0.298 54 | 5.059 92 | −12.676 | −0.857 15 | 16.263 4 |
| | *CAR*60 | 3 588 | −1.241 61 | 26.552 92 | −74.000 5 | −0.693 65 | 72.335 2 |
| | *CAR*120 | 3 588 | −11.120 17 | 40.999 62 | −125.853 | −9.649 4 | 98.568 1 |
| | *Z* | 3 588 | 6.182 584 | 8.580 839 | −1.516 638 | 3.444 725 | 57.381 32 |
| | *MV* | 3 588 | 11.522 | 20.884 | 1.411 | 4.937 | 149.609 |
| | *LEV* | 3 588 | 0.424 | 0.207 | 0.059 | 0.413 | 0.947 |
| | *ROA* | 3 588 | 0.031 | 0.094 | −0.432 | 0.038 | 0.231 |
| | *INS* | 3 588 | 0.349 | 0.244 | 0.000 | 0.348 | 0.869 |
| | *DR* | 3 588 | 0.257 | 0.295 | 0.000 | 0.207 | 1.762 |
| | *AGE* | 3 588 | 3.140 | 0.251 | 2.079 | 3.178 | 4.205 |
| | *Q* | 3 588 | 3.188 | 2.954 | 0.468 | 2.344 | 19.592 |
| | *TOP*1 | 3 588 | 0.330 | 0.144 | 0.090 | 0.306 | 0.720 |

## 二、科创板注册制引入的市场反应

### （一）对财务风险和市场板块的分析

我们先利用模型（14－3）考察科创板和创业板实施注册制的短期市场反应。表 14－7 给出了在科创板实施注册制事件中，不同市场板块的短期反应。列（1）～（4）给出了在不考虑财务风险及企业性质情况下的结果，我们发现创业板虚拟变量 *CHINEXT* 在 1% 水平上均显著为正，说明科创板成立事件对于创业板上市公司具有更加显著的正向影响。列（5）～（12）给出了考虑财务风险变量 *Z* 后的结果，我们发现创业板虚拟变量 *CHINEXT*

的系数依然显著为正。

在公司财务风险方面，$Z$ 值回归系数在列（5）至（8）中的回归系数均为正，其中在第（6）列以 $CAR$［0，+2］为因变量的回归中在 5%上显著，说明科创板注册制试点对于财务风险更低的公司有正面影响，由此验证了假设 1a 的短期部分。

在列（9）～（12）中，创业板变量 $CHINEXT$ 与 $Z$ 值的交乘项系数均不显著，由此可以判断创业板上市公司与主板上市公司在财务风险方面对事件的短期反应没有显著的组间差异。

我们采用模型（14－5）考察科创板实施注册制后各板块的中长期市场反应。表 14－8 给出了回归结果。其中创业板变量 $CHINEXT$ 在各列回归中以不同置信水平为正，且仅有第（11）列回归中不显著，表明与主板公司相比，科创板注册制的实施在长期对于创业板公司具有更为正面的影响，创业板公司在各考察时间段内的股价表现均优于主板公司。同时，与短期表现类似，$Z$ 值系数在列（5）～（8）回归中均为正，且在第（6）列以 $CAR$［0，+2］为因变量的回归中在 5%上显著，表明科创板注册制试点对于财务风险更低的公司的中长期有正面影响；列（9）～（12）引入创业板变量与 $Z$ 值的交乘项后不影响 $Z$ 值的回归结果，且交乘项系数均不显著。

通过比较科创板实施注册制后对主板与创业板的影响，我们可以发现，创业板在短期与长期的表现均优于主板，且财务风险更低的公司，所受正面影响更大。这反映了注册制给不同板块的上市公司带来的影响有显著差异。与主板相比，创业板的公司以创新型中小企业为主，与科创板的企业有一定的相似性，科创板实施注册制，表明了未来资本市场的发展重心将逐渐以创新科技型产业为主，高新技术和创新型企业将更受到市场重视，因此创业板的企业相比主板更加受到激励，市场反应更加正面。

### （二）企业性质差异：国有企业与非国有企业的比较

在科创板注册制实施事件中，国企和非国企不同反应的检验结果如表 14－9 和表 14－10 所示。表 14－9 展示的是短期结果。国企变量 $SOE$ 在列（1）至（4）回归中均显著为负，这说明国有企业在该事件中的短期表现相对于非国企更差，说明假设 2a 成立。在考虑增加财务风险变量进行回归后也并未改变 $SOE$ 的符号及显著程度。

在公司财务风险方面，列（5）～（8）显示 $Z$ 值回归系数均为正，且在第（6）列的回归结果在 1%的水平上显著，表明科创板注册制实施对于财务风险更低的企业有正向影响。最后，在列（9）～（12）回归中，$Z$ 值与国企变量 $SOE$ 的交乘项并不显著，表明科创板实施注册制在短期对财务风险不同的国企与非国企的影响没有显著区别。

从表 14－10 可以看出，在中长期的回归结果与短期类似，中长期国有企业在该事件中的表现相对于非国企更差；创业板注册制实施对于财务风险更低的企业有一定程度的

表 14-7 科创板实施注册制：短期市场反应

| 变量 | (1) | (2) | (3) | (4) | (5) | (6) | (7) | (8) | (9) | (10) | (11) | (12) |
|---|---|---|---|---|---|---|---|---|---|---|---|---|
| | *CAR* [0, +1] | *CAR* [0, +2] | *CAR* [−1, +1] | *CAR* [−2, +2] | *CAR* [0, +1] | *CAR* [0, +2] | *CAR* [−1, +1] | *CAR* [−2, +2] | *CAR* [0, +1] | *CAR* [0, +2] | *CAR* [−1, +1] | *CAR* [−2, +2] |
| *CHINEXT* | 0.355*** | 0.509*** | 0.525*** | 0.495*** | 0.349*** | 0.475*** | 0.516*** | 0.472** | 0.451** | 0.467** | 0.741*** | 0.554** |
| | (2.76) | (3.37) | (3.48) | (2.7) | (2.72) | (3.15) | (3.4) | (2.56) | (2.51) | (2.29) | (3.57) | (2.24) |
| *Z* | | | | | 0.006 33 | 0.034 2** | 0.009 73 | 0.023 5 | 0.012 7 | 0.033 6** | 0.023 7 | 0.028 7 |
| | | | | | (0.52) | (2.54) | (0.68) | (1.42) | (0.96) | (2.29) | (1.46) | (1.54) |
| *Z*× *CHINEXT* | | | | | | | | | −0.016 4 | 0.001 35 | −0.036 2 | −0.013 2 |
| | | | | | | | | | (−0.77) | (0.06) | (−1.52) | (−0.47) |
| *Log* (*MV*) | 0.505*** | 0.457*** | 0.605*** | 0.647*** | 0.502*** | 0.446*** | 0.601*** | 0.638*** | 0.502*** | 0.447*** | 0.599*** | 0.638*** |
| | (8.22) | (6.40) | (8.29) | (7.21) | (8.16) | (6.24) | (8.22) | (7.10) | (8.14) | (6.24) | (8.19) | (7.10) |
| *LEV* | 0.055 4 | −0.074 7 | 0.240 | 0.264 | 0.162 | 0.50 | 0.404 | 0.66 | 0.204 | 0.497 | 0.495 | 0.694 |
| | (0.21) | (−0.24) | (0.77) | (0.71) | (0.49) | (1.34) | (1.06) | (1.44) | (0.62) | (1.31) | (1.29) | (1.50) |
| *ROA* | 0.532 | 0.636 | 0.495 | 0.172 | 0.482 | 0.364 | 0.418 | −0.015 4 | 0.513 | 0.361 | 0.486 | 0.009 45 |
| | (0.88) | (0.98) | (0.69) | (0.22) | (0.79) | (0.55) | (0.57) | (−0.02) | (0.83) | (0.55) | (0.66) | (0.01) |
| *INS* | 0.054 3 | −0.316 | 0.115 | −0.077 5 | 0.056 7 | −0.303 | 0.118 | −0.068 7 | 0.066 3 | −0.304 | 0.14 | −0.060 9 |
| | (0.28) | (−1.36) | (0.50) | (−0.28) | (0.29) | (−1.30) | (0.52) | (−0.25) | (0.34) | (−1.31) | (0.61) | (−0.22) |
| *DR* | 0.065 7 | −0.188 | 0.048 3 | −0.142 | 0.067 1 | −0.18 | 0.050 5 | −0.137 | 0.071 3 | −0.181 | 0.059 6 | −0.134 |
| | (0.43) | (−1.07) | (0.27) | (−0.66) | (0.44) | (−1.03) | (0.29) | (−0.63) | (0.47) | (−1.03) | (0.34) | (−0.62) |
| *AGE* | −0.095 1 | −0.251 | −0.412* | −0.221 | −0.094 3 | −0.247 | −0.411* | −0.218 | −0.090 8 | −0.247 | −0.403* | −0.215 |
| | (−0.47) | (−1.06) | (−1.74) | (−0.77) | (−0.47) | (−1.05) | (−1.73) | (−0.76) | (−0.45) | (−1.05) | (−1.70) | (−0.75) |
| 观测值 | 3 401 | 3 401 | 3 401 | 3 401 | 3 401 | 3 401 | 3 401 | 3 401 | 3 401 | 3 401 | 3 401 | 3 401 |
| $Adj.R^2$ | 0.041 | 0.042 | 0.046 | 0.036 | 0.041 | 0.043 | 0.047 | 0.037 | 0.041 | 0.043 | 0.047 | 0.037 |

注：（1）括号中报告值为经稳健标准误调整后的 $t$ 值；（2）为节省篇幅，省略了常数项系数；（3）*、**、***分别代表 10%、5%和 1%显著性水平。

**表 14-8　科创板实施注册制：长期市场反应**

| 变量 | (1) | (2) | (3) | (4) | (5) | (6) | (7) | (8) | (9) | (10) | (11) | (12) |
|---|---|---|---|---|---|---|---|---|---|---|---|---|
| | *CAR*60 | *CAR*120 | *BHAR*60 | *BHAR*120 | *CAR*60 | *CAR*120 | *BHAR*60 | *BHAR*120 | *CAR*60 | *CAR*120 | *BHAR*60 | *BHAR*120 |
| *CHINEXT* | 2.70*** | 2.76* | 0.136* | 0.343*** | 2.62*** | 2.70* | 0.134* | 0.340*** | 2.51** | 3.81* | 0.036 7 | 0.440*** |
| | (3.35) | (1.87) | (1.76) | (4.13) | (3.24) | (1.82) | (1.74) | (4.08) | (2.24) | (1.84) | (0.34) | (3.63) |
| *Z* | | | | | 0.187** | 0.151 | 0.004 66 | 0.008 4 | 0.180* | 0.229 | −0.002 2 | 0.015 4 |
| | | | | | (2.06) | (0.92) | (0.50) | (0.79) | (1.75) | (1.20) | (−0.21) | (1.23) |
| *Z*×*CHINEXT* | | | | | | | | | 0.016 9 | −0.180 | 0.015 8 | −0.016 3 |
| | | | | | | | | | (0.13) | (−0.80) | (1.20) | (−1.14) |
| *Log*(*MV*) | 0.977*** | 3.26*** | −0.017 9 | −0.007 3 | 0.899** | 3.21*** | −0.019 3 | −0.010 4 | 0.898** | 3.22*** | −0.019 9 | −0.009 8 |
| | (2.76) | (5.03) | (−0.51) | (−0.21) | (2.52) | (4.92) | (−0.54) | (−0.29) | (2.51) | (4.93) | (−0.56) | (−0.28) |
| *LEV* | −0.890 | 4.45 | 0.556*** | −0.348** | 2.67 | 7.33* | 0.645*** | −0.188 | 2.62 | 7.90* | 0.595*** | −0.137 |
| | (−0.52) | (1.42) | (3.48) | (−1.99) | (1.13) | (1.68) | (2.82) | (−0.76) | (1.10) | (1.80) | (2.60) | (−0.54) |
| *Q* | 1.06*** | 1.41*** | −0.056 8*** | 0.019 8 | 0.885*** | 1.27*** | −0.061 2*** | 0.012 0 | 0.887*** | 1.24*** | −0.059 1*** | 0.009 8 |
| | (6.82) | (4.99) | (−3.54) | (1.29) | (5.01) | (3.88) | (−3.20) | (0.66) | (5.01) | (3.78) | (−3.09) | (0.54) |
| *TOP*1 | −2.83 | −8.66** | 0.451** | −0.368 | −3.13 | −8.89** | 0.444** | −0.381* | −3.13 | −8.86** | 0.441** | −0.378* |
| | (−1.37) | (−2.28) | (2.21) | (−1.61) | (−1.51) | (−2.34) | (2.18) | (−1.68) | (−1.51) | (−2.33) | (2.17) | (−1.66) |
| 观测值 | 3 401 | 3 401 | 3 401 | 3 401 | 3 401 | 3 401 | 3 401 | 3 401 | 3 401 | 3 401 | 3 401 | 3 401 |
| $Adj.R^2$ | 0.064 3 | 0.053 2 | 0.038 9 | 0.052 2 | 0.065 6 | 0.053 4 | 0.039 0 | 0.052 4 | 0.065 6 | 0.053 6 | 0.039 5 | 0.052 9 |

注：（1）括号中报告值为经稳健标准误调整后的 *t* 值；（2）为节省篇幅，省略了常数项系数；（3）*、**、***分别代表 10%、5%和 1%显著性水平。

**表 14-9**　　科创板实施注册制：短期市场反应

| 变量 | (1) | (2) | (3) | (4) | (5) | (6) | (7) | (8) | (9) | (10) | (11) | (12) |
|---|---|---|---|---|---|---|---|---|---|---|---|---|
| | *CAR* [0, +1] | *CAR* [0, +2] | *CAR* [-1, +1] | *CAR* [-2, +2] | *CAR* [0, +1] | *CAR* [0, +2] | *CAR* [-1, +1] | *CAR* [-2, +2] | *CAR* [0, +1] | *CAR* [0, +2] | *CAR* [-1, +1] | *CAR* [-2, +2] |
| *SOE* | -0.338*** | -0.382*** | -0.529*** | -0.615*** | -0.335*** | -0.368*** | -0.525*** | -0.606*** | -0.273** | -0.382** | -0.539*** | -0.697*** |
| | (-3.09) | (-3.06) | (-4.11) | (-4.05) | (-3.06) | (-2.94) | (-4.06) | (-3.98) | (-2.01) | (-2.46) | (-3.37) | (-3.70) |
| *Z* | | | | | 0.008 2 | 0.037 0*** | 0.012 3 | 0.025 4 | 0.010 7 | 0.036 4*** | 0.011 7 | 0.021 6 |
| | | | | | (0.67) | (2.74) | (0.86) | (1.53) | (0.83) | (2.62) | (0.78) | (1.24) |
| *Z×SOE* | | | | | | | | | -0.015 8 | 0.003 5 | 0.003 7 | 0.023 4 |
| | | | | | | | | | (-0.67) | (0.12) | (0.14) | (0.74) |
| *Log(MV)* | 0.495*** | 0.441*** | 0.591*** | 0.636*** | 0.492*** | 0.431*** | 0.587*** | 0.627*** | 0.493*** | 0.430*** | 0.586*** | 0.625*** |
| | (8.06) | (6.18) | (8.12) | (7.11) | (8.00) | (6.03) | (8.04) | (7.00) | (8.01) | (6.02) | (8.03) | (6.98) |
| *LEV* | 0.073 | -0.080 2 | 0.275 | 0.332 | 0.211 | 0.547 | 0.483 | 0.762* | 0.185 | 0.553 | 0.489 | 0.801* |
| | (0.27) | (-0.25) | (0.88) | (0.88) | (0.64) | (1.46) | (1.27) | (1.66) | (0.56) | (1.46) | (1.27) | (1.73) |
| *ROA* | 0.56 | 0.648 | 0.545 | 0.252 | 0.496 | 0.355 | 0.448 | 0.051 7 | 0.474 | 0.36 | 0.453 | 0.084 4 |
| | (0.93) | (1.00) | (0.76) | (0.32) | (0.81) | (0.54) | (0.61) | (0.06) | (0.77) | (0.55) | (0.62) | (0.11) |
| *INS* | 0.128 | -0.255 | 0.237 | 0.089 3 | 0.132 | -0.239 | 0.242 | 0.099 8 | 0.134 | -0.24 | 0.242 | 0.096 8 |
| | (0.64) | (-1.07) | (1.01) | (0.32) | (0.65) | (-1.00) | (1.03) | (0.36) | (0.66) | (-1.01) | (1.03) | (0.34) |
| *DR* | 0.039 2 | -0.222 | 0.008 16 | -0.184 | 0.041 5 | -0.212 | 0.011 6 | -0.177 | 0.036 1 | -0.211 | 0.012 9 | -0.169 |
| | (0.26) | (-1.26) | (0.05) | (-0.85) | (0.27) | (-1.20) | (0.07) | (-0.81) | (0.24) | (-1.19) | (0.07) | (-0.78) |
| *AGE* | -0.142 | -0.346 | -0.475** | -0.248 | -0.139 | -0.331 | -0.470** | -0.238 | -0.135 | -0.332 | -0.471** | -0.244 |
| | (-0.71) | (-1.47) | (-2.02) | (-0.86) | (-0.70) | (-1.41) | (-2.00) | (-0.83) | (-0.68) | (-1.41) | (-2.00) | (-0.85) |
| 观测值 | 3 401 | 3 401 | 3 401 | 3 401 | 3 401 | 3 401 | 3 401 | 3 401 | 3 401 | 3 401 | 3 401 | 3 401 |
| *Adj.R*$^2$ | 0.041 | 0.040 | 0.047 | 0.038 | 0.041 | 0.042 | 0.047 | 0.039 | 0.041 | 0.042 | 0.047 | 0.039 |

注：（1）括号中报告值为经稳健标准误调整后的 $t$ 值；（2）为节省篇幅，省略了常数项系数；（3）*、**、***分别代表 10%、5%和 1%显著性水平。

表 14－10　科创板实施注册制：长期市场反应

| 变量 | （1） | （2） | （3） | （4） | （5） | （6） | （7） | （8） | （9） | （10） | （11） | （12） |
|---|---|---|---|---|---|---|---|---|---|---|---|---|
| | *CAR*60 | *CAR*120 | *BHAR*60 | *BHAR*120 | *CAR*60 | *CAR*120 | *BHAR*60 | *BHAR*120 | *CAR*60 | *CAR*120 | *BHAR*60 | *BHAR*120 |
| *SOE* | $-5.64^{***}$ | $-11.5^{***}$ | $0.134^{**}$ | $-0.132^{*}$ | $-5.70^{***}$ | $-11.6^{***}$ | $0.132^{**}$ | $-0.135^{*}$ | $-5.32^{***}$ | $-11.8^{***}$ | 0.139 | $-0.165^{*}$ |
| | （－8.25） | （－9.30） | （1.99） | （－1.90） | （－8.34） | （－9.34） | （1.96） | （－1.94） | （－5.88） | （－7.20） | （1.63） | （－1.82） |
| *Z* | | | | | $0.225^{**}$ | 0.215 | 0.004 8 | 0.010 8 | $0.238^{***}$ | 0.206 | 0.005 04 | 0.009 73 |
| | | | | | （2.50） | （1.33） | （0.51） | （1.02） | （2.58） | （1.24） | （0.51） | （0.90） |
| *Z*×*SOE* | | | | | | | | | －0.094 2 | 0.061 8 | －0.001 6 | 0.007 6 |
| | | | | | | | | | （－0.68） | （0.25） | （－0.13） | （0.53） |
| *Log*（*MV*） | $1.16^{***}$ | $3.79^{***}$ | －0.034 2 | －0.020 4 | $1.07^{***}$ | $3.71^{***}$ | －0.035 6 | －0.024 4 | $1.07^{***}$ | $3.71^{***}$ | －0.035 5 | －0.024 7 |
| | （3.29） | （5.91） | （－0.96） | （－0.58） | （3.02） | （5.77） | （－1.00） | （－0.69） | （3.03） | （5.76） | （－0.99） | （－0.70） |
| *LEV* | 0.590 | $8.28^{***}$ | $0.463^{***}$ | $-0.395^{**}$ | $4.94^{**}$ | $12.4^{***}$ | $0.556^{**}$ | －0.187 | $4.76^{**}$ | $12.5^{***}$ | $0.553^{**}$ | －0.173 |
| | （0.34） | （2.64） | （2.88） | （－2.21） | （2.08） | （2.85） | （2.41） | （－0.74） | （1.98） | （2.84） | （2.40） | （－0.68） |
| *Q* | $0.955^{***}$ | $1.14^{***}$ | $-0.050\,3^{***}$ | 0.023 1 | $0.742^{***}$ | $0.936^{***}$ | $-0.054\,8^{***}$ | 0.012 9 | $0.748^{***}$ | $0.932^{***}$ | $-0.054\,7^{***}$ | 0.012 4 |
| | （6.14） | （4.10） | （－3.15） | （1.50） | （4.19） | （2.91） | （－2.86） | （0.70） | （4.20） | （2.88） | （－2.86） | （0.67） |
| *TOP*1 | －0.371 | －2.79 | 0.333 | $-0.394^{*}$ | －0.657 | －3.07 | 0.327 | $-0.408^{*}$ | －0.693 | －3.04 | 0.326 | $-0.405^{*}$ |
| | （－0.18） | （－0.73） | （1.61） | （－1.68） | （－0.31） | （－0.80） | （1.58） | （－1.74） | （－0.33） | （－0.79） | （1.58） | （－1.73） |
| 观测值 | 3 401 | 3 401 | 3 401 | 3 401 | 3 401 | 3 401 | 3 401 | 3 401 | 3 401 | 3 401 | 3 401 | 3 401 |
| *Adj*.$R^2$ | 0.078 | 0.073 | 0.039 | 0.048 | 0.079 | 0.074 | 0.039 | 0.048 | 0.080 | 0.074 | 0.039 | 0.048 |

注：（1）括号中报告值为经稳健标准误调整后的 *t* 值；（2）为节省篇幅，省略了常数项系数；（3）*、**、***分别代表 10%、5%和 1%显著性水平。

正向影响。最后，$Z$ 值与国企变量 $SOE$ 的交乘项并不显著，表明科创板实施注册制在中长期对财务风险不同的国企与非国企的影响没有显著区别。

通过以上分析，我们可以看出，注册制实施对国企与非国企的影响有较大差异。中国国有企业问题的根源在于其政策性负担，并由之带来了企业的预算软约束问题和企业的“自生能力”问题，国企由于受到政府的保护，在科研投入及创新方面与非国企相比缺乏动力。而注册制的实施将放宽上市标准，有利于非国企的上市，有限的市场资源将引起更大的竞争，尤其是对财务风险高的国企，面临的压力更大。因此，我们发现在实证分析中，国企无论短期还是长期的反应均为负面，财务风险低的企业受到的影响相对较小。

### （三）DID 检验

双重差分模型（DID）常用来评估政策效果。其核心是通过构造交互项来识别政策冲击对受影响个体（处理组）的平均处理效应，基本表达式为：

$$Y_{i,t}=\alpha+\beta_1 G_i+\beta_2 D_t+\beta_3 G_i\times D_t+\varepsilon_{i,t} \qquad (14-10)$$

其中，$G_i$ 为实验组虚拟变量（若个体 i 属于实验组，$G_i$ 为 1；若个体 i 属于控制组，$G_i$ 为 0）；$D_t$ 为实验期虚拟变量（实验后，$D_t$ 为 1；实验前，$D_t$ 为 0），若 i 属于实验组，且为实验后，交互项 $G_i\times D_t$ 取值为 1，反之为 0；$\varepsilon_{I,t}$ 为随机扰动项。分组虚拟变量 $G_i$ 刻画的是实验组和控制组本身的差异，时间虚拟变量 $D_t$ 刻画的是实验前后本身的差异，交互项 $G_i\times D_t$ 则描述了实验组的政策效应。与传统政策效应评估方法相比，DID 模型可以在很大程度上避免内生性问题。

接下来，我们使用了双重差分（DID）模型，进一步对科创板实施注册制的市场反应进行分析，主要对科创板注册制实施事件前后 100 天中不同市场板块的反应差别进行检验，模型构建如下：

$$\begin{aligned}WeekRet_{i,t}=&\alpha+\beta_1 Z_i+\beta_2 D_t+\beta_3 CHINEXT_i+\beta_4 Z_i\times D_t+\beta_5 Z_i\times\\&CHINEXT_i+\beta_6 CHINEXT_i\times D_t+\beta_7 Z_i\times CHINEXT_i\times\\&D_t+\beta_8 WEEKCHINEXT_t+\beta_9 WEEKWIND_t+\beta_{10} WEEKlVXO_t+\\&\beta_{11} ROA_i+\beta_{12} INS_i+\beta_{13} BM_i+\varepsilon_{i,t}\end{aligned} \qquad (14-11)$$

其中，被解释变量 $WEEKRET_{i,t}$ 为上市公司 i 的周收益率作为实验组的虚拟变量，与前文一致，表示创业板的上市公司；$D_t$ 为实验期虚拟变量，若 $t$ 为科创板注册制实施之后的 100 天，则 $D_t$=1。为了排除注册制实施信息被市场提前反应的影响以及其他事件对市场可能产生的干扰，删除了事件前一周和事件后两周的数据。因此，交互项 $Z_i\times CHINEXT_i\times D_t$ 描述了实验组的政策效应。此外，我们将创业板指数周收益率 $WEEKCHINEXT_t$、万得全 A 指数周收益率 $WEEKWIND_t$、市场周度波动率 $WEEKlVXO_t$ 作为市场指数方面的控制变量，以及资产收益率 *ROA*、机构投资者比例 *INS* 和账面市值比 *BM* 作为公司财务方面的控制变量，并控制了行业固定效应。上述模型中的变量详细定义，如表 14-11 所示。

**表 14－11　　DID 检验变量定义**

| 变量名称 | 变量符号 | 说明 |
|---|---|---|
| 周收益率 | *WEEKRET* | 个股的周收益率 |
| 账面市值比 | *BM* | 公司账面净资产与市值之比 |
| 创业板指 | *WEEKCHINEXT* | 创业板指数的周收益率 |
| 万得全 A | *WEEKWIND* | 万得全 A 指数的周收益率 |
| 市场波动 | *WEEKLNVXO* | 沪深 300 波动率指数（VXO）取对数之后的周平均值 |

对科创板注册制实施事件的 DID 检验如表 14－12 所示。可以看到 *ZCHINEXTD* 显著为正。这说明科创板的注册制实施事件对与创业板上财务质量较好的公司有更加积极的影响，进一步证明了假设 1a 成立。

**表 14－12　　科创板实施注册制：DID 检验**

| | （1） | （2） | （3） | （4） |
|---|---|---|---|---|
| | *WEEKRET* | *WEEKRET* | *WEEKRET* | *WEEKRET* |
| *Z* | －0.001 05 | －0.001 05 | －0.003 05 | －0.003 42 |
| | （－0.35） | （－0.41） | （－0.90） | （－1.01） |
| *D* | 0.378*** | －0.640*** | －0.529*** | －0.529*** |
| | （4.87） | （－8.40） | （－4.53） | （－4.53） |
| *CHINEXT* | 0.040 4 | 0.040 4 | 0.019 0 | －0.012 4 |
| | （0.54） | （0.63） | （0.26） | （－0.17） |
| *ZD* | 0.014 5* | 0.014 5** | 0.008 19 | 0.008 19 |
| | （1.90） | （2.23） | （0.96） | （0.96） |
| *Z*× *CHINEXT* | 0.014 6** | 0.014 6** | 0.013 9** | 0.012 5* |
| | （2.12） | （2.49） | （2.16） | （1.93） |
| *CHINEXTD* | 0.270 | 0.270* | 0.061 1 | 0.061 1 |
| | （1.42） | （1.66） | （0.33） | （0.33） |
| *Z*× *CHINEXTD* | 0.026 6 | 0.026 6* | 0.030 8* | 0.030 8* |
| | （1.52） | （1.78） | （1.90） | （1.90） |
| *WEEKCHINEXT* | | 0.121*** | 0.287*** | 0.287*** |
| | | （9.95） | （17.01） | （17.02） |

续表

| | (1) | (2) | (3) | (4) |
|---|---|---|---|---|
| | *WEEKRET* | *WEEKRET* | *WEEKRET* | *WEEKRET* |
| *WEEKWIND* | | 97.00*** | 79.81*** | 79.81*** |
| | | (63.80) | (37.88) | (37.90) |
| *WEEKLVXO* | | −0.646*** | −0.700*** | −0.700*** |
| | | (−9.08) | (−7.10) | (−7.10) |
| *ROA* | | | 0.565 | 0.576 |
| | | | (0.65) | (0.66) |
| *INS* | | | −0.001 43 | −0.001 64 |
| | | | (−0.70) | (−0.78) |
| *BM* | | | 0.023 5*** | 0.018 8** |
| | | | (3.04) | (2.39) |
| *_CONS* | 0.603*** | 2.274*** | 2.314*** | 2.357*** |
| | (19.83) | (8.69) | (6.28) | (6.40) |
| *N* | 89 336 | 89 336 | 47 580 | 47 580 |
| $R^2$ | 0.001 45 | 0.274 | 0.279 | 0.280 |
| *IndFE* | NO | NO | NO | YES |

注：(1) 括号中报告值为经稳健标准误调整后的 *t* 值；(2) *、**、***分别代表 10%、5%和 1%显著性水平。

## 三、创业板注册制引入的市场反应

### (一) 对财务风险和市场板块的分析

在创业板注册制实施事件中，不同市场板块的反应如表 14－13、表 14－14 所示。在表 14－13 的短期检验中，科创板变量 *STAR* 回归系数在第 (3)、(4) 列回归中显著为负，说明创业板实施注册制将为更多创新型企业提供上市机会，这样可能导致科创板原有的唯一的注册制上市资源不再稀缺，市场对科创板的反应呈现负向。

考虑财务风险变量 *Z* 值的引入，*STAR* 系数在列（9）～（12）中并不显著，表明公司的财务状况可能导致市场反应的差异。而创业板变量 *CHINEXT* 在 12 列回归中均在 1%上显著为正，说明创业板公司在注册制实施后，相对主板和科创板公司有更加显著正向的影响，反映了市场对创业板实施注册制具有明显的正向预期。结合科创板注册制试点事件，两次事件中创业板公司的市场表现都更好，从而验证了该结论的稳健性。

考虑财务风险后，*Z* 值在列（9）至（12）中均显著为正，说明财务风险小的公司受到的负面冲击更小。由此，短期的市场反应验证了本章的假设 1b。

除此之外，*Z* 值与科创板变量 *STAR* 的交乘项和 *Z* 值与创业板变量 *CHINEXT* 的交乘项均显著为负。这表明在其他条件一定的情况下，在拥有相同程度财务风险的公司中，科创板和创业板公司受到的负面冲击明显大于主板公司。本章认为，由于注册制注重信息披露，通过放松上市的盈利条件使得更多优秀的企业有机会进行上市融资，通过执行更严格的退市制度使得财务风险较大的公司面临更大的被 ST 风险和退市风险。相对于主板仍实施核准制的公司，在科创板和创业板上市的公司会面临更大的退市风险，因此市场反应均为负面。

在中长期方面，如表 14－14 所示，科创板变量 *STAR* 回归系数依然均不显著，而创业板变量 *CHINEXT* 在列（9）至（11）中于 1%水平上显著为正。在两起事件中，创业板公司在短期和长期均出现了显著优于主板公司的市场表现。

在 *Z* 值与市场变量的交叉项中，*Z*× *CHINEXT* 在 *BHAR*60 组回归中在 10%水平上显著为负，而在 *BHAR*120 组回归中在 1%水平上显著为正，其余交叉项均不显著。因此，在中长期，实施注册制并不会因为财务风险不同，对不同板块的上市公司的影响产生差异。

## （二）对国有企业与非国有企业的比较

表 14－15 和 14－16 展示了国有企业与非国有企业在创业板注册制实施事件中的不同反应。如表 14－15 所示，国企变量 *SOE* 均在 1%显著为负，说明国企在创业板注改事件中受到了更大的负面冲击。在注册制改革下，投资者将更为理性，受盈利驱动而去寻找优秀的公司；国企由于固有的效率低下、投资回报率低等问题而受到了短期的负面刺激。由此，假设 2b 得以验证。

而另一方面，在列（9）～（12）中，*Z* 值与 *SOE* 交叉项的系数均在 1%水平显著为正，这表明在受到负面冲击的国企公司中，财务风险较小的公司所受到的负面冲击相对更小。*Z* 值系数在回归中均为负，且有两组系数显著。综上所述，在创业板注册制改革事件中，国企与非国企 *Z* 值的回归系数出现了显著区别：由系数大小比较可知，国企 *Z* 值回归系数为正，而非国企为负。这表明，尽管国企整体受到了负面冲击，但财务风险更小的国企受到的负面冲击更小。

**表 14－13**　　创业板实施注册制：短期市场反应

| 变量 | (1) | (2) | (3) | (4) | (5) | (6) | (7) | (8) | (9) | (10) | (11) | (12) |
|---|---|---|---|---|---|---|---|---|---|---|---|---|
| | *CAR* [0, +1] | *CAR* [0, +2] | *CAR* [−1, +1] | *CAR* [−2, +2] | *CAR* [0, +1] | *CAR* [0, +2] | *CAR* [−1, +1] | *CAR* [−2, +2] | *CAR* [0, +1] | *CAR* [0, +2] | *CAR* [−1, +1] | *CAR* [−2, +2] |
| *STAR* | −0.632 | −1.10 | −1.58** | −1.61* | −0.427 | −0.699 | −1.49** | −1.04 | 0.409 | 0.097 9 | −0.929 | −0.230 |
| | (−1.29) | (−1.63) | (−2.40) | (−1.96) | (−0.81) | (−0.97) | (−2.05) | (−1.17) | (0.47) | (0.08) | (−0.75) | (−0.17) |
| *CHINEXT* | 4.32*** | 4.42*** | 4.73*** | 5.10*** | 4.34*** | 4.46*** | 4.74*** | 5.15*** | 5.23*** | 5.43*** | 5.71*** | 6.32*** |
| | (23.14) | (18.99) | (21.49) | (16.88) | (23.27) | (19.17) | (21.49) | (17.09) | (21.66) | (17.79) | (19.76) | (16.00) |
| *Z* | | | | | −0.011 9 | −0.023 6* | −0.005 45 | −0.032 8* | 0.047 9*** | 0.041 2*** | 0.057 6*** | 0.044 1** |
| | | | | | (−1.16) | (−1.80) | (−0.44) | (−1.92) | (3.82) | (2.62) | (3.30) | (1.96) |
| *Z* × *STAR* | | | | | | | | | −0.072 8*** | −0.075 2** | −0.065 9** | −0.084 9** |
| | | | | | | | | | (−2.88) | (−2.21) | (−2.01) | (−2.13) |
| *Z* × *CHINEXT* | | | | | | | | | −0.121*** | −0.133*** | −0.132*** | −0.160*** |
| | | | | | | | | | (−6.22) | (−5.34) | (−5.66) | (−4.85) |
| *Log* (*MV*) | 0.018 0 | 0.170 | −0.015 6 | 0.099 7 | 0.024 3 | 0.018 7* | −0.016 0 | 0.121 | 0.020 0 | 0.183* | −0.019 3 | 0.117 |
| | (0.22) | (1.63) | (−0.16) | (0.74) | (0.30) | (1.78) | (−0.16) | (0.90) | (0.25) | (1.75) | (−0.20) | (0.87) |
| *LEV* | 0.065 1 | 0.247 | 0.303 | 0.429 | −0.196 | −0.270 | 0.183 | −0.289 | 0.353 | 0.319 | 0.746 | 0.404 |
| | (0.18) | (0.54) | (0.68) | (0.71) | (−0.45) | (−0.49) | (0.35) | (−0.41) | (0.80) | (0.57) | (1.38) | (0.56) |
| *ROA* | −2.91*** | −2.86** | −2.10** | −2.63* | −2.79*** | −2.63** | −2.05* | −2.31 | −2.60*** | −2.41** | −1.82* | −2.04 |
| | (−3.34) | (−2.48) | (−2.00) | (−1.79) | (−3.19) | (−2.27) | (−1.94) | (−1.56) | (−3.00) | (−2.09) | (−1.75) | (−1.39) |
| *INS* | −0.784*** | −0.838** | −1.00*** | −1.89*** | −0.778*** | −0.826** | −1.00*** | −1.88*** | −0.653** | −0.691** | −0.868*** | −1.72*** |
| | (−2.90) | (−2.50) | (−3.06) | (−4.25) | (−2.88) | (−2.46) | (−3.05) | (−4.22) | (−2.44) | (−2.07) | (−2.66) | (−3.87) |
| *DR* | 0.632*** | 0.748*** | 0.569** | 0.701* | 0.622*** | 0.729*** | 0.564** | 0.674* | 0.690*** | 0.804*** | 0.641** | 0.766** |
| | (2.65) | (2.71) | (2.12) | (1.96) | (2.60) | (2.64) | (2.10) | (1.88) | (2.88) | (2.89) | (2.39) | (2.13) |
| *AGE* | −0.543** | −0.831** | −0.821** | −0.949** | −0.554** | −0.853** | −0.826*** | −0.979** | −0.550** | −0.851** | −0.827*** | −0.978** |
| | (−2.02) | (−2.44) | (−2.56) | (−2.18) | (−2.06) | (−2.50) | (−2.58) | (−2.25) | (−2.07) | (−2.52) | (−2.59) | (−2.27) |
| 观测值 | 3 588 | 3 588 | 3 588 | 3 588 | 3 588 | 3 588 | 3 588 | 3 588 | 3 588 | 3 588 | 3 588 | 3 588 |
| *Adj*.$R^2$ | 0.222 | 0.172 | 0.195 | 0.162 | 0.223 | 0.173 | 0.195 | 0.163 | 0.233 | 0.181 | 0.204 | 0.171 |

注：（1）括号中报告值为经稳健标准误调整后的 $t$ 值；（2）为节省篇幅，省略了常数项系数；（3）*、**、***分别代表 10%、5%和 1%显著性水平。

表 14－14　　创业板实施注册制：长期市场反应

| 变量 | （1） | （2） | （3） | （4） | （5） | （6） | （7） | （8） | （9） | （10） | （11） | （12） |
|---|---|---|---|---|---|---|---|---|---|---|---|---|
| | *CAR*60 | *CAR*120 | *BHAR*60 | *BHAR*120 | *CAR*60 | *CAR*120 | *BHAR*60 | *BHAR*120 | *CAR*60 | *CAR*120 | *BHAR*60 | *BHAR*120 |
| *STAR* | $7.28^{**}$ | $14.6^{***}$ | 1.22 | 4.89 | $7.68^{**}$ | $14.0^{**}$ | 1.89 | 4.66 | 4.47 | 10.2 | 0.995 | 7.33 |
| | （2.16） | （2.79） | （0.52） | （1.19） | （2.16） | （2.50） | （0.74） | （1.03） | （0.82） | （1.12） | （0.23） | （0.91） |
| *CHINEXT* | $14.5^{***}$ | $8.29^{***}$ | $10.3^{***}$ | 0.429 | $14.5^{***}$ | $8.26^{***}$ | $10.3^{***}$ | 0.417 | $16.0^{***}$ | $6.58^{***}$ | $11.5^{***}$ | －2.25 |
| | （11.28） | （4.45） | （10.94） | （0.37） | （11.27） | （4.43） | （10.94） | （0.36） | （9.68） | （2.76） | （9.32） | （－1.51） |
| *Z* | | | | | －0.027 2 | 0.040 9 | －0.045 3 | 0.015 8 | 0.040 5 | －0.100 | 0.024 7 | －0.134 |
| | | | | | （－0.33） | （0.33） | （－0.83） | （0.19） | （0.38） | （－0.64） | （0.33） | （－1.57） |
| *Z*×*STAR* | | | | | | | | | 0.056 3 | 0.229 | －0.021 6 | 0.021 2 |
| | | | | | | | | | （0.32） | （0.85） | （－0.18） | （0.11） |
| *Z*×*CHINEXT* | | | | | | | | | －0.196 | 0.234 | $-0.162^{*}$ | $0.360^{***}$ |
| | | | | | | | | | （－1.47） | （1.21） | （－1.77） | （2.82） |
| *Log*（*MV*） | $-1.18^{**}$ | $3.39^{***}$ | 0.304 | $6.60^{***}$ | $-1.19^{**}$ | $3.37^{***}$ | 0.323 | $6.63^{***}$ | $-1.15^{**}$ | $3.36^{***}$ | 0.347 | $6.58^{***}$ |
| | （－2.46） | （4.51） | （0.82） | （12.62） | （－2.46） | （4.44） | （0.87） | （12.57） | （－2.38） | （4.43） | （0.93） | （12.48） |
| *LEV* | $18.2^{***}$ | $33.0^{***}$ | $9.69^{***}$ | $15.9^{***}$ | $17.5^{***}$ | $34.0^{***}$ | $8.58^{***}$ | $16.3^{***}$ | $17.8^{***}$ | $32.5^{***}$ | $9.09^{***}$ | $15.3^{***}$ |
| | （7.96） | （8.99） | （5.86） | （6.53） | （5.94） | （7.12） | （4.07） | （5.13） | （5.75） | （6.58） | （4.04） | （4.81） |
| *Q* | $-0.981^{***}$ | $-1.15^{***}$ | $-0.662^{***}$ | $-0.439^{**}$ | $-0.951^{***}$ | $-1.20^{***}$ | $-0.612^{***}$ | $-0.456^{**}$ | $-0.951^{***}$ | $-1.16^{***}$ | $-0.621^{***}$ | $-0.439^{**}$ |
| | （－6.25） | （－4.57） | （－6.25） | （－2.48） | （－5.24） | （－4.07） | （－5.00） | （－2.37） | （－5.17） | （－3.89） | （－5.01） | （－2.28） |
| *TOP*1 | －3.64 | $-11.2^{**}$ | $4.05^{*}$ | 2.06 | －3.59 | $-11.3^{**}$ | $4.14^{*}$ | 2.03 | －3.59 | $-11.3^{**}$ | $4.15^{*}$ | 2.02 |
| | （－1.19） | （－2.35） | （1.85） | （0.65） | （－1.17） | （－2.36） | （1.89） | （0.64） | （－1.17） | （－2.37） | （1.89） | （0.64） |
| 观测值 | 3 588 | 3 588 | 3 588 | 3 588 | 3 588 | 3 588 | 3 588 | 3 588 | 3 588 | 3 588 | 3 588 | 3 588 |
| $Adj.R^2$ | 0.084 | 0.057 | 0.095 | 0.106 | 0.084 | 0.057 | 0.095 | 0.106 | 0.085 | 0.057 | 0.096 | 0.108 |

注：（1）括号中报告值为经稳健标准误调整后的 *t* 值；（2）为节省篇幅，省略了常数项系数；（3）*、**、***分别代表 10%、5%和 1%显著性水平。

表 14-15　　创业板注册制实施：短期市场反应

| 变量 | (1) | (2) | (3) | (4) | (5) | (6) | (7) | (8) | (9) | (10) | (11) | (12) |
|---|---|---|---|---|---|---|---|---|---|---|---|---|
| | *CAR* [0，+1] | *CAR* [0，+2] | *CAR* [−1，+1] | *CAR* [−2，+2] | *CAR* [0，+1] | *CAR* [0，+2] | *CAR* [−1，+1] | *CAR* [−2，+2] | *CAR* [0，+1] | *CAR* [0，+2] | *CAR* [−1，+1] | *CAR* [−2，+2] |
| *SOE* | −1.03*** | −1.17*** | −1.29*** | −1.78*** | −1.04*** | −1.19*** | −1.30*** | −1.81*** | −1.45*** | −1.70*** | −1.77*** | −2.46*** |
| | (−6.48) | (−5.94) | (−6.75) | (−7.03) | (−6.50) | (−6.01) | (−6.76) | (−7.11) | (−7.24) | (−6.81) | (−7.20) | (−7.61) |
| *Z* | | | | | −0.007 9 | −0.021 7* | −0.008 5 | −0.033 6** | −0.013 6 | −0.028 8** | −0.015 0 | −0.042 7*** |
| | | | | | (−0.76) | (−1.67) | (−0.69) | (−2.05) | (−1.32) | (−2.24) | (−1.25) | (−2.64) |
| *Z*×*SOE* | | | | | | | | | 0.094 8*** | 0.119*** | 0.109*** | 0.151*** |
| | | | | | | | | | (3.24) | (3.16) | (2.89) | (2.99) |
| *Log*(*MV*) | −0.107 | 0.036 9 | −0.159 | −0.045 1 | −0.105 | 0.053 5 | −0.157 | −0.018 8 | −0.104 | 0.054 8 | −0.156 | −0.017 2 |
| | (−1.22) | (0.34) | (−1.52) | (−0.32) | (−1.19) | (0.48) | (−1.49) | (−0.13) | (−1.18) | (0.49) | (−1.48) | (−0.12) |
| *LEV* | −0.440 | −0.200 | −0.130 | 0.049 7 | −0.626 | −0.710 | −0.330 | −0.742 | −0.328 | −0.337 | 0.011 4 | −0.268 |
| | (−1.09) | (−0.41) | (−0.27) | (0.08) | (−1.32) | (−1.22) | (−0.59) | (−1.01) | (−0.67) | (−0.56) | (0.02) | (−0.35) |
| *ROA* | −3.46*** | −3.42*** | −2.71** | −3.22** | −3.38*** | −3.20** | −2.62** | −2.88* | −3.31*** | −3.12** | −2.55** | −2.77* |
| | (−3.51) | (−2.74) | (−2.31) | (−2.06) | (−3.41) | (−2.55) | (−2.22) | (−1.83) | (−3.33) | (−2.48) | (−2.15) | (−1.76) |
| *INS* | −1.19*** | −1.18*** | −1.34*** | −2.07*** | −1.19*** | −1.18*** | −1.34*** | −2.07*** | −1.20*** | −1.20*** | −1.35*** | −2.09*** |
| | (−4.00) | (−3.29) | (−3.80) | (−4.47) | (−4.00) | (−3.28) | (−3.80) | (−4.46) | (−4.04) | (−3.33) | (−3.83) | (−4.50) |
| *DR* | 0.369 | 0.478 | 0.278 | 0.387 | 0.362 | 0.459 | 0.271 | 0.357 | 0.397 | 0.503* | 0.312 | 0.414 |
| | (1.36) | (1.57) | (0.93) | (0.99) | (1.33) | (1.50) | (0.91) | (0.92) | (1.46) | (1.65) | (1.04) | (1.06) |
| *AGE* | −1.63*** | −1.87*** | −1.89*** | −2.02*** | −1.66*** | −1.94*** | −1.92*** | −2.12*** | −1.70*** | −1.99*** | −1.97*** | −2.19*** |
| | (−5.89) | (−5.40) | (−5.65) | (−4.55) | (−5.97) | (−5.57) | (−5.72) | (−4.77) | (−6.11) | (−5.72) | (−5.87) | (−4.92) |
| 观测值 | 3 588 | 3 588 | 3 588 | 3 588 | 3 588 | 3 588 | 3 588 | 3 588 | 3 588 | 3 588 | 3 588 | 3 588 |
| *Adj*.$R^2$ | 0.069 9 | 0.065 2 | 0.064 8 | 0.082 2 | 0.070 1 | 0.066 0 | 0.065 0 | 0.083 3 | 0.073 3 | 0.069 4 | 0.068 0 | 0.086 5 |

注：（1）括号中报告值为经稳健标准误调整后的 *t* 值；（2）为节省篇幅，省略了常数项系数；（3）*、**、***分别代表 10%、5%和 1%显著性水平。

**表 14-16　创业板注册制实施：长期市场反应**

| 变量 | (1) | (2) | (3) | (4) | (5) | (6) | (7) | (8) | (9) | (10) | (11) | (12) |
|---|---|---|---|---|---|---|---|---|---|---|---|---|
| | *CAR*60 | *CAR*120 | *BHAR*60 | *BHAR*120 | *CAR*60 | *CAR*120 | *BHAR*60 | *BHAR*120 | *CAR*60 | *CAR*120 | *BHAR*60 | *BHAR*120 |
| *SOE* | −4.10*** | −1.13 | −3.15*** | 0.108 | −4.10*** | −1.15 | −3.14*** | 0.102 | −5.71*** | −3.13 | −4.03*** | −1.05 |
| | (−4.15) | (−0.71) | (−4.38) | (0.10) | (−4.16) | (−0.72) | (−4.38) | (0.09) | (−4.79) | (−1.60) | (−4.70) | (−0.75) |
| *Z* | | | | | 0.035 7 | 0.153 | −0.028 8 | 0.052 7 | 0.024 6 | 0.139 | −0.034 8 | 0.044 8 |
| | | | | | (0.46) | (1.31) | (−0.58) | (0.73) | (0.32) | (1.18) | (−0.70) | (0.61) |
| *Z*×*SOE* | | | | | | | | | 0.357** | 0.439* | 0.197* | 0.255 |
| | | | | | | | | | (2.38) | (1.78) | (1.91) | (1.26) |
| *Log*(*MV*) | −1.62*** | 3.19*** | −0.039 3 | 6.62*** | −1.68*** | 3.08*** | −0.033 7 | 6.62*** | −1.67*** | 3.09*** | −0.025 8* | 6.63*** |
| | (−3.29) | (4.21) | (−0.10) | (12.61) | (−3.39) | (4.03) | (−0.09) | (12.51) | (−3.37) | (4.05) | (−0.07) | (12.53) |
| *LEV* | 15.4*** | 29.8*** | 8.26*** | 15.2*** | 16.3*** | 33.8*** | 7.50*** | 16.6*** | 17.6*** | 35.4*** | 8.22*** | 17.5*** |
| | (6.60) | (8.05) | (4.95) | (6.17) | (5.42) | (7.04) | (3.50) | (5.22) | (5.74) | (7.21) | (3.77) | (5.40) |
| *Q* | −0.783*** | −0.960*** | −0.547*** | −0.404** | −0.826*** | −1.14*** | −0.513*** | −0.467** | −0.872*** | −1.20*** | −0.538*** | −0.500*** |
| | (−5.13) | (−3.81) | (−5.27) | (−2.28) | (−4.63) | (−3.87) | (−4.30) | (−2.40) | (−4.86) | (−4.05) | (−4.50) | (−2.58) |
| *TOP*1 | −6.77** | −13.8*** | 2.02 | 1.79 | −6.83** | −14.0*** | 2.06 | 1.71 | −6.75** | −13.9*** | 2.10 | 1.77 |
| | (−2.17) | (−2.87) | (0.89) | (0.55) | (−2.19) | (−2.92) | (0.91) | (0.53) | (−2.16) | (−2.90) | (0.92) | (0.55) |
| 观测值 | 3 588 | 3 588 | 3 588 | 3 588 | 3 588 | 3 588 | 3 588 | 3 588 | 3 588 | 3 588 | 3 588 | 3 588 |
| $Adj.R^2$ | 0.044 | 0.050 | 0.057 | 0.105 | 0.044 | 0.050 | 0.057 | 0.105 | 0.045 | 0.051 | 0.058 | 0.106 |

注：（1）括号中报告值为经稳健标准误调整后的 *t* 值；（2）为节省篇幅，省略了常数项系数；（3）*、**、***分别代表 10%、5%和 1%显著性水平。

如表 14－16 所示，在中长期，*SOE* 回归系数也均为负，且有两列回归显著，这表明创业板注册制改革对于国企的负面冲击具有持续性，从中长期验证了假设 2b。Z 值与 *SOE* 的交乘项均为正且在三列回归中显著，而 Z 值的回归系数并不显著。这表明，财务风险程度对于公司市场表现的影响只体现在国企中：财务风险较小的国企所受负面影响较小，而对于非国企，财务风险对其没有显著影响。

## （三）DID 检验

我们依旧使用双重差分（DID）模型，对创业板注册制实施事件前后 100 天中不同市场板块的反应差别进行检验，以消除可能的内生性问题。模型构建如下：

$$\begin{aligned} WEEKRET_{i,t} = {} & \alpha + \beta_1 Z_i + \beta_2 D_t + \beta_3 CHINEXT_i + \beta_4 STAR_i + \beta_5 Z_i \times D_t + \\ & \beta_6 Z_i \times CHINEXT_i + \beta_7 CHINEXT \times D_t + \beta_8 Z_i \times STAR_i + \\ & \beta_9 STAR_i \times D_t + \beta_{10} Z_i \times CHINEXT_i \times D_t + \beta_{11} ROA_i + \\ & \beta_{16} INS_i + \beta_{17} BM_i + \varepsilon_{i,t} \end{aligned} \tag{14-12}$$

$STAR_i$ 和 $CHINEXT_i$ 作为实验组的虚拟变量，分别表示科创板和创业板的上市公司；$D_t$ 为实验期虚拟变量，若 $t$ 为创业板注册制实施之后的 100 天，则 $D_t = 1$。为了排除注册制实施信息被市场提前反应的影响以及其他事件对市场可能产生的干扰，删除了事件前一周和事件后两周的数据。因此，交互项 $Z_i \times CHINEXT_i \times D_t$ 和 $Z_i \times STAR_i \times D_t$ 描述了实验组的政策效应。其他变量的定义及算法均与前文相同。

对创业板注册制实施事件的 DID 检验，如表 14－17 所示。可以看到 $Z\times$ *CHINEXTD* 和 *ZSTARD* 均显著为正。这说明在创业板实施注册制后，在科创板和创业板，财务质量更好的公司显现出了更为正面的市场反应，进一步佐证了假设 1b 的正确性。

**表 14－17　　创业板注册制实施——DID 检验**

| | （1） | （2） | （3） | （4） |
|---|---|---|---|---|
| | *WEEKRET* | *WEEKRET* | *WEEKRET* | *WEEKRET* |
| *Z* | 0.010 6*** | 0.010 6*** | 0.011 5** | 0.014 2** |
| | （3.54） | （3.78） | （1.99） | （2.44） |
| *D* | －1.436*** | －0.514*** | －0.629*** | －0.629*** |
| | （－34.20） | （－12.77） | （－8.49） | （－8.49） |
| *CHINEXT* | 0.002 80 | 0.002 80 | －0.053 3 | －0.033 9 |
| | （0.04） | （0.05） | （－0.67） | （－0.42） |
| *STAR* | 0.577** | 0.577** | 0.568** | 0.675*** |
| | （2.36） | （2.52） | （2.31） | （2.74） |

续表

| | (1) | (2) | (3) | (4) |
|---|---|---|---|---|
| | *WEEKRET* | *WEEKRET* | *WEEKRET* | *WEEKRET* |
| *ZD* | −0.017 5*** | −0.017 5*** | −0.024 4*** | −0.024 4*** |
| | (−4.13) | (−4.41) | (−3.06) | (−3.06) |
| *Z× CHINEXT* | −0.003 72 | −0.003 72 | −0.008 43 | −0.011 0 |
| | (−0.78) | (−0.84) | (−1.24) | (−1.62) |
| *CHINEXTD* | 0.094 0 | 0.094 0 | 0.203* | 0.203* |
| | (1.01) | (1.08) | (1.81) | (1.81) |
| *Z× STAR* | −0.012 5** | −0.012 5** | −0.015 2** | −0.017 7** |
| | (−2.10) | (−2.25) | (−1.97) | (−2.30) |
| *STARD* | −0.435 | −0.435 | −0.322 | −0.322 |
| | (−1.26) | (−1.35) | (−0.92) | (−0.92) |
| *Z× CHINEXTD* | 0.012 1* | 0.012 1* | 0.019 1** | 0.019 1** |
| | (1.80) | (1.93) | (2.01) | (2.01) |
| *ZSTARD* | 0.017 1** | 0.017 1** | 0.024 0** | 0.024 0** |
| | (2.03) | (2.17) | (2.23) | (2.23) |
| *WEEKCY* | | −0.003 47 | 0.103*** | 0.103*** |
| | | (−0.42) | (8.86) | (8.86) |
| *WEEKLVXO* | | 1.131*** | 1.391*** | 1.391*** |
| | | (15.04) | (13.02) | (13.03) |
| *WEEKWIND* | | 87.99*** | 77.74*** | 77.74*** |
| | | (81.04) | (50.42) | (50.45) |
| *ROA* | | | 3.244*** | 3.350*** |
| | | | (4.49) | (4.62) |
| *INS* | | | 0.005 60*** | 0.005 88*** |
| | | | (3.60) | (3.72) |
| *BM* | | | −0.002 57 | −0.003 94 |
| | | | (−0.40) | (−0.61) |

续表

| | （1） | （2） | （3） | （4） |
|---|---|---|---|---|
| | *WEEKRET* | *WEEKRET* | *WEEKRET* | *WEEKRET* |
| *_CONS* | 1.075*** | −3.781*** | −4.852*** | −4.874*** |
| | （36.22） | （−15.04） | （−13.41） | （−13.48） |
| *N* | 159 500 | 159 500 | 88 924 | 88 924 |
| $R^2$ | 0.013 9 | 0.136 | 0.129 | 0.130 |

注：（1）括号中报告值为经稳健标准误调整后的 *t* 值；（2）*、**、***分别代表 10%、5%和 1%显著性水平。

## 四、稳健性检验

我们利用 Fama－French 三因子、Carhart 四因子、Fama－French 五因子模型估计预期收益率，然后重新对以上结论进行了分析，如表 14－18 到表 14－25 所示。研究结果表明，大部分回归结果与用市场模型进行的估计保持一致。

**表 14－18　　科创板注册制实施：短期市场反应**

| 变量 | （1） | （2） | （3） | （4） | （5） | （6） |
|---|---|---|---|---|---|---|
| | Fama－French 三因子模型 | | Carhart 四因子模型 | | Fama－French 五因子模型 | |
| | *CAR* [−1，+1] | *CAR* [−2，+2] | *CAR* [−1，+1] | *CAR* [−2，+2] | *CAR* [−1，+1] | *CAR* [−2，+2] |
| *CHINEXT* | 0.883*** | 0.820*** | 0.845*** | 0.792*** | 0.862*** | 0.742*** |
| | （4.19） | （3.26） | （3.94） | （3.13） | （4.10） | （2.96） |
| *Z* | 0.014 7 | 0.023 7 | 0.011 8 | 0.022 0 | 0.012 9 | 0.022 0 |
| | （0.92） | （1.30） | （0.72） | （1.20） | （0.81） | （1.20） |
| *Z*×*CHINEXT* | −0.033 8 | −0.010 3 | −0.040 2* | −0.014 2 | −0.034 1 | −0.013 8 |
| | （−1.42） | （−0.36） | （−1.67） | （−0.50） | （−1.44） | （−0.49） |
| *Log*（*MV*） | 0.219*** | 0.233*** | 0.188*** | 0.216*** | 0.223*** | 0.207*** |
| | （3.47） | （3.08） | （2.95） | （2.86） | （3.53） | （2.75） |
| *LEV* | 0.285 | 0.493 | 0.158 | 0.404 | 0.289 | 0.407 |
| | （0.74） | （1.06） | （0.40） | （0.87） | （0.75） | （0.88） |
| *ROA* | −2.037*** | −2.725*** | −0.474 | −1.809** | −1.906** | −2.116** |
| | （−2.70） | （−3.32） | （−0.62） | （−2.19） | （−2.53） | （−2.57） |

续表

| 变量 | (1) | (2) | (3) | (4) | (5) | (6) |
|---|---|---|---|---|---|---|
| | Fama – French 三因子模型 | | Carhart 四因子模型 | | Fama – French 五因子模型 | |
| | *CAR* [−1, +1] | *CAR* [−2, +2] | *CAR* [−1, +1] | *CAR* [−2, +2] | *CAR* [−1, +1] | *CAR* [−2, +2] |
| *INS* | −0.382<br>(−1.61) | −0.628**<br>(−2.21) | −0.179<br>(−0.74) | −0.510*<br>(−1.79) | −0.350<br>(−1.47) | −0.513*<br>(−1.81) |
| *DR* | 0.003 37<br>(0.02) | −0.206<br>(−0.91) | 0.119<br>(0.65) | −0.142<br>(−0.63) | 0.009 84<br>(0.06) | −0.167<br>(−0.75) |
| *AGE* | −0.368<br>(−1.55) | −0.227<br>(−0.78) | −0.257<br>(−1.06) | −0.170<br>(−0.58) | −0.348<br>(−1.47) | −0.167<br>(−0.58) |
| 观测值 | 3 401 | 3 401 | 3 401 | 3 401 | 3 401 | 3 401 |
| $Adj.R^2$ | 0.032 | 0.029 | 0.025 | 0.024 | 0.030 | 0.023 |

注：(1) 括号中报告值为经稳健标准误调整后的 *t* 值；(2) 为节省篇幅，省略了常数项系数；(3) *、**、***分别代表 10%、5%和 1%显著性水平。

**表 14 – 19　　科创板注册制实施：长期市场反应**

| 变量 | (1) | (2) | (3) | (4) | (5) | (6) |
|---|---|---|---|---|---|---|
| | Fama – French 三因子模型 | | Carhart 四因子模型 | | Fama – French 五因子模型 | |
| | *CAR*60 | *CAR*120 | *CAR*60 | *CAR*120 | *CAR*60 | *CAR*120 |
| *CHINEXT* | 0.974<br>(0.86) | 2.636<br>(1.28) | 1.160<br>(1.02) | 3.476*<br>(1.65) | 0.960<br>(0.84) | 1.888<br>(0.92) |
| *Z* | 0.118<br>(1.13) | 0.128<br>(0.66) | 0.116<br>(1.09) | 0.114<br>(0.57) | 0.128<br>(1.23) | 0.120<br>(0.62) |
| *Z* × *CHINEXT* | −0.022 5<br>(−0.18) | −0.239<br>(−1.06) | −0.017 7<br>(−0.14) | −0.223<br>(−0.97) | −0.029 3<br>(−0.23) | −0.250<br>(−1.12) |
| *Log* (*MV*) | 0.348<br>(1.03) | 3.016***<br>(4.76) | 0.289<br>(0.84) | 2.772***<br>(4.22) | 0.142<br>(0.42) | 2.919***<br>(4.66) |
| *LEV* | 3.205<br>(1.34) | 6.397<br>(1.45) | 3.776<br>(1.55) | 8.587*<br>(1.87) | 2.284<br>(0.95) | 4.755<br>(1.08) |
| *Q* | 0.672***<br>(3.82) | 1.098***<br>(3.36) | 0.674***<br>(3.81) | 1.103***<br>(3.31) | 0.738***<br>(4.11) | 1.149***<br>(3.52) |
| *TOP*1 | −2.320<br>(−1.11) | −9.568**<br>(−2.49) | −2.698<br>(−1.27) | −11.10***<br>(−2.80) | −1.703<br>(−0.81) | −8.056**<br>(−2.11) |
| 观测值 | 3 401 | 3 401 | 3 401 | 3 401 | 3 401 | 3 401 |
| $Adj.R^2$ | 0.037 | 0.038 | 0.037 | 0.040 | 0.039 | 0.034 |

注：(1) 括号中报告值为经稳健标准误调整后的 *t* 值；(2) 为节省篇幅，省略了常数项系数；(3) *、**、***分别代表 10%、5%和 1%显著性水平。

表 14－20　　　　科创板注册制实施：短期市场反应

| 变量 | (1) | (2) | (3) | (4) | (5) | (6) |
|---|---|---|---|---|---|---|
| | Fama－French 三因子模型 | | Carhart 四因子模型 | | Fama－French 五因子模型 | |
| | *CAR* [－1，＋1] | *CAR* [－2，＋2] | *CAR* [－1，＋1] | *CAR* [－2，＋2] | *CAR* [－1，＋1] | *CAR* [－2，＋2] |
| *SOE* | －0.444*** | －0.673*** | －0.364** | －0.626*** | －0.463*** | －0.696*** |
| | (－2.78) | (－3.56) | (－2.24) | (－3.30) | (－2.89) | (－3.66) |
| *Z* | 0.006 31 | 0.021 4 | －0.000 081 0 | 0.017 3 | 0.003 99 | 0.017 1 |
| | (0.43) | (1.24) | (－0.01) | (1.00) | (0.27) | (0.99) |
| *Z*×*SOE* | －0.001 05 | 0.018 6 | 0.003 00 | 0.022 1 | －0.000 491 | 0.019 6 |
| | (－0.04) | (0.57) | (0.11) | (0.68) | (－0.02) | (0.60) |
| *Log*（*MV*） | 0.204*** | 0.215*** | 0.173*** | 0.199*** | 0.209*** | 0.194** |
| | (3.21) | (2.83) | (2.71) | (2.62) | (3.29) | (2.56) |
| *LEV* | 0.265 | 0.595 | 0.111 | 0.491 | 0.274 | 0.512 |
| | (0.68) | (1.28) | (0.28) | (1.06) | (0.71) | (1.11) |
| *ROA* | －2.090*** | －2.676*** | －0.547 | －1.770** | －1.950*** | －2.049** |
| | (－2.77) | (－3.28) | (－0.71) | (－2.16) | (－2.58) | (－2.50) |
| *INS* | －0.322 | －0.506* | －0.152 | －0.408 | －0.280 | －0.369 |
| | (－1.32) | (－1.73) | (－0.61) | (－1.40) | (－1.14) | (－1.27) |
| *DR* | －0.046 3 | －0.252 | 0.075 3 | －0.183 | －0.039 4 | －0.210 |
| | (－0.26) | (－1.10) | (0.41) | (－0.80) | (－0.22) | (－0.93) |
| *AGE* | －0.514** | －0.364 | －0.400* | －0.304 | －0.481** | －0.262 |
| | (－2.18) | (－1.25) | (－1.66) | (－1.04) | (－2.05) | (－0.91) |
| 观测值 | 3 401 | 3 401 | 3 401 | 3 401 | 3 401 | 3 401 |
| $Adj.R^2$ | 0.028 | 0.028 | 0.021 | 0.023 | 0.027 | 0.023 |

注：（1）括号中报告值为经稳健标准误调整后的 *t* 值；（2）为节省篇幅，省略了常数项系数；（3）*、**、***分别代表 10%、5%和 1%显著性水平。

表 14－21　　　　科创板注册制实施：长期市场反应

| 变量 | (1) | (2) | (3) | (4) | (5) | (6) |
|---|---|---|---|---|---|---|
| | Fama－French 三因子模型 | | Carhart 四因子模型 | | Fama－French 五因子模型 | |
| | *CAR*60 | *CAR*120 | *CAR*60 | *CAR*120 | *CAR*60 | *CAR*120 |
| *SOE* | －4.121*** | －10.91*** | －4.346*** | －11.89*** | －3.869*** | －10.75*** |
| | (－4.49) | (－6.64) | (－4.69) | (－6.98) | (－4.20) | (－6.53) |

续表

| 变量 | (1) | (2) | (3) | (4) | (5) | (6) |
|---|---|---|---|---|---|---|
| | Fama－French 三因子模型 | | Carhart 四因子模型 | | Fama－French 五因子模型 | |
| | *CAR*60 | *CAR*120 | *CAR*60 | *CAR*120 | *CAR*60 | *CAR*120 |
| *Z* | 0.142 | 0.065 8 | 0.145 | 0.070 3 | 0.150 | 0.049 2 |
| | (1.56) | (0.40) | (1.57) | (0.41) | (1.62) | (0.30) |
| *Z* × *SOE* | －0.087 2 | 0.054 9 | －0.090 3 | 0.045 4 | －0.096 9 | 0.042 8 |
| | (－0.61) | (0.22) | (－0.62) | (0.17) | (－0.69) | (0.17) |
| *Log*（*MV*） | 0.550 | 3.529*** | 0.491 | 3.286*** | 0.335 | 3.474*** |
| | (1.65) | (5.68) | (1.45) | (5.10) | (1.00) | (5.66) |
| *LEV* | 4.911** | 10.51** | 5.569** | 13.07*** | 3.863 | 8.886** |
| | (2.02) | (2.37) | (2.26) | (2.84) | (1.58) | (2.01) |
| *Q* | 0.555*** | 0.813** | 0.552*** | 0.798** | 0.628*** | 0.858*** |
| | (3.12) | (2.51) | (3.09) | (2.42) | (3.46) | (2.65) |
| *TOP*1 | －0.108 | －3.972 | －0.414 | －5.195 | 0.401 | －2.308 |
| | (－0.05) | (－1.03) | (－0.19) | (－1.30) | (0.19) | (－0.60) |
| 观测值 | 3 401 | 3 401 | 3 401 | 3 401 | 3 401 | 3 401 |
| $Adj.R^2$ | 0.047 | 0.054 | 0.048 | 0.059 | 0.048 | 0.050 |

注：(1) 括号中报告值为经稳健标准误调整后的 $t$ 值；(2) 为节省篇幅，省略了常数项系数；(3) *、**、***分别代表 10%、5%和 1%显著性水平。

**表 14－22　　创业板注册制实施：短期市场反应**

| 变量 | (1) | (2) | (3) | (4) | (5) | (6) |
|---|---|---|---|---|---|---|
| | Fama－French 三因子模型 | | Carhart 四因子模型 | | Fama－French 五因子模型 | |
| | *CAR* [－1，＋1] | *CAR* [－2，＋2] | *CAR* [－1，＋1] | *CAR* [－2，＋2] | *CAR* [－1，＋1] | *CAR* [－2，＋2] |
| *STAR* | －1.723 | －0.764 | －2.076* | －1.205 | －0.904 | －0.009 47 |
| | (－1.46) | (－0.56) | (－1.76) | (－0.95) | (－0.76) | (－0.01) |
| *CHINEXT* | 5.358*** | 6.056*** | 5.609*** | 6.463*** | 5.401*** | 6.064*** |
| | (17.87) | (15.08) | (18.75) | (15.81) | (17.91) | (14.99) |
| *Z* | 0.017 9 | 0.010 7 | 0.017 0 | 0.009 67 | 0.010 8 | 0.004 21 |
| | (1.14) | (0.51) | (1.07) | (0.44) | (0.68) | (0.20) |
| *Z* × *STAR* | －0.041 2 | －0.063 7* | －0.023 0 | －0.036 4 | －0.047 8 | －0.074 7* |
| | (－1.33) | (－1.66) | (－0.76) | (－0.98) | (－1.51) | (－1.89) |

续表

| 变量 | （1） | （2） | （3） | （4） | （5） | （6） |
|---|---|---|---|---|---|---|
| | Fama－French 三因子模型 | | Carhart 四因子模型 | | Fama－French 五因子模型 | |
| | *CAR* ［－1，+1］ | *CAR* ［－2，+2］ | *CAR* ［－1，+1］ | *CAR* ［－2，+2］ | *CAR* ［－1，+1］ | *CAR* ［－2，+2］ |
| $Z \times CHINEXT$ | －0.123*** | －0.154*** | －0.119*** | －0.148*** | －0.117*** | －0.150*** |
| | （－5.23） | （－4.72） | （－5.14） | （－4.47） | （－5.00） | （－4.63） |
| *Log*（*MV*） | －0.169* | －0.052 3 | －0.029 3 | 0.158 | －0.160* | －0.096 5 |
| | （－1.95） | （－0.46） | （－0.34） | （1.35） | （－1.86） | （－0.86） |
| *LEV* | 0.762 | 0.428 | 0.704 | 0.387 | 0.625 | 0.241 |
| | （1.38） | （0.58） | （1.27） | （0.51） | （1.14） | （0.33） |
| *ROA* | －2.746** | －3.030** | －1.382 | －0.879 | －4.042*** | －4.150*** |
| | （－2.51） | （－1.99） | （－1.26） | （－0.56） | （－3.64） | （－2.72） |
| *INS* | －0.680** | －1.617*** | －1.003*** | －2.118*** | －0.681** | －1.476*** |
| | （－1.99） | （－3.47） | （－2.91） | （－4.44） | （－1.99） | （－3.17） |
| *DR* | 0.649** | 0.750** | 0.631** | 0.742* | 0.601** | 0.749** |
| | （2.30） | （2.01） | （2.19） | （1.91） | （2.10） | （2.02） |
| *AGE* | －0.621* | －0.788* | －0.832** | －1.134** | －0.508 | －0.673 |
| | （－1.87） | （－1.78） | （－2.51） | （－2.50） | （－1.51） | （－1.52） |
| 观测值 | 3 588 | 3 588 | 3 588 | 3 588 | 3 588 | 3 588 |
| $Adj.R^2$ | 0.178 | 0.160 | 0.192 | 0.175 | 0.183 | 0.163 |

注：（1）括号中报告值为经稳健标准误调整后的 *t* 值；（2）为节省篇幅，省略了常数项系数；（3）*、**、***分别代表 10%、5%和 1%显著性水平。

**表 14－23　　创业板注册制实施：长期市场反应**

| 变量 | （1） | （2） | （3） | （4） | （5） | （6） |
|---|---|---|---|---|---|---|
| | Fama－French 三因子模型 | | Carhart 四因子模型 | | Fama－French 五因子模型 | |
| | *CAR*60 | *CAR*120 | *CAR*60 | *CAR*120 | *CAR*60 | *CAR*120 |
| *STAR* | 8.397 | 24.48*** | 7.959 | 24.57*** | 8.397 | 14.05* |
| | （1.61） | （2.86） | （1.61） | （2.82） | （1.61） | （1.69） |
| *CHINEXT* | 16.60*** | 10.32*** | 17.47*** | 9.958*** | 16.60*** | 8.788*** |
| | （10.57） | （4.43） | （11.13） | （4.26） | （10.57） | （3.74） |
| *Z* | 0.124 | 0.000 269 | 0.118 | 0.002 71 | 0.124 | 0.019 1 |
| | （1.23） | （0.00） | （1.17） | （0.02） | （1.23） | （0.14） |

续表

| 变量 | (1) | (2) | (3) | (4) | (5) | (6) |
|---|---|---|---|---|---|---|
| | Fama - French 三因子模型 | | Carhart 四因子模型 | | Fama - French 五因子模型 | |
| | *CAR*60 | *CAR*120 | *CAR*60 | *CAR*120 | *CAR*60 | *CAR*120 |
| *Z* × *STAR* | -0.009 31 | 0.102 | 0.038 9 | 0.081 9 | -0.009 31 | 0.201 |
| | (-0.06) | (0.42) | (0.25) | (0.33) | (-0.06) | (0.88) |
| *Z* × *CHINEXT* | -0.207* | 0.150 | -0.195 | 0.141 | -0.207* | 0.135 |
| | (-1.67) | (0.81) | (-1.57) | (0.76) | (-1.67) | (0.72) |
| *Log*(*MV*) | -0.207 | 1.841*** | 0.246 | 1.645** | -0.207 | 2.033*** |
| | (-0.51) | (2.83) | (0.60) | (2.52) | (-0.51) | (3.07) |
| *LEV* | 15.12*** | 27.58*** | 13.86*** | 28.10*** | 15.12*** | 23.56*** |
| | (5.07) | (5.72) | (4.69) | (5.80) | (5.07) | (4.83) |
| *Q* | -0.371** | -0.555** | -0.324* | -0.574** | -0.371** | -0.257 |
| | (-2.17) | (-1.97) | (-1.88) | (-2.03) | (-2.17) | (-0.89) |
| *TOP*1 | -2.427 | -14.88*** | -2.548 | -14.81*** | -2.427 | -11.37** |
| | (-0.83) | (-3.20) | (-0.87) | (-3.18) | (-0.83) | (-2.42) |
| 观测值 | 3 588 | 3 588 | 3 588 | 3 588 | 3 588 | 3 588 |
| $Adj.R^2$ | 0.095 | 0.069 | 0.102 | 0.067 | 0.095 | 0.048 |

注：(1) 括号中报告值为经稳健标准误调整后的 *t* 值；(2) 为节省篇幅，省略了常数项系数；(3) *、**、***分别代表 10%、5%和 1%显著性水平。

**表 14-24　　创业板注册制实施：短期市场反应**

| 变量 | (1) | (2) | (3) | (4) | (5) | (6) |
|---|---|---|---|---|---|---|
| | Fama - French 三因子模型 | | Carhart 四因子模型 | | Fama - French 五因子模型 | |
| | *CAR* [-1, +1] | *CAR* [-2, +2] | *CAR* [-1, +1] | *CAR* [-2, +2] | *CAR* [-1, +1] | *CAR* [-2, +2] |
| *SOE* | -1.171*** | -1.938*** | -1.330*** | -2.225*** | -0.907*** | -1.703*** |
| | (-4.74) | (-5.99) | (-5.36) | (-6.65) | (-3.70) | (-5.31) |
| *Z* | -0.044 6*** | -0.067 1*** | -0.039 7*** | -0.058 9*** | -0.045 1*** | -0.069 8*** |
| | (-3.80) | (-4.24) | (-3.42) | (-3.69) | (-3.81) | (-4.43) |
| *Z* × *SOE* | 0.089 8** | 0.136*** | 0.077 1** | 0.120** | 0.077 0** | 0.126** |
| | (2.43) | (2.77) | (2.16) | (2.41) | (2.07) | (2.55) |
| *Log*(*MV*) | -0.304*** | -0.181 | -0.168* | 0.024 7 | -0.301*** | -0.230* |
| | (-3.30) | (-1.52) | (-1.81) | (0.20) | (-3.29) | (-1.94) |

续表

| 变量 | (1) | (2) | (3) | (4) | (5) | (6) |
| --- | --- | --- | --- | --- | --- | --- |
| | Fama-French 三因子模型 | | Carhart 四因子模型 | | Fama-French 五因子模型 | |
| | *CAR* [-1, +1] | *CAR* [-2, +2] | *CAR* [-1, +1] | *CAR* [-2, +2] | *CAR* [-1, +1] | *CAR* [-2, +2] |
| *LEV* | 0.089 7<br>(0.15) | -0.179<br>(-0.23) | 0.059 3<br>(0.10) | -0.163<br>(-0.20) | -0.093 2<br>(-0.16) | -0.421<br>(-0.55) |
| *ROA* | -3.249***<br>(-2.62) | -3.555**<br>(-2.18) | -1.917<br>(-1.53) | -1.451<br>(-0.86) | -4.601***<br>(-3.66) | -4.711***<br>(-2.88) |
| *INS* | -1.192***<br>(-3.25) | -2.023***<br>(-4.16) | -1.460***<br>(-3.92) | -2.437***<br>(-4.86) | -1.321***<br>(-3.57) | -1.993***<br>(-4.09) |
| *DR* | 0.342<br>(1.09) | 0.417<br>(1.03) | 0.302<br>(0.94) | 0.378<br>(0.90) | 0.294<br>(0.92) | 0.418<br>(1.04) |
| *AGE* | -1.753***<br>(-5.09) | -2.017***<br>(-4.44) | -1.998***<br>(-5.75) | -2.424***<br>(-5.21) | -1.756***<br>(-5.03) | -1.991***<br>(-4.35) |
| 观测值 | 3 588 | 3 588 | 3 588 | 3 588 | 3 588 | 3 588 |
| $Adj.R^2$ | 0.050 | 0.079 | 0.059 | 0.091 | 0.054 | 0.080 |

注：(1) 括号中报告值为经稳健标准误调整后的 *t* 值；(2) 为节省篇幅，省略了常数项系数；(3) *、**、***分别代表 10%、5%和 1%显著性水平。

**表 14-25　　创业板注册制实施：长期市场反应**

| 变量 | (1) | (2) | (3) | (4) | (5) | (6) |
| --- | --- | --- | --- | --- | --- | --- |
| | Fama-French 三因子模型 | | Carhart 四因子模型 | | Fama-French 五因子模型 | |
| | *CAR*60 | *CAR*120 | *CAR*60 | *CAR*120 | *CAR*60 | *CAR*120 |
| *SOE* | -6.678***<br>(-5.85) | -5.894***<br>(-3.06) | -7.326***<br>(-6.38) | -5.627***<br>(-2.91) | -6.678***<br>(-5.85) | -8.921***<br>(-4.50) |
| *Z* | 0.114<br>(1.57) | 0.274**<br>(2.46) | 0.130*<br>(1.81) | 0.266**<br>(2.37) | 0.114<br>(1.57) | 0.240**<br>(2.20) |
| *Z* × *SOE* | 0.366***<br>(2.65) | 0.501**<br>(1.98) | 0.318**<br>(2.29) | 0.524**<br>(2.06) | 0.366***<br>(2.65) | 0.646**<br>(2.52) |
| *Log* (*MV*) | -0.640<br>(-1.52) | 1.562**<br>(2.34) | -0.182<br>(-0.43) | 1.363**<br>(2.04) | -0.640<br>(-1.52) | 1.975***<br>(2.94) |
| *LEV* | 15.26***<br>(5.17) | 31.24***<br>(6.45) | 14.20***<br>(4.84) | 31.67***<br>(6.51) | 15.26***<br>(5.17) | 28.57***<br>(5.85) |

续表

| 变量 | (1) | (2) | (3) | (4) | (5) | (6) |
|---|---|---|---|---|---|---|
| | Fama－French 三因子模型 | | Carhart 四因子模型 | | Fama－French 五因子模型 | |
| | *CAR*60 | *CAR*120 | *CAR*60 | *CAR*120 | *CAR*60 | *CAR*120 |
| *Q* | －0.313* | －0.648** | －0.275 | －0.663** | －0.313* | －0.433 |
| | (－1.86) | (－2.28) | (－1.61) | (－2.34) | (－1.86) | (－1.51) |
| *TOP*1 | －5.077* | －17.44*** | －5.083* | －17.41*** | －5.077* | －11.86** |
| | (－1.71) | (－3.73) | (－1.70) | (－3.72) | (－1.71) | (－2.52) |
| 观测值 | 3 588 | 3 588 | 3 588 | 3 588 | 3 588 | 3 588 |
| $Adj.R^2$ | 0.049 | 0.054 | 0.053 | 0.054 | 0.049 | 0.042 |

注：（1）括号中报告值为经稳健标准误调整后的 $t$ 值；（2）为节省篇幅，省略了常数项系数；（3）*、**、***分别代表 10%、5%和 1%显著性水平。

## 第六节　结论与启示

我国正处于社会主义初级阶段，资本市场以服务实体经济为目标，以创新为驱动，推动我国市场经济转型实现高质量发展。在这一关键时期，如何充分发挥注册制的作用，深化多层次资本市场的建设是亟须解决的一个重要问题。

本章针对我国科创板与创业板先后实施注册制的事件，将注册制改革看做一个有信息含量的改革事件，分析了市场对这一资本市场改革的反应。研究发现，注册制下，创业板与主板的上市效率都有显著提升，并且科创板上市效率最高。同时，我们还发现各市场板块对注册制改革的反应存在不同：在注册制改革事件中，创业板上市公司无论是短期还是长期都产生了正面反应，而科创板和创业板实施注册制后出现了短期的负面反应。我们还发现，财务风险较小的公司在注册制改革事件中表现均更好。与非国企相比，国企对于两次事件的反应均更为负面，短期和中长期的市场表现均更差，这表明注册制下，投资者对于国企表现预期较为悲观。

本章结论具有重要的理论意义和实践价值。从本章结论中可以看出，市场不同板块对注册制改革的反应有所区别，这可能是由于各板块的上市要求、交易制度等不同所导致的。交易所和监管部门应当审慎考察不同制度对市场的影响，促进市场更有效地反映企业的公平价值。同时，需要注意到，国有企业的盈利能力相对偏弱的特点在注册制下被放大，造成市场呈悲观预期态度。这一方面需要进一步加快当下的国企改革进程，找到国企社会责任与盈利之间的平衡点。另一方面，也应思考构造中国特色国有企业效率指标，摆脱西方范式中唯盈利的指标体系，更加全面和准确地描绘国企在市场上的价值。

在注册制即将全面落地的现在，政策制定者和监管部门应当加强宣传和投资者教育，积极引导投资者预期，促进市场平稳运行。

# 第七节　附　　录

附表 14-1　　注册制与非注册制上市公司平均上市用时统计

| 时间 | 注册制 | 非注册制 | 差值 |
|---|---|---|---|
| 2019 年 7 月 | 109.24 | 714.83 | -605.59 |
| 2019 年 8 月 | 132.33 | 764.83 | -632.50 |
| 2019 年 9 月 | 176.00 | 701.83 | -525.83 |
| 2019 年 10 月 | 203.57 | 569.11 | -365.54 |
| 2019 年 11 月 | 204.31 | 568.20 | -363.89 |
| 2019 年 12 月 | 231.43 | 589.33 | -357.90 |
| 2020 年 1 月 | 256.89 | 559.14 | -302.25 |
| 2020 年 2 月 | 266.67 | 454.60 | -187.93 |
| 2020 年 3 月 | 290.00 | 493.20 | -203.20 |
| 2020 年 4 月 | 303.33 | 537.72 | -234.39 |
| 2020 年 5 月 | 323.60 | 638.62 | -315.02 |
| 2020 年 6 月 | 299.36 | 647.50 | -348.14 |
| 2020 年 7 月 | 275.15 | 545.00 | -269.85 |
| 2020 年 8 月 | 151.85 | 499.95 | -348.10 |
| 2020 年 9 月 | 153.94 | 505.69 | -351.75 |
| 2020 年 10 月 | 203.00 | 593.00 | -390.00 |
| 2020 年 11 月 | 170.14 | 479.86 | -309.72 |
| 2020 年 12 月 | 207.16 | 569.81 | -362.65 |
| 2021 年 1 月 | 228.48 | 574.83 | -346.35 |
| 2021 年 2 月 | 249.89 | 550.11 | -300.22 |
| 2021 年 3 月 | 291.59 | 584.20 | -292.61 |
| 2021 年 4 月 | 299.67 | 569.40 | -269.73 |
| 2021 年 5 月 | 318.88 | 478.19 | -159.31 |
| 2021 年 6 月 | 347.26 | 713.73 | -366.47 |

续表

| 时间 | 注册制 | 非注册制 | 差值 |
|---|---|---|---|
| 2021 年 7 月 | 358.29 | 472.70 | −114.41 |
| 2021 年 8 月 | 384.97 | 466.80 | −81.83 |
| 2021 年 9 月 | 386.00 | 417.00 | −31.00 |
| 2021 年 10 月 | 409.44 | 465.14 | −55.70 |
| 2021 年 11 月 | 438.15 | 422.50 | 15.65 |
| 2021 年 12 月 | 425.97 | 668.50 | −242.53 |
| 2022 年 1 月 | 377.50 | 859.00 | −481.50 |
| 2022 年 2 月 | 348.17 | 296.20 | 51.97 |
| 2022 年 3 月 | 405.31 | 431.00 | −25.69 |
| 2022 年 4 月 | 395.82 | 256.33 | 139.49 |
| 2022 年 5 月 | 421.92 | 324.20 | 97.72 |
| 2022 年 6 月 | 426.40 | 366.00 | 60.40 |
| 2022 年 7 月 | 409.92 | 394.00 | 15.92 |
| 2022 年 8 月 | 409.90 | 404.33 | 5.57 |

# 第四部分

# 双向开放研究

# 第十五章　资本市场制度型开放推动构建新发展格局

## 第一节　引　　言

自 1978 年以来，改革和开放一直是我国社会主义市场经济发展不变的主题，商品和要素流动型开放是传统贸易开放的主要形式，在这个过程中，跨境直接投资（FDI）对我国经济发展起到了重要的调节作用。资本市场的开放同样经历了渐进式开放的过程，即从 QFII 向陆港通，由单向到双向的开放过程。这一过程伴随着政策的两个重要转变，一是开放模式的转变，即由要素流动型开放向制度型开放的转变，二是开放目标的转变，即由单纯满足企业要素流动需求向制度建设目标的转变。传统的资本市场开放与经贸市场开放类似，都是利用比较优势，而资本市场制度型开放在这个基础上有新的要求，就是要完善资本市场本身的制度，更加看重制度建设，通过制度提升资本市场服务实体经济的能力，并不是单纯的活跃市场，而是通过开放提升自身，这本身就是一个典型的金融供给侧结构性改革。

当前全球经济环境复杂，随着逆全球化趋势的兴起，我们的传统开放领域受到了很多限制。图 15－1 给出了 2014 年以来，传统的 FDI 和通过资本市场开放流入的资金的

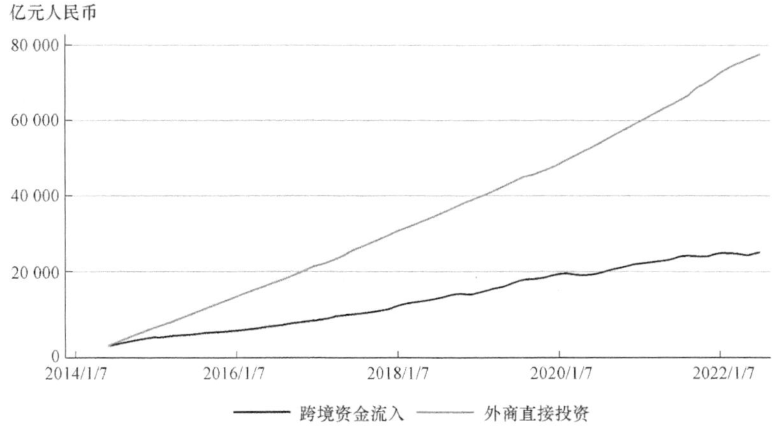


**图 15－1　我国 FDI 与跨境资金交易量**

数据来源：东方财富 Choice。

比例，可见，通过资本市场开放流入的资金已经超过传统 FDI，资本市场的制度型开放将会是对现有经贸开放的有益补充。因此，研究资本市场的制度型开放具有重要的理论与现实意义。

## 第二节　制度型开放的提出

“制度型开放”，主要指一国规则等制度与他国相应制度之间开放透明，并在竞争中调适或变革，实现制度的国际化融入，通过改革来促使本国制度升级，融入国际通行的经贸规则并做出应有的贡献。从宏观的角度来看，开放曾为我国带来了市场机制，促进了我国产权制度改革，形成了更加科学的宏观经济管理制度；从微观的角度来说，企业用工制度、现代企业制度、企业经营机制、负面清单制度等都与对外开放有着密不可分的关系。

最早提出制度型开放概念的是 2018 年底的中央经济工作会议。此次会议提出“推动全方位对外开放。要适应新形势、把握新特点，推动由商品和要素流动型开放向规则等制度型开放转变”。

2019 年政府工作报告提出“继续推动商品和要素流动型开放，更加注重规则等制度型开放，以高水平开放带动改革全面深化”。这一方针明确了我国的开放要从要素型的市场开放向制度型开放转变，这一转变与供给侧结构性改革一致。和过去的要素型开放不同的一点是制度型开放非常强调制度的改革，利用自贸区作为重要实验区，参与全球治理，提升中国话语权。

2019 年 10 月 31 日，党的十九届中央委员会第四次全体会议通过的《中共中央关于坚持和完善中国特色社会主义制度　推进国家治理体系和治理能力现代化若干重大问题的决定》，在建设更高水平开放型经济体制部分提出“健全外商投资准入前国民待遇加负面清单管理制度，推动规则、规制、管理、标准等制度型开放”。

2020 年 5 月 11 日发布的《中共中央　国务院关于新时代加快完善社会主义市场经济体制的意见》（以下简称《意见》），再次强调了“推动商品和要素流动型开放向规则等制度型开放转变，吸收借鉴国际成熟市场经济制度经验和人类文明有益成果，加快国内制度规则与国际接轨，以高水平开放促进深层次市场化改革”，并再次提出“健全外商投资准入前国民待遇加负面清单管理制度，推动规则、规制、管理、标准等制度型开放”。

党的二十大也强调“稳步扩大规则、规制、管理、标准等制度型开放”，既是中华民族伟大复兴战略的重大举措，也是构建人类命运共同体的重要体现。同时，党的二十大提出了中国式现代化，而实现这一目标离不开高质量发展和新发展格局的构建。党的二十大报告将制度型开放和新发展格局联系在了一起，为它提供了一个路径，即通过建立高水平社会主义市场经济体制和现代化产业体系，提升内循环质量，通过推进高水平开放，提高国际循环质量。

2022 年底，中央经济工作会议对吸收利用外资做出系列部署，强调要“更大力度吸引和利用外资”之后，2023 年两会的政府工作报告也将“更大力度吸引和利用外资”列为政府工作八项重点建议之一。制度型开放已经成为我国经济开放领域的一项重要国策。

## 第三节　资本市场制度型开放的必要性

我国贸易额已占到世界贸易总额的 30%。外贸为我国经济发展提供了重要的发展资金。中国是制造大国，但不是制造强国。如果仅看高科技出口额，中国居于全球领先。根据联合国商品贸易统计（Comtrade）数据库，我国的高科技出口值从 2010 年的 4 745 亿美元增长到 2021 年的 9 423 亿美元，位列世界之首，与 2010 年相比翻了一倍。但是，需要注意的是，中国高科技出口额大幅领先是由于在经济全球化背景下，中国承担了大量劳动密集型产业和部分资本密集型产业分工，在中低端制造行业具有一定优势，如电子产品、电气机械设备等。但是，从全球产业价值链来看，中国产业链并不完善，在芯片、半导体、软件服务等高附加值产品方面面临较大的技术壁垒。中国制造业仍位于价值链的中低端地位，附加值率较低，且抗风险能力有待提高，产业结构调整、创新性提升成为中国经济发展的驱动力。

如果我们长期满足于生产低端产品，不仅面临东南亚其他国家与我们竞争加剧的局面，更主要的是我国经济发展缺乏后劲，无法实现中国式现代化，全体人民共同富裕之梦无法实现。2016 年 1 月，在中央财经领导小组会议上首次提出供给侧结构性改革。2017 年 10 月，中央首次提出高质量发展。这些政策为我国的经济发展指明了新的方向。在实现经济由高速向高质量发展的过程中，如何发挥高水平的制度型开放来推动产业升级改造，促进国内大循环更为顺畅，发展科技创新经济是当前开放的重要课题。然而，随着欧美发达国家的逆全球化的趋势愈演愈烈，我国外贸形势日益复杂，2023 年 3 月份外贸出口同比下跌 47%。这一变化不是偶然，美国及欧盟已经将采购重点从中国转向东南亚国家，如果还只是寄希望于外贸，已经无法实现经济的高增长。依靠对外贸易构建的“外循环”来促进国内产业发展的“内循环”显得后劲不足。我们需要跳出以贸易为主的发展模式，与此同时，另一个渠道的开放异军突起，那就是资本市场开放中的跨境资金量的迅速增长。我国自2015年以来，外商直接投资一直处于相对稳定的水平，然而资本市场跨境资金流入一直处于稳步上升的状态，其成交量已经远远超出了外商直接投资。这为我们的开放提供了一条新思路。资本市场的制度型开放可以有效弥补外贸开放的不足，把境外的优质资源和要素拉回到国内市场，优化国内资源配置效率，提升相关产业的升级改造，促进国内要素流动。则资本市场制度型开放能够帮助实现我国经济发展的转型。

资本市场制度型开放的必要性具体体现在实施制度型开放是我国资本市场开放发展的必然阶段。

首先，我国目前已经是世界第二大市场，市场规模将为一国在国际规制体系中争取到更多的话语权和影响力。市场规模在国际经济规则博弈过程中的作用机制非常简单——接受我的规则或者退出我的市场，市场往往是国际贸易规制谈判中的重要筹码。类似的规则也适用于我国资本市场的制度型开放。截至2021年12月13日，我国股票市值A股市场总市值约92万亿元，位列全球股市第二位，仅次于美股市场，远超港股、东证总市值，境内上市公司数目突破5 000。如此大规模的资本市场是境外机构投资者进行资产配置和管理的重要场所，因此资本市场的开放必然向制度型开放转变，通过建立统一的规则和监管法规制度，完善资本市场的基础制度建设，规范境内外投资者行为，吸引更多境外投资者的参与。

其次，已有的国际经验表明，实施赶超型的后起国家的开放政策会随着发展阶段变化而变化。比如，日韩等国家在早期也曾经制定了一些有利于商品和要素流动型开放的战略，凭借出口导向战略和相关体制来推动本国经济的发展，从而改善本国资源的配置，从中获得贸易利益。在经济发展处于赶超时期，这一开放策略确实有助于促进出口，同时运用各种贸易壁垒限制进口，从而帮助调整国内的产业结构完成升级。但是，当经济发展到一定阶段，日韩市场的封闭性反而限制了其进一步转型和快速融入全球经贸体系，最终其放弃了原有的限制，实行了更广泛、更深入的制度型开放，融入全球经济体系。因此，从国际经验来看，赶超型的国家在发展到一定阶段后，将从传统的商品和要素型流动型开放转型到制度型开放，资本市场的开放亦是如此。

第三，我国现有的资本市场开放主要集中于微观层面，局部目标导向，并未形成统一整体。资本市场自2014年沪港通开放以来，逐步开放了深港通、沪伦通、债券通等。但是这些政策的设计还是以局部目标为导向，尚未形成统一整体。更重要的是，这些政策与国内的产业政策体系、国有企业管理政策体系相互独立，彼此未形成有机整体。因此，有必要构建一整套完善的系统的资本市场开放型制度体系，以保证我国始终坚持对外开放的大方向。

# 第四节　资本市场制度型开放的内涵

## 一、资本市场开放历程回顾

资本市场的制度型开放应该包括两个层面的含义：一个是建制度，另一个是对外开放。自 20 世纪 90 年代资本市场建立以来，我国资本市场的改革不断深入，随着注册制的全面实施，我国多层次资本市场的结构日益清晰，图 15－2 至图 15－4 反映了我国资本市场的主要改革历程。从这些图可以看出，我国资本市场的制度建设在短短 30 余年的时间里，已经逐步发展完善。我国已经形成了包含主板、创业板、科创板、北京证券交易所、新三板的多层次资本市场架构。2020 年，在科创板实施了注册制试点改革，2023 年 2 月，全面实施了注册制。这些制度建设已经为我国资本市场的制度型开放做好了充分的制度准备。

在资本市场双向开放方面，自 2014 年我国首次开通沪港通交易，内地与境外市场的互联互通机制开始建立，之后不断扩展和优化，已经成为资本市场双向开放的重要内容。随着我国提出制度型开放的政策，资本市场的开放模式也发生了转变，由要素流动型开放转向制度型开放。同时，开放目标也由单纯满足企业要素流动需求转为制度建设。目前，我国资本市场在股票市场与债券市场均对外开放，沪港通、深港通、沪伦通、债券通等相关制度的建立，极大地方便了境内市场与境外市场的链接。近年来，我国的互联互通机制在地域、品种上得到进一步拓展。2022 年 2 月 11 日，证监会发布施行修订后的《境内外证券交易所互联互通存托凭证业务监管规定》，拓展了参与互联互通存托凭证业务境内外证券交易所的范围。在境外方面，我国引入中国存托凭证（Chinese Depository Receipt，CDR），全球存托凭证（Gloloal Depository Receipt，GDR），允许境外基础证券发行人以新增股票为基础证券在境内公开发行上市中国存托凭证。2022 年，证监会明确内地与香港股票市场交易互联互通机制拓展至交易型开放式基金（ETF），沪深港通交易日历优化工作启动，将无法交易天数减少一半。这些制度型建设为我国资本市场的制度型开放提供了更加便利的环境，生产要素的跨境流动比以往更加频繁。资本市场的制度建设已经进入了一个相对完善的发展时期。资本市场制度型开放本身就是“要素型开放”的最佳实现路径之一，符合“持续深化要素流动型开放”的方向。

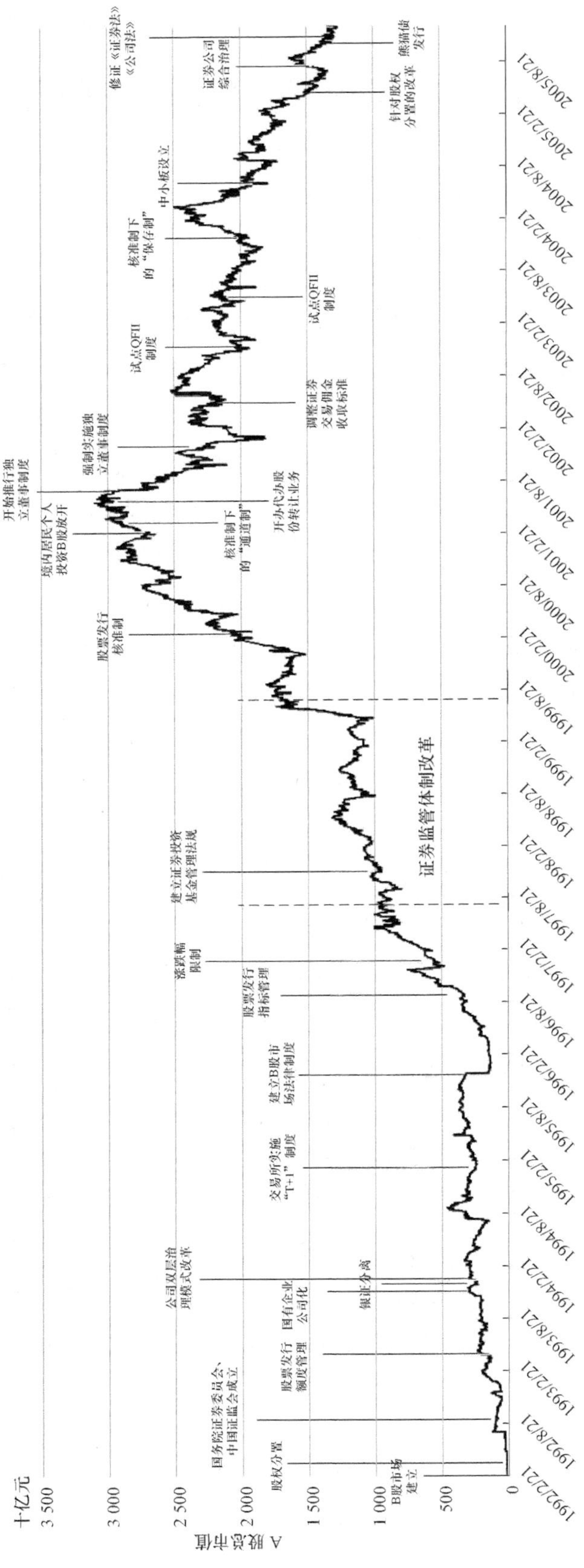


**图15-2 1992—2005年我国资本市场主要制度建设历程**

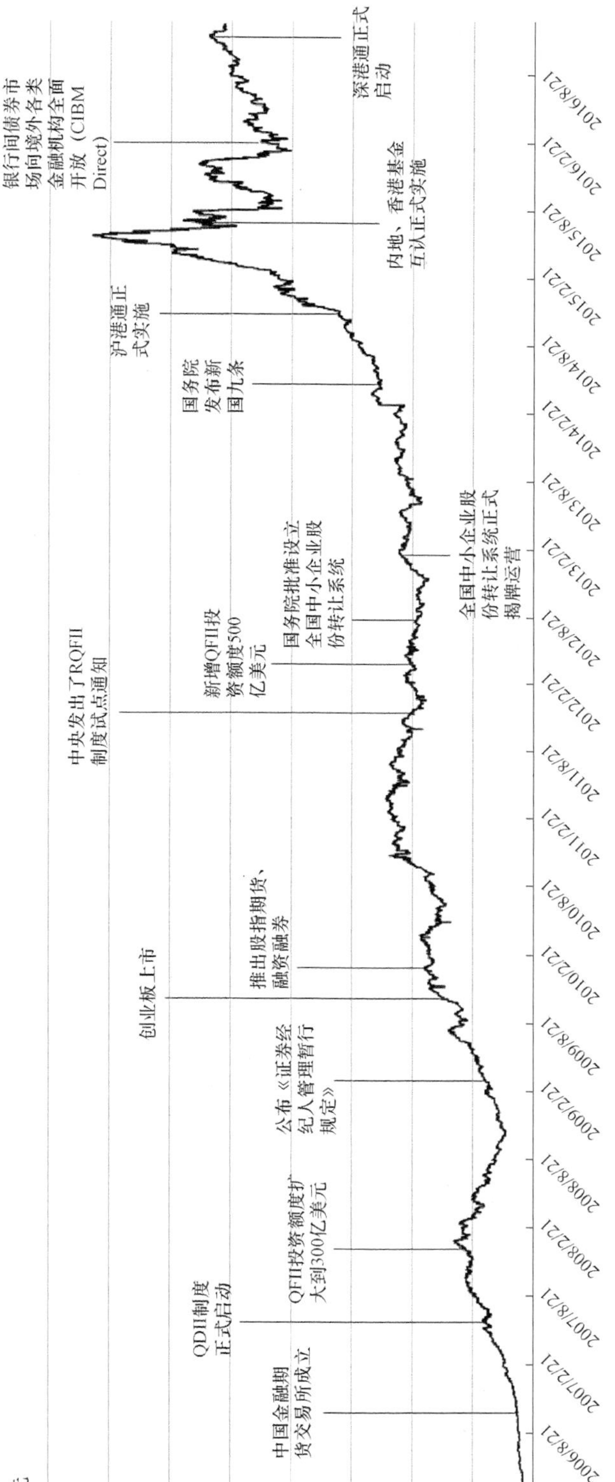


图 15－3　2006—2016 年我国资本市场主要制度建设历程

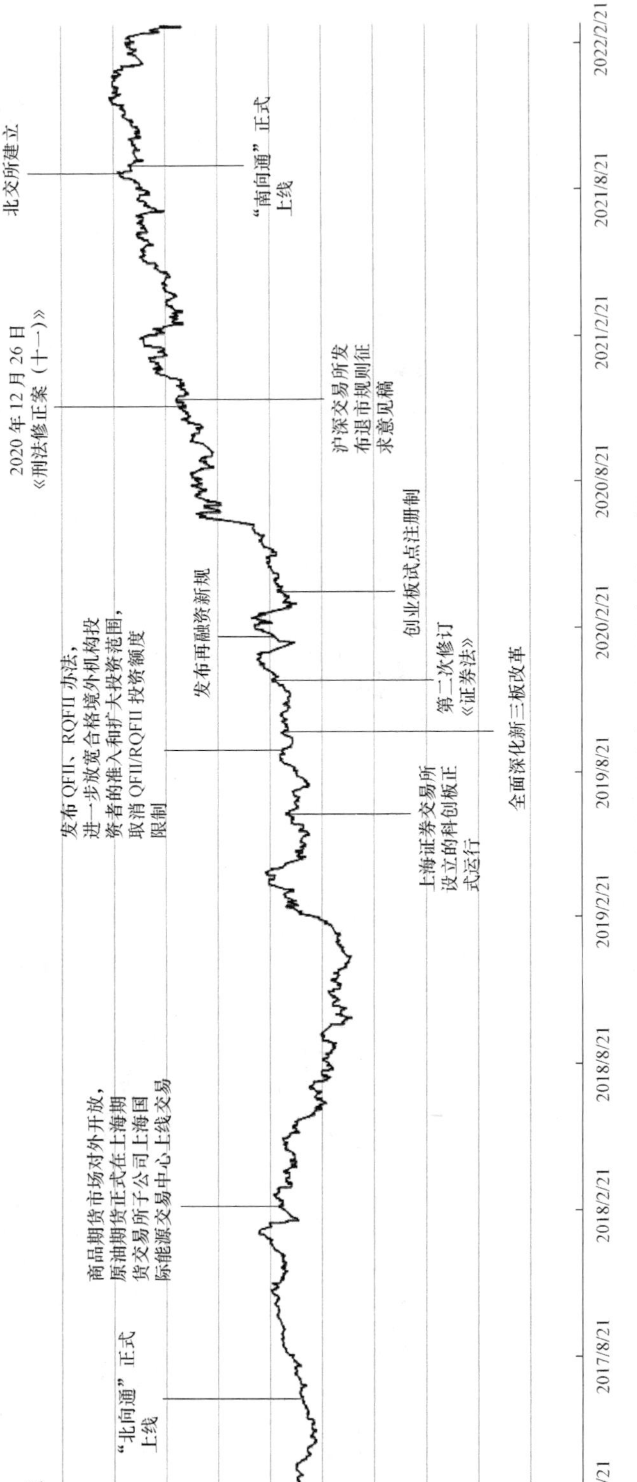


图15－4　2017—2022年我国资本市场主要制度建设历程

## 二、资本市场制度型开放的内涵

资本市场制度型开放与传统的商品和要素流动型开放具有较大差别。我们通过表 15－1 来反映传统的商品和要素流动型开放与资本市场制度型开放的差异。

表 15－1　　资本市场传统的商品和要素流动型开放与制度型开放的区别

| | 传统的商品和要素流动型开放 | 制度型开放 |
|---|---|---|
| 具体内容 | 不同国家（地区）的投资者和交易所之间互相交易金融产品和服务 | 不同国家（地区）交易所的规则、规制、管理、标准互相协调、互相融合 |
| 内在动因 | 不同交易所的金融资产相关性低，可以分散风险，提升投资者财富水平 | 提升交易所制度规则，改善市场质量，降低信息不对称，使中国 A 股市场融入全球市场，交易所可以参与全球治理 |
| 效果 | 总交易量上升，市场活跃，金融资产及服务多样化，价格和总市值上升 | 交易所治理和监管能力上升，资本市场采用国际规则，资本市场焕发活力，同全球其他交易所形成良性互动 |
| 推广措施 | 降低市场准入门槛，去除跨境交易障碍，向全世界开放 | 推出相关法律，对标国际资本市场同行规则改革，提升市场质量，争夺国际话语权 |
| 跨境交易利得来源 | 跨市场套利 | 上市企业质量得到提升 |
| 发展方向 | 不同国家（地区）交易所金融资产差异增大 | 制度融合 |
| 比较优势的变化 | 通过一价定律使价格趋于一致，抹平原有的跨市场套利机会 | 通过制度升级提升资本市场竞争能力 |
| 主要壁垒 | 交易所准入门槛 | 隐性门槛 |

但是，资本市场的制度型开放与传统的商品和要素流动型开放之间具有紧密的联系，两者是密不可分的，不能分割。两者可以被定义为开放的两个层面。无论是制度型开放还是商品和要素流动型开放，都是开放的重要内容。随着 40 多年的开放，我国对外合作深度和广度都有所拓展，构建多元化、多维度、全方位的对外合作网络体系，需要从更加宏观的角度出发，因此，对外开放的理念需要从过去的商品和要素流动型开放转变为制度型开放。只有做好制度建设，才能更好地促进商品和要素流动型开放，反过来，商品和要素流动型开放的不断发展和推进，一定会带来更高层次、更多维度、更广泛的制度型开放。制度型开放主要在于制度建设，把相关的微观个体都包容在制度建设这一宏观政策范围内，在规范、合理、高效、公平、透明的制度下，无论是境内还是境外，都在一个统一的标准、规制下从事相关的经营活动。而传统的商品和要素流动则是注重微观层面的制度建设，比如针对某类商品或者某个行业制定的规章和标准，这些规章的制定互相之间可能是独立的，有的还是矛盾的，并非一个统一的完善的制度。

资本市场制度型开放首次把改革与开放联系到了一起。资本市场的制度型开放深化改革，改革服务制度型开放。在传统的商品和要素流动型开放中，我们主要将改革放在引入跨境投资制度的规章、规制的对接方面，更在意如何将外资引入，而忽视了引入外资后规制、规章的建立。也即原有的资本市场双向开放更看重边境制度的建设，而高水平制度型开放的重点应该是边境后的各领域法律法规、政策体系、监管理念、监管方式等一系列制度的建设，这就离不开对现有资本市场制度的改革，也即资本市场引进境外机构投资者后的相关制度法规的改革需要进一步深化。因此，改革与开放必须有机结合起来，才能真正实现制度型开放。资本市场制度型开放依赖于准入后法律法规、政策体系、监管理念、监管方式等一系列制度的市场化、法制化改革，这一系列规章就是制度型开放的重点内容。

## 三、我国资本市场制度型开放的独特性

中国开放与其他国家开放相比有独特性。与东南亚国家等其他国家的开放相比具有独特性，我国是世界第二大经济体，我国的开放是一个大国的开放，我们的资本市场制度型开放具有以下两个独特性。

（1）东南亚国家开放都是相对较小的市场开放，其影响力与我国市场的开放无法比拟。其他国家的开放更多的是将本国市场与境外连接，更看重“引进来”，通过开放给本国市场带来丰厚的资金与产业结构的升级与技术革新，在本国构建统一的国际贸易、金融、服务等规则和法规制度。我国的开放意义不仅包含“引进来”，还需要“走出去”，放大逆向输出效应，打通国内、国外两个市场，输出中国制度，提升国际地位和话语权。

（2）我国的开放是通过将香港作为“自贸区”来实施的，并不是像其他国家一样直接开放。我国的开放是利用香港的独特地位，将香港作为制度型开放的“自贸区”，把境内市场与境外市场连接。在资本市场的制度型开放中，需要特别发挥香港市场的特殊作用，重视香港在制度型开放中的独特地位。香港在制度型开放中将协助境内市场融入全球大市场。我国目前已经建立了多个自贸区，如粤港澳大湾区、海南自由贸易港。这些自贸区都在传统商品和要素流动型开放中发挥重要作用。自贸区的建立使国际贸易往来更加自由便利，并且拉动经济增长，促进文化交流。从国际层面来看，我国已经和东盟等国家签署《区域全面经济伙伴关系》（RCEP），另外，我们也已经正式申请加入《全面与进步跨太平洋伙伴关系协定》（CPTPP）。在我国加速融入全球市场的进程中，香港本来就是中国内外循环的重要节点，其在连接境内、境外市场方面的地位和作用更加显著。在资本市场制度型开放过程中，香港也将起到类似商品与要素流动型开放中的自贸区的作用。香港作为中国境内和世界交往的桥梁，之前主要是服务于外资机构进入中国境内市场，未来也要大力协助内地企业和机构进入境外市场。香港具有天然的金融专业服务

优势，对于国际化的规则系统更加熟悉，可以协助内地在制度型开放过程中，统一国内规则和推进中国规则的国际化。香港在贸易、投资、法律、医疗卫生、教育等领域的规则、标准更加接近国际规则，可以通过其在内地落地构建基础制度，帮助提升内地相关规则的国际化。此外，我国境内市场体量庞大，在与香港的对接中，不仅境外市场可以通过香港影响境内市场，同时也可以借助香港的国际地位影响全球金融市场，加深境内外市场的连通性。

## 第五节　资本市场制度型开放推动新发展格局构建

党的二十大报告重申了制度型开放对我国当前经济高质量发展的重要性，并为这一逻辑关系补全了整体框架的闭环。一方面，高质量发展是实现我国第二个百年奋斗目标的中国式现代化的重要路径。另一方面，以制度型开放作为主要路径推动高质量发展，是构建新发展格局的主要方向。通过资本市场的制度型开放，让全球最优质的资源与要素来到中国国内大市场，为服务中国国内市场而相互竞争，这将发挥明显的竞争效应，也使中国国内的相关产业可以在更大范围内找到最为优质和合宜的资源，实现充分就业和潜力充分释放，促进中国国内资产配置效率的提升，进而提升中国经济增长的整体效率。

**建设现代化的产业体系，提升内循环质量。**我国利用国际直接投资在调整产业结构方面曾经起到了重要作用。如果资本市场的跨境资金流逐渐取代利用外资成为开放的主体，我们可以预见资本市场的制度型开放也将在更深层次上提高国内产业分工协作水平，提升国内大循环的效率。

首先，跨境资金流的增加给我国资本市场带来了丰厚的资金资源，有助于缓解企业的融资难题，促进被投资企业的技术创新和管理能力，对我国宏观经济起到显著的影响。一般而言，跨境资金通过直接影响和间接影响两种路径对企业产生作用。直接影响是通过对资金流向企业的投资，加速企业自身的发展。间接影响是北向资金与南向资金的溢出与挤入效应。由于跨境资金流一般都是海外机构投资者进行投资，其投资行为具有溢出与挤入效应，能够有效带动本地资金流向。同时，跨境资金流具有信号效应，可以调整个人投资者的投资行为，将有限的资源配置到优质企业中，优化我国产业结构。

其次，通过资本市场制度型开放，以不断做大的增量提高资本市场上市企业质量，改善投资者结构。同时，开放必然带来竞争，竞争倒逼和促进改革，使得新的投融资体制机制成为硬约束，更好地适应国内市场竞争国际化的要求。

**资本市场制度型开放推动人民币国际化进程，发挥国际大循环的作用。**一方面，近年来，我国资本市场的开放不断加快，极大地促进了人民币国际化发展。随着 2019 年 472 家大中型中国 A 股公司被纳入摩根士丹利资本国际新兴市场指数，中国在该指数中的权重从 2017 年 6 月的约 28%升至约 34%。将中国 A 股纳入该指数，大力提高境外机构投资者对中国国内股市的参与度。截至 2019 年底，境外机构和个人持有的中国境内股票市值已升至逾 2.1 万亿元人民币（3 044 亿美元）。股票市场互联互通也为金融市场进一步融合作出贡献。另一方面，取消合格境外投资者（QFII）以及人民币合格境外投资者（RQFII）的投资额度限制；境外主体持有人民币金融资产总额不断扩大，系列新政策和举措大大促进了人民币在全球的使用，不断加深人民币国际化程度。

首先，深股通与沪股通的股票以人民币报价和交收，意味着当香港投资者买入内地市场股票时，香港中央结算公司会将香港投资者的港币在离岸人民币市场兑换为人民币；当香港投资者卖出内地市场股票时，同样将人民币兑换为港币。由此疏通了在岸与离岸人民币市场之间的资金跨境流动，一方面，为在离岸市场存续的人民币提供投资渠道，进一步推动人民币国际化；另一方面，通过离岸汇率加强在岸与离岸人民币市场间的汇率联动效应，促进在岸市场人民币汇率的市场化定价。

其次，沪深股通可以通过跨境资金流动影响汇率。考虑到港币采取联系汇率制，钉住美元的货币局安排，对于境外投资者来说，投资内地市场就需要将美元兑换为港币进入沪深股通。因而，投资者在沪深股通的投资机制下，跨境资金流最终会通过外汇市场交易影响美元兑人民币的汇率，从而影响两地人民币汇率的联动关系。

第三，沪深股通可以通过信号效应影响汇率。由于信息不对称的存在，沪深股通资金净流入形成的“北向资金”会发出境外投资者对于内地股市看多或看空的信号。市场中其他一些投资者会据此调整自己的预期与投资行为，形成“羊群效应”，进而加剧资金跨境流动，跨境资金流动会进一步影响人民币汇率。一些外汇投机交易者也会因此调整对于人民币汇率变动的预期，通过投机套利影响人民币汇率。

第四，人民币汇率也会影响沪深股通资金流动。沪深股通股票以人民币报价和交易，两地的资金往来一般采用“封闭式循环圈”的模式。也就是说，使用港股通的内地投资者在使用人民币购买了以港币报价的港股，若之后卖出所持股票则不能进行任何其他的投资，只能够换回人民币现金。而港币的优势是钉住美元，意味着境外投资者在投资交易时需要考虑股票收益和汇率风险。当人民币汇率贬值幅度大于股票的投资收益时，境外投资者仍然不能得到正的收益；而在人民币升值时，境外投资者将获得汇率和股票的双重收益。因此，人民币贬值会导致沪深股通的资金净流入减少，相反人民币升值会促进沪深股通的资金净流入。

## 第六节 结 论

今天，我国资本市场制度型开放被寄予厚望，由于当今逆全球化的趋势，传统经贸开放受到极大限制。资本相对比较高的流动性可以克服地域限制。资本市场已经超越了其通过承担风险获取盈利这一本质。这一目标需要我们用全新的视角来研究我国资本市场开放。制度型开放在进一步扩大资本市场开放中将起到决定性作用。一方面，资本市场的开放高度依赖制度环境的提升。另一方面，制度型开放是资本市场继续扩大开放的核心路径。在资本市场制度型开放中，边境后制度层面的开放是资本市场开放体制机制改革的核心。通过更高标准的开放，增强资本市场改革主动性。

**我们要坚定不移扩大开放，推动由商品和要素流动型开放向规则、规制**、管理、标准等制度型开放转变，这已成为我国扩大高水平开放的重要趋势。作为我国对外开放格局的重要组成部分，稳步推进资本市场制度型对外开放，既是资本市场自身发展的需要，也是深化金融供给侧结构性改革、实现经济高质量发展的内在要求。制度型开放意味着对外开放的重点向制度层面延伸，这也对资本市场对外开放提出了新的更高要求。对标高质量发展和高水平开放要求，必须协调推进资本市场的对内改革和对外开放，完善基础制度体系，营造出与高水平开放相适应的制度环境，并在扩大开放中持续提升我国资本市场的国际竞争力。

# 第十六章　资本市场双向开放、跨境股票交易和 AH 股溢价

党的十八届三中全会明确了“资本市场双向开放”的战略目标。在这一目标的指引下，我国资本市场制定了渐进式的开放步骤。在这一系列我国已经和即将推出的资本市场改革中，2014 年 11 月 17 日正式开始实施的沪港股票市场交易互联互通（以下简称“沪港通”）机制具有特殊的地位。其对于我国资本市场的影响一直以来是学术界和监管层很关心的话题。目前的实证研究以事件分析为主，主要是将“沪港通”的开通作为一个自然实验，来检验参与“沪港通”的 A 股股票的一些指标，在这一机制开通前后是否有显著变化。然而，这一类研究在两个方面存在不足。首先，沪港通的开通正是我国 2015 年股市异动的前夕。之后一年，我国 A 股市场爆发了近 10 年来最为猛烈的一次暴涨暴跌。所以，实证研究仅以 A 股指标的时间序列来衡量“沪港通”效应的话，就会发现这些指标存在巨大的波动。而这使得一些研究对于“沪港通”制度对 A 股市场的真实影响提出了疑问，也就是沪港通股票性质的变化也许是由其他因素导致的。目前的研究急需就研究样本的时间范围和宽度进行扩展，以包括 2016 年之后 A 股市场相对平稳的阶段和香港股票，并在研究中加入个股横截面的证据。其次，目前的研究还缺乏实证证据表明参与“沪港通”机制的投资者通过什么渠道改善上市公司指标。本研究借助上海证券交易所细致到每个投资者账户的“沪港通”交易数据，意在弥补目前研究中的一些不足。本研究基于账户交易数据构造了每只沪市 A 股和港股日交易金额中来自“沪港通”交易者的比例，并称之为交易中的“沪港通”通道比例。这一比例可以很精确地衡量出这些股票每日的交易金额中有多少来自“沪港通”投资者的跨境交易。本研究发现，“沪港通”通道比例越高的公司，其 AH 股溢价越低。由于学术界通常用 AH 股溢价来作为违反一价定律的定价偏误例子，这一发现支持资本市场开放可以使投资者通过（套利）交易将信息注入资产价格，提升市场定价效率的假说。本研究接下来利用上交所的账户数据识别出交易参与人的身份，发现当“沪港通”通道交易中机构投资者交易金额占比越高或来自香港市场的“港股通”投资者交易金额占比越高时，AH 股溢价越低。考虑到机构投资者和“港股通”投资者被普遍认为是拥有更多经验且善于利用各项金融工具和新的

交易机制，这些投资者更可能通过跨境股票套利的渠道降低市场定价偏误。本研究进一步研究表明，这一关系在考虑了内生性因素的影响后仍然显著，表示这一结果并不是由于跨境股票投资者倾向于投资AH股溢价低的股票而得出的。本研究还显示这一关系如果用资本市场单向开放（如QFII和RQFII）的数据无法获得。这证实了资本市场双向开放相对于之前单向开放可以给市场定价效率带来额外的帮助。

本研究旨在对目前文献做出两方面的贡献。首先，在学术上，本研究揭示了资本市场开放可以通过跨境（套利）交易的渠道增加市场定价效率，降低价格偏误。这一发现给目前很多资本市场开放的理论文章提供了实证支持。其次，在政策上，本研究证明以“沪港通”为代表的资本市场双向开放机制对市场定价效率的提升是单靠资本市场单向开放机制（如QFII和RQFII）所无法达到的。这一发现为我国目前资本市场开放的宏观方向提供了数据的支持。

## 第一节　引　　言

2013年11月，党的十八届三中全会明确了“资本市场双向开放”的战略目标。在这一目标的指引下，我国资本市场制定了渐进式的开放步骤。一方面逐步引入境外成熟投资者来改善境内市场投资者结构，另一方面以开放促改革，推动境内资本市场微观运行机制的优化与完善[①]。在这一背景下，2014年11月17日，沪港股票市场交易互联互通机制正式开始实施。“沪港通”制度可以细分为香港投资者投资A股的“沪股通”和内地投资者投资港股的“港股通”，双方投资的标的股票都是各自市场上高市值且流动性好的指数成分股[②]。这是我国资本市场首次实现了真正意义上的双向开放，具有里程碑的意义。之后，“深港通”和“债券通”也顺利开通。在2018年博鳌亚洲论坛上，时任中国人民银行行长易纲宣布将在年内推出“沪伦（伦敦）通”。在这一系列已经和即将推出的资本市场改革中，“沪港通”具有特殊的地位。它开创了操作便利、风险可控的跨境证券投资新模式，是我国资本市场双向开放的重大制度创新。

“沪港通”交易机制作为我国资本市场双向开放的先锋，其对于我国资本市场的影响一直以来是学术界和监管层很关心的话题。目前的实证研究以事件分析为主，主要是将“沪港通”的开通作为一个自然实验，来检验参与“沪港通”的A股股票的一些指标在这一机制开通前后是否有显著变化。然而，这一类研究在两个方面存在不足。第一，目前对沪港通的研究未考虑2015年股市异动。第二，目前的研究还缺乏实证证据表明参与“沪港通”机制的投资者通过什么渠道改善上市公司指标。比如，一些研究发现参加“沪

① 《中共中央关于全面深化改革若干重大问题的决定》，http://shfz.xhu.edu.cn/77/12/c4122a96018/page.htm.

② 由于地理上的相对位置原因，“沪股通”投资者也常被称为北向投资者，而“港股通”投资者则被称为南向投资者。

港通”的股票同市场收益的相关性降低（钟覃琳和陆正飞，2018）或股票的异质性波动率降低（钟凯等，2018）。但缺乏关于沪港通投资者行为的交易数据说明他们是通过什么渠道实现上述影响。这两个方向对于完善以“沪港通”为例的资本市场开放效果的研究至关重要。但提升这两个角度的实证研究都需要更详细的投资者交易数据。缺乏更有力的实证证据也造成目前一些关于“沪港通”的研究并没有取得一致的结论。比如谭小芬等（2017）认为在全市场层面，“沪港通”的推出降低了 AH 股的平均溢价，而 Burdekin 和 Silklos（2017）则认为通过“沪港通”的交易并没有显著地影响 AH 股间的价格差异。因此，目前，学术界、业界和监管层都需要更多的实证分析来对“沪港通”交易机制进行深入的探讨。

本研究借助上海证券交易所细致到每个投资者账户每一笔的“沪港通”交易数据，意在弥补目前研究中的一些不足。本研究基于账户交易数据构造了每只沪市 A 股和港股日交易金额中来自“沪港通”交易者的比例，并称之为交易中的“沪港通”通道比例。这一比例可以很精确地衡量出这些股票每日的交易金额中有多少来自“沪港通”投资者的跨境交易。图 16－1 是本研究主要发现的一个展示。

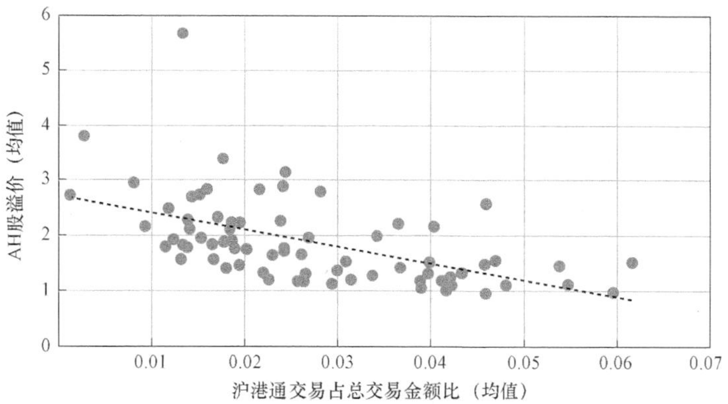


**图 16－1　“沪港通”通道比例与 AH 股溢价**

数据来源：上海证券交易所金融创新实验室、Wind 数据库。

图 16－1 描绘了 77 个同时发行 A 股和 H 股的上市公司的“沪港通”通道比例和相应 AH 股溢价之间的关系。研究样本期是从 2014 年 11 月 17 日到 2017 年 11 月 17 日，即“沪港通”开通后的三年。图 16－1 中的纵轴是这 77 个沪港上市公司的每日 AH 股溢价在样本期间的均值。横轴是该上市公司当日通过“沪港通”通道的交易金额和两市总交易金额的比例的均值（香港市场交易金额按照当天汇率折算成人民币）。我们可以清晰地看出这两个变量之间呈现负相关的关系。在横截面上，这一发现表明，“沪港通”通道比例越高的公司，其 AH 股溢价越低。由于通过“沪港通”通道的交易在很大程度上代表投资者跨境的股票套利交易，这一发现支持资本市场开放可以使投资者通过套利交易

提升市场定价效率的假说（Wei，2018；曲保智等，2010）。这是在研究资本市场开放效果的论文中首次直接观测到跨境（市场）（套利）交易有助于降低定价偏误的证据。

本研究接下来利用上交所的账户数据识别出交易参与人的身份，发现当“沪港通”通道交易中机构投资者交易金额占比越高或来自香港市场的“港股通”投资者交易金额占比越高时，AH 股溢价越低。考虑到机构投资者和“港股通”投资者被普遍认为是拥有更多经验，且善于利用各项金融工具和新的交易机制，这些投资者更可能通过跨境股票套利的渠道降低市场定价偏误。进一步研究表明，图 16-1 中发现的关系在考虑了内生性因素的影响后仍然显著，表示这一结果并不是由于跨境股票投资者倾向于投资 AH 股溢价低的股票而得出的。本研究还显示这一关系如果用资本市场单向开放（如 QFII 和 RQFII）的数据无法获得。这证实了资本市场双向开放相对于之前单向开放可以给市场定价效率带来额外的帮助。虽然之前的研究对此有过一些推测（见钟覃琳和陆正飞，2018），本研究是首次对这一猜测给出实证证据的。然后，本研究在个股层面的实证分析发现，对于信息获取成本更高或信息不对称程度越高的股票，跨境股票交易对于 AH 股溢价的降低作用越明显，而且这一过程往往伴随着股票流动性的提升。这意味着“沪港通”通过鼓励投资者进行跨境股票（套利）交易来提升股票流动性和降低信息不对称，从而改进股市的定价效率。本研究还进行了多种稳健性检验，所得到的回归结果都与主体分析保持一致。

本研究旨在对目前文献做出两方面的贡献。首先，在学术上，本研究揭示了资本市场开放可以通过跨境（套利）交易的渠道增加市场定价效率，降低价格偏误。这一发现给目前很多研究资本市场开放的理论文章提供了实证支持。其次，在政策上，本研究证明以“沪港通”为代表的资本市场双向开放机制对市场定价效率的提升是单靠资本市场单向开放机制（如 QFII 和 RQFII）所无法达到的。这一发现为我国目前资本市场开放的宏观方向提供了数据的支持。需要强调的是，本研究并没有否认跨境（套利）交易风险的存在。本研究认为，这些风险是我国资本市场成长过程中所难以避免的，不能因噎废食。本研究实证结论暗示，随着未来我国资本市场开放程度的进一步加大，我国市场将进一步融入全球资本市场，跨境股票交易将帮助改善我国资本市场的投资者结构和信息环境，并最终提高市场定价效率。

本研究余下内容安排如下：第二节研究背景与假设，第三节是数据与样本描述，第四节是实证研究，第五节是对市场质量的进一步实证分析，第六节是结论与政策建议。

## 第二节　研究背景与假设

在金融学中，资本市场开放一直是最受关注的话题之一。一类文献研究从相对宏观的角度分析了开放资本市场对本国（通常是新兴市场）的影响。一些学者认为资本市场开放有助于为本国投资者提供更多的机会，降低融资成本，进而推动经济发展。比如：Bekaert，Harvey，and Lundblad（2005）发现开放资本市场会平均贡献 1%的经济增长。Bekaert，Harvey，and Lundblad（2001）发现教育程度越高的新兴市场普遍在开放后会获得更好的增长机会。Behaert，Harvey，Lundblad，and Siegel（2007）发现在全球范围内开放资本市场的国家普遍享有额外的增长机会。Bekaert，Harvey，and Lundblad（2011）发现资本市场开放有助于提高实体部门的生产力。而另一类研究认为资本市场开放会带来额外的风险。这主要是由于资本市场开放后，国际资本的逐利流动。Grabel（1995）衡量了很多新兴市场的资本流动过程，发现，一般来说，新兴市场在开放资本市场以后会导致资本市场的波动性加剧。Bekaert，Harvey，and Lumsdaine（2002）发现跨国资本离开新兴市场的速度要远比其进来的速度要快，而这会加剧新兴市场的汇率风险。另外，一些研究也承认，从微观数据的角度，并没有翔实的证据证明国际投资者的进出会造成一国资本市场的波动。如 Choe 等（1999）就发现境外投资者的买卖行为并没有导致 1997 年韩国股市的波动。Wei（2018）总结了开放资本市场的优点和风险，同时也指出目前实证文章由于数据的不可获得，而缺乏进一步的证据。

另一类文献从定价效率的角度探讨资本市场开放或分割的影响。这一类文献以经济学中著名的“一价定律”为研究对象。让学者们感兴趣的现象是同一家公司在分割的市场上市往往会有不同的交易价格。这一现象打破了经典的“一价定律”。根据 Bailey 等（1999）的统计，全球 11 个国家中都存在着这种“同股不同价”的现象。除中国市场外，其他 10 个国家的外资股对内资股都存在溢价。学者们进行了一系列的研究，这些研究普遍认为是市场分割导致投资者无法跨市场套利。而套利制度的缺乏会放大两个市场投资者的一些差异：如对上市公司的信息不对称程度（Chan 等，2008），不同市场投资者面临的不同的投资机会（Fernald 和 Rogers，2002），不同市场中投资者的风险偏好的不同（Eun 等，2001），甚至不同市场中投资者文化背景的差异等（Jia 等，2017）。这些差异会导致两个市场间的投资者对于基于同一基本面的上市公司给出不同的估值。这类观点普遍存在于之前的文献中，比如 Hietala（1989）、Bailey 和 Jagtiani（1994）、Stulz 和 Wasserfallen（1995）、Domowitz 等（1997）的研究。

本研究沿袭上述第二类文献的思路，分析资本市场开放对我国定价效率的影响。这类文献虽然指出套利机制的缺失是造成违反“一价定律”的原因，但目前的文献并没有就此给出实证的证据。Chan 等（2007，2008）以我国 AB 股的溢价作为由于市场分割导致的违反“一价定律”的一个例子，发现在 2001 年允许内地投资者购买 B 股，可以有效地降低 AB 股溢价，提高市场定价效率。本研究类似地采用 AH 股溢价作为由于市场分割导致的定价偏误。与 Chan 等（2007，2008）不同的是，本研究利用数据优势直接衡量了跨境股票交易的规模。然后，首次实证检验了上述文献中缺乏有效套利会导致定价偏误的理论逻辑。那么，按照上述理论背景，双向开放资本市场的“沪港通”交易机制会如何影响 AH 股溢价呢？

首先，通过“沪港通”进行的跨境股票交易（称为“沪港通”通道交易），能够为股票价格注入新的信息。这既有可能是知情交易者直接交易所致，也可能是其通过跨市场套利导致。“沪港通”通道交易比较准确地衡量了跨境投资者在同一基本面的公司存在不同价格时做出的套利交易的规模①。在控制一系列影响 A 股和 H 股定价的横截面因素后（杨娉等，2007；胡章宏和王晓坤，2008；宋军和吴冲锋，2008），以及之前的研究发现的跨境套利交易应该有助于降低“同股不同价”的程度（曲保智等，2010），本研究提出假设 1。

**假设 1：在控制其他影响因素之后，通过“沪港通”通道的交易比例越高，则 AH 股溢价越小。**

在投资者结构的方面，按照目前的文献研究结果，机构投资者的交易行为大多属于价值投资模式下的资产配置行为，其跨境（套利）交易有助于提升市场效率。类似地，由于“沪港通”通道中交易分为南向“港股通”投资者交易和北向“沪股通”投资者交易，又由于香港市场以机构投资者交易为主，因此，大量的机构投资者的参与或“沪股通”的增加有助于机构投资者通过跨境（套利）交易提高 A 股市场的定价效率，降低定价偏误。本研究进一步提出假设 2。

**假设 2：“沪港通”通道交易中，机构投资者参与越多，北上（沪股通）投资者参与越多，AH 股溢价越小。**

值得注意的是，在“沪港通”制度实施之前，我国资本市场是可以通过境外合格机构投资者制度（QFII 或 RQFII）单向开放的。曲保智等（2010）发现 QFII 的批准额度的上升伴随着 AH 股全市场平均溢价的下降。然而，在 QFII 或 RQFII 机制中，过高的投资者的门槛影响了投资者的交易动机。严格的监管制度也难以使投资者充分通过跨境交易而增加价格中的信息含量（钟覃琳和陆正飞，2018）。因此，我们预测以“沪港通”为代表的资本市场双向开放应该可以带来单向开放所无法达到的对效率的提升。本研究进一步提出假设 3。

**假设 3：“沪港通”交易相对于 QFII 或 RQFII 的交易可以额外提升我国资本市场的价格效率。**

需要指出的是，本研究以“沪港通”机制为例来研究我国资本市场双向开放带来的影响，同目前其他关于“沪港通”的研究文献相辅相成。比如，谭小芬等（2017）利用 2014 年 11 月“沪港通”开通前后 100 个交易日左右的数据发现在剔除市场情绪的影响

---

① 由于没有香港投资者投资港股的数据，所以我们无法非常精确地衡量每一步套利交易的规模。但本研究衡量出的跨境交易的规模和套利交易规模高度相关（曲保智等，2010）。

后，“沪港通”的开通显著降低了AH股溢价。钟覃琳和陆正飞（2018）采用同一事件和配对样本，发现“沪港通”制度实施后，个股收益和市场收益之间的相关性下降，而更多地反映了公司的特质信息。钟凯等（2018）发现“沪港通”的实施有助于降低股票异质波动率。Chan 和 Kwok（2018）发现在“沪港通”开通后，沪港股票的协整程度大大提高，同时AH股溢价显著下降。Chan 和 Kwok（2017）验证了钟覃琳和陆正飞（2018）的发现。他们的研究显示在“沪港通”开通的 8 个月内，沪市的股票价格更多地反映了个股层面的信息。Yoon（2018）的研究发现，“沪港通”可以促使需要更多融资的公司主动披露公司层面的信息，增加价格中的信息含量。刘海飞等（2018）通过构造网络仿真模型，发现在提高两市融合的同时，也增加了整体市场受到攻击的概率。而 Burdekin 和 Siklos（2017）在对“沪港通”项目开通两年后的量化分析后，得出这一项目并没有显著降低 AH 股溢价的结论。这些研究都没有能够直接观测到“沪港通”中的投资者的交易行为及其对市场的影响。曲保智等（2010）提出跨境套利交易有助于降低 AH 股溢价。本研究深化了他们的观点，并用详细的投资者交易数据证明了这一点。因此，本研究有效地充实和增补了目前的文献，同时也为目前文献结论中的一些冲突之处给出了解释。

# 第三节 变量构造与初步统计结果

## 一、数据来源

本研究有效地结合了公开和非公开的数据库。本研究中的“沪港通”投资者的交易数据取自上海证券交易所资本市场研究所。该数据库准确记录了“港股通”投资者和“沪股通”投资者的每一笔交易。其中“港股通”投资者还有一个指示变量，标明该投资者是机构投资者还是个人投资者。本研究选取的样本为已在上交所和港交所挂牌上市，并均被纳入“沪港通”标的的 80 家上市公司[①]。本研究将这些数据在股票层面加总，得出每一只上海股票中来自香港投资者的投资金额和其对应的每一只香港股票中来自内地投资者的投资金额。数据频率为日度数据，样本区间为“沪港通”开通后的三年整，即 2014 年 11 月 17 日至 2017 年 11 月 17 日。此外，上市公司的行情数据以及财务数据来源于 Wind 资讯数据库。

根据研究需要，本研究按照以下原则对数据样本进行筛选：（1）由于上交所与港交所的交易日有所差别，本研究只保留在两市都允许交易的日期中的观测；（2）当上市公

① 上市公司被纳入“港股通”标的的港交所上市的 H 股，和被纳入“沪港通”标的的上交所上市的 A 股。

司 A 股股票与 H 股股票的交易量同时为零的时候，剔除股票当日的数据；（3）由于上交所规定 A 股为风险警示板股票，不得纳入“沪股通”，及其相应 H 股也不得纳入“港股通”股票，剔除 ST、PT 公司[①]；（4）为了避免数据异常值的影响，对所有连续变量按照样本 1%和 99%分位数缩尾处理。经过上述筛选后，共获得 2014 年 11 月 17 日—2017 年 11 月 17 日期间 77 家沪市 AH 股上市公司，包括 46 758 个日观测值数据。

## 二、变量说明

### （一）AH 股溢价指标

本研究运用 AH 股溢价衡量市场定价偏误的程度。已有研究对 AH 股溢价有多种衡量方式。比较常见的有（1）[PA－（PH×Erate）]/（PH×Erate）（如：Chung 等，2013）；（2）PA/（PH×Erate）（如：胡章宏和王晓坤，2008；宋顺林等，2015；谭小芬等，2017）；（3）[PH－（PA×Erate）]/（PA×Erate）（如：Chan 和 Kwok，2017；曲保智等，2010）。其中 PA 和 PH 分别表示 A 股股价和 H 股股价。Erate 表示相应人民币与港币间的兑换汇率。

本研究以同一时刻 A 股价格与按汇率折算后的 H 股价格的比值来定义 AH 股溢价，记作 PAH，比值越大，表明 A 股相对 H 股的溢价越高，则市场定价违背“一价定律”的幅度越大。具体计算公式如下：

$$PAH_{i,t}=\frac{P_{i,t}^{A}}{P_{i,t}^{H}\times Erate_{t}} \tag{16－1}$$

其中，$PAH_{i,t}$ 表示公司 $i$ 在交易日 $t$ 的 AH 股溢价，$P_{i,t}^{A}$ 表示公司 $i$ 的 A 股股票在交易日 $t$ 的收盘价（以人民币计价），$P_{i,t}^{H}$ 表示公司 $i$ 的 H 股股票在交易日 $t$ 的收盘价（以港币计价），$Erate_t$ 表示交易日 $t$ 的人民币兑港币的中间价[②]。在稳健性检验中，本研究还选取变量 $(P_{i,t}^{A}-P_{i,t}^{H}\times Erate_{t})/(P_{i,t}^{H}\times Erate_{t})$ 来衡量 AH 股溢价。

### （二）“沪港通”投资者交易指标

为刻画“沪港通”投资者的跨境股票交易，本研究构造了以下 3 个核心变量：（1）“沪港通”通道交易占比，记作 *TDHGT*，表示上市公司在交易日所有“港股通”和

① 在样本期间内，被纳入风险警示板的 AH 股票有：昆明机床，600806.SH，0300.HK；京城股份，600860.SH，00187.HK；重庆钢铁，601005.SH，1053.HK。本研究剔除这三家上市公司。

② 为了统一标准，此处用上交所每日公布的人民币兑港币换汇中间价，换汇中间价来源于上交所官网。

“沪股通”成交金额之和占 A 股股票和 H 股股票总成交金额的比例[①]。（2）“沪股通”交易占比（北上交易金额占比），记作 *TDHGT_A*。表示上市公司在交易日的所有“沪股通”总成交金额占“沪股通”和“港股通”总交易金额的比例。（3）机构投资者交易占比，记作 *TDHGT_I*，表示上市公司在交易日的所有“港股通”和“沪股通”总成交金额中来自机构投资者的比例。因为“沪股通”投资者无法区分机构与个人投资者，本研究参考 Amin 和 Lee（1997）的研究，将每笔报单 10 万港元以下的订单归为个人投资者的订单，每笔报单 50 万港元以上的订单归为当日机构投资者的订单，然后根据订单号分别统计当日机构与个人投资者的成交情况。作为稳健性检验，本研究还以每单 100 万港元以上的标准重新构造机构投资者交易指标，然后重复上述实证回归检验，回归结果仍旧存在。

### （三）控制变量

还有一些其他文献提出了一些变量被认为也可能影响同一公司在不同市场上市股票之间的溢价。因此，本研究在实证分析时，需要控制这些变量。这些变量包括：（1）公司市值（*SIZE*）。通常用以代表公司信息不对称的程度。（2）A 股流通股股数/H 股流通股股数（*CS_AH*）。这一指标被用来衡量两个市场的差别需求程度。（3）A 股日换手率/H 股日换手率（*TR_AH*）。这一指标既可以被用来衡量两个市场的流动性，也可以被用来衡量投机性的差异程度。（4）A 股波动率/H 股波动率（*VL_AH*）。本研究选取 A 股波动率对 H 股波动率的比率来衡量两个市场的风险差异程度。（5）第一大股东的持股比例（*LH*）。本研究选取这一持股比例来衡量公司的治理结构。此外，本研究还采用（6）上证综指的日收益率（*R_SH*）以及恒生指数的日收益率（*R_HK*）来分别衡量上海与香港市场的投资者情绪。

上述变量的详细定义及数据来源都在本章附录中有介绍。附录中还包括下文中所用到的其他一些辅助变量的描述和数据来源。

## 三、描述性统计

表 16－1 给出了主要变量的描述性统计，包括每个变量的样本量、均值、中位数、标准差、最小值以及最大值。样本包含 2014 年 11 月 17 日—2017 年 11 月 17 日期间 77 家沪市 AH 股上市公司。从表 16－1 可以得出，样本期间内，AH 溢价的均值高达 1.81，中位数为 1.63，且标准差为 0.73。这说明，即使在排除汇率影响之后，A 股价格仍平均

① 此处 A 股股票和 H 股股票总成交金额等于股票日交易金额的 2 倍。由于无法获取深市港股通投资者对公司 H 股的成交金额，本研究主要变量的构造中均只选取了沪市港股通交易金额。基于深港通 2016 年 12 月 5 日才开通，本研究选取了 2014 年 11 月 17 日—2016 年 12 月 3 日期间的样本进行了回归检验，本研究主要结论仍旧成立。

高出 H 股价格接近一倍，而且不同交易日的 AH 溢价差别较大。这暗示我们，不仅要关注 AH 溢价的时间序列变化，还要关注它的横截面变化。从表 16－1 还发现样本期间，通过“沪港通”通道对 AH 股票进行交易的金额比例不高，“沪港通”通道交易占比的均值为 2.9%。但其标准差为 3.1%，且最大值接近 16%。这说明，这一指标的分布很分散，这也支持本研究从横截面角度进行分析。平均来看，通道中“沪股通”交易占比的均值为 44%，机构交易占比的均值为 46%，平均来看，通道中个人投资者的交易金额超过了机构投资者，南下交易金额超过了北上交易金额。

表 16－1 中还给出了其他控制变量的统计。这些变量分布比较平均，不存在明显的极端值现象，这为本研究接下来的实证研究奠定了基础。

**表 16－1　　主要变量的描述性统计**

| | 样本量 | 均值 | 中位数 | 标准差 | 小值 | 大值 |
|---|---|---|---|---|---|---|
| *PAH* | 46 758 | 1.810 | 1.630 | 0.731 | 0.919 | 4.931 |
| *Lag（PAH）* | 46 758 | 1.810 | 1.629 | 0.731 | 0.919 | 4.927 |
| *TDHGT* | 46 758 | 0.029 | 0.018 | 0.031 | 0 | 0.156 |
| *TDHGT_A* | 44 343 | 0.441 | 0.400 | 0.319 | 0.002 | 0.996 |
| *TDHGT_I* | 44 343 | 0.458 | 0.482 | 0.290 | 0 | 0.955 |
| *Ln（SIZE）* | 46 758 | 25.180 | 24.980 | 1.317 | 22.700 | 28.120 |
| *TR_AH* | 46 752 | 6.786 | 3.793 | 8.850 | 0 | 55.060 |
| *CS_AH* | 46 758 | 1.248 | 0.992 | 1.010 | 0.092 | 4.495 |
| *VL_AH* | 46 758 | 1.098 | 1.046 | 0.404 | 0.343 | 2.371 |
| *Lh* | 46 758 | 0.426 | 0.410 | 0.149 | 0.171 | 0.860 |
| *R_SH* | 46 758 | 0 | 0.001 | 0.016 | －0.070 | 0.045 |
| *R_HK* | 46 758 | 0 | 0 | 0.010 | －0.030 | 0.030 |

# 第四节　回 归 分 析

在本节中，我们将利用多元回归分析来探究 AH 股溢价和“沪港通”交易变量之间的关系。本研究首先分析这些变量同其他控制变量之间的相关性。

## 一、相关性分析

表 16－2 报告了本研究主要变量间的相关系数矩阵。可以得出，AH 溢价高度自相关，反映在 *PAH* 和 *Lag（PAH）* 相关系数接近 1。这暗示本研究在接下来的回归分析中

要控制自相关的因素。*PAH* 与“沪港通”通道中投资者交易占比 *TDHGT* 的相关系数在1%水平下显著为负，说明在不考虑其他因素时，通过“沪港通”通道中的交易金额比例越高，公司的 *AH* 股溢价现象会降低。这符合假设 1 的基本预期。*PAH* 与 *TDHGT_A* 的相关系数在 1%水平下显著为负，*PAH* 与 *TDHGT_I* 的相关系数在 1%水平下显著为负，均符合假设 2 的基本预期。与已有研究中的发现一致的是，*PAH* 与 *SIZE*、*CS_AH* 的相关系数均为负，*PAH* 与 *TR_AH*、*VL_AH* 的相关系数均为正。其他控制变量之间的相关系数均比较低，说明回归分析中主要变量间不存在多重共线性问题。

## 二、多元回归分析

本小节利用多元回归分析方法讨论沪港通通道中投资者的交易量与 *AH* 股溢价之间的关系。本研究首先采用如下面板回归模型：

$$PAH_{i,t}=\alpha_0+\alpha_1 TDHGT_{i,t}+\alpha_2 Lag\,(PAH)_{i,t}+\alpha_3 Ln\,(SIZE)_{i,t}+\alpha_4 TR\_AH_{i,t}+\alpha_5 CS\_AH_{i,t}+\alpha_6 VL\_AH_{i,t}+\alpha_7 LH_{i,t}+\alpha_8 R\_SH_{i,t}+\alpha_9 R\_HK_{i,t}+\varepsilon_{i,t} \quad (16-2)$$

其中，$PAH_{i,t}$ 代表公司 $i$ 在交易日 $t$ 的 *AH* 股溢价。$TDHGT_{i,t}$ 代表公司 $i$ 在交易日 $t$ 的所有沪市“港股通”和“沪股通”成交金额之和占其 A 股股票和 H 股股票总成交金额的比例。$Lag\,(PAH)_{i,t}$ 代表公司 $i$ 在交易日 $t-1$ 的 *AH* 股溢价，用来控制 *AH* 股溢价的自相关特征。$Ln\,(SIZE)_{i,t}$ 代表公司 $i$ 在交易日 $t$ 的市值的对数。$TR\_AH_{i,t}$ 代表公司 $i$ 在交易日 $t$ 的 A 股对 H 股自由流通股股数之比。$CS\_AH_{i,t}$ 代表公司 $i$ 在交易日 $t$ 的 A 股对 H 股换手率之比。$VL\_AH_{i,t}$ 代表公司 $i$ 在交易日 $t$ 的 A 股对 H 股波动率之比。$LH_{i,t}$ 代表公司 $i$ 在交易日 $t$ 的第一大股东的持股比例，用以衡量公司的治理结构。$R\_SH_{i,t}$ 和 $R\_HK_{i,t}$ 代表公司 $i$ 在交易日 $t$ 上证综指和恒生指数的日收益率，用来分别衡量上海与香港市场的投资者情绪。另外，为了缓解面板数据中标准误差低估的问题，我们将所有回归系数的标准误差聚类到公司层面（Clustered by Firms）。回归模型中加入了公司固定效应和日期固定效应，用以控制公司特质变量和日期变量对 *AH* 溢价的影响。

表 16－3 给出了来自“沪港通”通道交易比例对 AH 股溢价的回归结果。第（1）列给出了一元回归结果。*TDHGT* 的回归系数为－4.728，且在 1%（t－statistic＝－3.42）的置信水平下是统计上显著的。表 16－4 中第（2）列控制了文献中涉及的影响 AH 溢价的其他因素。第（3）列和第（4）列陆续引入时间和公司层面的固定效应。引入更多控制变量后的回归结果，依旧一致地表明 *TDHGT* 的回归系数均是负的，而且都在 1%的置信水平下是统计上显著的。回归结果显著地支持了假设 1，即沪港通投资者的交易量占比越高，*AH* 溢价会越低。每一单位标准差的 *TDHGT* 的上升可以使 *PAH* 降低 15 个基点（Basis Points）。

表 16－2　　相关系数矩阵

| | | 1 | 2 | 3 | 4 | 5 | 6 | 7 | 8 | 9 | 10 | 11 | 12 |
|---|---|---|---|---|---|---|---|---|---|---|---|---|---|
| *PAH* | 1 | 1 | | | | | | | | | | | |
| *Lag*（*PAH*） | 2 | 0.996 2* | 1 | | | | | | | | | | |
| *TDHGT* | 3 | −0.205 5* | −0.202 8* | 1 | | | | | | | | | |
| *TDHGT_A* | 4 | −0.374 9* | −0.375 0* | −0.103 6* | 1 | | | | | | | | |
| *TDHGT_I* | 5 | −0.439 1* | −0.438 3* | 0.302 4* | 0.426 4* | 1 | | | | | | | |
| *Ln*（*SIZE*） | 6 | −0.507 0* | −0.507 5* | 0.177 6* | 0.304 6* | 0.530 1* | 1 | | | | | | |
| *TR_AH* | 7 | 0.325 6* | 0.322 6* | −0.328 6* | 0.090 2* | −0.162 8* | −0.269 2* | 1 | | | | | |
| *CS_AH* | 8 | −0.232 4* | −0.232 1* | −0.000 1 | 0.240 1* | 0.152 7* | −0.049 4* | −0.141 5* | 1 | | | | |
| *VL_AH* | 9 | 0.168 5* | 0.167 4* | −0.270 3* | 0.111 3* | −0.098 3* | −0.047 8* | 0.377 5* | −0.159 6* | 1 | | | |
| *LH* | 10 | 0.150 2* | 0.149 3* | −0.040 7* | −0.176 1* | −0.072 2* | 0.245 2* | −0.011 2 | −0.566 5* | 0.055 5* | 1 | | |
| *R_SH* | 11 | −0.012 1 | −0.031 8* | −0.016 1 | 0.006 3 | 0.001 8 | 0.007 1 | 0.017 4 | −0.000 7 | 0.005 4 | 0.003 4 | 1 | |
| *R_HK* | 12 | −0.023 0* | −0.014 8 | 0.025 5* | −0.014 3 | 0.018 1* | −0.001 4 | −0.022 8* | 0.004 4 | −0.034 2* | −0.001 7 | 0.496 2* | 1 |

注释：*表示经过 Bonferroni 调整以后，两变量的相关性在 1%水平上显著。

表 16－3　　“沪港通”通道交易与 AH 股溢价：因变量：***PAH***

| | （1） | （2） | （3） | （4） |
|---|---|---|---|---|
| *TDHGT* | −4.728*** | −0.048*** | −0.049*** | −0.047** |
| | （−3.42） | （−4.90） | （−3.01） | （−2.49） |
| *Lag*（*PAH*） | | 0.993*** | 0.971*** | 0.965*** |
| | | （343.68） | （165.48） | （147.45） |
| *Ln*（*SIZE*） | | −0.002** | 0.024*** | 0.039*** |
| | | （−2.50） | （5.71） | （5.24） |
| *TR_AH* | | 0.000 02 | 0.000 04 | 0.000 04 |
| | | （0.48） | （1.52） | （1.41） |
| *CS_AH* | | −0.000 | 0.001 | 0.002 |
| | | （−0.73） | （0.32） | （1.00） |
| *VL_AH* | | 0.001 | 0.003 | 0.004** |
| | | （0.90） | （1.63） | （2.05） |
| *LH* | | 0.013*** | 0.100** | 0.117** |
| | | （2.71） | （2.41） | （2.22） |
| *R_SH* | | 1.394*** | 1.342*** | 1.371*** |
| | | （18.36） | （18.56） | （18.62） |

续表

| | （1） | （2） | （3） | （4） |
|---|---|---|---|---|
| $R\_HK$ | | $-1.699^{***}$ | $-1.684^{***}$ | $-1.693^{***}$ |
| | | （$-14.92$） | （$-15.37$） | （$-15.06$） |
| 截距项 | $1.962^{***}$ | $0.061^{**}$ | $-0.612^{***}$ | $-0.988^{***}$ |
| | （18.22） | （2.56） | （$-5.50$） | （$-5.15$） |
| 日期固定效应 | NO | NO | NO | YES |
| 公司固定效应 | NO | NO | YES | YES |
| 观测值数目 | 46 758 | 46 752 | 46 752 | 46 752 |

注：***、**和*分别表示在 1%、5%和 10%水平上显著。回归系数的标准误差聚类到公司层面（Clustered by Firms），括号内为考虑了标准误差聚类的 $t$ 值。

表 16－3 中 *R_SH* 的回归系数显著为正，*R_HK* 的回归系数显著为负，说明沪港两市的市场行情对 AH 溢价的影响非常大。*LH* 的回归系数显著为正，说明公司第一大股东的持股比例越高，AH 溢价也越高。一般认为，这样的公司治理结构越差。另外，*Ln（SIZE）*、*TR_AH*、*CS_AH*、*VL_A* 的回归系数说明，在控制沪港通通道交易量因素后，其他因素对 *AH* 溢价的影响变得不显著。

表 16－3 的结果在横截面上说明“沪港通”机制通过投资者跨境股票投资的渠道提升了我国资本市场的定价效率，降低了定价偏误。本研究认为“沪港通”投资者的跨境交易很大程度上代表了跨市场套利的股票交易，所以原本分割的两个市场，通过跨境套利交易实现了交易信息的互联互通，从而降低违反一价定律的 AH 股溢价的比例。当然，需要指出的是，由于目前投资者不能通过沪港通渠道进行卖空，所以这一跨境套利交易是有限制的套利（Constrained Arbitrage）。但由于沪港通投资者通常都是市场最活跃的一部分投资者（见上海证券交易所报告），他们的交易仍能有显著的价格效应（Price Impact）。所以，尽管相对于 A 股和 H 股每日的成交总量，通过沪港通通道的日均成交量不高，但是其对 AH 股溢价的降低作用是非常明显的。

“沪港通”通道中投资者包含“沪股通”（北上）投资者和沪市“港股通”（南下）投资者。投资者也可分为机构与个人投资者。为进一步验证沪港通通道中哪类投资者对降低 *AH* 股溢价的贡献更大，本研究采用如下面板回归模型：

$$\begin{aligned} PAH_{i,t} = {} & \alpha_0 + \alpha_1 TDHGT_{i,t} + \alpha_2 TDHGT\_I_{i,t} + \alpha_3 Lag\,(PAH)_{i,t} + \alpha_4 Ln\,(SIZE)_{i,t} + \\ & \alpha_5 TR\_AH_{i,t} + \alpha_6 CS\_AH_{i,t} + \alpha_7 VL\_AH_{i,t} + \\ & \alpha_8 LH_{i,t} + \alpha_9 R\_SH_{i,t} + \alpha_{10} R\_HK_{i,t} + \varepsilon_{i,t} \end{aligned} \tag{16-3}$$

其中，$TDHGT\_I_{i,t}$ 代表不同类型投资者交易金额占沪港通总交易金额的比例。

$TDHGT\_A_{i,t}$ 代表公司 $i$ 在交易日 $t$ 的沪股通成交金额占所有沪港通通道成交金额的比例，用来衡量通道中来自香港市场的（北上）交易金额比例；$TDHGT_{i,t}$ 代表公司 $i$ 在交易日 $t$ 的所有机构投资者成交金额占所有沪港通通道成交金额的比例，用来衡量通道中机构投资者的交易量。其余变量的定义与公式（16－2）相同。

表 16－4 汇报了公式（16－3）的回归结果。表 16－4 中第（1）列和第（2）列的回归中，*TDHGT* 的回归系数为负，且都在 1%的置信水平下是统计上显著的。即“沪港通”通道中，机构投资者的交易所占比例越高，AH 股溢价会越低。在第（3）列和第（4）列的回归中，本研究用“沪港通”交易中“沪股通”成交比例来代替机构投资占比，发现和第（1）、（2）列类似的结果。回归结果在加入公司固定效应和日期固定效应后依然显著。

表 16－4 中的回归结果显著地支持了假设 2，即“沪港通”通道中机构投资占比越高或北上投资的占比越高，则 AH 股溢价会越低。这一结果也再次支持了表 16－3 中发现的“有限套利”渠道，因为一般认为机构投资者和来自发达市场（香港）的投资者会更合理地运用跨境套利交易。

**表 16－4　　“沪股通”交易、机构交易与 AH 股溢价：因变量 *PAH***

| | （1） | （2） | （3） | （4） |
|---|---|---|---|---|
| *TDHGT* | $-1.838^{*}$ | $-0.043^{**}$ | $-5.572^{***}$ | $-0.071^{***}$ |
| | （－1.76） | （－2.12） | （－4.73） | （－3.30） |
| *TDHGT_I* | $-1.068^{***}$ | $-0.008^{***}$ | | |
| | （－6.64） | （－4.08） | | |
| *TDHGT_A* | | | $-0.914^{***}$ | $-0.009^{***}$ |
| | | | （－8.55） | （－3.92） |
| *Lag（PAH）* | | $0.963^{***}$ | | $0.963^{***}$ |
| | | （138.24） | | （138.49） |
| *Ln（SIZE）* | | $0.040^{***}$ | | $0.039^{***}$ |
| | | （4.83） | | （4.84） |
| *TR_AH* | | 0.000 04 | | 0.000 05 |
| | | （1.13） | | （1.42） |
| *CS_AH* | | 0.002 | | 0.002 |
| | | （1.22） | | （1.20） |
| *VL_AH* | | $0.004^{*}$ | | $0.004^{**}$ |
| | | （1.91） | | （2.04） |
| *LH* | | $0.114^{**}$ | | $0.113^{**}$ |
| | | （2.09） | | （2.09） |

续表

| | （1） | （2） | （3） | （4） |
|---|---|---|---|---|
| *R_SH* | | 1.384*** | | 1.384*** |
| | | （18.55） | | （18.58） |
| *R_HK* | | −1.701*** | | −1.702*** |
| | | （−15.44） | | （−15.44） |
| 截距项 | 2.361*** | −1.001*** | 2.388*** | −0.983*** |
| | （17.22） | （−4.75） | （19.87） | （−4.74） |
| 日期固定效应 | NO | YES | NO | YES |
| 公司固定效应 | NO | YES | NO | YES |
| 观测值数目 | 44 343 | 44 343 | 44 343 | 44 343 |

注释：***、**和*分别表示在 1%、5%和 10%水平上显著。回归系数的标准误差聚类到公司层面（Clustered by Firms），括号内为考虑了标准误差聚类的 $t$ 值。

## 三、内生性检验

本研究之前的横截面回归有可能受到内生性因素的困扰，即“沪港通”投资者会倾向于选择 AH 股溢价较低的股票进行投资。为了排除内生性因素的影响，本研究重新构造 AH 股溢价的变化值指标（*DIF_PAH*），定义为公司 $i$ 在交易日 $t$ 的 AH 股溢价与交易日 $t-1$ 的 AH 股溢价的差值，用以排除前一天溢价信息对“沪港通”通道投资者的影响，然后重复之前的实证步骤。实证结果见表 16－5。可以看到所有实证结果同之前的表在性质上完全一致。表 16－5 的回归结果在一定程度上排除了 AH 股历史溢价对沪港通投资者交易行为的影响。进一步验证了本文回归结果的稳健性。

**表 16－5　“沪港通”交易和 AH 股溢价的变化值：因变量 *DIF_PAH***

| | （1） | （2） | （3） |
|---|---|---|---|
| *TDHGT* | −0.055*** | −0.058*** | −0.071*** |
| | （−3.87） | （−4.02） | （−4.43） |
| *TDHGT_I* | | −0.004** | |
| | | （−2.64） | |
| *TDHGT_A* | | | −0.004** |
| | | | （−2.32） |
| *Lag*（*PAH*） | −0.035*** | −0.037*** | −0.037*** |
| | （−5.41） | （−5.29） | （−5.34） |
| *Ln*（*SIZE*） | 0.039*** | 0.040*** | 0.039*** |
| | （5.24） | （4.83） | （4.84） |

续表

| | (1) | (2) | (3) |
|---|---|---|---|
| *TR_AH* | 0.000 04 | 0.000 04 | 0.000 05 |
| | (1.41) | (1.13) | (1.42) |
| *Ln*（*SIZE*） | 0.035*** | 0.012*** | 0.012*** |
| | (4.42) | (4.38) | (4.30) |
| *TR_AH* | −0.000 | −0.000 | −0.000 |
| | (−0.25) | (−0.39) | (−0.27) |
| *CS_AH* | 0.001 | 0.001 | 0.001 |
| | (0.75) | (0.87) | (0.81) |
| *VL_AH* | 0.000 | 0.000 | 0.001 |
| | (0.48) | (0.42) | (0.56) |
| *LH* | 0.104** | 0.103** | 0.102** |
| | (2.28) | (2.17) | (2.17) |
| *R_SH* | 1.419*** | 1.436*** | 1.436*** |
| | (18.35) | (18.26) | (18.27) |
| *R_HK* | −1.737*** | −1.745*** | −1.745*** |
| | (−15.15) | (−15.60) | (−15.60) |
| 截距项 | −0.360*** | −0.349*** | −0.337*** |
| | (−4.77) | (−4.68) | (−4.62) |
| 观测值数目 | 46 752 | 44 343 | 44 343 |

注：***、**和*分别表示在 1%、5%和 10%水平上显著。所有回归模型都加入公司固定效应和日期固定效应。回归系数的标准误差聚类到公司层面（Clustered by Firms），括号内为考虑了标准误差聚类的 $t$ 值。

在另一个对因变量内生性的检验中，本研究采用广义矩估计（GMM）方法来重新估计回归模型系数。GMM 模型不仅能克服变量内生性问题，而且还能够解决横截面上的异方差性。基于此，采用 GMM 方法来估计回归参数①。实证结果如表 16-6 所示。假设 1 和假设 2 的结论依旧成立。

**表 16-6　“沪港通”交易与 AH 股溢价-GMM 参数估计：因变量 *PAH***

| | (1) | (2) | (3) |
|---|---|---|---|
| *TDHGT* | −0.048*** | −0.059*** | −0.045*** |
| | (−5.30) | (−5.98) | (−4.79) |

① 具体应用时，把每个解释变量相对于其时间序列均值的差值作为解释变量的工具变量。

续表

| | （1） | （2） | （3） |
|---|---|---|---|
| *TDHGT_I* | | −0.003* | |
| | | （−1.90） | |
| *TDHGT_A* | | | −0.006*** |
| | | | （−3.97） |
| *Lag（PAH）* | 0.993*** | 0.992*** | 0.993*** |
| | （313.85） | （280.84） | （286.98） |
| *Ln（SIZE）* | −0.002* | −0.002 | −0.002 |
| | （−1.92） | （−1.60） | （−1.58） |
| *TR_AH* | 0.000 01 | 0.000 01 | 0.000 03 |
| | （0.52） | （0.95） | （0.55） |
| *CS_AH* | −0.000 3 | −0.000 3 | −0.000 1 |
| | （−0.77） | （−0.24） | （−0.70） |
| *VL_AH* | 0.001 | 0.002 | 0.001 |
| | （0.94） | （1.58） | （1.21） |
| *LH* | 0.013* | 0.011 | 0.012 |
| | （1.67） | （1.38） | （1.48） |
| *R_SH* | 1.394*** | 1.411*** | 1.410*** |
| | （43.20） | （42.83） | （42.78） |
| *R_HK* | −1.699*** | −1.700*** | −1.698*** |
| | （−30.22） | （−29.51） | （−29.31） |
| 截距项 | 0.061** | 0.058* | 0.058* |
| | （2.09） | （1.89） | （1.82） |
| 观测值数目 | 46 752 | 44 343 | 44 343 |

注：***、**和*分别表示在1%、5%和10%水平上显著，括号内为控制了异方差的 $z$ 值。

## 四、稳健性检验

本研究接下来对之前的实证结果进行进一步的稳健性检验。本研究首先将股票样本分为金融行业和非金融行业。这样划分是因为我国市场在2016年之后引入了债券通。这一渠道可能为以银行为首的金融企业提供了一个额外的跨市场套利的渠道。这有可能使AH股价格趋近。

为了检验这一可能性，本研究基于WIND数据库一级行业标识将AH股上市公司分为金融行业与非金融行业，基于金融行业与非金融行业两组子样本分别进行了回归检验，用以排除公司不同行业性质对回归结果的影响。表 16－7 中列（1）—（3）是基于金融行业的子样本的回归结果，列（4）—（6）是基于非金融行业的回归结果。从表 16－7 中的回归结果可得，两组子样本主要变量的回归系数仍旧显著为负，进一步验证了本研究的假设。

**表 16－7　　　　金融行业与非金融行业：因变量 *PAH***

| | 金融行业 | | | 非金融行业 | | |
|---|---|---|---|---|---|---|
| | （1） | （2） | （3） | （4） | （5） | （6） |
| *TDHGT* | －0.041*** | －0.034*** | －0.044*** | －0.064** | －0.061* | －0.092*** |
| | （－4.81） | （－4.32） | （－4.43） | （－2.18） | （－1.99） | （－2.81） |
| *TDHGT_I* | | －0.003* | | | －0.010*** | |
| | | （－1.80） | | | （－3.88） | |
| *TDHGT_A* | | | －0.002 | | | －0.011*** |
| | | | （－1.18） | | | （－3.60） |
| *Lag（PAH）* | 0.938*** | 0.936*** | 0.936*** | 0.964*** | 0.962*** | 0.962*** |
| | （120.10） | （112.33） | （115.03） | （137.26） | （128.47） | （128.88） |
| *Ln（SIZE）* | 0.029*** | 0.029*** | 0.028*** | 0.042*** | 0.043*** | 0.042*** |
| | （3.63） | （3.54） | （3.55） | （4.86） | （4.45） | （4.46） |
| *TR_AH* | 0.000 | 0.000* | 0.000* | 0.000 | 0.000 | 0.000 |
| | （1.23） | （1.75） | （1.74） | （1.40） | （1.11） | （1.46） |
| *CS_AH* | 0.001* | 0.001* | 0.001* | 0.004 | 0.005 | 0.004 |
| | （2.03） | （2.04） | （2.03） | （0.49） | （0.70） | （0.65） |
| *VL_AH* | 0.003* | 0.002 | 0.002 | 0.006** | 0.006* | 0.007** |
| | （2.02） | （1.31） | （1.31） | （2.01） | （1.94） | （2.05） |
| *LH* | －0.010 | －0.011 | －0.010 | 0.188*** | 0.188*** | 0.185*** |
| | （－1.50） | （－1.49） | （－1.48） | （3.13） | （2.93） | （2.91） |
| *R_SH* | 0.728*** | 0.719*** | 0.719*** | 1.575*** | 1.599*** | 1.598*** |
| | （12.92） | （12.74） | （12.72） | （20.86） | （21.35） | （21.36） |
| *R_HK* | －1.129*** | －1.130*** | －1.130*** | －1.873*** | －1.888*** | －1.888*** |
| | （－21.11） | （－21.13） | （－21.14） | （－13.33） | （－13.71） | （－13.72） |
| 截距项 | －0.690*** | －0.683*** | －0.673*** | －1.090*** | －1.120*** | －1.100*** |
| | （－3.24） | （－1.88） | （－5.12） | （－2.79） | （－5.65） | （－5.15） |
| 观测值数目 | 12 060 | 11 794 | 11 794 | 34 692 | 32 549 | 32 549 |

注释：***、**和*分别表示在 1%、5%和 10%水平上显著。所有回归模型都加入公司固定效应和日期固定效应。回归系数的标准误差聚类到公司层面（Clustered by Firms），括号内为考虑了标准误差聚类的 *t* 值。

此外，由于无法获取深市“港股通”投资者对公司 H 股的成交金额，本研究主要变量的构造中均只选取了沪市“港股通”交易金额。基于“深港通”于 2016 年 12 月 5 日才开通，本研究选取了 2014 年 11 月 17 日—2016 年 12 月 3 日的样本进行了回归检验，用以排除深市“港股通”交易量对 AH 溢价的影响。实证结果如表 16－8 所示。从表 16－8 中的回归结果可得，截取子样本后，主要变量的回归系数仍旧显著为负。进一步验证了本研究假设的成立。

**表 16－8　　子样本回归：因变量 *PAH***

| | （1） | （2） | （3） |
|---|---|---|---|
| *TDHGT* | －0.065** | －0.061 | －0.088** |
| | （－2.28） | （－1.66） | （－2.36） |
| *TDHGT_I* | | －0.009*** | |
| | | （－3.05） | |
| *TDHGT_A* | | | －0.013*** |
| | | | （－3.81） |
| *Lag（PAH）* | 0.951*** | 0.947*** | 0.947*** |
| | （86.26） | （83.10） | （82.65） |
| *Ln（SIZE）* | 0.070*** | 0.073*** | 0.073*** |
| | （4.67） | （4.37） | （4.41） |
| *TR_AH* | 0.000 1 | 0.000 1 | 0.000 1 |
| | （0.86） | （0.84） | （1.14） |
| *CS_AH* | 0.004 | 0.004 | 0.004 |
| | （0.98） | （1.06） | （1.10） |
| *VL_AH* | 0.001 | 0.002 | 0.003 |
| | （0.44） | （0.70） | （0.94） |
| *LH* | 0.136** | 0.135** | 0.133** |
| | （2.43） | （2.32） | （2.30） |
| *R_SH* | 1.374*** | 1.381*** | 1.380*** |
| | （18.21） | （18.20） | （18.22） |
| *R_HK* | －1.746*** | －1.756*** | －1.755*** |
| | （－13.53） | （－13.77） | （－13.75） |
| 截距项 | －1.773*** | －1.833*** | －1.837*** |
| | （－4.58） | （－4.29） | （－4.32） |
| 观测值数目 | 30 399 | 28 907 | 28 907 |

注释：***、**和*分别表示在 1%、5%和 10%水平上显著。所有回归模型都加入公司固定效应和日期固定效应。回归系数的标准误差聚类到公司层面（Clustered by Firms），括号内为考虑了标准误差聚类的 *t* 值。

此外，为了排除变量的选取对本研究回归结论的影响，本研究替换部分回归变量后进行了稳健性验证。选取变量$(P_{i,t}^{A}-P_{i,t}^{H}\times Erate_{t})/(P_{i,t}^{H}\times Erate_{t})$来衡量AH股溢价，替代原有AH指标，回归结果仍旧显著；用公司的总股本代替公司规模，A股对H股的交易量之比代替A股对H股的换手率之比，沪深300指数的日收益率代替上证综指的日收益率，使用替换后的控制变量之后，回归结果依然显著。说明本研究的结论不受变量选取的影响，进一步验证了本研究结论的稳健性。限于篇幅，相关回归结果未在正文中报告。感兴趣的读者可以与作者联系以获取这一实证结果。

## 五、单向开放与双向开放——基于QFII/RQFII的回归结果

"沪港通"是我国资本市场首次实现了双向开放。在"沪港通"开通之前，海外投资者可以通过QFII或人民币QFII（RQFII）单向投资国内市场。曲保智等（2010）发现，全市场总的QFII额同市场层面的AH股溢价成反比，但他们并没有进行横截面上的检验。为了检验资本市场双向开放是否相对于单向开放有着不可替代的作用，本研究从上海证券交易所获得了自2014年7月1日至2017年11月17日QFII/RQFII投资者的每一笔交易数据，并仿照"沪港通"交易指标构造了QFII/RQFII 的交易占比。$TD_{QFII_A}$表示公司的所有沪市QFII/RQFII成交金额占当日A股股票成交金额的比例；$TD_{QFII_AH}$表示公司的所有沪市QFII/RQFII成交金额占当日A股股票和H股股票总成交金额的比例。

表16－9中列（1）—（2）给出了AH股溢价基于$TD_{QFII_A}$和$TD_{QFII_AH}$的日数据面板回归结果，时间段为从2014年7月1日至2017年11月17日。我们可以看到回归系数均不显著。这说明通过QFII/RQFII的跨境交易并不能在横截面上降低AH股溢价。在回归列（3）和（4）中，增加"沪港通"通道比例之后，$TD_{QFII_A}$和$TD_{QFII_AH}$均不影响$TD_{HGT}$的回归系数。之前的结论依然显著。由于（3）和（4）的研究是基于2014年11月至2017年11月，所以表16－9的列（1）和（2）中的时间段包括"沪港通"开通前的5个月（2014年7—11月）。从回归系数可见，"沪港通"的开通并未显著影响QFII/RQFII对AH股溢价的作用。系数一直不显著。

表16－9的结果显著地支持了假设3。QFII和RQFII通常被认为是我国资本市场单向开放的一个象征。本研究结果显示资本市场双向开放将在一定程度上进一步提高资本市场的定价效率。而这一程度是资本市场单向开放目前所无法获得的。这有可能是由于资本市场单向开放中，一些限制和投资者的门槛并不能使跨境投资者充分利用这一机制进行套利，以增加价格中的信息含量（钟覃琳和陆正飞，2018）。本研究是首次为这类推测给出了实证证据。本研究在计算中还对没有引入"沪港通"交易的2014年7月至11月的数据，利用上述回归方程验证，发现结果同表16－9中列（1）和（2）性质类似。仍然没有证据表明在横截面上，单向资本市场开放会降低AH股溢价。由于篇幅所限，

结果没有列表。感兴趣的读者可以联系作者以获得这部分结果。

表 16－9　　QFII/RQFII 交易量与 AH 股溢价：因变量 *PAH*

| | （1） | （2） | （3） | （4） |
|---|---|---|---|---|
| *TDHGT* | | | －0.046** | －0.046** |
| | | | （－2.47） | （－2.48） |
| $TD_{QFII\_A}$ | －0.011 | | －0.008 | |
| | （－0.80） | | （－1.28） | |
| $TD_{QFII\_AH}$ | | －0.018 | | －0.016 |
| | | （－0.93） | | （－1.57） |
| *Lag*（*PAH*） | 0.965*** | 0.965*** | 0.965*** | 0.965*** |
| | （839.55） | （839.42） | （147.51） | （147.49） |
| *Ln*（*SIZE*） | 0.039*** | 0.039*** | 0.039*** | 0.039*** |
| | （16.33） | （16.33） | （5.25） | （5.24） |
| *TR_AH* | 0.000 1* | 0.000 1* | 0.000 04 | 0.000 04 |
| | （1.84） | （1.85） | （1.41） | （1.41） |
| *CS_AH* | 0.002* | 0.002* | 0.002 | 0.002 |
| | （1.88） | （1.87） | （1.00） | （0.99） |
| *VL_AH* | 0.004*** | 0.004*** | 0.004** | 0.004** |
| | （3.55） | （3.58） | （2.03） | （2.04） |
| *LH* | 0.115*** | 0.115*** | 0.117** | 0.117** |
| | （9.47） | （9.46） | （2.22） | （2.22） |
| *R_SH* | 1.372*** | 1.372*** | 1.371*** | 1.371*** |
| | （54.06） | （54.06） | （18.61） | （18.61） |
| *R_HK* | －1.694*** | －1.694*** | －1.693*** | －1.694*** |
| | （－42.47） | （－42.47） | （－15.06） | （－15.06） |
| 截距项 | －0.991*** | －0.991*** | －0.989*** | －0.990*** |
| | （－16.50） | （－16.50） | （－5.16） | （－5.15） |
| 观测值数目 | 46 752 | 46 752 | 46 752 | 46 752 |

注释：***、**和*分别表示在 1%、5%和 10%水平上显著。所有回归模型都加入公司固定效应和日期固定效应。回归系数的标准误差聚类到公司层面（Clustered by Firms），括号内为考虑了标准误差聚类的 *t* 值。

## 第五节　沪港通交易机制效果的进一步探究

本研究接下来进一步分析“沪港通”投资者的跨境交易对市场质量的影响。如本研究之前所述，跨境交易在很大程度上代表着一种跨市场的套利交易。这类交易可以为市场提供额外的信息，而降低市场上信息不对称的程度（Chan 等，2008）。因此，我们预测对信息环境差的 AH 股上市公司，“沪港通”投资者交易行为带来的影响会更显著。另外，信息不对称的下降往往会伴随流动性的上升。这些从整体上可以提高市场质量。本研究在本节实证检验这一猜想是否合理。

本研究首先选取两个变量来模拟上市公司的信息环境。第一个变量是公司市值（*SIZE*）。Atiase（1985）研究发现，规模较大的公司的信息环境更好，因为大公司往往有更多的分析师关注和跟踪研究，有更充分的信息披露要求。Chan 等（2008）也认为，在我国 A 股市场，大公司的信息成本要更低。第二个变量是分析师覆盖（*ANALYST*）。一般来说，分析师跟踪越多的公司，其信息环境就越好。Andrade 等（2013）的研究发现，我国市场上被越多分析师覆盖的公司，也正是信息披露比较充分的公司。需要指出的是，这两个变量之间有一定的重叠（Andrade 等，2013），所以我们不能把它们放在同一个回归模型中。

首先，本研究将发行 AH 股的公司按其市值分为小公司与大公司的两组子样本，然后基于子样本进行回归检验。其次，基于 AH 公司规模，本研究构造哑变量 *DSIZE*。如果公司规模小于样本中位数，则 *DSIZE*＝1，否则 *DSIZE*＝0。然后，仿照 Andrade 等（2013）的方法，基于 Resset 数据库分析师报告数据，本研究计算出样本期间每个发行 AH 股的上市公司为其撰写分析师报告的分析师的数目。本研究也将这些公司分为分析师关注度高与分析师关注度低两组子样本，然后，基于子样本进行回归检验。基于 AH 的分析师关注度，本研究构造变量 *DANALYST*。如果公司分析师关注度小于样本中位数，则 *DANALYST*＝1，否则 *DANALYST*＝0，并重复以公司规模为变量的回归。回归结果在表 16－10 中汇报。

由表 16－10 中列（1）所示，*TDHGT* 的回归系数为－0.076，且在 5%的置信水平下是统计上显著的，说明对资产规模小的 AH 公司，“沪港通”投资者交易行为与 AH 股溢价之间存在显著负相关关系。回归（2）显示，*TDHGT* 的回归系数为－0.019，且不显著，说明对资产规模大的 AH 公司，“沪港通”投资者交易行为与 AH 股溢价之间不存在显著关系。列（3）中，*TDHGT* 与 *DSIZE* 的交互项的系数为－0.036，并在 10%的置信水平下是统计上显著的。考虑到总共只有 77 家公司，这一实证结果暗示公司市值变大会降低“沪港通”投资者交易对 *AH* 股溢价的降低作用。在列（4）—（6）中，作者利用分析师覆盖（*ANALYST*）来重复实证步骤，获得了类似的结果。

降低信息不对称程度的一个表象就是流动性会增加。“沪港通”投资者的交易行为对 AH 股溢价的降低作用部分是因为资本市场双向开放后，两市投资者均增加，会改善 AH 股票的流动性。因此，对流动性差的 AH 公司，沪港通投资者交易行为带来的影响会更显著。因此，本研究也选取公司的 A 股与 H 股流动性比值（*TR_AH*）作为信息环境的代理变量。

首先，基于 AH 股的流动性比值，将 AH 公司分为流动性比值小与流动性比值大的两组子样本，然后基于子样本进行回归检验，分别如表 16－10 中所示回归结果（1）和（2），由表 16－10 中回归结果（1）所示，*TDHGT* 的回归系数为－0.030，且在 10%的置信水平下是统计上显著的，说明对流动性比值小的 AH 公司，“沪港通”投资者交易行为与 AH 股溢价之间存在显著负相关关系；由表 16－11 中回归结果（2）所示，*TDHGT* 的回归系数为－0.027，且不显著，说明对流动性比值大的 AH 公司，“沪港通”投资者交易行为与 AH 股溢价之间不存在显著关系。

其次，基于 AH 的流动性比值，构造变量 *DTR_AH*，如果流动性比值小于样本中位数，则 *DTR_AH*=1，否则 *DTR_AH*=0。由表 17－11 中回归结果（3）可知，*TDHGT* 与 *DTR_AH* 的交互项的系数为－0.045，并在 5%的置信水平下是统计上显著的，说明公司的流动性比值越小，“港股通”投资者交易占比对 AH 溢价的降低作用越强。这说明，“沪港通”跨境交易在改善市场信息环境的同时伴随着流动性的增加。

**表 16－10　“沪港通”交易和不同信息环境的公司：因变量为 *PAH*[①]**

| | （1） | （2） | （3） | （4） | （5） | （6） |
|---|---|---|---|---|---|---|
| | 小公司样本 | 大公司样本 | 总样本 | 低分析师关注样本 | 高分析师关注样本 | 总样本 |
| *TDHGT* | －0.076** | －0.019 | －0.031 | －0.073** | －0.007 | －0.068*** |
| | （－2.40） | （－0.77） | （－1.11） | （－2.56） | （－0.51） | （－2.89） |
| *TDHGT**DSIZE | | | －0.036* | | | |
| | | | （－1.92） | | | |
| *TDHGT**DANALYZE | | | | | | －0.046* |
| | | | | | | （－1.79） |
| *Lag (PAH)* | 0.960*** | 0.962*** | 0.965*** | 0.958*** | 0.960*** | 0.964*** |
| | （91.01） | （93.10） | （146.95） | （132.04） | （105.60） | （149.65） |
| *Ln (SIZE)* | 0.056*** | 0.023* | 0.038*** | 0.066*** | 0.024*** | 0.040*** |
| | （3.34） | （1.90） | （5.21） | （5.67） | （4.55） | （5.55） |

① 由于版面所限，表 16－10 中没有汇报截距项、上证综指日收益率（*R_SH*）和恒生指数日收益率（*R_HK*）。

续表

| | (1) | (2) | (3) | (4) | (5) | (6) |
|---|---|---|---|---|---|---|
| | 小公司样本 | 大公司样本 | 总样本 | 低分析师关注样本 | 高分析师关注样本 | 总样本 |
| *TR_AH* | 0.000 01 | 0.001*** | 0.000 04 | 0.000 1 | 0.001*** | 0.000 4 |
| | (0.37) | (3.23) | (1.36) | (0.46) | (4.80) | (1.47) |
| *CS_AH* | 0.012** | 0.001 | 0.002 | 0.003 | 0.002 | 0.002 |
| | (2.08) | (0.70) | (1.02) | (0.89) | (0.94) | (1.02) |
| *VL_AH* | 0.007* | −0.000 04 | 0.004** | 0.006* | −0.002 | 0.004** |
| | (1.98) | (−0.18) | (2.11) | (1.69) | (−0.80) | (2.06) |
| *LH* | 0.208** | 0.064 | 0.116** | 0.287** | 0.080* | 0.118** |
| | (2.30) | (1.57) | (2.20) | (2.00) | (1.90) | (2.24) |
| 观测值数目 | 23，373 | 23，379 | 46，752 | 22，008 | 24，744 | 46，752 |

注：***、**和*分别表示在 1%、5%和 10%水平上显著，括号内为 $t$ 值。所有回归模型都加入公司固定效应和日期固定效应。回归系数的标准误差聚类到公司层面（Clustered by Firms）。

**表 16－11　　“沪港通”交易和公司股票流动性：因变量为 *PAH***

| 变量 | (1) | (2) | (3) |
|---|---|---|---|
| | 低流动性样本 | 高流动性样本 | 总样本 |
| *TDHGT* | −0.030* | −0.027 | −0.008 |
| | (−1.79) | (−1.00) | (−0.43) |
| *TDHGT* * *DTR_AH* | | | −0.045** |
| | | | (−2.52) |
| *Lag*（*PAH*） | 0.969*** | 0.955*** | 0.965*** |
| | (119.58) | (97.73) | (147.33) |
| *Ln*（*SIZE*） | 0.024*** | 0.059*** | 0.039*** |
| | (2.76) | (5.93) | (5.24) |
| *TR_AH* | 0.003*** | −0.000 01 | 0.000 04 |
| | (4.41) | (−0.15) | (1.42) |
| *CS_AH* | 0.003* | −0.000 | 0.002 |
| | (1.86) | (−0.04) | (1.08) |
| *VL_AH* | 0.000 1 | 0.002 | 0.004* |
| | (0.07) | (0.65) | (1.98) |
| *LH* | 0.077 | 0.217** | 0.118** |
| | (1.48) | (2.06) | (2.24) |

续表

| 变量 | (1) | (2) | (3) |
| --- | --- | --- | --- |
| | 低流动性样本 | 高流动性样本 | 总样本 |
| *R_SH* | 1.139*** | 1.569*** | 1.371*** |
| | (12.69) | (17.63) | (18.62) |
| *R_HK* | -1.725*** | -1.571*** | -1.693*** |
| | (-11.98) | (-16.27) | (-15.07) |
| 截距项 | -0.608*** | -1.519*** | -0.986*** |
| | (-2.79) | (-5.65) | (-5.15) |
| 观测值数目 | 23 376 | 23 376 | 46 752 |

注：***、**和*分别表示在1%、5%和10%水平上显著，括号内为 $t$ 值。所有回归模型都加入公司固定效应和日期固定效应。回归系数的标准误差聚类到公司层面（Clustered by Firms）。

## 第六节　结论与政策建议

本研究从投资者行为的视角，全面分析了资本市场双向开放如何通过跨境交易的渠道提高A股市场的定价效率，减弱市场定价“异象”（以AH股溢价为例）的影响。本研究借助独一无二的上海证券交易所“沪港通”投资者账户层面的交易数据，构造沪港之间跨境股票交易指标。同以往的研究相比，这一指标能更准确地衡量两市投资者跨境套利交易的规模且较少受其他干扰因素的影响。而且，详细到个股层面的指标弥补了以往“沪港通”研究中缺乏横截面实证结果的不足，并为这些研究中存在的争议从微观上提供了新的解释。本研究发现，在“沪港通”开通后的三年间，“沪港通”跨境交易比例越高的股票，AH股溢价越低。并且北向（“沪股通”）跨境交易比例和跨境交易中机构投资者的参与程度均与AH溢价之间存在显著的负相关关系。而且，我们发现这一关系在单向开放资本市场的QFII和RQFII交易数据中并不存在。进一步分析显示：“沪港通”交易和AH股溢价的负相关关系在信息不对称比较严重的股票中更为明显，且AH股溢价的下降都伴随着流动性的上升。这些发现表明，来自相对成熟的香港地区的个人投资者和机构投资者通过跨境（部分套利）交易的渠道，降低了A股市场中的信息不对称程度，提高了市场的定价效率。虽然在“沪港通”开通后的几年间，A股市场经历了很大的波动，我们可以看到“沪港通”的机制改善我国资本市场效率的作用一直都存在。本研究还为我国业界和监管机构评估资本市场的开放效果提供了一个可供参考的经验指标：跨境交易所占比例。未来监管机构跟踪这一指标可以估测出跨境（套利）交易对市场定价效率的影响。

本研究要特别指出的是，本研究的发现之一是，仅单边开放资本市场（如 QFII 和 RQFII）无法实现“沪港通”交易在个股层面对上市公司信息环境的改善。这可能与资本市场单向开放投资者参与程度有限相关。[①]我国的金融监管结构多次表明市场的双向开放是未来几年我国资本市场发展的重要方向。[②]因此，本研究再次为我国资本市场双向开放的宏观经济政策提供了信心和微观的实证证据。

**附表 16-1　　文中主要变量定义及数据来源**

| 变量 | 变量名称 | 定义 | 数据来源 |
|---|---|---|---|
| *PAH* | AH 股溢价 | 基于股票日数据，AH 公司的 A 股股票价格/经过汇率调整的 H 股股票价格 | 上海证券交易所 |
| *TDHGT* | “沪港通”交易占比 | 基于股票日数据，经过汇率调整的股票当天所有“沪股通”和沪市“港股通”交易金额占总交易金额的比例 | 上海证券交易所 |
| *TDHGT_A* | “沪股通”交易占比 | 基于股票日数据，股票当天所有“沪股通”投资者交易金额占当天所有“沪股通”和沪市“港股通”总交易金额的比例 | 上海证券交易所 |
| *TDHGT_I* | 机构交易占比 | 基于股票日数据，股票当天所有“沪港通”机构投资者交易金额占当天所有“沪股通”和沪市“港股通”总交易金额的比例 | 上海证券交易所 |
| *SIZE* | 公司规模 | 基于股票日数据，发行 AH 股公司的以收盘价计算的 A 股市值加上 H 股市值 | Wind 资讯 |
| *ANALYST* | 分析师覆盖 | 基于分析师跟踪数据，发行 AH 股公司在样本期间为其撰写研究报告的不同分析师的数目 | Resset 数据 |
| *CS_AH* | AH 流通股比例 | 基于股票日数据，A 股自由流通股股数/H 股自由流通股股数 | Wind 资讯 |
| *TR_AH* | AH 换手率比例 | 基于股票日数据，A 股日换手率/H 股日换手率 | Wind 资讯 |
| *VL_AH* | AH 波动率比例 | 基于股票季度数据，A 股季度内日收益率的方差/H 股季度内收益率的方差 | Wind 资讯 |
| *LH* | 第一大股东持股占比 | 基于股票季度数据，AH 公司第一大股东的持股占总股本的比例 | Wind 资讯 |
| *R_SH* | 上证综指日收益率 | 基于指数日数据，上证综指的日收益率 | Wind 资讯 |
| *R_HK* | 恒生指数日收益率 | 基于指数日数据，恒生指数的日收益率 | Wind 资讯 |

① 如中国证监会与香港证监会关于批准“沪港通”的联合公告指出，“沪港通”有利于改善上海市场的投资者结构。

② 如 2018 年 1 月 15 日，中国证监会副主席姜洋在“第十一届亚洲金融论坛”上表示中国证监会将着力构建“资本市场双向开放的新格局”。

# 第十七章　跨境资本流动与信息传递——来自中国股市的证据

## 第一节　引　　言

对于投资国际股票的投资者来说，他们倾向于区分发达市场和新兴市场。这种分化是因为新兴市场的投资组合风险与发达市场的投资风险不同。根据 Bekaert 等人（2016）的说法，尽管在过去二十年中出现了急剧的全球化，但新兴市场尚未完全融入全球资本市场，需要将其视为一个单独的资产类别。

因此，许多国际股票市场指数将创建不同类型的市场指数，以指导国际投资者的投资组合配置决策。例如，摩根士丹利资本国际公司（MSCI）根据一个国家的经济发展、当地股市的规模和流动性以及市场准入程度，将该国分为发达市场、新兴市场或前沿市场。在所有国家中，中国是一个独特的案例，因为它有多个股票市场，分别被分为不同的股票市场类别。其中，香港被纳入发达市场指数，而内地 A 股市场（深圳和上海）却被纳入新兴市场指数。这种差别待遇并不是因为市场规模，这三个股市都排在世界前十位。香港市场是资本完全流动的市场，而内地市场则是资本管制的市场，内地投资者参与国际股票市场（包括香港）的程度受到限制，国际投资者参与中国内地股票市场也受到限制。因此，香港和内地股票市场在历史上一直是相互分割的，具有不同的投资者客户和风险特征[①]，直至 2014 年末推出沪港通计划（以下简称“沪港通”）。沪港通是中国政府通过香港自由市场将内地股票市场与世界股市接轨的重要突破。通过“沪港通”，根据批准的股票清单，以及每日和年度的总资本限额[②]，香港投资者可以购买在上海证券交

① 香港市场由具有全球视野的机构投资者主导，而内地 A 股市场则被描述为由缺乏交易经验的散户投资者主导（Mei et al.，2009；Bian et al.，2020；Andrade et al.，2013；Xiong and Yu，2011）。

② “沪港通”提供不同货币的跨境股票购买，香港投资者可以购买以人民币计价的内地股票，而内地投资者也可以购买以港币计价的香港股票。“沪港通”是为了规避货币限制而精心设计的，只要交易不达到每日资本限额，香港投资者投资上海股市不需要兑换人民币，内地投资者投资香港股市也不需要兑换港币。

易所（SSE）上市的股票，内地投资者可以购买香港证券交易所（HKEx）上市的股票[①]。由于香港吸引了许多国际投资者参与其股票市场，而内地股票市场主要由本地中国投资者主导，这使我们有机会研究不同投资者客户在市场整合过程中的影响。本研究考察了新兴市场（上海）和发达市场（香港）之间的股权流动。以往的研究在调查金融一体化的影响时，通常会比较股市自由化前后新兴市场与发达市场的回报或波动相关性。[②]本研究试图从不同的角度来考察一体化进程。我们比较了上海（南向）和香港（北向）投资者对目的地市场的跨境交易效应。具体而言，我们调查了以下问题。首先，为了检验南向和北向交易的信息内容，我们测试了南向或北向交易中的净买入（以总买入和总卖出之间的差额计算）能否正向预测关联股的回报。如果跨境股权流动部分是由目的地市场不知道的私人信息驱动的，那么关联股票的净购买应该具有回报可预测性。其次，我们研究了南向和北向交易量对香港和上海上市的关联股票收益波动的影响。这是为了认识到，跨境股权流动除了包含回报可预测性之外，还可能影响回报波动性，这是因为存在证据充分的成交量—波动性关系。第三，对于同时在沪港两地上市的A股和H股公司，我们采用向量自回归模型（VAR）研究了AH股溢价（A股相对于H股的价差）与北向/南向净购买总量之间的动态关系。如果内地和香港投资者可以利用“沪港通”套利AH股溢价，那么当AH股溢价较高时，南向（北向）H股（A股）净购买总量会较大（较小），跨境流动倾向于降低未来AH股溢价。

本研究得益于我们从上海证券交易所获得的一个不向公众开放的专有数据集。该数据集包含每只符合“沪港通”计划的上海或香港上市股票的每日股票数量，以及北向和南向投资者分别买入和卖出的人民币和港元交易量。我们的实证结果表明，北向交易和南向交易分别显著正向预测了“沪港通”股票的回报率，表明跨境股权流动是可靠的。北向总净买入可以预测沪股的日回报率和周回报率，而南向总净买入的滞后值只能预测港股的日收益率。这与上海股市信息化效率较低，跨境流入的信息内容被纳入股价所需的时间要比香港更长的观点是一致的。

我们发现，“沪港通”的跨境股权流动对关联股票的波动量关系具有非对称影响。虽然香港滞后南向成交量与关联股绝对收益呈正相关，但上海滞后北向成交量与关联股绝对收益呈负相关。这种关系的不对称性与以下观点是一致的，即北向交易是由具有更同质化信念的国际机构投资者推动的，而南向交易主要是由信息较少且信念更分散的本地散户投资者推动的。

---

① 在这项研究中，我们还将投资香港（上海）股票市场的内地（香港）投资者标记为南向（北向）投资者，并将其交易标记为南向（北向）交易。这是因为香港（上海）在地理上位于上海（香港）的南（北）。

② 市场一体化研究见Bekaert（1995）、Bekaert和Harvey（1995），Bekaert等人（2002）、De Jong和De Roon（2005）、Becaert等人（2011），（新兴）股票市场自由化研究见Becaert和Harve（2000）、Chari和Henry（2004）、Kim和Singal（2000）。

最后，我们发现双重上市股票的滞后 AH 股溢价与南向总净买入呈正相关，而与北向总净买入无关。这表明，南向股权流动受到沪港市场估值差异的影响，存在跨境信息传递的套利渠道。北向股权流动不受两个市场估值差异的影响。考虑到样本期内 AH 股溢价为正，如果香港和国际投资者担心上海股票的估值过高，即使 AH 股溢价下降，他们也不会购买 A 股。

我们的研究在几个方面对文献做出了贡献。首先，鉴于中国股市在世界经济中的重要性日益增强（仅次于美国），了解其自由化进程本身就是一项信息丰富的工作。本研究利用独特的细粒度数据，这些数据包含了其他研究中所缺乏的每只关联股票的跨境买卖的详细信息，对中国的“沪港通”计划进行了全面分析。

其次，它扩展了目前对跨境股权流动的研究。以往关于跨境股权流动的研究主要集中在发达市场向新兴市场的国际流入（Choe et al.，1999；Dvorak，2005）。这些研究得出了喜忧参半的结果。例如，一些人发现跨境流动改善了当地的信息环境（Bae et al.，2006），而另一些人则发现外国投资者不具有信息优势（Dvorak，2005；Choe et al.，2005）。

相比之下，我们的环境使我们能够研究跨境股权流动及其在发达市场和新兴市场之间的双向影响。利用“沪港通”的数据，我们可以明确地检验中国内地投资者的股权流动对香港市场的影响以及香港投资者的股权流对内地市场的影响。一方面，虽然香港股市发展良好，国际机构投资者占主导地位，他们更为成熟老练，更注重基本面，而内地股市属于新兴市场，主要由不那么成熟和信息贫乏的本地散户投资者组成，然而，由于内地投资者的庞大规模，一旦他们被允许通过“沪港通”计划进行交易，他们就可以对香港股市产生重要影响。因此，本研究对主要关注发达市场投资者对新兴市场的影响的股票市场整合文献做出了重要贡献。另一方面，我们发现来自新兴市场（中国内地）的投资者也可以显著影响发达股票市场（中国香港）。

本研究的其余部分组织如下：第二节提供了制度背景，并提出了测试假设；第三节介绍了数据及初步统计；第四节进行实证分析；第五节给出结论。

## 第二节　制度背景与假说发展

在本节中，我们首先介绍中国股市的一些基本背景以及“沪港通”计划的设计和启动。然后，我们简要回顾现有的关于跨境股票交易如何影响股票价格波动和包含有用信息的文献。我们提出三个主要假设，将在实证分析中进行检验。

### 一、制度背景

在过去的二十年里，中国股票市场经历了快速发展。中国内地有两大证券交易所，上海证券交易所（SSE）和深圳证券交易所（SZSE）。此外，许多内地公司在香港证券交易所（港交所）上市。就股票市值而言，香港、上海和深圳三个证券交易所的总和，位居世界第二。然而，由于资本管制，中国内地投资者参与香港股市和外国市场的程度以及香港投资者和外国投资者参与内地市场的程度都有很多限制。

在引入“沪港通”之前，中国政府于2002年引入了合格境外机构投资者（QFII）计划，并于2006年推出了合格境内机构投资者（QDII）计划，作为2001年加入世贸组织协议的一部分。QFII计划允许境外机构投资者参与中国内地股市，QDII计划允许境内机构投资者投资海外。这些计划仅适用于具有高资格的机构投资者，而个人投资者（国内外）则无法获得[①]。因此，跨境股票流入和流出中国内地股市的情况相当有限。尽管港澳台投资者和中国境内的外国投资者可以投资中国上市公司发行的B股[②]，但B股市场只涵盖少数公司，流动性相当差。因此，港澳台投资者和外国投资者进入中国内地股市的渠道有限。与此同时，内地投资者在国际多元化投资方面面临巨大障碍，因为尽管许多中国公司以H股的形式在香港上市，内地投资者甚至无法在香港股市交易股票。

2014年11月，内地—香港股票通计划开始实施，首先连接上海和香港股票市场，然后在2016年连接深圳和香港股票市场。它代表着中国资本市场自由化进程中的一个重大突破，因为它允许个人投资者进行跨境交易，尽管仍受到一些限制（Bai and Chow，2017）。由于“沪港通”的成功推出，使国际投资者在进入中国内地股市方面有了更大的灵活性，MSCI于2018年5月将200多只中国A股大盘股纳入MSCI新兴市场指数[③]。

图17－1是股票连接机制的概述。该图描绘了独特的双向跨境股权流动模式。在这一机制下，所有香港和海外投资者（北向投资者）都可以通过港交所交易精选的上海股票。但是，只有内地机构投资者和投资及现金账户余额在人民币50万元以上的个人投资者（南向投资者）才能通过上交所交易选定的港股。除了两地双重上市公司外，符合北向交易条件的上海股票包括上证180指数和上证380指数的所有成分股，这些成分股代表着上交所最具代表性的大盘股和中盘股。符合南向交易条件的香港股票包括恒生大盘股和中盘股指数的所有成分股，以及两地双重上市的公司。截至2017年底，上海市场有731只股票，香港市场有367只股票符合资格标准。最初，北向和南向交易受每日和年度配额限制。跨境交易净买入价值的每日（年度）限额为沪股130（3 000）亿元，港股105（2 500）亿元。每日配额约占每个市场每日营业额的五分之一。该计划不允许卖空。

① 关于QFII和QDII计划资格的详细描述，见Chan和Kwok（2017），以及Liu（2020）关于通过QFII开放内地市场对银行贷款成本的影响的研究。

② 中国公司发行的股票有两种——A股和B股，在上交所和深交所上市交易。最初，A股仅限于国内投资者，而B股仅限于港澳台投资者和外国投资者。

③ https://es.reuters.com/article/china-msci-idINKCN1IG0SA.

随后，在 2018 年取消年度配额。继“沪港通”计划成功实施后，“深港通”计划于 2016 年底正式启动。

图 17－1 表明“沪港通”计划的一个有趣的特点是，之前分割的两个股票市场——上海股市和香港股市，通过该计划整合在一起。然而，这两个股市在市场发展和投资者概况方面有很大不同。尽管上海股市规模更大，但通常由当地散户投资者主导。这可以用来解释为什么该股市投机交易盛行（Mei et al.，2009），部分原因是这些散户投资者关注短期。因此，中国内地股市在过去二十年中表现出了显著的繁荣和崩溃（Andrade et al.，2013；Hussain and Li，2015）。此外，与国际股市相比，中国内地的股票往往被高估。例如，对于那些在内地和香港两地双重上市的公司，A 股的定价通常高于 B 股或 H 股。相比之下，香港市场由国际机构投资者主导，他们以基本面为基础进行交易。我们预计香港和上海市场的不同投资者客户将通过“沪港通”计划对跨境股权流动产生影响。这些是本研究正在调查的一些重要课题。

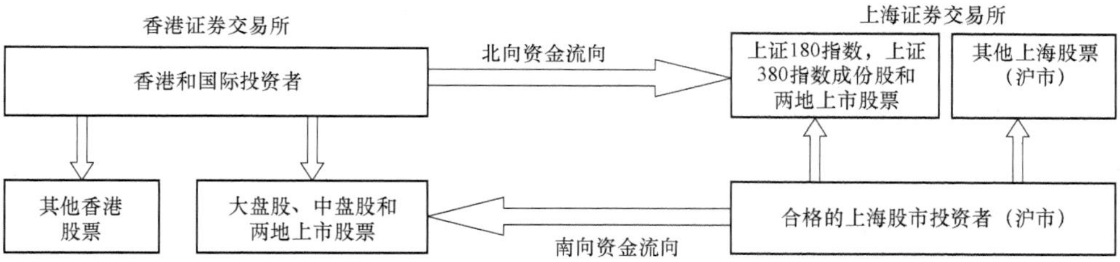


**图 17－1　沪港通跨境股权流动机制**

图 17－1 描述了“沪港通”机制下的双向跨境股权流动情况。通过该计划，合格的内地（南向）投资者可以在香港证券交易所（HKEx）交易恒生的大盘股和中盘股，合格的香港（北向）投资者可在上海证券交易所（SSE）交易上证 180、上证 380 成分股和上港两地上市股票。

## 二、文献综述和假设提出

### （一）文献综述

我们的研究与探讨市场整合的影响和跨境股权流动所起作用的文献有关。Kim 和 Singal（2000）发现，地方市场向世界市场开放后，地方市场的效率提高，波动性降低。Bekaert 等人（2007）发现，市场整合可能会给当地市场带来外生增长机会。De Jong 和 De Roon（2005）发现，市场整合有助于降低整合市场中的资本成本。Bekaert 等人（2007）发现，市场一体化也会增加跨市场的风险溢出。Bekaert（1995）建立了一个评估不同程度市场一体化的框架，发现许多因素会影响跨境流动，从而影响一体化的质量。Bekaert 和 Harvey（1995）进一步发现，市场整合的过程在很大程度上与监管机构的预期不同，因为在跨境投资壁垒被消除后，两个市场可能不会立即表现出任何整合。Bekaert 等人（2002）还发现，市场宣布开放和市场融入世界市场是两个相当独立的事件。Bekaert 等人（2002）认为，推动市场之间一体化的实际力量是一体化市场之间的跨境资本流动。

由于跨境流动发挥着关键作用，必须了解这些流动是否为当地市场带来了新的和有价值的信息，以及这些信息是如何传递的。以前在这方面的调研结果好坏参半。一些研究表明，外国人具有信息优势，他们的跨境贸易带来了当地市场效率（Bailey 等，2007；Albuquerque 等，2009；Bae 等，2004；Bae 等，2012；Kacperczyk 等，2021）。然而，其他研究表明，当地投资者拥有优越的信息，可能是因为他们熟悉当地市场。例如，参见 Hau（2001）、Choe 等（2005）和 Dvorak（2005）的研究。由于这些研究使用的数据频率相对较低，其中很少提供在本地和国外市场传播方式以及传播后果的证据。

### （二）假设提出

我们的研究扩展了先前的研究，通过“沪港通”计划调查了香港和中国内地之间跨境股权流动的动态。上交所提供的专有数据使我们能够区分新兴市场（内地）和发达市场（香港）投资者的信息流。我们提出了三个主要假设进行检验。

我们首先遵循先前的文献，比较北向和南向交易中包含的信息含量。由于许多在香港上市的公司都来自中国内地，因此，投资者可能会更容易获取关于公司的信息。另一方面，许多来自香港的投资者是机构投资者，他们可能更善于分析信息，从而拥有信息优势。先前的一些研究也比较了国内外投资者在类似中国股市中的信息优势。例如，Chan 等人（2007）发现，A 股市场（国内投资者）在价格发现方面领先于 B 股市场（外国投资者）。

然而，尽管都有国际投资者参与，但 B 股市场流动性较低，只适用于中国境内的国际投资者，而香港股市是世界上最大的股市之一，参与者众多。因此，来自香港的国际投资者有更多的经验和资源来获取中国企业的信息。Jia 等（2017）对来自中国内地的国内投资者交易的 A 股和来自香港的国际投资者交易的 H 股采用了分段双层股权设置，研究表明分析师和投资者之间的社会关系影响投资者对分析师推荐的反应。由此可见，来自香港的国际投资者在分析中国企业时有自己的信息来源。内地投资者、香港和国际投资者都可以获得这两个市场上市公司的某些信息。内地和香港市场不同的投资者拥有的信息产生的不同效果可能是由于信息来源和市场结构存在差异。

由于我们的数据包含通过日度频率的南向或北向交易活动中每只关联股票的购买和销售数据，可以计算出每只股票的净购买量，即总购买量和总销售量之间的差额。如果南向和北向交易包含信息，投资者通过“沪港通”的净买入，将对关联股票的回报具有预测能力。这就引出了以下假设。

**假设 1：南向（北向）交易活动的净买入包含香港（上海）上市关联股的信息，并对其回报具有预测能力。**

除了收益的可预测性外，交易的信息含量也可以从成交量—波动关系中推断出来。关于成交量和波动性之间的正相关关系的研究，已有大量文献。对这种关系的一种流行解释是顺序信息到达模型。该模型表明，信息是逐步传播的，知情投资者根据其信息提交交易（例如 Copeland，1976；Morse，1980；Jennings 等，1981；Smirlock 和 Starks，1985）。换言之，新信息是按顺序传播给交易者的，而尚未知情的交易者无法完全推断知情交易的存在。新信息连续到达市场会产生交易量和价格波动，滞后的交易量具有预测随后波动的能力。Shalen（1993）的研究证明，（滞后）交易量和波动性之间的关系取决于谁在创造交易量以及他们为什么在交易。一方面，如果市场是由信念分散的不知情交易者参与的，他们的交易可以产生正的波动率—交易量关系；另一方面，如果交易是由知情的交易者进行的，那么波动率—交易量关系可能是负的。

在国际股票市场相互联系的背景下，却几乎没有研究直接考察跨境股票交易对波动性的影响。这是因为没有跨境股票交易的数据。Bae 等（2004）表明，外国投资者更容易获得信息的股票具有更高的回报波动性。Chen 等（2013）还发现，即使在控制了企业特征后，外资机构持股也会增加中国内地企业层面的股票回报波动。需要注意的是，以往的研究只观察了外国投资者的参与水平（如持股比例或交易量百分比），而没有观察到外国投资者的详细交易活动。

因此，我们将利用我们的数据集，研究“沪港通”下北向和南向投资者的交易量如何分别影响在上海和香港上市的关联股的回报波动。如果南向和北向交易包含信息，则通过“沪港通”的（滞后）交易量与当前关联股票的波动性有关。引出了以下假设。

**假设 2：南向（北向）交易的滞后交易量与香港（上海）市场关联股票的收益波动之间存在一定的关系。**

然而，由于跨境贸易的信息性，这种关系可能是正的，也可能是负的。举例来说，如果北向投资者由香港的资深机构投资者组成，他们的信息相对较多，而南向投资者则大多是散户投资者，他们的信息相对较少，我们可以预期他们的交易会对本地波动产生不同的影响。

我们的前两个假设推测，“沪港通”的引入促进了内地和香港股票市场之间的信息流动。即使南向或北向投资者在另一个市场没有私人信息交易，如果两个市场之间的估值存在很大差异，他们也可以简单地根据这两个市场的估值差异进行交易[①]。就中国而言，

---

① Bekaert 等人（2013）研究了欧盟成员国身份对欧洲国家估值差异的影响。他们发现，随着欧元区变得更加一体化，贴现率和预期收益增长差异变得更小，这意味着估值差异会随着时间的推移而缩小。

“沪港通”的推出代表着内地和香港股票市场一体化的一个重要进展，我们预计它将加快两个市场价格的趋同。

为了检验这一猜想，我们选择了在中国内地证券交易所（A 股）和香港证券交易所（H 股）双重上市的公司。由于这些公司具有相同的基本面，它们较少受到仅在内地/香港存在的因素的影响。在我们的样本期内，共有 75 家公司同时持有 A 股和 H 股。尽管这两种股票类型有权获得相同的股息和投票权，但由于它们在两个细分市场进行交易，它们的股价可能会有所不同。一般来说，A 股的定价高于相应的 H 股。由于中国内地的交易成本和卖空限制，A 股和 H 股之间的价差套利并不容易。尽管中国一直在通过 QFII 允许更多的外国投资者参与股票市场，从而增加了 A 股和 H 股之间的价格联动（Cai et al.，2011），但 AH 股溢价仍然存在。

由于中国内地投资者可以通过“沪港通”轻松参与香港股市，他们可以通过购买两地上市公司在香港的 H 股，并可能出售内地相同公司的 A 股来套利 AH 股溢价。因此，南向净购买量的增加将导致 AH 股溢价收窄。尽管如此，因为“沪港通”的每日配额限制将限制套利能力，我们预计 AH 股溢价不会完全消失。以上讨论引出以下假设。

**假设 3a：H 股南向净买入量增加（减少）后，AH 股溢价将下降（增加）。**

预计两地上市股票 AH 股溢价的变化也会影响北向和南向交易的方向。当 AH 股溢价上升时，南向投资者对 H 股的购买量会增加，而对 H 股的出售量会减少，因此，南向投资者的净购买量会更高。然而，这是假设南向投资者试图基于 AH 股溢价的扩大进行套利。由于大多数来自内地的南向投资者都是散户投资者，他们可能不太成熟，无法利用两个市场之间的价格差异。与内地投资者相比，香港和国际投资者没有那么多机会利用 AH 股溢价套利，因为虽然 A 股的定价通常高于 H 股，但“沪港通”不允许 A 股卖空。更普遍地说，在某种程度上，AH 股溢价越大，表明内地股市估值越高，香港和国际投资者对如此高的估值望而却步，我们预计当 AH 股溢价上升时，A 股的北向净买入量会更低。这引出了以下假设。

**假设 3b：当 AH 股溢价上升（下降）时，H 股南向净买入会更高（更低），而 A 股北向净买入则会更低（更高）。**

## 第三节　数据及初步统计

这些数据有几个来源。第一个数据集是专有的，由中国证券登记结算公司（CSDCC）按每日频率编制，并发送给上海证券交易所。我们从交易所获得了这些数据。它包含来自南向和北向投资者通过“沪港通”对个股的完整股权持有和跨境每日买卖交易信息。南向交易来自上海证券交易所（SSE），而北向交易来自香港证券交易所（HKEx）。对于南向交易，投资者分为散户投资者和机构投资者。

除了上交所提供的专有数据集外，我们还从被广泛认为是中国股市数据的领先供应商的 WIND 数据库中获取上海股票的每日收盘价、交易量、股票回报率以及其他股票和会计变量。对于纳入“沪港通”的股票，WIND 包含跨境持股信息，但不包含每日跨境投资组合流动信息。香港股票的公开交易和会计数据来自 Datastream。基于这些数据集，我们构建了以下用于实证分析的变量。

**A. 北向（南向）交易活动变量。**

我们计算了几个变量来衡量每只关联股票的北向/南向交易活动。第一组变量分别衡量北向和南向投资者的流量。*NORTH_FLOW*（*SOUTH_FLOW*）是指上海（香港）股票市场上每只关联股票每日或每月的买卖交易量总值。我们还通过从每只股票的买入交易价值中减去卖出交易价值来计算净买入量，并构建北向交易（*NORTH_NETBUY*）和南向交易（*SOUTH_NETBUY*）的净买入量。所有流量和净买入量指标都以人民币为单位。

第二组交易活动变量用于衡量北向和南向投资者的交易量百分比。我们计算 *NORTH_RATIO*（*SOUTH_RATIO*）为上海（香港）股票市场每日北上（南下）交易量与关联股票总交易量的比率。由于我们可以确定散户投资者在南向流动中的交易，我们还计算了散户投资者的南向交易量与南向总交易量的比率（*RETAIL_RATIO*）。

**B. 股票特征变量。**

表 17－1 提供了香港和上海上市的关联股票的变量汇总统计。我们观察到，上海股市比香港股市波动更大。对于在上海上市的关联股票，日波动率（*VOLAT*）的横截面平均值（以样本期内每日回报率的标准差计算）为 3.26%，而在香港上市的关联股，该值为 2.48%。南向交易活动比北向交易活动更为激烈。香港股票的南向交易量占总交易量的比率（*SOUTH_RATIO*）为 7.34%，而上海股票的北向交易量与总交易量的比率（*NORTH_RATIO*）为 0.88%，说明南向交易在香港股票市场的交易活动中所占的比例要大得多。散户交易量与南向交易量之比（*RETAIL_RATIO*）为 74.26%，与散户投资者在内地股市的主导地位情况一致。表 17－1 还包括一些反映股票特征的股票变量，如总交易量（*TOTAL_VOLUME*）、换手率（*TURN_RATIO*）、市值（*MCAP*）、账面市值比（*BMRATIO*）。与香港上市的股票相比，在上海上市的股票的换手率（*TURNOVER*）更高（0.36 vs. 0.06），账面市值比（*BMRATIO*）更低（0.36 vs. 1.05）。

**表 17－1** 汇总统计

| | SSE stocks | | | | |
|---|---|---|---|---|---|
| | Mean | Std | Median | Min | Max |
| *Total # Stocks* | 731 | | | | |
| *NORTH_FLOW（in million Yuan）* | 6.899 | 19.480 | 2.072 | 0.022 | 319.674 |

续表

| | SSE stocks | | | | |
|---|---|---|---|---|---|
| | Mean | Std | Median | Min | Max |
| *NORTH NETBUY*（*in million Yuan*） | 0.294 | 1.441 | 0.056 | -4.636 | 22.047 |
| *TOTAL VOLUME*（*in billion Yuan*） | 0.392 | 0.449 | 0.249 | 0.052 | 4.940 |
| *NORTH RATIO* | 0.009 | 0.012 | 0.006 | 0 | 0.134 |
| *MCAP*（*in billion Yuan*） | 36.159 | 98.076 | 14.229 | 2.942 | 1 417.251 |
| *TURNOVER* | 0.362 | 0.202 | 0.330 | 0.013 | 1.176 |
| *BMRATIO* | 0.364 | 0.216 | 0.318 | 0.037 | 1.238 |
| *VOLAT* | 0.033 | 0.005 | 0.033 | 0.015 | 0.049 |
| | *HKEx stocks* | | | | |
| *Total # Stocks* | 367 | | | | |
| *SOUTH FLOW*（*in million Yuan*） | 11.240 | 19.516 | 4.998 | 0.045 | 152.297 |
| *SOUTH NETBUY*（*in million Yuan*） | 2.201 | 6.738 | 0.712 | −4.104 | 74.395 |
| *TOTAL VOLUME*（*in billion Yuan*） | 0.142 | 0.307 | 0.052 | 0.001 | 3.599 |
| *SOUTH RATIO* | 0.073 | 0.070 | 0.051 | 0.002 | 0.390 |
| *RETAIL RATIO* | 0.743 | 0.180 | 0.770 | 0.263 | 1.000 |
| *MCAP*（*in billion Yuan*） | 53.157 | 150.355 | 17.408 | 0.309 | 1 563.498 |
| *TURNOVER* | 0.064 | 0.054 | 0.046 | 0.001 | 0.297 |
| *BMRATIO* | 1.051 | 1.720 | 0.739 | 0.025 2 | 2.809 |
| *VOLAT* | 0.025 | 0.011 | 0.023 | 0.007 | 0.101 |

汇总统计：表 17－1 报告了香港证券交易所（HKEx）和上海证券交易所（SSE）沪港通计划下股票的跨境股权流动变量的平均值（Mean）、标准差（Std）、中位数（Median）、最小值（Min）和最大值（Max）等股票特征变量。跨境投资组合流量指标有三对。*NORTH_FLOW*（*SOUTH _FLOW*）是每日北向（南向）人民币交易量（买入加卖出）。*TOTAL_VOLUME* 是所有投资者在港交所或上交所每只关联股票的每日人民币交易总量。*NORTH_RATIO*（*SOUTH_RATIO*）是各市场中每只股票的每日北向（南向）人民币交易量与总人民币交易量的比率。*RETAIL_RATIO* 是南向散户投资者的人民币交易量与每只关联港交所股票的总人民币交易量的比率。*NORTH_NETBUY*（*SOUTH_NETBUY*）是北向（南向）投资者通过从每只关联股票的买入交易中减去卖出交易的人民币数量计算的净买入量。股票特征变量有五个。*MCAP* 是每个关联股票的市值，计算方法是股票收盘价与每个月底的流通股数量的乘积。周转率是指月交易量（以股票为单位）与每个月底流通股总数的比率。*BMRATIO* 是根据每股账面价值与每个月底每股股票收盘价的比率计

算的账面市值比。股票收益波动率（*VOLAT*）计算方法为样本期内日收益率的标准差。我们的样本时间为 2015 年 1 月 1 日至 2017 年 10 月 30 日。样本中有 731 只上交所股票和 367 只港交所股票。除 *VOLAT*、*MCAP*、*TURNOVER*、*BMRATIO* 按月频率外，其他变量均为日频率。对于每只股票，我们首先计算时间序列的平均值或标准差值，然后计算股票的横截面统计数据。

图 17－2 绘制了 2015 年至 2017 年上海和香港股市指数的数值。自“沪港通”计划启动以来，中国股市经历了一个兴衰周期。上海股市指数在 6 个月内翻了一番多，到 2015 年底下跌了近 50%。香港股市指数也出现了类似的价格波动，但幅度较小。图 17－2 还绘制了北向和南向交易的月度总净资本流量。一方面，在我们的样本期内，通过南向交易进入香港股票市场的总净股本流量主要为正，这表明内地投资者通过“沪港通”计划增加了他们在香港市场的股本。另一方面，在样本期内的几个月里，通过北向交易流入上海股市的总净股本流量为负。特别是在 2015 年下半年，当上海股市大幅下跌时，北向交易的总股本净流量明显为负。这表明北向投资者在股市下跌期间净卖出了上海股票。

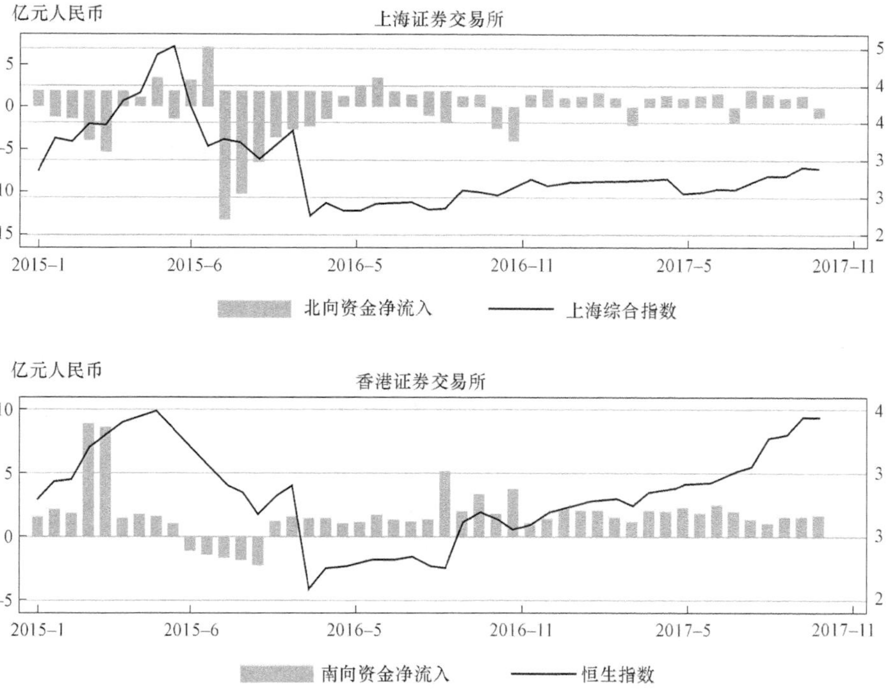


**图 17－2　2015—2017 年上海和香港股市指数数值与南向/北向跨境股票流量**

图 17－2 描绘了 2015 年 1 月至 2017 年 10 月的上海和香港股市指数。我们绘制了所有南向总净流量和北向总净流的月度跨境总净股本流入（以人民币计量），以及上海综合指数和恒生指数的月末指数点。

# 第四节 实 证 分 析

在本节中，我们给出了与本研究的三个假设相关的分析的实证结果。（1）南向/北向净股权购买是否具有回报可预测性？（2）南向/北向交易与香港/上海关联股票收益波动的横断面关系是什么？（3）两地上市股票的南向/北向交易与 AH 股溢价之间的动态关系是什么？

**A. 南向/北向交易的回报可预测性。**

我们首先进行与第一个假设相关的分析，即南向和北向交易是否包含回报可预测性。我们使用关联股票的每日或每周数据估计以下面板回归模型：

$$RET_{i,t}=\alpha+\lambda_1 RET_{i,t-1}+\lambda_2 RET_{i,t-2}+\beta_1 NETBUY_{i,t-1}+\beta_2 NETBUY_{i,t-2}+X_i+Y_i+\varepsilon_{i,t} \tag{17-1}$$

$$NETBUY_{i,t}=\alpha+\lambda_1 RET_{i,t-1}+\lambda_2 RET_{i,t-2}+\beta_1 NETBUY_{i,t-1}+\beta_2 NETBUY_{i,t-2}+X_i+Y_i+\varepsilon_{i,t} \tag{17-2}$$

其中，因变量（$RET_{i,t}$）是关联股票 $i$ 在第 $t$ 天或第 $t$ 周的回报。*NETBUY* 是有资格进行南向交易或北向交易的每只关联股票的净购买量，并检查它们的滞后值（在第 $t-1$ 天和第 $t-2$ 天或第 $t-1$ 周和第 $t-2$ 周中）是否可以预测第 $t$ 天和第 $t$ 周。我们在回归中也有许多控制变量，并在回归中包括日期或周时间固定效应（$X_i$）和公司固定效应（$Y_t$）。

表 17－2 显示了股票回报与跨境净资本流动指标相关的面板回归。回归方程如下：

$$ET_{i,t}=\alpha+\lambda_1 RET_{i,t-1}+\lambda_2 RET_{i,t-2}+\beta_1 NETBUY_{i,t-1}+\beta_1 NETBUY_{i,t-2}+X_i+Y_t+\varepsilon_{i,t} \tag{17-3}$$

$$NETBUY_{i,t}=\alpha+\lambda_1 RET_{i,t-1}+\lambda_2 RET_{i,t-2}+\beta_1 NETBUY_{i,t-1}+\beta_1 NETBUY_{i,t-2}+X_i+Y_t+\varepsilon_{i,t} \tag{17-4}$$

$RET_{i,t}$ 是股票 $i$ 在第 $t$ 天的回报率。$NETBUY_{i,t}$ 是股票 $i$ 在第 $t$ 天的净买入指标。第一组净买入指标包括北向净买入股票（*NORTH_NETBUY*）和南向净买入股权（*SOUTH_NETBUY*）。第二组指标仅适用于南向资金流，包括仅从散户投资者（*RRETAIL_NETBUY*）、仅从机构投资者（*INST_NETBUY*）以人民币价值购买南向净股权，以及散户南向净购股权购买占人民币总交易量的比率（*RETAIL_NETRATIO*）。我们还控制了这些指标的滞后值，以解释可能的非流动性问题和序列相关性问题。所有以港元为基础的指标均已按人民币与港元的当日汇率换算成人民币。股票和日期固定效应包括：$X_i$ 是一个哑变量，对于股票 $i$ 等于 1，否则为 0。$Y_i$ 是一个哑变量，在第 $t$ 天等于 1，否则为 0。样本期为 2015 年 1 月 1 日至 2017 年 10 月 31 日。所有变量都在第 1 和第 99 百分位水平上进行缩尾处理。在每个股票水平上聚类稳健标准误。$t$ 值被报告在系数下方的括号中，***，**和*分别表示在 1%、5%和 10%水平下的统计学显著。

表 17－2 报告了基于每日数据的结果。就南向交易而言，净买入指标包括（a）南向净买入，定义为所有南向买入交易的人民币成交量与所有南向卖出交易的人民币交易量之差（*SOUTH_NETBUY*），（b）南向零售净买入（*RETAIL_NETBUY*）和（c）南向机构净买入（*INST_NETBIUY*）。回归结果表明，与净购买量滞后值相关的系数通常是正的，且在统计上显著。值得注意的是，*SOUTH_NETBUY* 表现出较强的正自相关，表明南向投资流具有持续性。此外，*SOUTH_NETBUY* 与滞后回报呈正相关，表明南向投资者追求正反馈策略，在香港股价上涨（下跌）后买入（卖出）关联股票。对于北向交易，由于没有散户和机构投资者的单独交易数据，我们仅根据所有北向买入交易的人民币成交量与所有北向卖出交易的人民币交易量（*NORTH_NETBUY*）之间的差额构建北向净买入。回归结果表明，*NORTH_NETBUY* 的滞后值相关系数也是正的，并且具有统计学意义。与 *SOUTH_NETBUY* 类似，*NORTH_NETBUY* 也表现出较强的正自相关。然而，与南向交易不同，*NORTH_NETBUY* 与滞后股票回报呈负相关，这与北向投资者追求反向策略的观点一致，即在股价下跌（上涨）之后买入（卖出）上海的关联股票。

**表 17－2　　每日数据结果**

| Daily Regression | Southbound Trades | | | | | *Northbound Trades* | |
|---|---|---|---|---|---|---|---|
| Dependent Variables | $RET_t$ | | $SOUTH\_NETBUY_t$ | $RETAIL\_NETBUY_t$ | $INST\_NETBUY_t$ | $RET_t$ | $NORTH\_NETBUYt$ |
| $RET_{t-1}$ | −0.025***<br>(−5.91) | −0.024***<br>(−5.53) | 0.013***<br>(8.64) | 0.001<br>(0.95) | 0.008***<br>(2.87) | 0.072***<br>(23.34) | −0.004***<br>(−3.98) |
| $RET_{t-2}$ | −0.032***<br>(−10.03) | −0.030***<br>(−9.33) | 0.000 1<br>(0.36) | 0.001<br>(0.89) | 0.003<br>(0.78) | −0.029***<br>(−11.85) | −0.001<br>(−1.51) |
| $SOUTH\_NETBUY_{t-1}$ | 0.024***<br>(5.04) | | 0.346***<br>(32.65) | | | | |
| $SOUTH\_NETBUY_{t-2}$ | 0.015***<br>(3.50) | | 0.155***<br>(20.89) | | | | |
| $NORTH\_NETBUY_{t-1}$ | | | | | | 0.015***<br>(3.09) | 0.208***<br>(23.52) |
| $NORTH\_NETBUY_{t-2}$ | | | | | | 0.031***<br>(5.79) | 0.091***<br>(13.43) |
| $RETAIL\_NETBUY_{t-1}$ | | 0.058***<br>(4.80) | | 0.275***<br>(29.67) | −0.021<br>(−0.52) | | |
| $RETAIL\_NETBUY_{t-2}$ | | 0.036***<br>(3.07) | | 0.135***<br>(22.86) | 0.054<br>(1.53) | | |

续表

| Daily Regression | Southbound Trades | | | | | Northbound Trades | |
|---|---|---|---|---|---|---|---|
| Dependent Variables | $RET_t$ | | $SOUTH\_NETBUY_t$ | $RETAIL\_NETBUY_t$ | $INST\_NETBUY_t$ | $RET_t$ | $NORTH\_NETBUYt$ |
| $INST\_NETBUY_{t-1}$ | | 0.005*** (3.63) | | −0.000 01 (−0.17) | 0.470*** (9.99) | | |
| $INST\_NETBUY_{t-2}$ | | −0.003** (−2.54) | | −0.001* (−1.74) | 0.242*** (5.99) | | |
| Constant | 0.000 4*** (41.34) | 0.004*** (43.36) | 0.001*** (31.41) | 0.000 3*** (24.75) | 0.002*** (19.59) | 0.001*** (171.24) | 0.000 5*** (48.97) |
| Observations | 207 898 | 207 898 | 207 898 | 207 898 | 207 898 | 368 422 | 368 422 |
| R−squared | 0.294 | 0.294 | 0.268 | 0.180 | 0.543 | 0.510 | 0.102 |
| Stock Fixed Effect | Yes | Yes | Yes | Yes | Yes | Yes | Yes |
| Date Fixed Effect | Yes | Yes | Yes | Yes | Yes | Yes | Yes |

表 17−3 报告了基于每周数据的结果。我们发现，一方面，不同南向净购买指标的滞后值相关系数不再具有统计学意义。因此，存在于日频率的南向交易的回报可预测性在周频率消失。另一方面，每周股票回报率与滞后的北向净买入显著正相关，至少在滞后一期是如此。因此，与北向交易相比，南向交易的信息含量要么较弱，要么更快地融入股价。

**表 17−3　　每周数据结果**

| Weekly Regression | Southbound Trades | | | | | Northbound Trades | |
|---|---|---|---|---|---|---|---|
| Dependent Variables | $RET_t$ | | $SOUTH\_NETBUY_t$ | $RETAIL\_NETBUY_t$ | $INST\_NETBUY_t$ | $RET_t$ | $NORTH\_NETBUYt$ |
| $RET_{t-1}$ | −0.046*** (−7.01) | −0.045*** (−6.73) | −0.001 (−0.19) | −0.013*** (−4.47) | 0.066*** (3.16) | −0.094*** (−19.54) | −0.002 (−0.72) |
| $RET_{t-2}$ | 0.014** (2.36) | 0.016*** (2.66) | −0.017*** (−3.19) | −0.006*** (−2.59) | 0.001 (0.13) | −0.042*** (−9.02) | −0.000 (−0.14) |
| $SOUTH\_NETBUY_{t-1}$ | −0.001 (−0.23) | | 0.362*** (22.89) | | | | |
| $SOUTH\_NETBUY_{t-2}$ | 0.007 (1.33) | | 0.097*** (7.25) | | | | |
| $NORTH\_NETBUY_{t-1}$ | | | | | | 0.031*** (5.77) | 0.149*** (9.88) |

续表

| Weekly Regression | Southbound Trades | | | | | Northbound Trades | |
|---|---|---|---|---|---|---|---|
| Dependent Variables | $RET_t$ | | $SOUTH\_NETBUY_t$ | $RETAIL\_NETBUY_t$ | $INST\_NETBUY_t$ | $RET_t$ | $NORTH\_NETBUYt$ |
| $NORTH\_NETBUY_{t-2}$ | | | | | | −0.003<br>(−0.45) | 0.031***<br>(2.08) |
| $RETAIL\_NETBUY_{t-1}$ | | 0.026*<br>(1.71) | | 0.285***<br>(23.30) | 0.155<br>(1.60) | | |
| $RETAIL\_NETBUY_{t-2}$ | | 0.023<br>(1.51) | | 0.108***<br>(9.13) | −0.047<br>(−0.50) | | |
| $INST\_NETBUY_{t-1}$ | | −0.001<br>(−1.11) | | −0.001<br>(−1.04) | 0.450***<br>(12.62) | | |
| $INST\_NETBUY_{t-2}$ | | −0.001<br>(−1.48) | | −0.002***<br>(−2.86) | 0.131***<br>(4.82) | | |
| Constant | 0.003***<br>(59.55) | 0.003***<br>(47.53) | 0.004***<br>(31.71) | 0.001***<br>(27.05) | 0.011***<br>(15.05) | 0.001***<br>(67.08) | 0.001***<br>(32.13) |
| Observations | 41 784 | 41 784 | 41 784 | 41 784 | 41 784 | 73 034 | 73 034 |
| R−squared | 0.268 | 0.268 | 0.287 | 0.217 | 0.477 | 0.469 | 0.095 |
| Stock Fixed Effect | Yes | Yes | Yes | Yes | Yes | Yes | Yes |
| Date Fixed Effect | Yes | Yes | Yes | Yes | Yes | Yes | Yes |

**南向交易和北向交易的收益可预测性：每周回归。**表 17−3 显示了将股票回报与跨境净资本流动指标联系起来的面板回归。回归方程如下：

$$RET_{i,t} = \alpha + \lambda_1 RET_{i,t-1} + \lambda_2 RET_{i,t-2} + \beta_1 NETBUY_{i,t-1} + \beta_1 NETBUY_{i,t-2} + X_i + Y_t + \varepsilon_{i,t} \tag{17-5}$$

$$NETBUY_{i,t} = \alpha + \lambda_1 RET_{i,t-1} + \lambda_2 RET_{i,t-2} + \beta_1 NETBUY_{i,t-1} + \beta_1 NETBUY_{i,t-2} + X_i + Y_t + \varepsilon_{i,t} \tag{17-6}$$

$RET_{i,t}$ 是股票 $i$ 在第 $t$ 周的回报率。$NETBUY_{i,t}$ 是股票 $i$ 在第 $t$ 周的净股权购买指标集。所有变量的定义类似于表 17−3。我们还控制了这些指标的滞后值，以解释可能的流动性不足问题和序列相关性问题。所有以港元为基准的计量均已按人民币与港元的当日汇率换算成人民币。包括股票和日期固定效应：$X_i$ 是一个哑变量，对于股票 $i$ 等于 1，否则为 0。$Y_i$ 是一个哑变量，对于第 $t$ 周等于 1，否则为 0。样本期为 2015 年 1 月 1 日至 2017 年 10 月 31 日。所有变量都在第 1 和第 99 百分位水平上进行了缩尾处理。在每个股票水平上聚类稳健标准误。$t$ 值被报告在系数下方的括号中，***、**和*分别对应于

1%、5%和 10%水平的统计显著性。

总体而言，尽管我们发现北向交易比南向交易包含更强的信息含量[①]，但有证据支持第一个假设，即南向和北向交易都对香港和上海上市的关联股的回报具有预测能力。这可能是因为北向交易由基于基本面交易的机构投资者主导，而南向交易由基于投机交易的散户投资者主导。

**B. 南向/北向交易与关联股票收益波动性的关系。**

我们现在通过检验跨境交易量与关联股票回报波动之间的关系来检验第二个假设。收益波动性是通过每日绝对收益来衡量的（Granger 和 Sin，2000；Dowd，2005），我们将研究关联股票的绝对收益如何受到滞后的北向或南向交易量的影响。面板回归模型估计如下：

$$\begin{aligned}|RET|_{i,t} = \alpha + \beta_1|RET|_{i,t-1} + \beta_2|RET|_{i,t-2} + \gamma_1 FLOW_{i,t-1} + \gamma_2 FLOW_{i,t-2} + \\ \lambda_1 TOTAL\_VOLUME_{i,t-1} + \lambda_2 TOTAL\_VOLUME_{i,t-2} + \varepsilon_{i,t}\end{aligned} \quad (17-7)$$

$$\begin{aligned}|RET|_{i,t} = \alpha + \beta_1|RET|_{i,t-1} + \beta_2|RET|_{i,t-2} + \gamma_1 BUY\_FLOW_{i,t-1} + \gamma_2 BUY\_FLOW_{i,t-2} + \\ \gamma_3 SELL\_FLOW_{i,t-1} + \gamma_4 SELL\_FLOW_{i,t-2} + \lambda_1 TOTAL\_VOLUME_{i,t-1} + \\ \lambda_2 TOTAL\_VOLUME_{i,t-2} + \varepsilon_{i,t}\end{aligned} \quad (17-8)$$

$$\begin{aligned}|RET|_{i,t} = \alpha + \beta_1|RET|_{i,t-1} + \beta_2|RET|_{i,t-2} + \gamma_1 RETAIL\_FLOW_{i,t-1} + \gamma_2 RETAIL\_FLOW_{i,t-2} + \\ \gamma_3 INST\_FLOW_{i,t-1} + \gamma_4 INST\_FLOW_{i,t-2} + \lambda_1 TOTAL\_VOLUME_{i,t-1} + \\ \lambda_2 TOTAL\_VOLUME_{i,t-2} + \varepsilon_{i,t}\end{aligned} \quad (17-9)$$

其中$|RET|_{i,t}$是第 $t$ 天股票 $i$ 回报的绝对值。$FLOW_{i,t-1}$是第 $t-\tau$ 天股票 $i$ 的跨境流量，$\tau$ 为 1 或 2。该模型有三种形式。在第一个形式中，我们测量跨境流动量为南向交易（*SOUTH_FLOW*）或北向交易（*NORTH_FLOW*）的跨境股权买入量和卖出量的总和。在第二个形式中，我们将跨境流量分解为买入量（*BUY_FLOW*）和卖出量（*SELL_FLOW*）。跨境流量可以是每日北向交易量，也可以是每日南向交易量。第三个形式仅适用于南向流量。我们将南向流量分解为散户投资者（*RETAIL_FLOW*）和机构投资者（*INST_FLOW*）的流量。我们采用滞后的绝对收益来控制收益波动的时间持续性，并采用上海或香港股市的滞后总交易量（*TOTAL_VOLUME*）来控制波动与交易量关系。因此，跨境流量对绝对回报的任何影响都超出了标准的波动与交易量关系。尽管混合分布模型预测了交易量和波动性之间的同期关系（见 Epps 和 Epps，1976；Tauchen 和 Pitts，1983），但不包括

① Lundblad 等人（2022）还报告了北向交易的可预测性。

同期交易量或跨境交易量，因为我们希望专注于信息到达的影响。

表 17－4 显示了基于每日数据的结果。我们首先讨论基于南向交易的结果。正如预期的那样，绝对收益的滞后项系数显著为正，证实了绝对收益的自回归性质。滞后总交易量（*TOTAL_VOLUME*）在第 $t-1$ 天和第 $t-2$ 天的系数均显著，说明波动率—成交量关系可能存在滞后效应。在第 $t-1$ 天和第 $t-2$ 天，滞后的南向交易（*SOUTH_FLOW*）的系数均显著为正，这表明南向投资者的交易活跃度增加后，接下来几天的绝对回报率也会增加。将南向流量分解为 *BUY_FLOW* 和 *SELL_FLOW* 表明，南向交易的买入量和卖出量的滞后值都与绝对收益呈正相关。我们还将南向流量分解为散户投资者（*RETAIL_FLOW*）和机构投资者（*INST_FLOW*）的流量。我们发现，滞后散户交易量的系数显著为正，而滞后机构交易量系数不显著。因此，南向流量对收益波动的正向影响主要来自散户投资者。

AH 股溢价指数是经过汇率调整后，两地双重上市股票的 A 股价格相对于 H 股价格的加权平均溢价。我们根据上月底上海股市的市值来衡量。*AH_Total_Netbuy* 是两地双重上市股票的 A 股北向净买入总额与 H 股南向净买入总额之差。对于每只两地双重上市股票，我们计算在上海市场上市的 A 股每日北向净买入量和在香港市场上市的 H 股每日南向净买入量。我们分别计算北向交易和南向交易的净买入量的总和，然后，计算这两个指标在每日频率下的差异。时间段为 2015 年 1 月 1 日至 2017 年 10 月 31 日。该样本包括日常观察。

每日股票绝对回报率与南向/北向交易量之间的关系。表 17－4 显示了将每日股票绝对回报率与跨境资本流动指标联系起来的面板回归。回归方程如下：

$$\begin{aligned}|RET|_{i,t} = {} & \alpha+\beta_1|RET|_{i,t-1}+\beta_2|RET|_{i,t-2}+\gamma_1 FLOW_{i,t-1}+\gamma_2 FLOW_{i,t-2}+\\ & \lambda_1 TOTAL\_VOLUME_{i,t-1}+\lambda_2 TOTAL\_VOLUME_{i,t-2}+\varepsilon_{i,t}\end{aligned} \tag{17-10}$$

$$\begin{aligned}|RET|_{i,t} = {} & \alpha+\beta_1|RET|_{i,t-1}+\beta_2|RET|_{i,t-2}+\gamma_1 BUY\_FLOW_{i,t-1}+\gamma_2 BUY\_FLOW_{i,t-2}+\\ & \gamma_3 SELL\_FLOW_{i,t-1}+\gamma_4 SELL\_FLOW_{i,t-2}+\lambda_1 TOTAL\_VOLUME_{i,t-1}+\\ & \lambda_2 TOTAL\_VOLUME_{i,t-2}+\varepsilon_{i,t}\end{aligned} \tag{17-11}$$

$$\begin{aligned}|RET|_{i,t} = {} & \alpha+\beta_1|RET|_{i,t-1}+\beta_2|RET|_{i,t-2}+\gamma_1 RETAIL\_FLOW_{i,t-1}+\gamma_2 RETAIL\_FLOW_{i,t-2}+\\ & \gamma_3 INST\_FLOW_{i,t-1}+\gamma_4 INST\_FLOW_{i,t-2}+\lambda_1 TOTAL\_VOLUME_{i,t-1}+\\ & \lambda_2 TOTAL\_VOLUME_{i,t-2}+\varepsilon_{i,t}\end{aligned} \tag{17-12}$$

$|RET|_{i,t}$ 是股票 $i$ 在第 $t$ 天的每日回报的绝对值。$FLOW_{i,t-1}$ 和 $FLOW_{i,t-2}$ 是股票 $i$ 在第 $t-1$ 天和第 $t-2$ 天的跨境股权流量指标。在第一个方程中，我们将跨境股权流动量衡量

为每日南向人民币交易量（*SOUTH_FLOW*）和北向人民币交易额（*NORTH_FLOW*），包括跨境买卖。在第二个方程中，我们将总跨境股权流量分解为买入（*BUY_FLOW*）和卖出（*SELL_FLOW*）。第三个方程仅适用于南向流量。我们将南向总流量分解为来自散户投资者的交易（*RETAIL_FLOW*）和来自机构投资者的交易（*INST_FLOW*）。控制变量包括滞后绝对收益和股票 $i$ 在第 $t-1$ 天和第 $t-2$ 天的总人民币交易量。所有以港币为基础的指标均已按人民币与港元的当日汇率换算成人民币。股票和时间固定效应包括在内：$X_i$ 是一个哑变量，对于股票 $i$ 等于 1，否则为 0。$Y_i$ 也是一个哑变量，对于第 $t$ 天等于 1，否则为 0。样本期为 2015 年 1 月 1 日至 2017 年 10 月 31 日。所有变量都在第 1 和第 99 百分位水平上进行了缩尾处理。在每个股票水平上聚类稳健标准误。$t$ 值被报告在系数下方的括号中，***、**和*分别对应于 1%、5%和 10%水平的统计学显著性。

**表 17－4　面板回归结果**

| Dependent Variable: $\|RET\|_t$ | Southbound Trades | | | Northbound Trades | |
|---|---|---|---|---|---|
| Daily Regression | *SPEC 1* | *SPEC 2* | *SPEC 3* | *SPEC 1* | *SPEC 2* |
| $\|RET\|_{t-1}$ | 0.099*** (19.09) | 0.098*** (18.96) | 0.095*** (18.56) | 0.080*** (21.10) | 0.080*** (21.12) |
| $\|RET\|_{t-2}$ | 0.067*** (15.49) | 0.066*** (15.30) | 0.064*** (14.97) | 0.067*** (18.88) | 0.067*** (18.87) |
| $SOUTH\_FLOW_{t-1}$ | 0.039*** (6 383) | | | | |
| $SOUTH\_FLOW_{t-2}$ | 0.025*** (4.92) | | | | |
| $NORTH\_FLOW_{t-1}$ | | | | −0.012*** (−2.81) | |
| $NORTH\_FLOW_{t-2}$ | | | | 0.003 (0.91) | |
| $BUY\_FLOW_{t-1}$ | | 0.048*** (6.61) | | | −0.013* (−1.91) |
| $BUY\_FLOW_{t-2}$ | | 0.021*** (3.51) | | | 0.015** (2.29) |
| $SELL\_FLOW_{t-1}$ | | 0.034*** (3.60) | | | −0.010 (−1.42) |
| $SELL\_FLOW_{t-2}$ | | 0.029*** (3.18 | | | −0.012* (−1.89) |
| $RETAIL\_FLOW_{t-1}$ | | | 0.000 4*** (9.00) | | |
| $RETAIL\_FLOW_{t-2}$ | | | 0.000 2*** (3.75) | | |

续表

| Dependent Variable: $\|RET\|_t$ | Southbound Trades | | | Northbound Trades | |
|---|---|---|---|---|---|
| Daily Regression | *SPEC 1* | *SPEC 2* | *SPEC 3* | *SPEC 1* | *SPEC 2* |
| $INST\_FLOW_{t-1}$ | | | 0.000 04<br>(0.57) | | |
| $INST\_FLOW_{t-2}$ | | | 0.000 1$^{*}$<br>(1.79) | | |
| $TOTAL\_VOLUME_{t-1}$ | 0.001$^{**}$<br>(2.34) | 0.001$^{**}$<br>(2.23) | 0.001$^{**}$<br>(2.03) | 0.001$^{***}$<br>(4.88) | 0.001$^{***}$<br>(4.80) |
| $TOTAL\_VOLUME_{t-2}$ | −0.001$^{***}$<br>(−3.10) | −0.001$^{***}$<br>(−3.22) | −0.001$^{***}$<br>(−2.93) | 0.001$^{***}$<br>(3.37) | 0.001$^{***}$<br>(3.43) |
| Observations | 207 898 | 207 898 | 207 898 | 368 432 | 368 432 |
| R−squared | 0.291 | 0.291 | 0.292 | 0.530 | 0.530 |
| Stock Fixed Effect | Yes | Yes | Yes | Yes | Yes |
| Date Fixed Effect | Yes | Yes | Yes | Yes | Yes |

我们接下来讨论每周股票绝对回报率与南向/北向交易量之间的关系。表 17−5 显示了将每周股票绝对回报率与跨境资本流动指标联系起来的面板回归。回归模型如下：

$$\begin{aligned}|RET|_{i,t} = {} & \alpha + \beta_1 |RET|_{i,t-1} + \beta_2 |RET|_{i,t-2} + \gamma_1 FLOW_{i,t-1} + \gamma_2 FLOW_{i,t-2} + \\ & \lambda_1 TOTAL\_VOLUME_{i,t-1} + \lambda_2 TOTAL\_VOLUME_{i,t-2} + \varepsilon_{i,t}\end{aligned} \tag{17-13}$$

$$\begin{aligned}|RET|_{i,t} = {} & \alpha + \beta_1 |RET|_{i,t-1} + \beta_2 |RET|_{i,t-2} + \gamma_1 BUY\_FLOW_{i,t-1} + \gamma_2 BUY\_FLOW_{i,t-2} + \\ & \gamma_3 SELL\_FLOW_{i,t-1} + \gamma_4 SELL\_FLOW_{i,t-2} + \lambda_1 TOTAL\_VOLUME_{i,t-1} + \\ & \lambda_2 TOTAL\_VOLUME_{i,t-2} + \varepsilon_{i,t}\end{aligned} \tag{17-14}$$

$$\begin{aligned}|RET|_{i,t} = {} & \alpha + \beta_1 |RET|_{i,t-1} + \beta_2 |RET|_{i,t-2} + \gamma_1 RETAIL\_FLOW_{i,t-1} + \gamma_2 RETAIL\_FLOW_{i,t-2} + \\ & \gamma_3 INST\_FLOW_{i,t-1} + \gamma_4 INST\_FLOW_{i,t-2} + \lambda_1 TOTAL\_VOLUME_{i,t-1} + \\ & \lambda_2 TOTAL\_VOLUME_{i,t-2} + \varepsilon_{i,t}\end{aligned} \tag{17-15}$$

$|RET|_{i,t}$ 是股票 $i$ 在第 $t$ 天的每日回报的绝对值。$FLOW_{i,t-1}$ 和 $FLOW_{i,t-2}$ 是股票 $i$ 在第 $t-1$ 天和第 $t-2$ 天的跨境股权流量指标。控制变量包括滞后绝对收益和股票 $i$ 在第 $t-1$ 和第 $t-2$ 周的总人民币交易量。所有其他变量的定义类似于表 17−4。所有以港元为基础的指标均已按人民币与港币的当日汇率换算成人民币。股票和时间固定效应包括在内：$X_i$ 是一个哑变量，对于股票 $i$ 等于 1，否则为 0。$Y_i$ 是一个哑变量，对于第 $t$ 周等于 1，否则为 0。样本期为 2015 年 1 月 1 日至 2017 年 10 月 31 日。所有变量都在第 1 和第 99 百分位水平上进行了缩尾处理。在每个股票水平上聚类稳健标准误。$t$ 值被报告在系数下

方的括号中，***、**和*分别对应于 1%、5%和 10%水平的统计学显著性。

表 17-5　　每周股票绝对回报率与南向/北向交易量之间的关系

| Dependent Variable: $\|RET\|_t$ | Southbound Trades | | | Northbound Trades | |
|---|---|---|---|---|---|
| Weekly Regression | *SPEC 1* | *SPEC 2* | *SPEC 3* | *SPEC 1* | *SPEC 2* |
| $\|RET\|_{t-1}$ | 0.045***<br>(5.61) | 0.045***<br>(5.59) | 0.042***<br>(5.36) | 0.042***<br>(8.40) | 0.042***<br>(8.41) |
| $\|RET\|_{t-2}$ | 0.031***<br>(4.35) | 0.031***<br>(4.31) | 0.028***<br>(3.89) | 0.031***<br>(5.91) | 0.031***<br>(5.90) |
| $SOUTH\_FLOW_{t-1}$ | 0.011***<br>(3.32) | | | | |
| $SOUTH\_FLOW_{t-2}$ | 0.009***<br>(2.84) | | | | |
| $NORTH\_FLOW_{t-1}$ | | | | -0.006**<br>(-1.97) | |
| $NORTH\_FLOW_{t-2}$ | | | | 0.003<br>(1.21) | |
| $BUY\_FLOW_{t-1}$ | | 0.016***<br>(3.26) | | | -0.008*<br>(-1.70) |
| $BUY\_FLOW_{t-2}$ | | 0.010**<br>(2.51) | | | 0.009*<br>(1.94) |
| $SELL\_FLOW_{t-1}$ | | 0.007<br>(1.14) | | | -0.007<br>(-1.38) |
| $SELL\_FLOW_{t-2}$ | | 0.009<br>(1.46) | | | 0.002<br>(0.38) |
| $RETAIL\_FLOW_{t-1}$ | | | 0.036***<br>(4.40) | | |
| $RETAIL\_FLOW_{t-2}$ | | | 0.019**<br>(2.56) | | |
| $INST\_FLOW_{t-1}$ | | | -0.002<br>(-0.048) | | |
| $INST\_FLOW_{t-2}$ | | | 0.004<br>(1.08) | | |
| $TOTAL\_VOLUME_{t-1}$ | 0.000 02<br>(0.69) | 0.000 02<br>(0.57) | 0.000 01<br>(0.29) | 0.001***<br>(6.20) | 0.001***<br>(6.36) |
| $TOTAL\_VOLUME_{t-2}$ | -0.000 1<br>(-1.31) | -0.000 1<br>(-1.36) | -0.000 1<br>(-1.56) | -0.000 1<br>(-0.80) | -0.000 1<br>(-0.97) |
| Observations | 41 784 | 41 784 | 41 784 | 73 034 | 73 034 |
| R-squared | 0.204 | 0.204 | 0.205 | 0.446 | 0.446 |
| Stock Fixed Effect | Yes | Yes | Yes | Yes | Yes |
| Date Fixed Effect | Yes | Yes | Yes | Yes | Yes |

表 17－5 还显示了北向交易的结果，即滞后的北向流量如何影响上海关联股的绝对回报。与南向交易的结果不同，我们发现在上海上市的关联股的滞后北向流量与绝对收益呈负相关。

我们还使用每周数据重复类似的分析。因此，我们考察的不是绝对的日回报率，而是关联股的绝对周回报率，看看它是如何受到滞后南向流量或滞后北向流量的影响的。结果如表 17－5 所示。即使以周为间隔，仍有证据表明跨境流量与随后的绝对股票回报率有关。然而，虽然香港互联股票的绝对周收益率与滞后南向流量呈正相关，但上海互联股票的周绝对收益率在首个滞后阶段与滞后北向流量呈负相关，证实了与表 17－4 相同的日频率模式。

观察南向交易和北向交易结果的不对称性很有趣。香港滞后南向流量与关联股绝对收益呈正相关，上海滞后北向流量与关联股绝对收益呈负相关。

对南向交易量与北向交易量结果不对称的解释可以基于 Shalen（1993）的模型，他认为成交量一波动关系取决于交易者的知情程度。他表明，与均衡值相比，信念的更大分散会产生过度的价格可变性和过度的交易量。一方面，对于知情的交易者来说，他们有着同质的信念，会在资产公允价值周围相对较小的价格区间内进行买卖。另一方面，不知情（或不太知情）的交易者不了解基本面信息，导致信念更加分散。他们可能会对所有数量和价格的变化做出反应，就好像这些变化反映了信息一样，因此他们倾向于夸大价格波动，从而导致价格的巨大可变性。Daigler 和 Wiley（1999）使用期货市场的数据提供了实证支持，他们能够根据不同类型的交易者区分期货交易量。它们表明，正的波动率一成交量关系是由散户投资者推动，他们是信息不太灵通的投机交易者。更了解订单流的清算会员和场内交易者的交易，将显示波动性和交易量之间的负相关。

我们基于“沪港通”的证据表明内地和香港的投资者存在差异。一方面，由于南向交易主要由知情较少的散户投机性投资者主导，这导致南向流量与香港关联股票的价格走势呈正相关关系。另一方面，北向交易主要由知情的机构投资者主导，这导致他们的交易量与上海关联股的价格走势呈负相关。

**C. 南向/北向交易与 AH 股溢价之间的关系。**

我们现在通过调查 AH 股溢价与南向/北向交易之间的动态关系，进行与第三个假设相关的分析。两地上市股共计 75 只，分别以上海 A 股和香港 H 股的形式存在。由于内地和香港股票市场的市场特征不同，如市场环境不同、投资者群体不同以及 A 股和 H 股之间的不可转换性等，同一公司的 A 股和 H 股价格普遍存在差异。大多数时候，A 股的交易价格高于 H 股。图 17－3 绘制了 AH 股溢价指数，该指数是两地上市股票的 A 股价格相对于 H 股价格的加权平均溢价（或折价）。AH 股溢价指数在整个样本期都在 1 以上，表明两地双重上市股票的 AH 股溢价持续存在。在我们的样本期间，AH 股溢价指数确实在 1.4 至 2.2 的范围内随时间波动。

对于每只两地双重上市股票，我们计算在上海上市的 A 股的北向净买入量和在香港上市的 H 股的南向净买入量。然后，我们分别计算 A（H）股的总北向（南向）净买入量，然后计算北向总净买入量和南向总净买入量之间的差值（*AH_Total_NETBUY*）。*AH_Total_NETBUY* 表示通过“沪港通”在上海和香港股票市场之间的双重上市股票的净股本流动。就特定关联股票而言，若香港及国际投资者（通过北向交易）对内地 A 股的净买入量大于中国内地投资者（通过南向交易）对香港 H 股的净买入量，则该指标为正（负）。我们在图 17－3 中绘制了 *AH_Total_NETBUY*。虽然其总体为负，但随着时间的推移波动较大，这表明对于两地双重上市股票，南向净买入往往大于北向净买入。

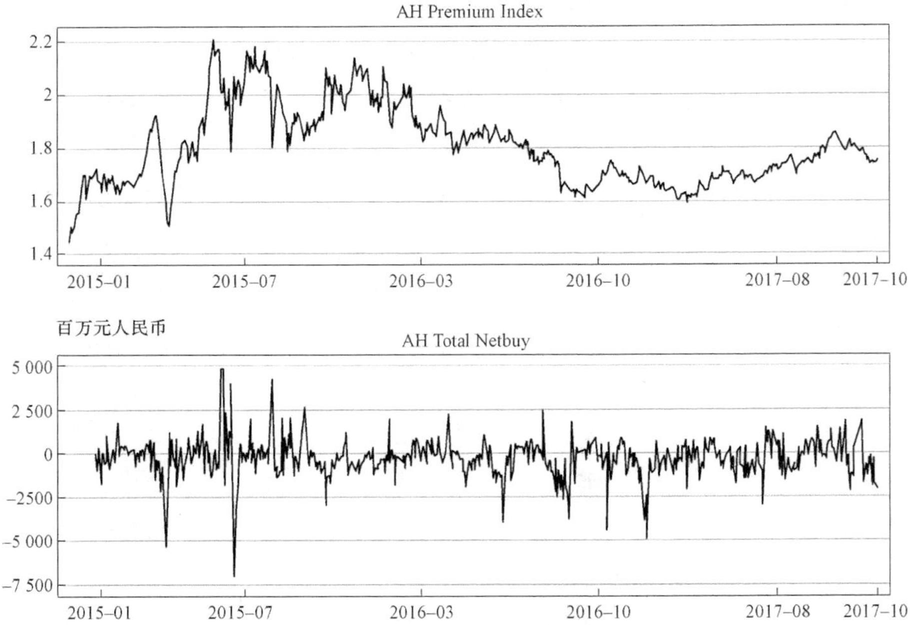


**图 17－3　AH 股溢价指数和上海 A 股与香港 H 股之间的净资本流动**

虽然没有报告，但我们发现 AH 股溢价指数和 *AH_Total_Netbuy* 之间的同期相关性为－10%，具有统计学意义。这表明，中国内地和香港之间的净股本流动与 A 股和 H 股之间的价差是一致的，尽管这一证据并不意味着因果关系。当 AH 股溢价较高（较低）时，从香港流入内地 A 股的资本少于（较多）从内地流入香港 H 股的资本，因为香港（内地）投资者发现 A 股（H 股）相对更贵。

为了研究因果关系，我们估计了一个向量自回归（VAR）模型的 AH 股溢价（*AH_PREM*），南向净买入人民币量占香港关联股票总人民币交易量的比例（*SOUTH_NETRATIO*），以及北向净买入人民币量占沪市关联股票总人民币交易量的比例（*NORTH_NETRATIO*）。表 17－6 显示了向量自回归（VAR）模型的结果，该模型对在港交所和上交所双重上市的股票的回报波动率和跨境股权流入指标之间的关系进行了分析。回归方程：

$$AH\_PREM_{i,t} = \alpha_0 + \alpha_1 AH\_PREM_{i,t-1} + \alpha_2 SOUTH\_NETRATIO_{i,t-1} + \alpha_3 NORTH\_NETRATIO_{i,t-1} + \varepsilon_{i,t} \tag{17-16}$$

$$SOUTH\_NETRATIO_{i,t} = \beta_0 + \beta_1 AH\_PREM_{i,t-1} + \beta SOUTH\_NETRATIO_{i,t-1} + \beta_3 NORTH\_NETRATIO_{i,t-1} + \vartheta_{i,t} \tag{17-17}$$

$$NORTH\_NETRATIO_{i,t} = \gamma_0 + \gamma_1 AH\_PREM_{i,t-1} + \gamma_2 SOUTH\_NETRATIO_{i,t-1} + \gamma_3 NORTH\_NETRATIO_{i,t-1} + \tau_{i,t} \tag{17-18}$$

其中 $AH\_PREM_{i,t}$ 计算为两地双重上市股票 $i$ 在第 $t$ 天或第 $t$ 周的 A 股收盘价相对于其汇率调整后的 H 股价格的比率。$SOUTH\_NETRATIO_{i,t}$ 是第 $t$ 天或第 $t$ 周香港交易所股票 $i$ 的南向净买入人民币交易量与总人民币交易量的比率。$NORTH\_NETRATIO_{i,t}$ 是上交所股票 $i$ 在第 $t$ 天或第 $t$ 周的北向净买入人民币交易量与总人民币交易量的比率。我们还将这些指标的滞后值作为回归项。样本包含 75 对每日或者每周频率的上交所—港交所双重上市股票。样本期为 2015 年 1 月至 2017 年 10 月。小组 A 使用每日观察报告结果，小组 B 使用每周观察报告结果。所有变量都在第 1 和第 99 百分位水平上进行了缩尾处理。在每个股票水平上聚类稳健标准误。$t$ 值被报告在系数下方的括号中，***、**和*分别对应于 1%、5%和 10%水平的统计学显著性。

*SOUTH_NETRATIO* 和 *NORTH_NETRATIO* 是衡量南向或北向交易量相对于本地总交易量的程度的指标。*SOUTH_NETRATIO* 和 *NORTH_NETRATIO* 呈正自相关，一阶自回归系数分别为 0.992、0.323 和 0.192。我们使用 2015 年 1 月到 2017 年 10 月的日数据来估计 VAR 模型。结果记录在表 17－6 的 A 组中。

我们发现 *AH_PREM* 的滞后值与 *SOUTH_NETRATIO* 呈正相关，但与 *NORTH_NETRATIO* 不显著相关。这表明，当 AH 股溢价上升（下降）时，南向投资者会购买更多（更少）的 H 股，但北向投资者似乎对 AH 股溢价的变化没有反应。该证据部分支持假设 3b，即 AH 股溢价增加（减少）后，H 股南向净买入增加（增加），但 A 股北向净买入没有减少（增加）。由于 A 股价格普遍高于 H 股价格，套利估值差异不太可能成为北上香港和国际投资者购买 A 股的重要动机。因此，AH 股溢价的下降不会导致他们购买更多的 A 股。我们还发现，*SOUTH_NETRATIO* 的滞后值与 *AH_PREM* 呈负相关，这表明随着更多南向投资者购买 H 股，AH 股溢价将随之降低。这支持了假设 3a。另一方面，我们没有发现 *NORTH_NETRATIO* 的滞后值与 *AH_PREM* 之间存在显著关系。这再次证实了南向交易（而非北向交易）寻求利用 A 股和 H 股之间的价差。

表 17－6 的小组 B 显示了基于每周数据的结果，与基于每日数据的结果相似。我们发现，*AH_PREM* 在前一周的滞后值与 *SOUTH_NETRATIO* 呈正相关，但与 *NORTH_NETRATIO* 不显著相关，并且 *SOUTH_NMETRATIO* 的滞后值和 AH_PREM 负相关。

**表 17－6　　AH 溢价、南向和北向净购买的向量自回归**

| | $AH\_PREM_{i,t}$ | $SOUTH\_NETRATIO_{i,t}$ | $\text{NORTH\_NETRATIO}_{i,t}$ |
|---|---|---|---|
| Panel A, Daily Regressions | | | |
| $AH\_PREM_{i,t-1}$ | 0.992*** (88.54) | 0.181*** (8.03) | 0.048 (1.67) |
| $SOUTH\_ENTRATIO_{i,t-1}$ | −0.004*** (−5.28) | 0.323*** (54.2) | −0.023*** (−3.57) |
| $NORTH\_NETRATIO_{i,t-1}$ | 0.001 (0.86) | −0.009* (−1.79) | 0.192*** (32.11) |
| Panel B, Weekly Regressions | | | |
| $AH\_PREM_{i,t-1}$ | 0.968*** (22.69) | 0.223*** (6.58) | 0.029 (0.77) |
| $SOUTH\_ENTRATIO_{i,t-1}$ | −0.013*** (−3.45) | 0.381*** (33.56) | 0.009 (0.74) |
| $NORTH\_NETRATIO_{i,t-1}$ | 0.001 (0.24) | −0.005 (−0.55) | 0.096*** (8.16) |

## 第五节　结　　论

这项研究对“沪港通”计划的影响进行了全面分析，该计划允许香港投资者购买在上海上市的股票和允许内地投资者购买在香港上市的股票。我们获得了一个独特的数据集，包含南向投资者（中国内地）和北向投资者（香港）对另一个市场的关联股票的总交易信息。

研究结果表明，南向净买入可以正向预测上海股票在日区间的收益，而北向净买入则可以正向预测香港股票在日和周区间的收益。因此，南向和北向交易都包含有用的信息。我们还发现，对于关联股，南向和北向交易具有不同的波动—交易量关系。港股滞后南向流量与关联股绝对收益呈正相关，沪股滞后北向流量与关联股绝对收益呈负相关。最后，跨境交易与两地双重上市股票 AH 股溢价之间的关系在北向和南向交易中也有所不同。两地双重上市股票的滞后 AH 股溢价与南向净买入呈正相关，但与北向交易无关。虽然当 AH 股溢价增加时，南向投资者将购买更多 H 股，但北向投资者似乎对上海和香港股市的估值差异没有反应。这是因为尽管 AH 股溢价扩大，但北向投资者不能卖空 A 股。

本章的研究结果对跨境股权流动的文献做出了重大贡献。这项研究是对“沪港通”效应的首次全面分析。此外，本章的研究结果具有广泛的意义，结果表明，投资者客户可能对跨境投资流对目的地市场的影响产生不同的影响。尽管内地股市和香港股市都跻身全球前十，但它们的投资者情况却截然不同。来自中国内地的南向交易主要来自散户投资者，而来自香港的北向交易主要来源于机构投资者。跨境股权流动效应的不对称性表明，股市一体化的影响因市场而异，因为它取决于流入股市的投资者类型。

本章的研究可以与之前的研究联系起来，这些研究表明市场整合可以缩小不同市场的估值差异。例如，Hardouvelis 等人（2006）发现，欧盟的金融市场一体化导致其成员国之间的利率差距缩小。Bekaert 等人（2013）还发现，随着欧元区一体化程度的提高，贴现率和预期收益增长差异会随着时间的推移而变小。然而，本研究指出，不同股票市场发展之间的差异可能会减缓市场整合过程中估值差异的缩小。本研究也具有重要的政策意义。首先，虽然香港股市目前的“沪港通”名单只包括大盘股/蓝筹股，但未来可能会纳入更多的小盘股。鉴于散户投资者在南向交易中占据主导地位，金融监管机构应做好准备，应对香港市场波动带来的更大影响。其次，随着全球金融市场越来越一体化，监管机构应该更加谨慎地对待新兴市场投资者的影响。随着新兴市场投资者的大幅增长，他们可能会对国际股市产生不稳定的影响。

# 主要参考文献


［1］ Allen F, Faulhaber G R. Signalling by underpricing in the IPO market ［J］. Journal of Financial Economics, 1989, 23(2): 303－323.

［2］ Altman E I. Financial ratios, discriminant analysis and the prediction of corporate bankruptcy ［J］. The Journal of Finance, 1968, 23(4): 589－609.

［3］ Amihud Y. Illiquidity and stock returns: Cross-section and time-series effects ［J］. Journal of Financial Markets, 2002, 5(1): 31－56.

［4］ Amin K I, Lee C M C. Option trading, price discovery, and earnings news dissemination ［J］. Contemporary Accounting Research, 1997, 14(2): 153－192.

［5］ Andrade S C, Bian J, Burch T R. Analyst coverage, information, and bubbles［J］. Journal of Financial and Quantitative Analysis, 2013, 48(5): 1573－1605.

［6］ Atiase R K. Predisclosure information, firm capitalization, and security price behavior around earnings announcements ［J］. Journal of accounting research, 1985: 21－36.

［7］ Bae K H, Bailey W, Mao C X. Stock market liberalization and the information environment ［J］. Journal of International Money and Finance, 2006, 25(3): 404－428.

［8］ Bae K H, Chan K, Ng A. Investibility and return volatility ［J］. Journal of financial Economics, 2004, 71(2): 239－263.

［9］ Bae K H, Ozoguz A, Tan H, et al. Do foreigners facilitate information transmission in emerging markets? ［J］. Journal of Financial Economics, 2012, 105(1): 209－227.

［10］ Bai Y, Chow D Y P. Shanghai-Hong Kong Stock Connect: An analysis of Chinese partial stock market liberalization impact on the local and foreign markets ［J］. Journal of International Financial Markets, Institutions and Money, 2017, 50: 182－203.

［11］ Bailey W, Chung Y P, Kang J K. Foreign ownership restrictions and equity price premiums: what drives the demand for cross-border investments? ［J］. Journal of financial and quantitative analysis, 1999, 34(4): 489－511.

［12］ Bailey W, Jagtiani J. Foreign ownership restrictions and stock prices in the Thai capital market ［J］. Journal of financial economics, 1994, 36(1): 57－87.

［13］ Bailey W, Mao C X, Sirodom K. Investment restrictions and the cross-border flow of information: Some empirical evidence［J］. Journal of International Money and Finance,

2007, 26(1): 1 – 25.

［14］ Baker M, Wurgler J. Investor sentiment and the cross-section of stock returns［J］. The Journal of Finance, 2006, 61(4): 1645 – 1680.

［15］ Ball R, Brown P. An empirical evaluation of accounting income numbers［J］. Journal of Accounting Research, 6(2): 159 – 178.

［16］ Beck T, Demirguc-Kunt A. Small and medium-size enterprises: Access to finance as a growth constraint［J］. Journal of Banking & Finance, 2006, 30(11): 2931 – 2943.

［17］ Bekaert G, Harvey C R, Kiguel A, et al. Globalization and asset returns［J］. Annual Review of Financial Economics, 2016, 8: 221 – 288.

［18］ Bekaert G, Harvey C R, Lumsdaine R L. Dating the integration of world equity markets［J］. Journal of Financial Economics, 2002, 65(2): 203 – 247.

［19］ Bekaert G, Harvey C R, Lumsdaine R L. The dynamics of emerging market equity flows［J］. Journal of International money and Finance, 2002, 21(3): 295 – 350.

［20］ Bekaert G, Harvey C R, Lundblad C T, et al. The European Union, the Euro, and equity market integration［J］. Journal of Financial Economics, 2013, 109(3): 583 – 603.

［21］ Bekaert G, Harvey C R, Lundblad C T, et al. What segments equity markets?［J］. The Review of Financial Studies, 2011, 24(12): 3841 – 3890.

［22］ Bekaert G, Harvey C R, Lundblad C, et al. Global growth opportunities and market integration［J］. The Journal of Finance, 2007, 62(3): 1081 – 1137.

［23］ Bekaert G, Harvey C R, Lundblad C. Does financial liberalization spur growth?［J］. Journal of Financial economics, 2005, 77(1): 3 – 55.

［24］ Bekaert G, Harvey C R, Lundblad C. Emerging equity markets and economic development［J］. Journal of development Economics, 2001, 66(2): 465 – 504.

［25］ Bekaert G, Harvey C R, Lundblad C. Financial openness and productivity［J］. World Development, 2011, 39(1): 1 – 19.

［26］ Bekaert G, Harvey C R. Foreign speculators and emerging equity markets［J］. The journal of finance, 2000, 55(2): 565 – 613.

［27］ Bekaert G. Market integration and investment barriers in emerging equity markets［J］. The World Bank Economic Review, 1995, 9(1): 75 – 107.

［28］ Bian J Z, Chan K, Fong W M. Investor participation and the volume-volatility relation: Evidence from an emerging market［J］. Emerging Markets Review, 2020, 45(12), 1 – 11.

［29］ Bian J Z, Chan K, Shi D H, Zhou H. Do behavioral biases affect order aggressiveness

［J］? Review of Finance, 2018, 22(3)：1121－1151.

［30］Bian J, Chan K, Fong W M. Investor participation and the volatility-volume relation: Evidence from an emerging market［J］. Emerging Markets Review, 2020, 45: 100741.

［31］Bian J, Chan K, Shi D, et al. Do behavioral biases affect order aggressiveness?［J］. Review of Finance, 2018, 22(3): 1121－1151.

［32］Burdekin R C K, Siklos P L. Quantifying the impact of the November 2014 Shanghai-Hong Kong stock connect［J］. International Review of Economics & Finance, 2018, 57: 156－163.

［33］Cai C X, McGuinness P B, Zhang Q. The pricing dynamics of cross-listed securities: The case of Chinese A-and H-shares［J］. Journal of Banking & Finance, 2011, 35(8): 2123－2136.

［34］Carpenter J N, Lu F Z, Whitelaw R F. The real value of China's stock market［J］. Journal of Financial Economics, 2021, 139(3): 679－696.

［35］Carpenter J N, Whitelaw R F. The development of China's stock market and stakes for the global economy［J］. Annual Review of Financial Economics, 2017, 9(1): 233－257.

［36］Carter R B, Dark F H, Singh A K. Underwriter reputation, initial returns, and the long-run performance of IPO stocks［J］. The Journal of Finance, 1998, 53(1): 285－311.

［37］Chan K, Menkveld A J, Yang Z. Information asymmetry and asset prices: Evidence from the China foreign share discount［J］. The Journal of Finance, 2008, 63(1): 159－196.

［38］Chan K, Menkveld A J, Yang Z. The informativeness of domestic and foreign investors' stock trades: Evidence from the perfectly segmented Chinese market［J］. Journal of Financial Markets, 2007, 10(4): 391－415.

［39］Chan M K, Kwok S. Connecting the markets?Recent evidence on China's capital account liberalization［J］. Economic Modelling, 2018, 70: 417－428.

［40］Chan M K, Kwok S. Risk-sharing, market imperfections, asset prices: Evidence from China's stock market liberalization［J］. Journal of Banking & Finance, 2017, 84: 166－187.

［41］Chari A, Henry P B. Risk sharing and asset prices: evidence from a natural experiment［J］. The Journal of Finance, 2004, 59(3): 1295－1324.

［42］Charles M L, Edward M W. Tick size tolls: Can a trading slowdown improve earnings news discovery?［J］. The Accounting Review, 2021, 96(3): 373－401.

[43] Chen Z, Du J, Li D, et al. Does foreign institutional ownership increase return volatility?Evidence from China [J]. Journal of Banking & Finance, 2013, 37(2): 660–669.

[44] Choe H, Kho B C, Stulz R M. Do domestic investors have an edge?The trading experience of foreign investors in Korea [J]. The Review of Financial Studies, 2005, 18(3): 795–829.

[45] Choe H, Kho B C, Stulz R M. Do foreign investors destabilize stock markets?The Korean experience in 1997[J]. Journal of Financial economics, 1999, 54(2): 227–264.

[46] Chung T K, Hui C H, Li K F. Explaining share price disparity with parameter uncertainty: Evidence from Chinese A-and H-shares[J]. Journal of Banking & Finance, 2013, 37(3): 1073–1083.

[47] Copeland T E. A model of asset trading under the assumption of sequential information arrival [J]. The Journal of Finance, 1976, 31(4): 1149–1168.

[48] Cornelli F, Goldreich D, Ljungqvist A. Investor sentiment and pre-IPO markets[J]. The Journal of Finance, 2006, 61(3): 1187–1216.

[49] Daigler R T, Wiley M K. The impact of trader type on the futures volatility - volume relation [J]. The Journal of Finance, 1999, 54(6): 2297–2316.

[50] De Jong F, De Roon F A. Time-varying market integration and expected returns in emerging markets [J]. Journal of financial economics, 2005, 78(3): 583–613.

[51] Domowitz I, Glen J, Madhavan A. Market segmentation and stock prices: Evidence from an emerging market [J]. the Journal of Finance, 1997, 52(3): 1059–1085.

[52] Dowd K. Measuring market risk [M]. John Wiley & Sons, 2007.

[53] Dvořák T. Do domestic investors have an information advantage? Evidence from Indonesia [J]. The Journal of Finance, 2005, 60(2): 817–839.

[54] Epps T W, Epps M L. The stochastic dependence of security price changes and transaction volumes: Implications for the mixture-of-distributions hypothesis [J]. Econometrica: Journal of the Econometric Society, 1976: 305–321.

[55] Eun C, Janakiramanan S, Lee B S. The Chinese discount puzzle [J]. Center for International Business Education and Research, Georgia Tech University Working Paper 00/01, 2001, 22.

[56] Fama E F, Fisher L, Jensen M C, Roll R. The adjustment of stock prices to new information [J]. International Economic Review, 1969, 10(1): 1–21.

[57] Fan J, Wong T J. Politically-connected CEOs, corporate governance and post-IPO

performance of China's partially privatized firms [J]. Journal of Financial Economics, 2007, 84(2): 330-357.

[58] Fan Q, Wang T. The impact of Shanghai-Hong Kong Stock Connect policy on AH share price premium [J]. Finance Research Letters, 2017, 21: 222-227.

[59] Fernald J, Rogers J H. Puzzles in the Chinese stock market [J]. Review of Economics and Statistics, 2002, 84(3): 416-432.

[60] Ferris S P, Hao Q, Liao M Y. The effect of issuer conservatism on IPO pricing and performance [J]. Review of Finance, 2013, 17(3): 993-1027.

[61] Garlappi L, Uppal R, Wang T. Portfolio selection with parameter and model uncertainty: a multi-prior approach [J]. The Review of Financial Studies, 2007, 20(1): 41-81.

[62] GB/T 7714 Pan L, Tang Y, Xu J. Speculative trading and stock returns [J]. Review of Finance, 2016, 20(5): 1835-1865.

[63] Geng Z, Pan J. The SOE premium and government support in China's credit market [EB/OL]. [2023-01-01]. https://en.saif.sjtu.edu. cn/junpan/Credit.pdf.

[64] Grabel I. Assessing the impact of financial liberalisation on stock market volatility in selected developing countries [J]. The Journal of Development Studies, 1995, 31(6): 903-917.

[65] Granger C W J, Sin C Y. Modelling the absolute returns of different stock indices: exploring the forecastability of an alternative measure of risk [J]. Journal of Forecasting, 2000, 19(4): 277-298.

[66] Gul F A, Kim J B, Qiu A A. Ownership concentration, foreign shareholding, audit quality, and stock price synchronicity: Evidence from China [J]. Journal of Financial Economics, 2010, 95(3): 425-442.

[67] Han Kim E, Singal V. Stock market openings: Experience of emerging economies [J]. The journal of business, 2000, 73(1): 25-66.

[68] Hardouvelis G A, Malliaropulos D, Priestley R. EMU and European stock market integration [J]. The Journal of Business, 2006, 79(1): 365-392.

[69] Hau H. Location matters: An examination of trading profits [J]. The Journal of Finance, 2001, 56(5): 1959-1983.

[70] Hietala P T. Asset pricing in partially segmented markets: Evidence from the Finnish market [J]. The Journal of Finance, 1989, 44(3): 697-718.

[71] Hoque H, Mu S. Does a reduction of state control affect IPO underpricing? evidence from the Chinese A-share market [J]. Journal of International Money and Finance,

2021, 115: 102384.

［72］ Hu Y, Dai T, Li Y, et al. Underwriter reputation and IPO underpricing: the role of institutional investors in the Chinese growth enterprise market ［J］. International Review of Financial Analysis, 2021, 78: 101956.

［73］ Hussain S I, Li S. Modeling the distribution of extreme returns in the Chinese stock market ［J］. Journal of international Financial Markets, institutions and money, 2015, 34: 263 – 276.

［74］ Ibbotson R G, Jaffe J F. "Hot issue" markets ［J］. The Journal of Finance, 1975, 30(4): 1027 – 1042.

［75］ Jennings R H, Starks L T, Fellingham J C. An equilibrium model of asset trading with sequential information arrival ［J］. The Journal of Finance, 1981, 36(1): 143 – 161.

［76］ Jia C, Wang Y, Xiong W. Market segmentation and differential reactions of local and foreign investors to analyst recommendations ［J］. The Review of Financial Studies, 2017, 30(9): 2972 – 3008.

［77］ Jin L, Myers S C. R2 around the world: New theory and new tests ［J］. Journal of Financial Economics, 2006, 79(2): 257 – 92.

［78］ Kacperczyk M, Sundaresan S, Wang T. Do foreign institutional investors improve price efficiency? ［J］. The Review of Financial Studies, 2021, 34(3): 1317 – 1367.

［79］ Krause R, Chen J, Bruton G D, et al. Chief executive officer power and initial public offering underpricing: examining the influence of demand-side cultural power distance ［J］. Global Strategy Journal, 2021, 11(4): 686 – 708.

［80］ Krueger C A B. Minimum wages and employment: A case study of the fast food industry in New Jersey and Pennsylvania［J］. American Economic Review, 1993, 84(4): 772 – 793.

［81］ Lin J Y, Cai F, Li Z. Competition, policy burdens, and state-owned enterprise reform ［J］. The American Economic Review, 1998, 88(2): 422 – 27.

［82］ Liu H Q, Peng C, Xiong W A, Xiong W. Taming the bias zoo ［J］. Journal of Financial Economics, 2021, 142(6): 716 – 741.

［83］ Liu X, Wei S J, Zhou Y. A liberalization spillover: From equities to loans［J］. Journal of Financial and Quantitative Analysis, 2020: 1 – 68.

［84］ Loughran T, McDonald B. IPO first-day returns, offer price revisions, volatility, and form S – 1 language ［J］. Journal of Financial Economics, 2013, 109(2): 307 – 326.

［85］ Lundblad C T, Shi D, Zhang X, et al. Are foreign investors informed? trading experiences of foreign investors in china [J]. Trading Experiences of Foreign Investors in China(Feb 19, 2022), 2022.

[86] MacKinlay A C. Event studies in economics and fnance [J]. Journal of Economic Literature, American Economic Association, 1997, 35(1): 13 – 39.

[87] McKinnon R. Money and capital in economic development [M]. Washington DC: The Brookings Institution, 1973: 113 – 126.

[88] Mei J, Scheinkman J A, Xiong W. Speculative trading and stock prices: An analysis of Chinese AB share premia [J]. 2004.

[89] Mei J, Scheinkman J A, Xiong W. Speculative trading and stock prices: Evidence from Chinese AB share premia [J]. 2005.

[90] Morck R, Yeung B, Yu W. The information content of stock markets: Why do emerging markets have syn-chronous stock price movements? [J]. Journal of Financial Economics, 2000, 58(1 – 2): 215 – 260.

[91] Morse D. Asymmetrical information in securities markets and trading volume [J]. Journal of Financial and Quantitative Analysis, 1980, 15(5): 1129 – 1148.

[92] Ritter J R. Initial public offerings[J]. Contemporary Finance Digest, 1998, 2(1): 5 – 30.

[93] Rock K. Why new issues are underpriced [J]. Journal of Financial Economics, 1986, 15(1 – 2): 187 – 212.

[94] Roll R. R2 [J]. Journal of Finance, 1988, 43(3): 541 – 566.

[95] Ruud J S. Underwriter price support and the IPO underpricing puzzle [J]. Journal of Financial Economics, 1993, 34(2): 135 – 151.

[96] Salerno D, Sampagnaro G, Verdoliva V. Fintech and IPO underpricing: an explorative study [J]. Finance Research Letters, 2022, 44: 102071.

[97] Scholes M, Williams J. Estimating betas from nonsynchronous data [J]. Journal of Financial Economics, 1977, 5(3): 309 – 327.

[98] Schwert G W. Using financial data to measure effects of regulation [J]. The Journal of Law and Economics, 1981, 24(1): 121 – 158.

[99] Shalen C T. Volume, volatility, and the dispersion of beliefs [J]. The Review of Financial Studies, 1993, 6(2): 405 – 434.

[100] Smirlock M, Starks L. A further examination of stock price changes and transaction volume [J]. Journal of Financial research, 1985, 8(3): 217 – 226.

[101] Stulz R M， Wasserfallen W. Foreign equity investment restrictions, capital flight, and shareholder wealth maximization: Theory and evidence [J]. The Review of Financial

Studies, 1995, 8(4): 1019－1057.

［102］ Tao J, Deokar A V, Deshmukh A. Analysing forward-looking statements in initial public offering prospectuses: a text analytics approach［J］. Journal of Business Analytics, 2018, 1(1): 54－70.

［103］ Tauchen G E, Pitts M. The price variability-volume relationship on speculative markets［J］. Econometrica: Journal of the Econometric Society, 1983: 485－505.

［104］ Teo S, Cheong S. Difficulties faced by SMEs in obtaining financing from financial institutions［J］. Journal of Enterprising Culture, 1994, 2(4): 955－968.

［105］ Wang F, Chai W, Yan B, et al. Effect of geographical distance between underwriters and listed companies on IPO underpricing: evidence from China's A-share market［J］. International Review of Economics & Finance, 2022, 79: 340－352.

［106］ Wei S J. Managing financial globalization: Insights from the recent literature［R］. National Bureau of Economic Research, 2018.

［107］ Welch I. Sequential sales，learning，and cascades［J］. The Journal of Finance, 1992, 47(2): 695－732.

［108］ Xiong W, Yu J. The Chinese warrants bubble［J］. American Economic Review, 2011, 101(6): 2723－2753.

［109］ Yan Y, Xiong X, Meng J G, et al. Uncertainty and IPO initial returns: evidence from the tone analysis of China's IPO prospectuses［J］. Pacific-Basin Finance Journal, 2019, 57: 101075.

［110］ Yoon A. Credibility of disclosures in weak enforcement institutions: Evidence from Shanghai-Hong Kong connect［R］. Working paper, Northwestern University, Evanston, IL, 2019.

［111］ 边江泽，余湄. 完善多层次资本市场建设，构建高水平社会主义市场经济体制——北京证券交易所的建立、发展与前景展望［J］. 价格理论与实践，2023，463（1）：105－110＋203.

［112］ 边江泽，余湄. 资本市场制度型开放推动构建新发展格局［J］. 时代金融，2023（07）：71－75.

［113］ 卞世博，贾德奎，阎志鹏. 招股说明书负面语调与 IPO 表现［J］. 系统管理学报，2020，29（6）：1025－1033.

［114］ 曹凤岐，董秀良. 我国 IPO 定价合理性的实证分析［J］. 财经研究，2006，（6）：4－14.

［115］ 陈工孟，高宁. 中国股票一级市场发行抑价的程度与原因［J］. 金融研究，2000，

（8）：1－12.
［116］陈工孟，俞欣，寇祥河. 风险投资参与对中资企业首次公开发行折价的影响——不同证券市场的比较［J］. 经济研究，2011，46（5）：74－85.
［117］陈见丽. 核准制与注册制：助长 IPO 泡沫还是抑制 IPO 泡沫？——以创业板为例［J］. 中南财经政法大学学报，2015（04）：88－94.
［118］陈琪，刘卫. 新型股权激励机制与新兴企业上市研究［J］. 上海对外经贸大学学报，2017，24（1）：66－75.
［119］程小可，武迪，高升好. 注册制下 IPO 过程中机构投资者合谋报价研究：来自科创板与创业板的经验证据［J］. 中国软科学，2022，（8）：103－118.
［120］邓传洲，李正. 论非金融类公司年度报告中的风险信息披露［J］. 会计研究，2003，（8）：19－22.
［121］邓召明. 我国股票发行定价效率实证研究［J］. 南开经济研究，2001，（6）：60－64.
［122］东北证券－复旦大学课题组，董晨，张宗新. 注册制新股发行市场化改革成效及其优化研究［J］. 证券市场导报，2022，（2）：2－13.
［123］范汉熙. 股票首次公开发行抑价现象理论研究［J］. 管理世界，2011，（5）：176－177.
［124］方先明，张若璇. 新股收益、长期表现与股票市场质量：不败新股的长期弱势现象研究［J］. 中国工业经济，2020，（12）：64－82.
［125］封文丽. IPO 注册制下上市公司信息披露制度优化［J］. 财会月刊，2015，（16）：14－18.
［126］冯冠，周孝华，仁勇. 注册制改革对 IPO 抑价的影响——来自创业板的证据［J］. 改革，2022，（9）：66－82.
［127］冯燕妮，沈沛龙. 我国多层次资本市场体系研究［J］. 经济问题，2020（10）：46－52.
［128］高宏霞，孙沛香，樊学瑞. 科创板上市企业创新信息披露与股票流动性［J］. 金融与经济，2022，544（11）：88－96.
［129］高雅，熊熊，马俊俊. 寻找中国股票市场更优的投资者画像结构［J］. 管理评论，2020，32（10）：47－58.
［130］辜胜阻，庄芹芹，曹誉波. 构建服务实体经济多层次资本市场的路径选择［J］. 管理世界，2016（4）：1－9.
［131］顾连书，王宏利，王海霞. 我国新股发行审核由核准制向注册制转型的路径选择［J］. 中央财经大学学报，2012（11）：45－49.
［132］郭澄澄，王如忠. 科创板与沪市 A 股主板市场金融资源配置的相关性研究［J］. 上海经济，2021（02）：74－87.
［133］郭泓，赵震宇. 承销商声誉对 IPO 公司定价、初始和长期回报影响实证研究［J］. 管

理世界，2006，（3）：122－128.
［134］郭雳，武鸿儒，李胡兴. 注册制改革下招股说明书信息披露质量提升建议［J］. 证券市场导报，2023，（1）：11－20.
［135］韩立岩，伍燕然. 投资者情绪与 IPOs 之谜——抑价或者溢价［J］. 管理世界，2007，（3）：51－61.
［136］郝项超，苏之翔. 重大风险提示可以降低 IPO 抑价吗？——基于文本分析法的经验证据［J］. 财经研究，2014，40（5）：42－53.
［137］郝远洋. 注册制改革对股票市场价格发现功能的影响研究——探析进一步完善 IPO 定价机制［J］. 价格理论与实践，2020，（8）：96－99.
［138］何牧原，张昀. 中国新三板市场的兴起、发展与前景展望［J］. 数量经济技术经济研究，2017，34（4）：74－91.
［139］何智，张飞，周孝华. 招股说明书文本语气对新股市场表现的影响——以创业板为研究对象［J］. 财会月刊，2019，（8）：29－38.
［140］呼建光，曹培松，唐瀚. 招股说明书语调信息影响 IPO 抑价吗？——基于中国 A 股市场的经验证据［J］. 数量经济研究，2020，11（3）：147－163.
［141］胡章宏，王晓坤. 中国上市公司 A 股和 H 股价差的实证研究［J］. 经济研究，2008（04）：119－131.
［142］胡志颖，李瑾，果建竹. 研发投入与 IPO 抑价：风险投资的调节效应［J］. 南开管理评论，2015，18（6）：113－124.
［143］黄炜，张子尧，刘安然. 从双重差分法到事件研究法［J］. 产业经济评论，2022（02）：17－36.
［144］贾德奎，卞世博. 招股说明书负面语调能预测 IPO 后业绩表现吗？［J］. 金融论坛，2019，24（10）：60－69.
［145］姜富伟，孟令超，唐国豪. 媒体文本情绪与股票回报预测［J］. 经济学（季刊），2021，21（4）：1323－1344.
［146］赖黎，蓝春丹，秦明春. 市场化改革提升了定价效率吗？——来自注册制的证据［J］. 管理世界，2022，38（04）：172－190.
［147］雷蒙德 W. 戈德史密斯. 金融结构与金融发展［M］. 上海：上海出版社，1996.
［148］罗纳德. 工麦金家（Ronald I. Mckinnon）. 经济发展中的货币与资本［M］. 上海：三联书店上海分店，1988.
［149］李建勇，彭维瀚，刘天晖. 我国多层次场内股票市场板块互动关系研究——基于种间关系的视角［J］. 金融研究，2016，431（5）：82－96.
［150］李松楠，刘玉珍，胡聪慧. 价格笼子、流动性与价格发现效率——基于创业板注

册制改革的证据［J］. 管理世界，2023，40（03）：49－62.
［151］李志生，陈晨，林秉旋. 卖空机制提高了中国股票市场的定价效率吗？——基于自然实验的证据［J］. 经济研究，2015，50（04）：165－177.
［152］梁睿，董纪昌，贺舟，刘颖. 科创板交易制度会改善我国股票市场质量吗——基于多主体建模的仿真分析［J］. 系统工程理论与实践. 2022，42（1）：76－83.
［153］廖理，梁昱，张伟强. 谁在中国股票市场中“博彩”？——基于个人投资者交易数据的实证研究［J］. 清华大学学报（自然科学版），2016，56（6）：677－684.
［154］林乐，谢德仁. 投资者会听话听音吗？——基于管理层语调视角的实证研究［J］. 财经研究，2016，42（7）：28－39.
［155］刘海飞，柏巍，李冬昕，等. 沪港通交易制度能提升中国股票市场稳定性吗？——基于复杂网络的视角［J］. 管理科学学报，2018，21（01）：97－110.
［156］刘煜辉，沈可挺. 是一级市场抑价，还是二级市场溢价——关于我国新股高抑价的一种检验和一个解释［J］. 金融研究，2011，377（11）：183－196.
［157］刘煜辉，熊鹏. 股权分置、政府管制和中国 IPO 抑价［J］. 经济研究，2005，（5）：85－95.
［158］吕祥友，孙永文，种莉萍. 新股发行风险信息披露的趋势分析［J］. 宏观经济研究，2015，（1）：144－151＋159.
［159］乔晗，汪贵州，汪寿阳，风险投资能筛选并培育优质企业吗？——基于中国创业板的模糊断点回归分析［J］. 系统工程理论与实践，2020，40（12）：3059－3079.
［160］曲保智，任力行，吴效宇等. H 股对 A 股的价格折让及其影响因素研究［J］. 金融研究，2010（09）：158－169.
［161］邵新建，洪俊杰，廖静池. 中国新股发行中分析师合谋高估及其福利影响［J］. 经济研究，2018，53（6）：82－96.
［162］沈艳，陈赟，黄卓. 文本大数据分析在经济学和金融学中的应用：一个文献综述［J］. 经济学（季刊），2019，18（4）：1153－1186.
［163］石玉峰，张冰妍，张宗新. 科创板 IPO 审核问询能否提升资本市场信息效率？——基于股价同步性的文本分析视角［J］. 新金融，2022，（1）：42－49.
［164］宋军，吴冲锋. 国际投资者对中国股票资产的价值偏好：来自 A－H 股和 A－B 股折扣率的证据［J］. 金融研究，2008（03）：103－116.
［165］宋凌峰，郭亚琳. 德国地方性资本市场发展模式及借鉴［J］. 证券市场导报，2015（8）：4－8＋21.
［166］宋顺林，唐斯圆. 首日价格管制与新股投机：抑制还是助长？［J］. 管理世界，2019，35（1）：211－224.

[167] 宋顺林，易阳，谭劲松. AH 股溢价合理吗——市场情绪、个股投机性与 AH 股溢价 [J]. 南开管理评论，2015，18（02）：92-102.
[168] 宋顺林. IPO 市场化改革：共识与分歧 [J]. 管理评论，2021，33（6）：270-279.
[169] 孙立新，谢强，余来文. 资本结构对财务风险影响的实证研究——基于 Z-score 模型法和中小板上市公司数据 [J]. 经济与管理，2013，27（07）：67-73.
[170] 孙寅浩，黄文凡. 为什么不收敛？——基于“沪港通”的 A-H 股价差实证研究 [J]. 投资研究，2015，34（12）：139-145.
[171] 谭小芬，刘汉翔，曹倩倩. 资本账户开放是否降低了 AH 股的溢价？——基于沪港通开通前后 AH 股面板数据的实证研究 [J]. 中国软科学，2017（11）：39-53.
[172] 唐齐鸣，陈辉，马丽. 限制新股上市首日涨幅是否改变了 IPO 抑价的反应模式 [J]. 金融学季刊，2017，11（2）：80-102.
[173] 汪昌云，武佳薇. 媒体语气、投资者情绪与 IPO 定价 [J]. 金融研究，2015，（9）：174-189.
[174] 汪海粟，白江涛. 创业板上市公司风险披露实证研究 [J]. 统计与决策，2013，（13）：180-183.
[175] 汪宜霞，张辉. 卖空限制、意见分歧与 IPO 溢价 [J]. 管理学报，2009，6（9）：1204-1208+1225.
[176] 王宏淼. 中国国企改革过程中公司治理特征、挑战与对策 [J]. 经济纵横，2022（06）：52-60.
[177] 王克敏，杨国超，刘静，李晓溪. IPO 资源争夺、政府补助与公司业绩研究 [J]. 管理世界，2015，264（09）：147-157.
[178] 魏志华，曾爱民，吴育辉，李常青. IPO 首日限价政策能否抑制投资者“炒新”？[J]. 管理世界，2019，35（01）：192-210.
[179] 魏志华，曾爱民，吴育辉，李常青. IPO 补税影响 IPO 抑价吗？——基于信息不对称理论视角 [J]. 金融研究，2018，（1）：191-206.
[180] 巫岑，饶品贵，岳衡. 注册制的溢出效应：基于股价同步性的研究 [J]. 管理世界，2022，38（12）：177-202.
[181] 吴秋生，苗玲玲，郭飞. 注册制实施、所有权性质与公司 IPO 审计费用 [J]. 中国注册会计师，2021（10）：35-43.
[182] 吴文若. 企业财务信息质量与注册制推行的市场反应 [J]. 上海管理科学，2021，43（1）：40-45.
[183] 吴锡皓，张弛. 注册制改革对资本市场定价效率的影响研究——基于 IPO 抑价率

的视角［J］．南开管理评论：1－32［2023－07－11］．http://kns.cnki.net/kcms/detail/12.1288.F.20220615.1548.005.html.
［184］夏东霞，范晓．科创板注册制背景下对中介机构“看门人”角色的再思考［J］．财经法学，2019，（3）：131－147.
［185］向德伟．运用“Z 记分法”评价上市公司经营风险的实证研究［J］．会计研究，2002（11）：53－57.
［186］谢朝华，刘玲杉．中国科创板 IPO 定价效率及其比较研究［J］．价格理论与实践，2020（11）：98－101＋183.
［187］谢德仁，林乐．管理层语调能预示公司未来业绩吗？——基于我国上市公司年度业绩说明会的文本分析［J］．会计研究，2015，（2）：20－27＋93.
［188］宿玉海，王韧．利率市场化程度与商业银行风险——基于中国银行业的实证研究［J］．宏观经济研究，2017（04）：24－34.
［189］薛爽，王禹．科创板 IPO 审核问询回复函与首发抑价［J］．管理世界，2022，38（4）：185－203.
［190］严若森．金融危机下国有化与企业短期财务风险关系的实证研究——基于中国制造业 A 股上市公司的经验证据［J］．人文杂志，2010（05）：86－90.
［191］杨丹，王莉．中国新股发行抑价：一个假说的检验［J］．复旦学报（社会科学版），2001，（5）：85－90.
［192］杨娉，徐信忠，杨云红．交叉上市股票价格差异的横截面分析［J］．管理世界，2007（09）：107－116＋172. DOI：10. 19744/j.cnki. 11－1235/f. 2007. 09. 013.
［193］姚加权，冯绪，王赞钧，纪荣嵘，张维．语调、情绪及市场影响：基于金融情绪词典［J］．管理科学学报，2021，24（5）：26－46.
［194］姚颐，赵梅．中国式风险披露、披露水平与市场反应［J］．经济研究，2016，51（7）：158－172.
［195］俞红海，范思妤，吴良钰，等．科创板注册制下的审核问询与 IPO 信息披露——基于 LDA 主题模型的文本分析［J］．管理科学学报，2022，25（8）：45－62.
［196］张敦力，秦乐．董事会内部治理机制对财务风险影响的实证研究［J］．会计之友，2013（08）：9－12.
［197］张飞，周孝华．招股书模糊信息对 IPO 首日收益的影响研究［J］．管理工程学报，2020，34（4）：34－43.
［198］张光利，薛慧丽，高皓．企业 IPO 价值审核与股票市场表现［J］．经济研究，2021，56（10）：155－171.

［199］张劲帆，李丹丹，杜涣程. IPO 限价发行与新股二级市场价格泡沫——论股票市场“弹簧效应”［J］. 金融研究，2020，475（01）：190－206.
［200］张玲，曾维火. 基于 Z 值模型的我国上市公司信用评级研究［J］. 财经研究，2004（06）：5－13.
［201］张汩红. 机构投资者异质性与 IPO 抑价——基于科创板的实证研究［J］. 金融理论与实践，2022，（11）：107－118.
［202］张蔚虹，朱海霞. Z－Score 模型对科技型上市公司财务风险预警的适用性检验［J］. 科技管理研究，2012，32（14）：228－231.
［203］张秀敏，汪瑾，薛宇，李晓琳. 语义分析方法在企业环境信息披露研究中的应用［J］. 会计研究，2016，（1）：87－94＋96.
［204］张学勇，陈然，魏旭. 承销商与重返 IPO 表现：基于信息不对称的视角［J］. 经济研究，2020，55（1）：164－180.
［205］张学勇，张秋月. 券商声誉损失与公司 IPO 市场表现——来自中国上市公司 IPO 造假的新证据［J］. 金融研究，2018，（10）：141－157.
［206］张岩，吴芳. 跟投制度与 IPO 定价——来自科创板的经验证据［J］. 经济管理，2021，43（6）：84－99.
［207］张宗新，滕俊樑. 注册制询价改革能否提高 IPO 定价效率？——基于科创板试点注册制改革的研究视角［J］. 上海金融，2020，（8）：24－30.
［208］郑建明，李金甜，刘琳. 新三板做市交易提高流动性了吗？——基于“流动性悖论”的视角［J］. 金融研究，2018（04）：190－206.
［209］郑志丹，宋朋. 多层次资本市场与资源配置效率［J］. 金融发展研究，2016（5）：34－39.
［210］钟凯，孙昌玲，王永妍等. 资本市场对外开放与股价异质性波动——来自“沪港通”的经验证据［J］. 金融研究，2018（07）：174－192.
［211］钟覃琳，陆正飞. 资本市场开放能提高股价信息含量吗？——基于“沪港通”效应的实证检验［J］. 管理世界，2018，34（01）：169－179. DOI：10. 19744/j. cnki. 11－1235/f. 2018. 01. 015.
［212］周阔，周佰成. 管理层语调对 IPO 抑价有影响吗？——来自中文招股说明书的经验证据［J］. 当代会计评论，2020，13（3）：98－121.
［213］周小川. 资本市场的多层次特性［J］. 金融市场研究，2013（8）：4－23.
［214］周晓苏，吴锡皓. 稳健性对非经常性损益价值相关性的影响研究——基于不同投资者类型的分析视角［J］. 管理评论，2014，26（4）：3－13.

［215］周孝华，赵炜科，刘星. 我国股票发行审批制与核准制下 IPO 定价效率的比较研究［J］. 管理世界，2006，（11）：13－18.

［216］朱宏泉，刘晓倩，李亚静. 经济政策不确定性对 A 股 IPO 抑价的影响研究［J］. 系统工程理论与实践，2021，41（5）：1197－1210.

［217］朱鹏，张亚澜. 科创板企业招股说明书的文本信息披露质量分析与评价［J］. 财会月刊，2022，（6）：76－82.